한국사, 드라마가 되다

한국사, 드라마가 되다

1판 1쇄 발행 2009년 11월 23일
1판 2쇄 발행 2010년 2월 17일

지은이 | 호머 헐버트
옮긴이 | 마도경, 문희경
펴낸이 | 박찬영
기획편집 | 박시내, 김혜경, 한미정
교정 | 송인환
마케팅 | 이진규, 장민영

발행처 | 리베르
주소 | 서울시 용산구 용산동5가 24번지 용산파크타워 103동 505호
등록번호 | 제2003-43호
전화 | 02-790-0587, 0588
팩스 | 02-790-0589
홈페이지 | www.liberbooks.co.kr
커뮤니티 | blog.naver.com/liber_book(블로그)
  cafe.naver.com/talkinbook(카페)
e-mail | skyblue7410@hanmail.net

ISBN | 978-89-91759-79-4 (04900)
  978-89-91759-77-0 (전2권)

리베르(LIBER)는 디오니소스 신에 해당하며 책과 전원의 신을 의미합니다.
또한 liberty(자유), library(도서관)의 어원으로서 자유와 지성을 상징합니다.

한국사, 드라마가 되다

2

호머 헐버트 지음 | 마도경·문희경 옮김

리베르

헐버트 박사의 『한국사, 드라마가 되다』 출간을 축하하며

먼저, 헐버트 박사의 『한국사(The History of Korea)』 번역본 출간에 축하를 보낸다. 『한국사』는 1886년 조선 땅 제물포(인천)에 첫 발을 내디딘 이래 20여 년 동안 한국의 역사와 문화를 파헤쳐온 헐버트 박사의 한국사 연구의 대미를 장식하는 불세출의 역작이다.

헐버트 박사는 당시의 한국, 즉 조선을 제대로 알기 위해 내한 초기부터 열심히 공부하여 우리말과 글을 우리 한국인들처럼 구사했을 뿐 아니라, 한글의 우수성과 독창성에 매료되어 그 스스로 한글학자가 되었다. 그리고 한글 연구에 대한 많은 논문을 국내외에 발표하기도 했다. 또한 그는 한글이 당시 조선에서 제대로 쓰이지 않는 데 대해 매우 안타까워했으며, 모든 백성들이 쓰기 편한 한글을 배워 문맹으로부터 해방되기를 바랐다.

헐버트 박사의 한글 연구는 당연히 그의 한국 역사에 대한 관심으로 이어졌다. 많은 책과 한국인 친구들을 통해 그는 한국 역사를 하나하나 배워나갔다. 그리고 그는 한국의 역사와 문화의 진수를 알게 되면서,

한민족은 분명 그 당시 미국인들이 생각했던 미개한 민족이 아닌 미래를 창조할 수 있는 뛰어난 민족임을 알게 되었다.

그는 한·중·일 세 나라 국민 가운데 창의적이고 규범을 지키는 한국인이 앵글로색슨족의 특징에 가장 가깝다고까지 평가했다. 그러면서도 당시 지배층이 자신들의 안위만을 추구하는 당파성에는 일침을 가했다. 이와 더불어 한국인은 바람직한 목표만 정해지면 뛰어난 결과를 만들어낼 것이라는 애정 어린 예언도 빠뜨리지 않았다. 이제 그 예언이 현실화되어가는 과정에 있다. 물론 그의 인종적인 편견을 배제할 수는 없겠지만, 인종 간의 환경과 그에 따른 성취를 어느 정도는 객관적으로 받아들일 수는 있을 것이다.

헐버트 박사는 한국을 세계에 알리기 위해 한국사 연구에 박차를 가하면서 수많은 글들을 발표했다. 1901년부터 4년에 걸쳐 그 자신이 창간하고 주필로 있던 영문 월간지 「한국평론(The Korea Review)」에 그가 직접 탐구한 한국 역사에 대해 연속으로 기고했고, 이를 바탕으로 1905년 드디어 대작 『한국사』가 탄생하게 되었다.

『한국사』야말로 헐버트 박사의 한국 사랑의 결과물이자, 한국사 연구의 결정체이다. 또한 단군시대부터 조선시대, 그리고 구한말까지 다룬 역사적으로 매우 귀중한 책이다. 더구나 각 장을 떼어놓고 보면, 각각의 장이 한 편의 드라마라 할 수 있을 정도로 그 묘사가 너무나 생생해 사건이 바로 눈앞에서 펼쳐지는 듯하다. 특히 임진왜란과 병자호란,

을미사변, 청일전쟁 등은 소설보다 더 흥미진진하고 역동적이다.

　이런 점과 더불어 당시에는 현존하는 임금의 왕조를 책에 담는 것은 금기된 사항이었으나 고종 황제의 윤허를 얻어 조선왕조를 책에 실었는데, 이는 우리 역사학계의 획기적 사건이라 아니할 수 없다. 하지만 우리 학계는 이 책의 역사적 의미와 중요성에 대해서 아직 침묵을 지키고 있다. 아니, 모르거나 무시하고 있다는 것이 올바른 표현일 것이다. 그 이유에는 『한국사』가 영문으로 되어 있고 1,000쪽이 넘는 대작이라서 한글로 번역이 이루어지지 않았다는 것에 1차적 원인이 있을 것이다.

　이에 대해 헐버트 박사 기념사업회는 매우 안타까워하면서 묻혀 있는 보석 『한국사』의 번역본이 빨리 나오기를 고대하던 중에 이번에 마침 리베르출판사에서 번역본이 나왔다. 철저한 검증과 읽기 쉬운 편집의 노고를 넘어 무엇보다 이 책이 우리말로 반듯하게 번역된 데 대해 리베르출판사에 큰 감사와 축하의 말씀을 전한다.

　또한 이 번역본을 통해 헐버트 박사의 『한국사』가 한국 사학자들에 의해 올바르게 평가되어 새롭게 태어나기를 기대한다.

　교육자, 언론인, 역사학자, 선교사, 그리고 독립운동가로서 헐버트 박사의 한국에 대한 공헌은 이루 말할 수가 없다. 그동안 독립운동가와 선교사로서의 헐버트 박사에 대한 평가는 이루어지고 있었으나, 그의 다른 면모에 대한 평가는 없었다. 그러다가 금년 봄 헐버트 박사 서거

60주기를 기념하여 그가 1896년 최초로 오선지에 채보한 아리랑의 음반이 나왔다. 그리고 이번에 그의 역작 『한국사』가 『한국사, 드라마가 되다』라는 제목으로 출간된 것이다. 역동적인 헐버트의 『한국사』는 제목 그대로 드라마라 아니할 수 없다. 『한국사, 드라마가 되다』의 출간이 늦은 감은 있지만, 지금에라도 제 모습을 갖추고 독자 앞에 선을 보이게 된 것은 참으로 다행스럽고 기쁜 일이다. 앞으로 역사 분야 외에도 한글 연구를 포함한 헐버트 박사가 이룬 다양한 업적이 제대로 평가되기를 기대한다.

마지막으로 이 책이 나오기까지 수고를 아끼지 않은 리베르출판사의 박찬영 대표와 이 책을 번역한 마도경, 문희경 선생님에게 진심으로 감사를 드린다. 두 분 선생님은 모두 역사를 전공한 전문가로서 원문의 오기까지 점검할 수 있었던 점은 대단히 고무적이다. 헐버트 박사의 역사학자로서의 의미가 올바르게 평가되기를 기대하면서…….

2009년 11월
김동진
(헐버트 박사 기념사업회 회장, 전 외환은행 부행장)

역자
서문

한국사, 한 편의 드라마로 다가오다

역사의 객관적 서술이 가능한가를 둘러싼 논쟁은 아마 '역사 자체' 만큼 역사가 길다고 할 수 있을 것이다. 어쩌면 역사가 자신이 그 역사의 일부로 살아왔고 현재도 살고 있는 한, 객관적 서술 자체가 불가능한 작업일지도 모른다. 긴 한국사에서 역사의 방향을 바꾼 숱한 사건들의 의미를 제3자의 시각으로 서술한 헐버트의 『한국사, 드라마가 되다』(1, 2권)를 우리가 주목하고 이 책의 발간에 특별한 의미를 부여하는 이유도 여기에 있다.

이 책은 한국의 격동기인 구한말에 고종 황제의 고문으로 우리나라에 장기 체류한 미국인 선교사 호머 B. 헐버트의 『The History of Korea』(1, 2권)를 우리말로 옮긴 것이다. 저자가 머리말에서 밝혔듯이, 고조선부터 시작하여 격동의 근대 조선에 이르는 5천여 년의 한국사를 방대한 1차 사료史料와 구한말 문인들의 도움, 그리고 자신이 직접 듣고 본 증거를 토대로 이 방대한 통사通史를 완성했다.

1권에는 단군조선에서부터 조선 선조 때 일어난 임진왜란 초기까지의 역사가, 2권에는 임진왜란 중기부터 청나라와의 두 차례의 전쟁(정묘호란과 병자호란), 영·정조의 정치·문화적 개혁기, 그리고 1904년의 러일전쟁까지의 역사가 왕조순, 사건순으로 상세하게 서술되어 있다.

저자 헐버트는 구한말의 격동기에 운명적인 인연으로 이 땅에 들어와 한성의 관리·문인들과 같은 공기를 호흡하면서 근대 한국의 수난사를 안타까운 마음으로 현장에서 지켜본 '한국인 같은' 이방인이었다.

그러나 그는 본질적으로는 '증거의 탑' 위에서만 논리적 추론을 완성하는 서양식 이성주의의 산물이기도 하다. 따라서 이 책의 내용에 본질적으로 '서구 이방인'의 관점과 우선순위가 반영되었다는 사실은 부인할 수 없다. 그럼에도 불구하고 이 책은 우리 눈에 보이지 않았던 역사적 사건들의 뒷면과 새로운 시각, 그리고 통찰력을 보여주기에 충분하다. 역사 사료로서도 독특하고 중요한 의미를 차지할 것이라고 믿는다.

실제로 이 책에는 고조선시대의 강역 설정, 임진왜란을 승리로 이끈 의병과 이순신 장군의 진면목, 병자호란 막바지에 삼전도의 굴욕을 앞두고 조선 왕실과 청 진지 사이에 긴박하게 오고간 서신들, 명성황후 시해 사건을 다룬 '히로시마 법정의 판결문' 전문 등 우리가 흔히 접하지 못했던 중요하고 흥미로운, 그러면서도 권위 있는 자료들이 상당수 포함되어 있다.

저자는 한국 문화의 찬란함과 독특한 개성, 그러나 결코 평탄하지 않았던 역사를 있는 그대로 서술하는 과정에서 불가피하게 부딪치는 역사의 '여백'을 서양식 합리주의자가 증거를 바탕으로 상상할 수 있는 한도 안에서만 추론하여 채워넣었다.

또 우리가 잊고 있거나 피상적으로만 알고 있는 사건들을 사료를 바탕으로 소설처럼 서술하여 독자들에게 읽는 재미를 더해주고 있다. 나 자신도 병자호란 막바지에 인조가 남한산성 옹성을 끝내고 청 태종 앞에서 무릎을 꿇는 이른바 '항복 의식'을 묘사한 부분에서는 한 슬픈 역사 드라마의 대단원을 보는 것 같아 숨이 멎는 듯했다. 또한 명성황후 시해 사건과 러일전쟁의 최대 격전지였던 제물포 해전을 묘사한 대목에서는 한 편의 전쟁 영화나 드라마를 보는 것 같았다.

헐버트는 한민족이 문화적, 인종적 동질성을 잃지 않은 채 이토록 긴 역사를 이루어온 것에 일관되게 경의를 표하고 있으나, 고비 때마다 분열하고 반목하는 권력 엘리트들의 미숙함과 관리들의 이기적인 태도에는 분노에 가까운 안타까움을 표시하고 있다.

결론 부분에서 그는 "세 차례 대규모 침략을 비롯하여 무수한 외침을 당했으나, 어떤 외세도 혈통의 혼합이나 언어의 개조 면에서 중요한 흔적을 이 나라에 남기지 못했다. 외세는 전보다 조선 민족을 더욱 단결시키고 국가의 동질성을 높이는 데 기여했을 뿐이다"라고 언급하면서도, "몇 가지 눈부신 예외가 있기는 하나 관리들에게는 이타적 봉사의 이념이 현저히 부족했다"는 따끔한 지적을 아끼지 않는다. 끊임없이 부정을 일삼는 지금의 지도자들이 새겨야 할 대목이다. 위정자가 반성하지 않을 때, 잘못된 역사는 반복되게 마련이다.

헐버트는 때로는 서사시를 읊는 시인처럼, 때로는 근대화의 풍랑에 허우적대는 조선 조정의 무능을 안타까워하는 자상한 후견인처럼, 때로는 서로 이겼다고 주장하는 비긴 게임에 대해 수준 높은 관전평을 내놓는 노련한 해설자처럼 우리의 긴 역사를 막힘없이 서술해내고 있다. 하지만 그는 어느 한순간도 제2의 조국인 한국에 대한 사랑을 숨기지 않고 있다.

저자의 설명이 당대의 모습을 빠짐없이 완벽하게 재현한 것은 아닐지는 몰라도, 우리가 지난 5천 년 동안 무엇을 잃었는지, 그리고 다른 시각으로 본 우리의 자화상은 무엇인지를 아는 데는 충분한 의미가 있을 것이다. 적어도 세상이 다 우리가 생각하는 대로 생각하지는 않는다는 점을 헐버트는 보여주고 있는 것이다.

이 책 『한국사, 드라마가 되다』가 일제 강점기를 거치며 굴절된 역사학계에 그나마 신선한 자극이 될 수 있는 최초의 현대적 한국사의 정본이라 여겨지지만, 그래도 아직 여백이 있으면 채우고, 잘못된 부분이 있으면 바로잡아야 할 것이다. 물론 그 일은 우리에게 남겨진 몫이다.

옮긴이 마도경

차례

출간 축하문 ······················ 004   역자 서문 ······················ 008
마무리 글 ······················ 510

1부··· 정유재란
- 1장 | 일본군의 후퇴 ······················ 018
- 2장 | 한양으로 돌아온 선조 ······················ 040
- 3장 | 정유재란 ······················ 056
- 4장 | 임진왜란, 그 이후 ······················ 078

2부··· 병자호란
- 1장 | 광해군의 중립외교 ······················ 102
- 2장 | 이괄의 난과 정묘호란 ······················ 119
- 3장 | 인조의 남한산성 피신 ······················ 140
- 4장 | 항전과 항복의 갈림길 ······················ 159
- 5장 | 삼전도의 굴욕 ······················ 180
- 6장 | 북벌을 꿈꾼 효종 ······················ 199

3부··· 끊임없는 당쟁과 외세의 손길
- 1장 | 끊임없는 당쟁과 보복 ······················ 220
- 2장 | 당쟁과의 싸움 ······················ 238
- 3장 | 유교의 나라에서 꽃핀 천주교 ······················ 257
- 4장 | 천주교 박해와 잇단 재난 ······················ 276
- 5장 | 외세가 손을 뻗치다 ······················ 293

2권
조선시대, 근대

4부 ··· 개화의 물결

- 1장 | 빗장을 열기 시작하다 ... 314
- 2장 | 개화의 물결, 혼란의 파도 ... 332
- 3장 | 청일전쟁 ... 350
- 4장 | 일본에 의한 갑오개혁 ... 371
- 5장 | 혁명의 불은 꺼지고 ... 380
- 6장 | 을미사변의 주역을 밝힌다 ... 389
- 7장 | 을미사변을 재구성하다 ... 400

5부 ··· 외세의 소용돌이

- 1장 | 러시아와 일본 사이에서의 갈등 ... 422
- 2장 | 무력한 황제 국가와 강인한 독립협회 ... 433
- 3장 | 얽히는 열강들의 이해관계 ... 453
- 4장 | 상반되는 러시아와 일본의 속셈 ... 464
- 5장 | 러시아와 일본이 충돌하다 ... 473
- 6장 | 영화 같은 제물포 해전, 그 이후 ... 492

1부 정유재란

1장······ 일본군의 후퇴

2장······ 한양으로 돌아온 선조

3장······ 정유재란

4장······ 임진왜란, 그 이후

한산도대첩 충무공 이순신 장군의 한산도대첩은 충무공 김시민 장군의 진주대첩, 충장공 권율 장군의 행주대첩과 함께 임진왜란의 3대 대첩 가운데 하나이다. 한산도대첩은 1592년(선조 25) 음력 7월 8일 한산도 앞바다에서 조선 수군이 일본 수군을 크게 무찌른 해전이다. 이순신 장군은 한산도 앞바다에서 육전에서 사용하던 포위 섬멸 전술 형태인 학익진鶴翼陣을 처음으로 해전에서 펼쳤다.

일본군의
후퇴

1천 리나 뻗은 명군의 행렬 이제는 북으로 눈을 돌려 일본군을 북부 지방에서 격퇴시킨 마지막 전투를 살펴볼 때가 되었다. 이 전투는 북부 지방 전체에서 일본군이 퇴각하는 도화선이 되었다. 심유경 장군이 북경에서 돌아온 것은 50일의 휴전 기간이 훨씬 지난 뒤였다. 일본군은 심 장군이 왜 모습을 드러내지 않는지 의아해 하며 또 시간을 허비한 셈이었다. 하지만 12월 6일, 평양에 돌아온 심유경은 자신이 늦은 이유는 말하지 않은 채 다음과 같은 전갈을 일본군 측에 전했다.

"나는 황제를 알현하고 왔소. 황제께서는 일본이 명의 신하국이 되고 싶다면 우선 지금 점령하고 있는 조선 땅에서 당장 물러나야 한다고 말씀하셨소. 또 지금 억류하고 있는 조선의 두 왕자도 석방해야 할 것이오. 이런 요구에 응하지 않으면 황제께서는 백만 대군을 보내 일본군을 괴멸시킬 것이오."

그는 또 명나라 황제가 하사한 투구용 장식품을 장수들에게 하나씩 주라며 보내주었다. 이것은 일본군의 규모를 파악하려는 계략이었다. 그 결과, 평양에는 총 2만 명의 일본군 병사가 주둔하고 있는 것으로 파악되었다. 명 황제의 요구에 대해 일본군이 어떤 반응을 보였는지는 알려지지 않았으나, 나중에 일어난 사건들을 종합해보면 부정적인 태도였던 게 분명하다.

일본군에 반격을 가하기 위해 파견된 명나라 군대는 압록강 바로 건너편에 주둔해 있었다. 그 당시 군대가 그랬듯이, 명 군대는 엄청난 규모였고 매우 효율적이었다. 송응창이라는 자가 '군사 고문'이라는 직책으로 군대와 명 황실 간의 연락을 맡고 있었다. 이 관리는 전장터에서 실질적인 권한을 행사하지는 못했는데, 아마도 총사령관을 견제하는 역할을 맡았던 것 같다. 그의 임무는 전투 현장의 상황을 황제에게 계속 보고하는 일이었기 때문이다.

명군의 실질적인 총사령관은 이여송李如松이었고, 그의 휘하에는 좌협대장左協大將, 중협대장中協大將, 그리고 우협대장右協大將 등 세 명의 장수가 배속돼 있었다. 좌협대장 양원楊元 밑에는 왕유정, 이여매, 이요오, 양소선, 사대수, 손수렴, 이녕, 갈봉하 등의 장수들이 포진해 있었다. 중협대장으로는 이여백李如栢(이여송의 동생)이 임명되었으며, 그의 밑에 임자강, 이방춘, 고책, 전세정, 척금, 주홍모, 방시휘, 고승, 왕문 등의 장수가 있었다. 우협대장은 장세작張世爵이 임명되었고, 그의 밑에는 조승훈, 오유충, 왕필적, 조지목, 장응충, 낙상지, 진방철, 곡수 그리고 양심이라는 장수들이 있었다. 후방은 방시춘이 지휘했으며, 공병부대는 유황상, 원황이 이끌었다.

본진은 4만 3천 명의 병사들로 구성되었고, 후방에는 8천 명의 예비병력이 대기하고 있었다. 명나라 병사들은 한겨울인 12월 25일 압록강을 건넜다. 전해지는 말에 따르면 이 군대가 행진할 때 행렬의 길이가 1천 리에 달했으며, 병사들이 치는 북소리가 행렬을 따라 천지에 울려 퍼졌다고 한다.

선조, "배를 갈라도 그대의 노고에 못 미치오" 붉은 도포를 입고 붉은 마차에 탄 채 의주에 도착한 이여송 장군은 곧바로 조선 왕을 알현했다. 왕은 "내가 조선을 잘못 다스렸소. 황제께서는 과인을 위해서 엄청난 짐을 떠안으셨소. 훌륭한 병사들이 우리를 돕기 위해 이 멀고 추운 길을 와준 데 대해 뭐라고 고마워해야 할지 모르겠소. 칼로 배를 갈라도 그대들의 노고에 다 답할 수 없을 것 같소."

이여송 장군은 미소를 지으며 대답했다. "황제 폐하의 힘은 하늘에 닿습니다. 저희 군사는 순전히 전하를 돕기 위해 이곳에 왔습니다. 저희는 조선의 적들은 곧 쫓아낼 것입니다."

이 말에 왕은 크게 기뻐했다. "우리 조선은 지금 풍전등화의 위기에 처해 있소. 우리의 운명은 귀관의 손에 달려 있소." 이에 이여송은 두 손으로 합장하며 대답했다. "소신은 황제 폐하의 명에 따라 조선에 왔으며, 살고 죽는 걸 괘념치 않습니다. 소신이 명나라를 출발할 때 소신의 아버님이 제게 이렇게 이르셨습니다. '가서 조선을 위해 용감하게 싸워 승리의 소식을 안고 오거라'라고요. 그러니 어찌 제가 최선을 다하지 않을 수 있겠습니까?"

조선 사람들 사이에서는 이 장군의 아버지는 원래 평안도 은산 출신인데, 어떤 죄를 지은 뒤 친척들을 몽땅 데리고 명나라로 도망가 명 황제 밑에서 고위 관직에 올랐다는 말이 돌았다.

이여송은 쌀 8만 가마, 화약 9톤을 병사들에게 짊어지게 하고 전 군사를 이끌고 평양을 향해 출발했다. 그의 병사들은 조총은 지급받지 못했지만 소형 화포를 보유하고 있었다. 반면에 일본군들은 화포는 없었지만 조총으로 무장돼 있었다.

명나라군이 안주에 도착하자, 이들을 맞이한 영의정 유성룡이 이여송 앞에 평양 진격로가 표시돼 있는 지도를 펼쳐 보였다. 그러자 이여송은 군사를 이끌고 자신이 진격하려고 하는 여러 공격 루트를 붉은 붓으로 지도에 표시했다. 그는 휘하의 사대수 장군을 일본군 진영으로 보내 일본과 평화적 해결책을 마련하기 위해 명나라에서 약간의 사람들이 왔을 뿐이라고 속였다. 일본군은 이 제의에 반색하며, 심유경을 만나기로 돼 있는 수안으로 20여 명의 인원을 파견했다. 사 장군은 그들에게 큰 잔치를 베풀어주면서, 은밀하게 군사를 풀어 연회장을 포위했다. 한창 연회가 진행되던 도중 일본군은 기습을 당했고, 탈출한 세 명을 제외하고 모두 현장에서 살해되었다.

이 사건을 계기로 일본군은 명의 속마음은 일본에 적대적이라는 걸 깨닫고는 크게 불안해 했다. 하지만 이 사건을 경고로 삼아 곧 반격 태세를 갖추었다.

이순신, 왜군을 고립시키다   한반도를 끝에서 끝까지 무자비하게 유린한 일본군의 침략과 그로 인한 말로 형용할 수 없는 공포의 현장을 고스란히 지켜본 임진년은 이렇게 저물어갔다. 임진년에는 또 잠들어 있던 조선 민중의 투쟁 정신이 서서히 눈을 뜨기 시작한 해이기도 하다. 일본군은 노도와 같이 밀고 들어왔으나, 침략이 마무리될 즈음엔 자신들도 지쳐 있었다.

게다가 그때는 물론 어떤 시대에 견주어보아도 가장 위대한 장군이요, 바다의 전략가인 이순신에 의해 일본 침략자들은 일본 본토로부터 철저히 고립되었고, 사방에서 협공당하는 처지로 전락했다. 일본군을 괴롭히던 조선의 군대는 비록 평지에서 전개되는 정규전에서는 일본군에 대적할 수 없었으나, 사방에서 협공하여 괴롭히고 전선을 간헐적이나마 끊어놓을 정도는 되었다.

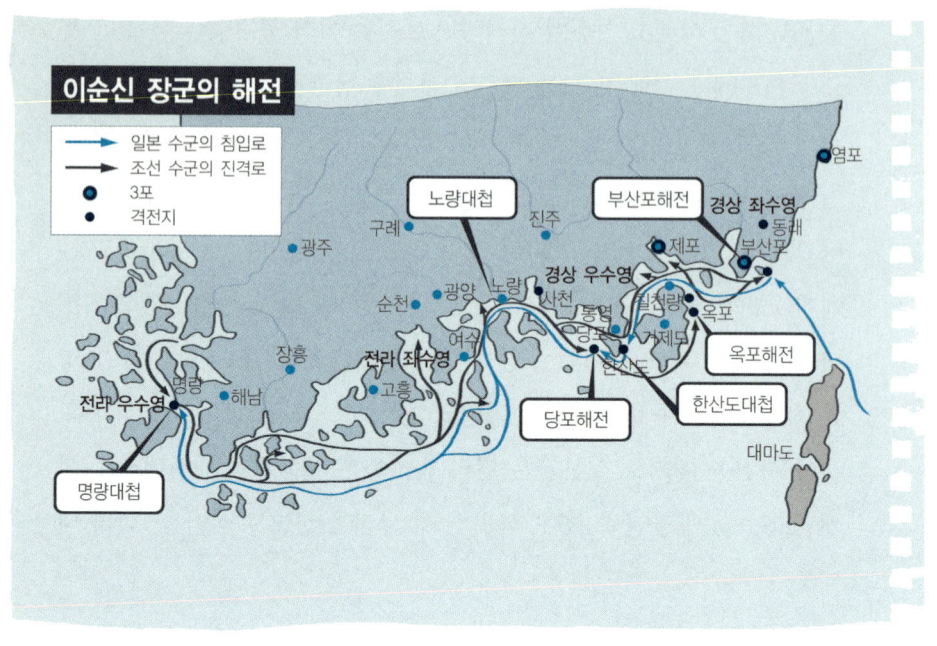

조선이 놓친 절체절명의 기회 우리는 일본 침략군이 사실상 붕괴의 조짐을 보이고 나서야 명나라 원군이 지원에 나섰다는 점을 잊지 말아야 한다. 명의 지원이 없었어도 조선 사람들은 평양에서 굶주림에 시달린 일본군을 충분히 남쪽으로 격퇴할 수 있었을 것이다. 그렇게 되었다면 좌우에서 협공에 시달린 일본군은 내심 기쁜 마음으로 배를 타고 본국으로 갔을지도 모른다.

어떻게 보면 침략군을 응징하기 위한 명나라의 파병은 조선에게는 지극히 불운한 사건이었다. 이때가 조선 백성들의 잠재해 있던 에너지가 막 분출되려는 시점이었기 때문이다. 조선 곳곳에서 병사들이 소집되었으며, 일본군의 전력은 하루가 다르게 약화돼가고 있었다. 조선으로서는 조국을 유린한 약탈자들과 제대로 한 번 붙어 그들을 바다 쪽으로 쫓아낼 수 있는, 절체절명의 기회가 온 셈이었다. 만약 그렇게 됐다면 그것은 조선인의 애국심과 국가적 자긍심을 솟아나게 하는 엄청난 자극제가 됐을 것이며, 강력한 국가적 생명력을 키우는 주춧돌이 되었을 것이다.

그러나 명나라 군사가 진군해옴에 따라 모든 것은 명의 손에 들어가게 되었고, 명은 이 사태에서 빚어지는 모든 이익을 독점했다. 조선인은 자신들이 중국인의 손에 놀아나고 있다는 사실조차 깨닫지 못했다. 평양에 주둔해 있던 일본군은 쇠약해질 대로 쇠약해져 있었으며, 체면만 너무 많이 구겨지지만 않는다면 어떤 철군의 명분이라도 반갑게 잡고 싶은 심정이었을 것이다. 조선이 이미 승패가 판명된 게임을 중국인의 손에 갖다 바쳐, 그들이 모든 공功과 성공의 열매를 독차지하도록 만든 것이 바로 이 시점이었다. 조선은 명나라에 의지했고, 그럼으로써 이 나라의 고질적인 자기도취 방식, 이를 테면 '헛된 기쁨' 속에 안주하는 길을 택했다.

평양성 공격 새해가 밝자마자 평양을 향해 남서 방향으로 진격한 이여송은 해가 짧은 겨울철임을 감안하여 당초 야영하기로 마음먹었던 석천에 도착했다. 그러나 순안 지역에서 일본군에 의한 대학살 소식이 들려오고 일본군에게 반격할 시간을 주지 않으려는 전략적 필요성 때문에, 명나라 군대는 밤에도 진군을 계속하여 아침에는 유서 깊은 평양성 입구에 깃발을 휘날리며 포진할 수 있었다. 명군은 곧바로 평양성을 포위했다. 성안에는 언덕의 능선을 따라 빨강색과 흰색으로 그려진 깃발을 들고 포진해 있는 일본군의 모습이 보였다. 이윽고 일본군은 명나라 군대를 향해 화포를 쏘기 시작했다. 동시에 일본군은 성벽 쪽으로 붙어 곳곳에 병사를 배치했다. 이에 맞서 명군의 우협, 좌협, 중협 대장은 각각 휘하의 병사들을 평양으로 들어가는 세 관문, 즉 칠성문, 함구문, 보통문에 배치했다.

총사령관 격이었던 이여송은 한 손에는 깃발을, 다른 손에는 북채를 든 채 말을 타고 각 진지를 왔다 갔다 하며 전투를 독려했다. 명나라 군사들의 전투 의욕은 억누를 수 없을 정도로 강했다. 그들은 밤새 추위에 떨며 행군했음에도 불구하고 한시라도 빨리 돌진하여 성벽을 뛰어넘으려고 안달했다. 그들은 이런 욕망을 오랫동안 억누를 필요가 없었다. 곧바로 성을 향해 진격하라는 명령이 전군에 하달됐기 때문이다. 화포가 천둥소리를 내며 발사되기 시작했고, 불붙은 화살들이 하늘을 갈랐다. 땅은 격전의 소음과 거친 발자국 소리로 요동쳤다. 불화살이 일본군 진영에 떨어지면서 불길이 치솟았고, 이 불은 곧 근처의 건물들로 급속히 번졌다.

일본군은 그들대로 용감하게 성벽을 방어했다. 그들은 창과 활, 심지어 뜨거운 물과 돌까지 동원하여 성문을 돌파하려는 명나라 군사들을 저지하려 했다. 성을 둘러싸고 온갖 병기들이 뒤엉켜 성벽은 어떤 조선 역사가의 표현대로 '고슴도치의 등'을 방불케 했다. 명나라 군사는 일본군의 거센 저항에 밀려 주춤거렸다. 시간이 지나면서 많은 병사들이 전면적인 퇴각을 바라는 듯, 슬금슬금 전투 현장에서 뒷걸음치기 시작했다.

평양성 탈환 하지만 항상 자기가 필요한 곳이면 어김없이 나타나는 이여송 장군은 퇴각하는 병사들을 뒤쫓아가 그들의 목을 베어 다른 병사들에게 본보기로 삼게 했다. 그러고 나서 몸을 돌려 큰소리로 외쳤다. "가장 먼저 성안에 발을 들여놓는 병사에게 금 40냥을 주겠노라!" 이것은 병사들의 애국심이나 전투 의욕을 높이는 데 그 어떤 호소보다 큰 힘을 발휘했다. 전투의 흐름은 순식간에 바뀌었다.

그때 체구가 장대한 낙상지라는 명나라 장수가 한 무리의 병사를 이끌고 고군분투한 끝에 성벽 꼭대기로 올라가는 데 성공했다. 그는 그곳에서 한 발자국도 물러서지 않은 채 일본군의 반격을 물리쳤고, 그러는 사이 그의 뒤를 따르던 다른 병사들이 성벽을 기어 올라왔다.

드디어 성문이 열렸다. 일본군은 성을 버리고 패주했으며, 명나라 병사들은 보통문과 칠성문을 통해, 조선 병사들은 함구문을 통해 밀물처럼 성안으로 진격했다. 이때쯤엔 일본군은 이미 성에서 물러나, 평양 지역의 여러 곳에 소규모로 집결한 채 결사 항전의 태세를 갖추고 있었다. 명의 보병과 포병 부대는 사방에서 물밀듯이 진격하여 낙오된 일본군 병사들을 보이는 대로 붙잡아 목을 베었다.

전투는 평양 전역에 걸쳐 펼쳐졌다. 전투에서 밀린 일본군은 마침내 평양의 여러 언덕을 비롯한 방어가 용이한 몇몇 지역에 확고한 방어진지를 구축할 때까지, 그동안 포로로 잡아두었던 조선인 1,051명 외에 두 명의 자국 장수와 2,285명의 병사, 그리고 4만 5002점의 각종 병장기를 잃었다. 일본군 패잔병들은 평양 지역의 여러 관아로 피신하여 그 주변에 최대한 튼튼하게 방어벽을 쳤다. 명나라 병사들은 조직적으로 일본군 진지를 불태워버렸다. 해가 떨어지기 몇 시간 전에는 일본군 병사 중 거의 절반이 명나라 병사들의 칼에 베어졌다.

멀리서도 일본군의 살이 타는 냄새가 나다 이 과정을 묘사하는 데는 한 가지 예만 들어도 충분할 것이다. 많은 일본군 병사들이 성벽에 붙어 있는 한 커다란 건물로 피신했다. 그 건물은 꽤 높은 산기슭에 자리 잡고 있었고, 밑으로 강물이 바로 내려다보이는 곳이었다. 이여송은 이 건물을 빙 둘러서 장작더미를 쌓은 다음 불을 붙였다. 독 안에 든 쥐의 신세가 된 일본군들은 불에 타 죽든지, 그렇지 않으면 얼어

붙은 강바닥으로 뛰어내릴 수밖에 없었다. 수백 명이 두 번째 방법을 선택했지만 강에 덮여 있던 얼음은 그런 엄청난 무게를 지탱할 만큼 두껍지 않았다. 일본군은 모두 허우적거리며 얼음 밑을 흐르는 강물에 떠내려갔다. 남아 있던 자들은 어떻게 됐을까? 전해지는 말에 따르면, 그들의 살이 타는 냄새가 약 2킬로미터 밖에서도 감지되었다고 한다.

도망병을 그냥 보내 조선 백성이 살육당하다 이때 고니시 장군은 꽤 큰 부대를 이끌고 연광정이라는 건물로 피신했다. 이 정자 옆에 있는 평양성의 대동문은 강가 쪽으로 열려 있었다. 밤이 되자, 전투는 잠시 소강상태로 접어들었다. 이때 무슨 일이 일어났는지에 대해서는 약간 의문의 여지가 있다.

기록에 따르면, 명나라 장군이 고니시에게 전 병력과 함께 무조건 항복할 것을 요구하는 전갈을 보내자, 고니시가 "우리는 병력이 얼마 남지 않았다. 우리가 조용히 떠나도록 허락해준다면 우리는 이 도시에서 빠져나가 철수할 것이다."라는 답신을 보냈다고 한다. 이에 이여송이 이 제의를 받아들여 대동문에서 경비병을 철수시켰고, 한밤중이 되자 일본군이 신속히 성에서 빠져나가 강을 건넜다고 돼 있다.

얼핏 생각하기에 신빙성은 없어 보이지만, 조선 사람들은 나중에 일어난 사건들을 근거로 이때 이여송이 일본군에게 자비를 베푼 대가로 엄청난 뇌물을 챙겼다고 생각한다. 나중에 일어난 사건들을 살펴보면 조선 사람들이 이런 의구심을 품는 것도 사실 일리가 있다. 하지만 일본군은 대동문 바로 옆에 머물고 있었기 때문에 야음을 틈타 쉽게 탈출할 수 있었을 것이다. 더욱이 명나라 군사는 전날 밤의 긴 행군과 평양성을 탈환하기 위해 격렬한 전투를 치른 탓에 극도로 피로해 있었으므로, 구태여 일본군이 탈출하기 위해 명나라 측의 동정심이나 재물욕에 호소할 필요는 없었으리라고 생각된다.

아니면 이여송 장군이 너무 많은 전쟁 포로를 데리고 다니느라 골치를 썩이고 싶지 않아 차라리 그들이 도망가도록 묵인했을지도 모른다. 일본군에 의해 끔찍한 고통을 겪은 조선 사람들로서는 당연히 모든 일본군 병사들이 처형되는 모습을 봤으면 기뻐했을 텐데, 그들이 멀쩡히 도망가는 모습을 보자니 분노가 치밀어 여기에 이여송의 못된 의도가 숨어 있었을 것이라고 여기게 되었을 수도 있다. 그러나 나중에 일어나는 몇몇 사건을 통해 이런 의혹은 조금이나마 풀린다.

한겨울에 이루어진 일본군의 평양 탈출 작전은 규모만 좀 작을 뿐 나폴레옹 군대의 모스크바 탈출과 비슷하다. 일본군은 식량과 의복을 충분히 갖추지 못한 상태였다. 상당수의 일본군 병사들은 들고 있던 무기와 짐을 팽개치고는 때때로 도주 행렬에서 이탈하여 이 집 저 집 다니며 구걸했다.

그들은 나중에 한양에 당도하여 먹을 것을 찾고 안전하게 되자 포악할 대로 포악해졌다. 한양을 탈출했던 조선 백성들은 이때쯤 대부분 집으로 돌아와 있었는데, 반 아사 상태로 완전히 절망에 빠져 있던 일본군 병사들은 애꿎은 조선 사람들에게 복수했다. 일본군은 죄 없는 조선 백성들을 수백 명씩 잡아들여 칼로 베었다. 많은 조선인들이 숭례문 밖으로 끌려나가 소처럼 죽임을 당했다. 일본군 패잔병을 도망 보내지 말고 처형했으면 이런 일은 없었을 것이다.

함경도까지 진격했던 가토, 한양으로 퇴각하다 동쪽으로 함경도까지 진격했던 가토 장군은 아군이 평양에서 패주했다는 소식을 접하고는 바로 휘하의 부대를 집결시켜 한양을 향해 서둘러 후퇴하기 시작했고, 오는 길에 방화와 약탈을 일삼았다. 결국 얼마 안 되어 일본군의 잔여 병력은 모두 조선의 수도에 집결하게 되었다.

일본군은 평양에서 패주하면서 적지 않은 인명 피해를 입었다. 전해지는 말에 따르면, 고언백이라는 조선 장수는 한양에서 70리 떨어진 파주에서 후퇴 중인 것으로 보이는 일본군 부대와 맞닥뜨렸는데, 이때 무려 일본군 70두의 목을 침으로써 그들에게 통쾌하게 복수했다고 한다. 하지만 일본군이 사실상 비무장 상태였다는 점을 감안하면 대단한 전과라고 보긴 어렵다.

진격하던 명군, 송도로 후퇴하다   이즈음 이여송 장군은 평양을 접수한 뒤, 많은 조선 사람들이 생각한 대로 아주 굼뜬 속도로 한양으로 향하고 있었다. 그러다 고언백 장군의 승전 소식을 접하자 진격에 속도를 가했다. 한양에서 약 70리 외곽에 위치한 혜음령을 넘다 그가 탔던 말이 길에서 미끄러지는 바람에 그는 땅바닥에 얼굴을 찧었다. 부상은 심했지만 목숨이 위험할 정도는 아니었다.

그 순간 인근 산기슭에 숨어 있던 일본군 부대가 발각되었는데, 이여송은 즉각 뒤쫓아 잡아오라고 부하들에게 명령했다. 한양에서 식량 조달 임무를 띠고 파견된 듯한 이 일본군 부대와 명나라 군대 사이에 교전이 벌어졌다. 그때 명나라 군사들이 있던 곳은 무릎까지 빠질 정도로 땅이 질퍽했고, 칼 외에는 이렇다 할 무기도 없었기 때문에 일본군은 명군을 8명이나 살해하는 등 명군에 일침을 가했다. 이여송 장군도 사고로 피를 많이 흘리는 바람에 기운이 빠져 도저히 전투를 지속할 수 없었다. 그는 후퇴를 명하고 이튿날 한양에서 100리 떨어진 임진강 북안의 동파 진지로 들어가버렸다. 그리곤 곧바로 자기네 나라 황제에게 편지를 보냈다.

"한양에는 2만여 명의 일본군이 견고한 진지를 구축한 채 주둔하고 있습니다. 현재의 병력으로는 그들을 공격할 수 없습니다. 소신도 병에 걸려 전투를 지휘할 수 없습니다. 소신을 지휘의 책임에서 구해줄 다른 장군을 보내주시옵소서."

그런 다음, 조선인들의 간청을 뿌리치며, 거기서 50리 정도 더 후퇴하여 송도까지 물러났다.

명군의 도강을 위한 조선 최초의 현수교 이여송은 사대수 장군에게 임진강변에 있는 나룻배들을 지키라고 지시했다. 당시 이 강은 군데군데 얼어붙어 있었으나 배로 건널 수는 있었다. 이여송은 조선인들에게 명나라 군대가 건널 수 있도록 다리를 건조하라고 지시했다. 아무리 유능한 조선의 기술자라도 기가 죽었을 임무가 떨어졌던 것이다. 하지만 조선 사람들이 이 일을 해결한 방식, 즉 그들이 거둔 놀라운 성과를 보면, 이들이 마음먹고 달려들면 얼마나 유능한 민족이 될 수 있는지를 알 수 있다. 또 이것을 보면 조선 사람들이 일본을 응징하려는 의지가 얼마나 강했는지도 알 수 있다.

물살이 빠르고 폭이 넓은 임진강은 군데군데 얼음이 덮여 있어서 통나무 더미를 운반하기도 힘들었고, 강바닥에 어떤 지지물도 쌓아올리기도 불가능했다. 현수교 방식이 아니면 다리 놓는 것 자체가 불가능한 상황이었다. 인부들은 강 양쪽에 여러 개의 굵은 통나무들을 20미터 정도의 간격으로 땅속 깊이 박아 묻었다. 그리고 그 통나무들의 뒤쪽으로 굵은 통나무들을 수평이 되게 쌓았다. 그런 다음, 양쪽 둑에 설치된 이 지지대를 튼튼한 칡넝쿨을 엮어 만든 밧줄 15개로 팽팽하게 연결했다. 물론 이 밧줄들은 축 늘어져서 강 가운데쯤에서는 강물에 닿았다. 이 결점을 보완하기 위해 인부들은 밧줄 끝을 단단한 지렛대 같은 것에 묶은 다음, 밧줄이 수십 센티미터 정도 강 표면 위로 올라갈 때까지 감았다. 그런 다음, 다리의 토대를 강바닥 위에 올려놓았고, 버드나무 가지를 밧줄 위로 두껍게 감았다. 마지막으로 흙을 두껍게 덧붙이고는 발로 수없이 밟아 단단하게 만들었다. 조선 역사상 최초의 현수교는 이렇게 완성되었다.

지금까지 우리는 철갑선(거북선)과 화포와 더불어 임진왜란 때의 세 가지 중요한 발명품 가운데 하나인 현수교를 조선 사람들이 만드는 장면을 본 셈이다. 명나라 군대는 이 다리를 이용해 전군이 안전하게 임진강을 건널 수 있었다. 하지만 이여송은 이 전쟁이 지겨웠고 빨리 자기 나라로 돌아가고 싶어 안달이 나 있었다. 그래서 가토가 한반도를 가로질러 이동 중이라는 말을 듣자 "그자가 다시 평양으로 올지 모른다. 그럴 경우에 대비해서 나는 급히 평양으로 돌아가 그자의 진격을 막아야겠다."고 말했다. 그래서 그는 한양으로 행군하던 군사를 왕필적 장군에게 맡기고 자신은 평양으로 되돌아가기 시작했다.

일본군의 연결을 끊은 정문부 이 시점에서 함경도에서 거둔 정문부 장군의 승전을 언급해야만 할 것 같다. 그는 세 차례의 전투에서 주력군은 아니지만 꽤 큰 일본군 부대를 연속으로 격파했다. 이로 말미암아 이 지역에 있던 일본군 병사들이, 세력이 다소 약해졌지만 여전히 강력한 군사를 이끌고 한양을 향해 후퇴하고 있던 가토 장군의 본진과 연합하려는 시도가 완전히 차단되었던 것으로 보인다.

정문부 장군은 일본군이 평양에서 빠져나가자 북쪽으로 멀리, 두만강까지 군사를 몰고 들어가 두 왕자를 납치한 일본군을 도왔거나 납치 행위에 가담한 자들을 모두 색출해 가혹한 벌을 내렸다. 이 일을 끝낸 뒤 그는 최대한 빨리 민심을 수습하고는, 군대를 해산하고 병사들을 집으로 돌려보냈다.

권율의 행주대첩　　전라도 순찰사인 권율은 앞에서도 얘기했지만, 4천 명의 병사를 이끌고 간선도로가 아닌, 양천을 경유하여 한양으로 진격했다. 양천에서 한강을 건넌 권율은 행주산성으로 들어가 큰 통나무로 진지를 둘러쌌다. 한양에 머물던 일본군은 이런 시도를 비웃으며 강력한 부대를 보내 공격을 가했다. 지루하고 격렬한 전투가 이어졌는데 결과는 예측불허였다. 그러던 와중에 일본군은 나무로 만든 성벽에 불을 붙이는 데 성공했다. 이때 조선 사람들이 역사에 남을 투지를 발휘하지 않았다면, 성벽은 모두 불에 탔을 것이다. 하지만 그들은 불길을 잡는 데 성공했다.

누가 보아도 화살이 동이 난 조선군이 이 전투에서 승리할 가망은 없어 보였다. 하지만 절대절명의 이 순간에 경기 수사 이빈이 2만 개의 화살을 배에 싣고 한강을 건너왔다. 곧바로 이들이 강둑에 진지를 구축하면서 조선군은 위기에서 벗어났고, 일본군은 후퇴하기 시작했다. 권율은 뒤처진 일본군들을 붙잡아 능지처참한 뒤 시체들의 잔해를 말뚝에 꽂아두었다. 이튿날 도착한 명나라의 사대수 장군은 이 승리의 전리품을 보더니 권율 장군을 높이 치하했다. 그리고 그를 파주로 보내 일본군이 다시 북상할 움직임을 보일 경우 이를 방어하도록 했다.

이와 동시에 군량미 조달을 시도하는 적군을 격파하기 위해 많은 소규모 부대가 사방으로 파견되었다. 그래서 한양에 남아 있던 일본군에게 들어가는 모든 군수물자의 보급이 차단되었다. 행주에서 패배의 쓴맛을 본 일본 장군은 복수를 위해 절치부심했고, 한양에서 수차례 맹렬한 공격을 퍼부었으나 모두 대패했다.

심유경의 허풍, "30만 대군이 오고 있다"　　명나라가 참전한 지 3개월이 되었을 때, 북부 지방에 머물던 조선 왕실은 그때까지의 전과에 고무되었고, 임금은 한양으로 복귀할 생각을 하기 시작했다. 환도의 첫 단계는 일단 영주까지 가는 것이었다. 이때 일본군은 유성룡에게 편지를 보내 강화조약을 맺자고 제의했다. 유성룡은 의무상 이 전갈을 평양에 있던 명 장군 이여송에게 전달해야 했다. 이여송은 앞서 명 황제와 일본 측을 오가며 평화 사절의 역할을 수행했던 심유경을 명확한 훈령과 함께 현장으로 내려보내 강화 협상을 수행케 했다.

이 밀사는 한양 인근에 도착한 뒤 두 일본 장수, 즉 고니시와 가토를 한강 중류에 있는 용산의 한 가옥으로 불러 회담을 열었다. 심유경은 회담을 시작하기에 앞서 이렇게 말했다.

"그대들이 평양에서 내 말을 들었다면 이 모든 고생을 겪지 않았을 것이다. 4만에 이르는 명나라의 강력한 군사가 지금 일본군을 사방에서 포위하고 있다. 강력한 진지를 구축하여 일본군의 퇴각로를 차단하기 위해 이미 우리 군사들이 조령에도 파견되었다. 우리가 한강을 철통같이 지키고 있기 때문에 그대들은 강을 건널 수 없을 것이다. 이여송 장군은 현재 명나라에서 새로이 증파된 30만의 군사를 이끌고 이리로 내려오고 있으며(새빨간 거짓말이다.) 나는 그대들에게 유일한 탈출로를 알려주려 한다.

그대들은 조선의 두 왕자를 놓아줘야 한다. 그리고 당장 한양을 떠나 경상도 쪽 해안으로 가야 한다. 그래야만 우리는 강화조약을 체결할 것이고, 우리 황제 폐하께서 일본 왕을 속국의 왕으로 인정할 것이다."

전쟁에 패한 일본 침략자들은 이 명령에 따르는 수밖에 없다는 걸 깨달았고, 4월 19일 한양을 빠져나온 37명의 장수의 이름으로 이 명령에 따르기로 약속했다. 추가로 일본군은 철수할 때 관아의 곡물 창고에 보관 중이던 2만 가마의 곡식을 건드리지 않기로 약속했다. 두 조선 왕자는 일본군이 데리고 있다가 부산에 당도할 때 조선 측에 넘기기로 했다.

토사물은 물론 인육과 골수도 먹다 일본군은 정확히 약속한 날짜가 되자, 한양에서 철수하기 시작했다. 급속하게 건강을 회복한 이여송은 일본군이 전투 의지가 없다는 걸 안 뒤 일본군이 철수한 이튿날 한양에 입성했다. 그가 목격한 한양의 모습은 말로 형언할 수 없을 정도로 엉망이었다. 종묘와 세 개의 궁궐이 불에 타버렸다.

침략군이 본부로 사용한 경복궁 남쪽 궁장宮牆(궁궐을 둘러싼 성벽―옮긴이)만 온전했다. 사방의 모든 땅이 불모지로 변해버렸고, 조선 사람들은 참혹한 기근에 직면해 있었다. 1천 가마의 쌀을 서둘러 꺼내어 솔잎을 넣고 끓인 국이나 죽을 만들어 수천 명의 굶주린 백성 중 일부에게나마 먹였다.

사대수 장군은 길을 지나다 죽은 엄마의 가슴에서 젖을 빨려고 발버둥치는 아기를 보았다. 그 모습에 동정심이 솟구친 그는 부하들에게 그 아기를 진지로 데려와 돌봐주라고 지시했다. 쌀이 너무 귀했기 때문에 쌀 세 됫박이면 면옷 한 벌을 살 수 있었다. 값비싼 말도 쌀 세 통이면 살 수 있었다. 굶주린 남정네들은 서로 싸우다 상대방을 죽였고, 이긴 자는 진 사람의 시체에서 골수를 빼먹으며 목숨을 부지했다. 그러고는 자신도 폭식으로 죽어갔다.

심지어 한 술 취한 명나라 병사가 길에서 토하자, 굶주림에 반쯤 죽어가던 근처의 남자들이 모두 기어와 이 끔찍한 음식 대용품을 서로 차지하려고 아귀다툼을 벌였다는 말이 돌아다닐 정도였다. 이런 사태는 당연히 발진티푸스의 일종인 토착병이 창궐하는 결과를 불러왔고, 이 병으로 죽은 사람들의 뒤엉킨 시체가 길가마다 즐비했다. 사람들은 한양 안에서, 조금 후에는 한양 외곽에서 죽은 시체들을 모두 거두어 수구문水口門(지금의 광희문―옮긴이) 바깥에 쌓았는데, 누가 확인해보니 시체더미의 높이가 담장 위로 3미터 이상 올라갔다고 한다.

허무하게 끝난 첫 번째 일본군 추격 작전   이여송이 한양에 들어온 것은 4월 20일이었다. 그는 남쪽 궁장에 있던 일본군의 본부를 차지했다. 그가 서둘러 일본군을 추적하려 하지 않았기 때문에 유성룡은 일본군이 전속력으로 도주하고 있으므로 서둘러 그들을 뒤쫓아 기회가 닿는 대로 격파하는 게 좋겠다고 건의했다.

이여송은 편안한 본부를 그렇게 빨리 떠날 생각이 없었으나, 추격 작전을 승인하면서 이여백 장군에게 1만의 병사를 주어 그 임무를 맡겼다. 그러나 한 이틀 만에 이 박력 없는 장군은 되돌아와 다리가 아프다고 말했다. 첫 번째 추격 작전은 그렇게 허무하게 끝나고 말았다.

추격을 멈춘 명군과 왕릉까지 파헤치며 퇴각하는 일본군
그러자 파주에서 돌아온 조선의 권율 장군이 즉시 일본군을 추격해야 한다고 재촉했다. 하지만 명군 총사령관은 이유는 설명하지 않은 채 추격 작전을 중지시켰다. 조선 사람들 사이에서는 이여송이 추격 작전 자체를 불가능하게 만들려고 몰래 병사들을 보내 한강에 있던 배들을 모조리 파괴했다는 말까지 돌아다녔다. 이에 반해 한강을 건너 퇴각하던 일본군은 매우 횡포한 짓을 저질렀다. 화풀이의 대상을 살아 있는 사람에게만 국한시키지 않고 시체들까지 마구 해쳤던 것이다. 한강을 건넌 일본군은 한강에서 얼마 안 떨어진 정릉을 지나던 중 왕의 능들을 파헤쳤다. 열다섯 개의 지층을 파내려가자 약간의 옷과 유골이 나왔다. 일본군은 그것들을 땅바닥에 내동댕이친 다음, 팠던 구멍을 돌로 메워버렸다. 또 옆에 있던 또 하나의 왕릉을 파헤쳐 관과 유골을 불태웠다.

뇌물을 받고 추격을 지체한 명군   한편 평양에 머물던 군사 고문 송응창이 일본군에 대한 추격을 명령하는 편지를 보내왔다. 하지만 조선 사람들은 이것을 눈 가리고 아웅하는 수작으로 여겼다. 그것은 일본군이 퇴각한 지 이미 20일이나 지난 그때 비로소 다시 추격 작전을 벌인다는 것은 말도 안 되는 소리였기 때문이다. 이때 조선 사람들은 일본군이 한양을 떠나기 전에 평양에 있던 이여송과 송응창에게 큰 돈을 보냈으며, 일본군이 무사히 달아날 수 있었던 것은 이 때문이라고 주장하면서 명군을 거칠게 비난했다.

조선 사람들에게 명군의 꾸물거리는 태도는 너무나 큰 의문이었기 때문에, 이런 뇌물설은 명군 측의 미온적인 행동에 대한 완벽한 설명으로 부족함이 없었을 것이다. 사실 중국인들의 기질이나 선례를 살펴보면, 이런 주장을 반박할 만한 근거가 빈약하다는 걸 인정해야 한다. 실제로 이런 주장을 입증하는 좋은 사례가 있다. 어떤 조선 사람이 우연히 만난 일본군 낙오병을 죽여버렸는데, 현지를 관할하고 있던 명나라 장군의 명령에 의해 죽도록 맞았다는 것이다.

이여송은 시간을 지체할 대로 지체한 뒤 드디어 추격의 구실을 찾아냈다. 하지만 조령 고개를 넘은 다음에도 그는 좀처럼 적군이 있는 곳으로 접근하지 않다가 결국 군사를 돌려 한양의 편안한 진지로 돌아와 버렸다. 만일 그가 일본군이 급히 배를 타고 고향으로 돌아갔다고 생각했다면 큰 오산이었다. 설사 일본군이 그렇게 하고 싶었을지 몰라도, 이순신 장군이 일본 증원군에 가한 가혹한 벌을 기억하고 있던 그들은 해안 쪽으로 쉽게 접근하지 못했고, 그 결과 조선 남부 지방의 일본군은 사실상 갇힌 신세가 돼버렸다. 진작 이순신같이 유능하고, 용감하고, 노련한 장군이 육군을 지휘했더라면 조선은 이런 장기전의 참화를 겪지 않았을 것이다. 또한 조선이 승기를 잡기 시작했을 때 명군이 지원군으로 오지 않았다면, 추격전이 지체되는 일이 없었을 것이고, 한양으로 내려간 도망병이 무고한 백성을 살육하는 일이 없었을 것이며, 남부 지방에 새로운 전선을 구축하는 일도 지체되거나 어려워졌을 것이다. 하지만 역사에서 가정이란 없다.

일본군이 울산에서 순천까지 진지를 구축하다 남쪽으로 패주한 일본군은 이런 엄연한 현실에 직면했다. 그러나 그들은 군인답게 이 문제를 해결하기 위해 골몰했다. 일본군은 바다 쪽으로 더 나아가려고 했다. 아마도 운이 좋아 일본으로 몰래 건너갈 수 있는 기회가 오면 그것을 놓치지 않겠다는 속셈이었을 것이다. 그러나 일본군은 숫자가 너무 많았고, 군량미를 조달하지 않고는 버틸 수 없었기 때문에 항상 같은 장소에 야영하기란 불가능했다.

그래서 일본군은 경상도 울산의 서생포에서 전라도 순천에 이르는 남해안의 긴 지역을 요새화하는 방안을 선택했다. 이 두 지역 사이의 거리는 430킬로미터가 넘었는데, 여기에 총 20에서 30개의 진지가 구축되었다. 진지 사이의 간격은 16킬로미터 정도 되었다. 그 정도면 각 진지가 군량미를 조달할 만한 지역을 충분히 확보하면서도, 조선 군대나 조선의 동맹군인 명나라 군대에게 포위당할 경우에 서로 지원할 수 있을 만큼 충분히 가까운 거리였다.

일본군 요새들은 바다가 내려다보이는 절벽에 진지를 구축한 뒤 지상 부분은 참호나 토루土壘로 빙 둘러싸는 형태로, 거의 다 비슷했다. 일본군은 본국의 지원을 당장 기대하기 어려운 데다 고난의 시기가 예상되었던 만큼 진지 구축 작업에 극도의 신중을 기했다.

흑인이 전쟁에 참여하다 그즈음 명 황실도 조선에서 일어난 일련의 사건을 알고 있었다. 조선 북부 지방에서 거둔 명나라 장군들의 전과가 황실에 전쟁을 더욱 강력히 추진해야겠다는 의지를 불어넣은 것 같다. 그래서 유정과 오유충 장군이 지휘하는 증원군이 전선에 파견되었다. 병력은 5천 명에 달했으며 주로 중국 남부 지방에서 차출되었다. 그들 중에는 '바다의 오랑캐들', 즉 남부 지방의 '야만인'들도 상당수 포함되어 있었다고 한다. 전해지는 말에 따르면 검은 피부색을 가진 이들도 있었는데, 이들은 물속에 들어가 적군의 배를 밑바닥에서 뚫고 공격할 수 있었다고 한다(임진왜란에 흑인들도 참전한 것으로 알려져 있다—편집자 주).

이 부대에는 걷지 않고 마차를 타고 온 거물급 무인들도 약간 있었다고 한다. 이들은 경상도 진주에 구축된 진지에 들어갔다. 이곳에는 김천일, 김상곤, 최경회, 고종후, 양상주, 이종인 등의 의병장들이 지휘하는 대규모 조선 군대가 주둔하고 있었다. 이들 밑에는 의병들과 징발된 병사들이 많이 있었던 것 같다. 그래야 이 고장의 신속한 탈환과 곧이어 벌어진 끔찍한 대학살이 설명된다.

임진왜란 최고의 전투, 진주성 전투 일본군은 진주성을 포위하고 수백 차례를 공격을 가했으나 승리하지 못하자, 9일 뒤에는 더욱 공격을 강화했다. 결국 긴 전투에 지칠 대로 지친 조선 사람들이 성문에서 후퇴했고, 일본군이 이 틈을 타 성으로 진입했다. 하지만 일본군이 성안으로 진입한 뒤에도 조선 사람들은 결사적으로 항전했고 한 사람도 호락호락 희생되지 않았다. 조선 측의 기록에는 이 피비린내 나는 격전 중에서 한 가지 사례만 보존돼 있다. 성으로 진입한 일본군이 성에서 남강이 내려다보이는 지점까지 진격했을 때 처절한 전투가 벌어졌는데, 이종인이라는 조선의 장수가 두 일본 병사의 허리를 잡고 절벽 끝으로 끌고 가 그들과 함께 강으로 뛰어내렸다는 것이다.

또 조선의 사료에는 이 전투에서 무려 7만 명의 조선 병사가 전사했고, 같은 숫자의 일본군도 죽었다고 기록돼 있다. 그 정도의 숫자는 조선에 와 있던 모든 일본군을 몰살했다는 뜻이므로 틀림없이 과장되었다고 봐야 한다. 우리는 일본군이 처음 조선 땅을 밟은 이후 전혀 본국으로부터 지원을 받지 못했다는 점을 잊지 말아야 한다. 질병과 사고로 죽은 숫자를 포함하여 조선과 명나라 군대의 손에 죽은 수천 명의 전사자를 빼면, 이즈음 일본군의 병력은 약 15만 명 정도의 수준으로 줄어들었을 것이다.

따라서 일본이 정말 7만의 병력을 잃었다면 그 자리에서 전쟁을 지속할 수 없는 상태로 전락하게 되었다는 말이다. 이 진주성 전투는 가장 중요한 전투로는 볼 수 없지만, 조선 사람들은 임진왜란 전체를 통틀어 최고의 전투로 꼽는다.

양귀비꽃보다도 더 붉은 그 마음 흘러라 이 고장에 사는 한 기생(논개)을 둘러싼 흥미로운 이야기가 전해진다. 일본군이 이 지역을 점령하면서 그 기생은 한 일본군 장수의 차지가 되었다. 어느 날 강이 내려다보이는 성벽의 정자에서 잔치를 벌이고 있는데, 갑자기 기생이 흐느끼기 시작했다. 그가 이유를 묻자 그녀는 이렇게 대답했다. "일본군이 들어와서 우리나라 사람들과 임금님을 쫓아냈습니다. 임금님이 살아 계신지도 모르는데 소녀는 지금 여기에 앉아 잔치를 벌이고 있습니다. 여기에 앉아 적의 비위를 맞추고 있는 내 신세는 짐승보다 나을 게 없습니다."

말을 마치자마자 기생은 일본군 장수의 목을 껴안고 함께 낭떠러지에서 뛰어내림으로써 한 많은 인생을 끝내고 조국의 원수도 갚았다고 한다. 그녀는 나중에 영웅의 대접을 받았고, 어명에 따라 매년 그 자리에서는 그녀의 충절을 기리는 의식이 열린다.

30대의 이여송, 세어버린 머리를 보여주다 이 시기에 위대한 장군 이순신은 경상도 연안의 한산도에 있던 진지에 머물고 있었다. 그가 이끄는 수군은 규모가 크지 않았다. 하지만 그는 자신의 의도와 관계없이 찾아온 휴식기에도 미래의 전투에 대비했다. 그는 바닷물을 증발시켜 소금을 만드는 작업에 모든 병사들을 투입했다. 이것을 통해 그는 엄청난 군량미를 축적할 수 있었다. 병사들이 쓸 숙소가 필요했던 그는 목수들과 일꾼들에게 하루 일당으로 소금 한 부대씩 주었다. 이즈음 왕은 이순신에게 충청도, 경상도, 전라도를 총괄하는 삼도수군통제사라는 직위를 부여했다.

9월에 이르자 명나라 군사 고문 송응창과 이여송 장군은 병력을 소집하여 귀국길에 올랐다. 그들은 침략군의 중추가 분쇄되었다고 믿었으며, 또 사실이 그랬다. 하지만 모든 허릿병이 그러하듯이, 일본군의 허리 역시 완전히 나을 때까지 오랫동안 명을 이어갔다.

명나라 장군들은 고국을 향해 출발하면서 조선 국왕의 호위 병력으로 사용할 1만의 군사를 유정과 오유충에게 맡겼다. 조선 사람들은 이여송 장군의 부패 행각에 의구심을 품었음에도 불구하고 그를 칭송했다. 그들은 이여송을 잘생긴 30대의 젊은이로 도량이 넓고 탁월한 전투 기술을 보유한 사람이라고 묘사했다. 명나라로 출발하기 전날 이여송은 조선 사람들 앞에서 관모를 벗고 이미 세어버린 자신의 머리를 보여주었다. 그는 조선을 위해 자신이 너무 고생했기 때문이라고 말했다. 조선 사람들은 이런 싸구려 연기에 깊이 감동한 것 같다.

한양으로
돌아온 선조

선 조 가   한 양 으 로   돌 아 오 다

1593년 10월 4일, 선조는 북부 지방에서의 길고 힘든 망명 생활을 끝내고 한양의 관문을 통과했다. 하지만 그의 눈에 비친 한양은 폐허와 다름없었다. 많은 궁전이 불에 탔고, 종묘는 아예 무너져버렸다. 이런 상황을 고려하여 왕은 서대문 인근의 정동이라는 곳에 당분간 머물기로 결정했다. 예전에 이곳에는 태조 이성계의 어부인의 무덤이 있었으나 오래전에 북동문 외곽의 장소로 이장되었다.

그래서 왕은 덕수궁에 처소를 잡았다. 대한제국의 고종 황제가 살고 있는 바로 그 자리이다. 이 처소 주변의 상당히 큰 면적의 땅에 높은 담장이 둘러쳐졌고, 동쪽과 서쪽에 각각 문을 냈다. 이 왕의 처소는 '시어소時御所', 즉 '임시 거처'라고 불리었다. 선조는 붕어할 때까지 이곳에서 15년간 살게 된다. 왕은 전에 자신의 궁궐이 있던 곳, 즉 경복궁의 재건을 간절히 열망했다. 새로운 궁의 건축비를 충당하기 위해 모든 백성들에게 생산된 무명의 절반이 세금으로 부과되었다. 불가피한 경우, 쌀로 대납하는 것도 허용되었다.

이즈음 조정에서는 선조가 세자(광해군)에게 왕위를 물려주기를 바라는 강력한 파당이 생겨났다. 이 왕세자는 첩의 몸에서 태어난 서자였다. 왕비가 자식을 못 낳았기 때문이다. 그는 야심이 많았으나 방탕했으며, 아버지에 대한 충성심은 전혀 없는 인물이었다. 일부 간신들은 심지어 왕권을 세자의 손에 넘겨주면 백성들이 더 좋아할 거라는 취지로 진언하기까지 했다. 왕은 주저했다. 자기 아들이 한 나라를 통치하기에 얼마나 부족한지 잘 알고 있었기 때문이다.

명 장군들, "유능한 장군(이순신?)을 왕에 앉혀야 한다" 명 황제는 송응창의 건의에 따라 왕세자가 명나라 장군인 유정과 함께 하삼도를 관장하는 관찰사의 직위에 임명할 수 있다는 칙서를 조선의 왕에게 보냈다. 왕자는 이 조치에 크게 기뻐하며 청주의 관사로 서둘러 출발했다. 그는 남부 지방에 대한 전반적인 통치권을 왕의 손에서 빼앗았으며, 심지어 왕의 고유 권한인 과거 시험을 열기도 했다.

다른 명나라 장군들도 황제 앞에서 조선 왕의 나약한 심성과 사치심을 비난하면서 조선의 장군들 중 가장 유능한 자를 왕좌에 앉혀야 한다고 건의했다. 그러나 조선에 충성을 다했던 병부시랑 석성 장군만은 조선 왕에게 사치심을 질책하고 그것이 일본군의 조선 침략을 성공케 한 원인임을 지적하는 칙서를 보내는 선에서 사태를 마무리하자고 황제를 설득했다. 이 칙서는 유능한 군대를 육성하고, 일본군을 조선에서 쫓아내는 임무를 완수하라는 등 전반적으로 왕에게 분발을 촉구하는 내용으로 마무리되고 있다.

황제의 칙서를 가지고 간 명나라 사신은 파주에서 유성룡의 영접을 받았다. 명 사신은 자신이 한양에 도착하면 매우 중대한 사건이 일어날 것이라고 유성룡에게 말했다. 유성룡과 석성은 이 문제를 상의한 끝에 어떤 일이 있어도 왕이 퇴위하는 사태를 막아야 한다는 데 뜻을 모았다. 그들이 관직을 유지할 수 있는 것은 전적으로 왕이 현재의 왕위를 유지하고 있기 때문이었다. 그들은 자신들의 생각을 명 사신에게 알리고 협조를 구했다. 혹시라도 왕이 칙서를 읽고 퇴위를 선언하는 경우, 사신이 즉각 나서서 왕의 퇴위는 황제에게 서한을 보내 허락을 얻기 전까지는 불가하다는 반대 입장을 밝히도록 하기 위해서였다.

'날아다니는 장군' 김덕령 한편 남부 지방에서는 일본군에 대한 일종의 유격전이 활발히 펼쳐지고 있었다. 이 유격전은 자수성가한 인물로 왕자의 신임을 받고 있던 김덕령이 주도하였다. 이 사람은 자신의 전 재산을 일본군을 쫓아내는 데 내놓고 직접 5천 명의 의병을 모아 무장시켰다.

그의 작전은 엄청나게 빠른 속도로 장소를 옮겨 다니면서 적이 예상하지 못할 때 타격을 가하는 것이었다. 이런 그의 신출귀몰한 작전 때문에 일본군은 그를 '날아다니는 장군'이라는 별명으로 불렀다. 사람들은 그를 전투만 했다 하면 항상 승리하는 장군이라고 말했다.

그와는 전혀 다른 부류의 우두머리로 송우진, 이능수, 현몽 등이 있었다. 이들은 극한 상황에 처한 주변의 무리들을 끌어모은 다음, 지방을 돌아다니며 노략질과 방화를 일삼았다. 한양의 조정은 이들의 위세에 경악했다. 이 도적떼가 언제 한양으로 올라와 활개를 칠지 모를 일이었기 때문이다.

정국의 불안 요소인 왕세자는 여전히 청주에 머물고 있었다. 모든 사람들이 그가 반역의 음모를 꾸미고 있을지 모른다고 생각했다. 실제로 그런 기미가 너무 강하여 도적떼들은 감히 그에게 편지를 보내 임금에 대한 불평을 늘어놓았고, 자신들이 깨끗이 정리하겠노라고 우기기도 했다. 그들의 의도는 간단했다. 그 왕자를 권좌에 올려놓고 싶었던 것이다.

한양에서는 병조판서인 이덕형이 반란군과 내통하고 있다는 소문이 돌면서 백성들이 근심에 사로잡혔다. 당시 부상 중이었던 이 판서는 40일 동안 하루도 빠짐없이 궐 앞에서 무릎을 꿇고 자신이 씻지 못할 불충의 죄를 저질렀다며 죽여달라고 간청했다.

당시 명 황제가 조선의 왕좌를 이을 후보자를 책봉해주는 것은 일종의 관례였다. 하지만 임진왜란 초기에는 신속한 후계자 지명이 필요한 듯했기 때문에 조선의 왕은 왕자를 불러 비공식으로 그가 왕위를 이어받을 것이라고 알려주었다. 그 왕자는 이 사실을 명 황제가 직접 승인해주기를 원했고, 그 승인을 받아오기 위한 사신이 명 황실에 파견됐다. 하지만 명 황제 자신도 첩의 소생 말고는 아들이 없었고 그 아들을 다음 황제로 책봉하기를 극도로 꺼렸기 때문에, 조선의 왕자가 왕위에 오르는 것을 원하지 않았다. 그런 이유로 황제는 조선의 청을 일거에 거절했고, 이로써 야심 많은 왕자의 꿈은 한순간에 물거품이 되었다.

선조, 개혁에 착수하다 황제가 조선 왕에게 가한 질책은 어떤 점에서는 당연했던 것 같다. 북부 지방에서 지루한 망명 생활을 이어가던 조선 왕은 자신을 위해서든 나라를 위해서든, 평화가 주는 안락함에 더 심취해 있었다. 조선 왕이 바로 분발하여 나라의 재정을 재건하는 작업과 군대를 더욱 효율화하는 작업에 착수한 것을 보면, 확실히 명 황제의 질책은 효과가 있었던 것 같다.

그때까지 나라의 세입은 쌀로만 충당되었으나, 이제는 다른 농산물로도 납부가 가능하도록 제도를 바꾸었고, 징세의 임무를 다양한 개인들에게 위임했다. 하지만 이 제도는 장점도 있었지만, 동시에 매우 심각한 부작용을 일으킬 소지를 내포하고 있었다.

군대의 재편은 매우 중요한 문제였으므로, 왕은 강력한 의지를 갖고 직접 이 일을 챙겼다. 종전에는 장군들이 저마다 수하를 거느렸고, 이들을 통제하는 권력이나 권위가 중앙에는 없었다. 각 군사 집단은 종합적인 계획에 관계없이 자기 지휘관의 즉흥적인 명령에 따라 움직였던 것이다. 왕은 명나라 장군 이여송이 조선을 떠나기 전에 준 병법을 다룬 책, 즉 척계광戚繼光의 『기효신서紀效新書』를 활용하는 한편, 조경과 유성룡에게 군대 재편에 관한 전권을 주었다.

새로운 계획을 실천에 옮기기 위해 가난하고 궁핍한 많은 병사들이 징집되었다. 그들은 흙을 가득 채운 쌀가마 들어올리기, 키만큼 높은 벽을 뛰어넘기 등으로 이루어진 신체검사에 합격해야 했다. 열흘 만에 2천 명의 장정이 신체검사에 통과하여 훈련을 받기 시작했다. 병사들에 대한 훈련은 총포 사격, 활쏘기, 도끼 다루기 등 세 부분으로 이루어졌다. 그런 뒤 이 장정들은 왕실 호위병으로 배치되었다. 이 병력은 점점 늘어나 1만 명까지 불어났고, 조정의 각 부에 2천 명의 병력이 배속되었다.

그리고 전체 병력은 두 부대로 나뉘어, 한 부대가 한양 내에서 훈련하는 동안 다른 부대는 변두리에서 농사일에 종사했다. 이런 식으로 전 부대의 유지에 필요한 군량을 자체 조달했다. 이 계획은 전국으로 확대되었고, 한양에서 내려간 교관들이 지방의 병사들을 훈련시켰다. 이런 식으로 육성된 병사들은 의병의 한 부류가 되기도 했다. 이후 조선 군대의 전투 능력과 군기는 놀랄 만큼 향상되었다.

일본과의 화평을 위한 교섭을 시작하다 이여송 장군이 일본 측에 호의를 베풀었다고 의심했던 사람은 조선 사람들만이 아니었던 것 같다. 명나라 황제도 그런 낌새를 눈치채고 그의 고위 관직을 박탈했다. 고양겸顧養謙 장군이 그의 후임자로 임명되었다. 신임 장군은 조선의 접경 지대인 요동까지 진격한 뒤 그곳에서 조선 왕에게 편지를 보내, 명나라는 이번 전쟁에서 이미 많은 병사와 재산을 잃었으므로 조선 왕은 서둘러 일본과 화해하고 빨리 명 황제에게 복종케 하라고 했다. 그가 야전에서 실질적인 전투에 임하는 사태가 오기 전에 완전하지 못하더라도 평화가 오기를 바랐던 것은 분명해 보인다.

왕은 편지를 읽고 나서, "왕세자가 왕위에 오르면 자기 뜻대로 일을 처리해도 좋을 것이다. 하지만 나로서는 절대로 일본과 화해하거나 친하게 지낼 생각이 없다."고 말했다. 하지만 유성룡은 조선이 처한 고립무원의 처지와 명나라 지원의 절박한 필요성을 역설했다.

성혼成渾은 신임 명 장군이 휘하에 대군을 거느리고 있으므로 어떻게 하든지 그자의 환심을 사야 한다고 왕에게 재촉했다. 그래서 왕은 마지못해 명 측에 사신을 보내 일본과의 화평을 위한 교섭을 시작하도록 요청했다. 사신이 가고 있는 중에도 명 황제는 전쟁이 이미 끝났다고 생각했는지 유정 장군에게 경상도에 주둔 중인 모든 병사를 이끌고 즉시 복귀하라고 명령했다.

유정, 요동으로 돌아가다 왕세자는 유정에게 사람을 보내 철수하지 말 것을 간청했다. 조선의 모든 백성이 이 때문에 근심에 빠졌다. 조선 사람들은 그를 일본군을 쫓아낼 수 있는 유일한 희망으로 여겼다.

하지만 명 황제의 명령은 곧 법이었고, 전장의 장수는 황제의 명에 복종할 수밖에 없었다. 유정은 휘하의 병사들, 그리고 그 병사들과 결혼한 조선 여인과 그 아이들을 모두 데리고 요동 지방으로 돌아갔다. 전해지는 말에 따르면, 조선의 아내를 데리고 명으로 돌아간 병사들이 무려 1만에 이른다고 한다. 하지만 6년 뒤 그 조선 여인들은 모두 고향으로 돌아오게 되었다.

가토와 김응서의 회담   가토는 경상도의 장군인 김응서와 만나 회담을 갖고 싶어했다. 그는 요시라라는 일본인에게 회담을 주선하라는 임무를 주어 사절로 보냈다. 얼마 후 두 사람은 함안에서 만나 회담을 열었다. 카토는 회담을 시작하기에 앞서 이렇게 말했다. "만일 우리가 명의 신하국이 되도록 조선이 도와준다면 우리는 그것을 커다란 은혜로 여기고, 조선 땅에서 우리 군대를 즉각 철수할 것이오."

하지만 가토와 고니시 사이의 적대 감정에 대해 익히 잘 알고 있던 김응서는 다음과 같이 반문함으로써 가토의 예봉을 피해갔다. "그대와 고니시는 왜 의견이 다릅니까? 그자가 이 땅에 있는 한 당신이 꾀하는 그런 계획은 실천되지 못할 게 뻔하지 않소."

가토는 이렇게 대답했다. "나는 오래전부터 그자를 없애고 싶었지만, 기회를 잡지 못했소. 우리가 어떻게든 그자에게 불리한 죄를 만들어 병사들 사이에 퍼뜨리면 모든 군대를 일본으로 보낼 수 있을 것이오."

이 두 사람 사이에 어떤 논의가 더 있었는지는 알지 못한다. 하지만 우리는 이와 같은 지나가는 사건을 통해, 일본군 병사들에게 가토보다 어린 고니시가 신망을 더 받고 있었고, 가토는 그 신망이 어떤 식으로든 줄어들지 않으면 고니시에게 맞설 엄두를 못 내고 있었다는 사실을 알 수 있다. 이런 점에서 보면 가토는 젊은 적수와의 경쟁에서 자신이 사실상 패배했다는 걸 시인한 셈이었다.

일본 사신, "명의 신하국이 되겠다"   명 황제는 일본과의 화해를 장군들만큼 간절히 원하진 않았다. 그래서 신임 총사령관으로 조선으로 보낸 자가 조선의 침략자들과 강화조약을 맺으려 한다는 소식을 접하자, 즉시 그의 파직을 명령하고 손광孫鑛 장군을 후임자로 보냈다.

이런 일이 일어난 직후, 조선에 갔다 온 호옥이라는 사신이 일본과 강화조약을 맺자고 요청했다. 그의 전갈이 알려지자 황궁의 모든 대신들은 그 계획에 찬성했다. 하지만 내각의 최고 책임자는 전에 평양에서 비슷한 임무를 띠고 심유경 장군을 따라왔던 소서비라는 일본인에게 농락당한 적이 있기 때문에 다음과 같은 세 가지 제안을 하여 그들의 의중을 떠보는 게 좋겠다고 말했다.

(1) 우리는 일본 국왕에게 신하국 왕의 지위를 부여할 것이다. (2) 모든 일본군 병사들은 조선에서 철수한다. (3) 일본은 조선을 다시는 괴롭히지 않겠다고 맹세한다.

황제는 이 계획에 만족하여 소서비에게 사람을 보내 황제 앞에 출두하여 이 조건을 받아들이라고 요구했다. 일본 사신은 북경에 도착하자마자 이 조건을 수락하고는 "일본은 이 조건에 기꺼이 동의할 뿐 아니라 앞으로도 이 약속을 지킬 것을 하늘에 맹세한다."고 외쳤다.

그러자 이상하게도 전부터 항상 일본을 편들었던 심유경은 기뻐서 소리쳤다. "일본이 명의 신하국이 되기를 갈망하고 있다는 것이 이제 분명해졌다. 마땅히 사신을 일본에 보내 히데요시에게 왕의 휘장을 수여해야 할 것이다. 그러면 이 모든 소란은 끝날 것이다."

하지만 이 일본 손님을 더 정확히 간파하고 있었던 허홍강은 "일본 사람들은 속을 알 수 없다. 중국의 신하국이 된다는 말은 모두 핑계일 뿐이다. 일본에 사신을 보내봐야 소용없다."라고 잘라 말했다.

석성 장군은 "이 자는 솔직하게 말하고 있는 것 같다. 심유경 장군은 소서비와 함께 조선으로 돌아가 일본군 지휘관들과 회담을 하라. 그런 다음 일본 왕을 왕으로 책봉할 준비를 하면 될 것이다."라고 말했다.

황제는 석성의 말대로 명령을 내리고, 동시에 이종성을 일본에 가서 책봉식을 거행할 특별 사신으로 임명했다. 그리고 그의 보좌관으로 양방형을 임명했다. 이 사건들은 모두 1593년 말에 일어났다.

또 다른 적, 도적떼 신년이 밝았지만 정치적 상황은 여전히 암울했다. 남부 지방에서는 일본군이 여전히 굳게 버티고 있었을 뿐 아니라, 도적떼들이 전 국토를 유린하고 있었다. 관군은 일본군에 대해 공세를 펴기는커녕 도적떼를 토벌하느라 여력이 없었다. 그러나 관군은 강력한 추격 작전을 벌인 끝에 대규모의 산적단을 회문산에 몰아넣고 괴멸시키는 데 성공했다. 이즈음 왕은 중국 북경에 다시 사신을 보내 후임 왕의 책봉을 청했으나 이번에도 거절당했다.

김덕령, 모함에 빠지다 앞에서 일본군이 '날아다니는 장군'이라고 불렀다고 했던 김덕령 장군의 경험은 조선의 치명적인 약점, 즉 누구라도 잘나가는 자가 있으면 질투심이 발동하는 조선 사람들의 성향을 잘 보여주는 사례이다. 김 장군은 나름대로 일본군을 맞아 선전하고 있었는데 그의 군사적 성공은 윤근수 장군의 원한을 샀다.

윤근수는 왕에게 김덕령이 일본군은 한 명도 죽이지 못하고 조선 사람들만 무수히 죽였다고 모함했다. 왕은 이런 근거 없는 모함만 믿고, 진실을 밝히려는 신문도 하지 않은 채 김덕령을 한양으로 소환하여 1년이나 감옥에 가두어 두었다. 이런 식으로 조국을 지키기 위해 병사들을 모으고 무장시키는 데 자기 전 재산을 쏟을 정도로 충성심이 강하고 이타적인 애국심으로 충만한 사람들도 순전히 무능한 자가 그들의 명성을 시기하면 펄펄 날던 전쟁터에서 끌려와 감옥에서 시들어가는 경우가 흔했다.

명을 갖고 노는 일본의 웃기는 코미디 일본을 진지한 자세로 상대하는 명나라 사람들과 단지 시간을 벌기 위해 명나라 사람들을 갖고 노는 일본인들 사이에서 아주 웃기는 코미디가 이제부터 시작된다.

1595년 4월, 일본을 향하던 명 사절단이 한양에 도착했다. 그러자 심유경 장군은 즉시 남쪽으로 달려가 가토에게 명 사절단이 이미 한양에 들어왔으며, 따라서 그들이 부산에 가기 전에 빨리 모든 군대를 이끌고 조선을 떠나야 한다고 귀띔했다. 이 말에 교활한 가토는 엄숙한 표정으로 답했다.

"내가 급히 일본에 건너가서 이 문제를 상의할 동안 장군은 몇 주간 여기서 머무는 게 좋을 것 같소. 히데요시께서 군대의 철수를 명령하시면 즉각 실행에 옮기겠소."

그리고 나서 일본으로 건너갔다가 돌아온 그는 중요한 철수 문제에 대해서는 대답을 회피한 채, 일본에 가는 명나라 사절단에 조선인 한 명이 동행하는 게 좋을 것 같다고 말했다.

한편 한양에 머물고 있던 명나라 사신 이종성은 일본 측에 전령을 계속 보내 조선에서 신속하게 철수할 것을 촉구했다. 하지만 가토는 이런저런 핑계를 대며 철군을 계속 연기할 뿐 좀처럼 움직이려 하지 않았다.

그러다 명나라가 이 모든 게 진짜 코미디라는 걸 알아차릴까 봐 두려운 지경에 이르자, 가토는 웅천과 거제에서 일부 부대를 차출하여 철수 준비를 시켰다. 그리고 한편으로는 심 장군을 한양에 보내 자신은 사절단이 빨리 남쪽으로 내려와 철수하는 일본군과 함께 일본으로 가기를 기다리고 있다는 뜻을 전했다.

명 사신은 한양에 도착한 지 이미 5개월이나 지났으므로 가토의 초대를 즉시 받아들였다. 남쪽으로 출발한 그는 전라도 남원에서 발길을 멈췄다. 일본군 진지로 바로 들어가기가 꺼림칙했기 때문이다. 그곳에 머물 때 그는 '개구리 먹보'라는 별명을 얻었다. 그가 이 파충류 동물의 고기를 너무 좋아한 나머지 주변 사람들에게 개구리를 닥치는 대로 잡아달라고 졸랐기 때문이다.

요동의 안락한 진지에 처박혀 있던 손광 장군은 그에게 편지를 보내 그의 비겁한 태도를 꾸짖고는 즉시 행동을 개시하라고 명령했다. 여기에 자극을 받은 그는 부산까지 내려갔다. 하지만 가토는 그를 만나려 하지 않고 "나는 본국의 훈령을 받아야만 그대를 데리고 대한해협을 건너갈 수 있소. 그러니 내가 한 번 더 건너가서 이 문제에 대한 히데요시의 결심을 알아보고 오겠소."라는 말만 되풀이할 뿐이었다. 그는 두 달 동안 자리를 비운 뒤 다시 돌아와, 우선 심 장군을 데리고 일본으로 건너가 신하국 책봉식을 준비해야 하고, 모든 준비가 끝난 뒤 적절한 시기에 사절단이 뒤따라와야 한다고 역설함으로써 코미디의 제2막을 열었다.

이즈음 중국 사절단은 일본군에 대한 두려움과 복잡한 일본식 외교 관행에 너무 헷갈려서 거의 제정신이 아니었다. 따라서 1596년 새해가 시작되자, 일본을 다녀온 소학명이라는 명나라 사람이 히데요시는 명의 신하가 될 생각이 추호도 없으며, 만일 명나라 사신이 일본에 건너가면 절대로 살아서 귀국할 수 없을 것이라는 말을 전하자 그의 공포는 절정에 달했다.

그날 밤, 이 가엾은 명나라 사신은 보따리에 약간의 옷가지만 챙긴 채 하인 한 명만 데리고 일본군 진지에서 탈출하여 북쪽으로 달아났다. 그는 밤에 이동하고 낮에는 숨는 식으로 도주한 끝에 가까스로 한양에 당도했다. 코미디의 제2막은 이렇게 막을 내렸다.

명나라 사신이 탈출한 것을 안 일본군은 당황해 했고, 한편으로는 그를 놓쳐 재미있는 장난을 망친 것 때문에 처벌을 받을까 봐 전전긍긍했다. 일본군은 곧 추격에 나섰지만 경무장한 사신 일행을 따라잡지 못했고 사신의 부하인 양방형의 집을 포위하는 것에 만족했다. 이 자는 상관이 도주한 사실을 알고 있었지만 자기는 그날 아침 늦잠을 자서 아무

것도 몰랐다고 변명하여 일본군의 의심의 눈을 비껴갔다. 그래도 일본 장군 구로다가 계속 추궁하자 그는 낮은 목소리로 "글쎄요, 그분은 젊고 약간 조바심을 냈습니다. 여기서 이렇게 오래 기다리게 하지 않았으면 그분은 오래전에 일본에 갔을 겁니다. 당신들이 그분을 쫓아가도 소용없을 게요."

그러고 나서 그는 일부러 천천히 몸을 일으켜 방금 전까지 상관이 기거하던 방에 들어가 황제의 편지를 챙긴 뒤 자기 방으로 돌아왔다. 그는 침착하고 냉정한 태도 덕분에 일본군의 흥분을 가라앉혔고, 모르긴 해도 자신의 목숨도 건졌다.

향수병에 시달리는 일본군 일본으로 복귀 명령을 받은 일본군들은 고향으로 돌아갈 생각에 신이 났으며 부산항에서 어서 배를 띄우고 싶어 안달했다. 그들은 짐을 모두 배 위에 올려놓고 언제라도 출항할 채비를 갖추었다. 하지만 명나라 사신이 달아났다는 소식이 들어오자 이제 귀국은 무한정 연기되었다고 여기고는 깊은 시름에 잠겼다. 실제로 실망감이 너무 커 일부는 큰소리로 통곡했다. 아마 당시 한반도에 있던 모든 일본군 병사들은 이런 귀국의 기회가 오면 모두 쌍수를 들어 환영했을 것이다. 일본군의 대규모 탈영이 없었던 것은 오로지 일본군의 엄정한 군기와 그들을 실어 나를 배가 부족했다는 점 때문이라고 봐야 할 것이다. 우리는 향수병에 시달리는 일본군 병사들의 잦은 사례에서 이 같은 사실을 추정할 수 있다.

명나라 사신 양방형은 흐느끼는 병사들을 불러 이렇게 말했다. "우리는 이곳에 너무 오래 머물렀다. 그래서 내 상관은 너무 지쳐 돌아갔다. 하지만 나는 남아 있고, 황제의 칙서도 내 손에 있다. 그는 기껏해야 남원까지 달아났을 뿐인데, 너희들이 그곳에 가면 그자를 찾을 수 있을 것이다." 그들은 이 말을 듣고 고향으로 돌아가고자 하는 자신들의 간절한 소원이 곧 이루어지리라고 생각했다.

고니시의 비웃음, "가토도 명에 속고 있다" 가토의 경쟁자인 젊은 장수 고니시는 이 시기에 오만한 자세로 자기의 경쟁자가 명나라 사람들을 상대로 벌이는 무의미한 게임을 말없이 지켜보고 있었다. 명나라 사신이 달아났다는 보고를 받자 그는 웃으면서 이렇게 말했다. "난 그자가 명 황제가 파견한 진짜 사신이 아니란 걸 처음부터 알고 있었다. 그자가 진짜 사신이었다면 감히 그렇게 꽁무니를 빼지 않았을 테니까." 이 말은 가토가 명나라 사람들을 속였지만 명나라 사람들도 가토를 속이고 있었다는 사실을 주위에 넌지시 알리기 위한 것이었다.

양방형은 지체 없이 황제에게 자기 상관이 배신한 사실을 알렸다. 황제는 당장 그 어리석은 관리를 잡아 투옥하라고 명령했다. 그는 양방형을 사절단 단장의 자리에 앉히고 심유경을 부관으로 임명했다. 우리는 심유경이 황제의 하사품인 용을 수놓은 어의, 옥으로 만든 허리띠, 왕관, 중국 지도, 병서兵書, 각종 보석 등을 갖고 가토와 함께 일본에 간 적이 있다는 것을 기억한다. 그는 일본에 있을 때 아리마라는 일본 여인과 혼인했는데, 조선 사람들의 말에 따르면 그후 골수 일본인으로 변했다고 한다. 이것은 그가 벌이던 게임의 일부였는지 모르는데, 우리는 나중에 그 결과를 알게 된다.

일본군이 조선을 떠나다 가토는 조선 사신이 명나라 사신과 동행하여 일본에 함께 가야 한다는 생각이 확고했다. 그래서 한 조선 관리에게 이렇게 말했다. "조선 사신이 명나라 사절단을 따라 일본에 가지 않으면 강화조약은 일본과 명나라 사이에만 체결되는 것일 뿐 조선은 여기서 빠지게 된다. 그러면 참혹한 고통이 따를 것이다."

또한 심유경도 조선 사신이 중국 사절단과 같이 가야 한다고 말했다. 그래서 선조는 황신과 박홍장, 두 사람에게 각각 통신 정사와 부사, 즉 '성실한 전령'이라는 칭호를 내리고 그 임무를 맡겼다.

1596년 5월, 고니시는 46개 부대로 흩어져 있던 휘하의 군사 중 4개 부대만 부산 방어를 위해 잔류시키고는 모두 데리고 일본을 향해 출항했다. 명나라와 조선의 사절단도 그들과 함께 출발했다.

왕세자, 즉위를 사양하다 이렇게 항구적인 평화가 올 기미가 보이자, 선조는 지체 없이 왕권을 세자에게 물려주었다. 선조는 왕의 휘장을 남쪽에 있던 아들에게 보냄으로써 왕권과 함께 나라를 꾸려가는 책임감에서 벗어나려 했다. 하지만 이상하게도 왕자는 아버지의 손에서 왕위를 빼앗고 싶은 욕심이 없다고 주장하면서 한사코 휘장을 받으려 하지 않았다.

왕자는 일곱 번씩이나 사람을 보내 자신은 즉위의 명예를 누릴 생각이 없다는 뜻을 알렸다. 하지만 왕은 그의 말을 귀담아 듣지 않았다. 결국 대신들이 20일 동안 왕궁에 모여 왕자에게 즉위할 것을 간청하고 나서야 왕자는 즉위식을 올리기로 약속했다.

천하대장군 김덕령이 모함으로 처형되다 한현 장군 휘하에 소속되어 이 전쟁에 참여한 자 중에 지조 없고 불한당에다, 무식하지만 야심을 가진 이몽학이라는 자가 있었는데, 그는 독자적으로 행동하기 시작했다. 1천 명이 넘는 병사를 모은 그는 충청도 홍산을 공격하여 수중에 넣은 다음, 임천, 정산, 청양을 차례로 점령하고 홍주를 공격했다. 이몽학은 김덕령 장군이 이런 진격 계획을 원했다고 수졸들을 속였다.

하지만 병사들은 나중에 자기들이 이몽학에 속아 김덕령 장군을 상대로 싸워왔다는 사실을 알게 되었다. 홍주를 공격하던 그날 밤, 병사들은 이 야심가의 진지에서 대거 탈주하였고, 그 이튿날 이몽학은 관군과의 전투 중에 부하들에게 살해되었다. 이것은 극단적이긴 하지만 당시 조선 사회가 얼마나 불안했는지, 또 돈과 뻔뻔한 마음만 있으면 어떤 불한당도 조정에 반기를 들 수 있다는 점을 보여주는 좋은 사례이다.

우리는 여기서 비열한 시기심 때문에 유능한 사람이 조선에서 사라지는 좋은 예를 또 하나 보게 된다. 김덕령 장군은 훌륭한 인물이었다. 그는 무예와 용기가 워낙 출중하여 그를 모르는 조선 병사가 없었다. 그는 호랑이를 한 손으로 상대할 수 있었을 뿐 아니라, 창으로 호랑이를 맞춰 땅에 메다꽂았다는 말도 전해진다. 또 그가 양손에 45킬로그램 정도의 철퇴를 하나씩 들고 돌격하여 일본군들을 하도 많이 쓰러뜨려서 일본인들이 그를 '바위 밑에서 솟아오른 장군'이라고 불렀다고 한다.

한양의 대신들은 그의 치솟는 명성에 의구심을 품었고, 또다시 그를 바닥으로 끌어내릴 음모를 꾸몄다. 대신들은 그가 이몽학과 한패라고 비난했다. 왕은 대신들의 꾐에 또 넘어갔다. 그는 붙잡혀 한양으로 압송되었고, 치욕적인 심문을 받은 도중에 죽고 말았다. 그러나 일본 사람들은 오히려 이 사람의 자질을 높이 평가했다.

고니시는 사람을 보내 그의 초상화를 구해 오도록 했다. 그의 초상화를 본 고니시는 "이 사람은 진정한 장군이다."라고 소리쳤다. 그의 죽음이 알려지자 일본 병사들은 너무 기쁜 나머지 성대한 잔치를 열었다고 한다. 이 날이 바로 일본군이 귀국길에 오르기 전날이었다.

히데요시, "군대를 보내 복수하겠다" 앞에서 살펴봤듯이, 명과 조선의 합동 사절단이 일본 침략군과 함께 일본으로 건너간 것은 1596년 초여름의 일이었다. 히데요시는 자신을 찾아온 사절단을 무례한 태도로 맞이했다. 명 사신이 히데요시에게 황제의 칙서 앞에서 왜 절을 하지 않느냐고 묻자, 그는 다리가 아프기 때문이라고 대답했다. 그는 조선 사신을 명의 사신보다 훨씬 더 박대하며 이렇게 말했다.

"나는 약속한 대로 두 왕자를 석방했소. 하지만 조선의 왕은 아직 나한테 전혀 고마움을 표시하지 않고 있소. 그런데 이번에는 또 나를 일부러 모욕하기 위해 하급 관리를 사신으로 보냈소. 나는 원래의 명 사신이 달아난 것은 조선 왕의 꾐 때문이라고 생각하오. 명나라에서 온 사신은 예를 다해 접대할 것이나, 그대의 나라에게는 군사를 또 보내 복수할 것이오."

이런 말을 들은 이상, 할 일은 하나밖에 없었다. 두 나라의 사신은 즉시 짐을 챙겨 귀국길에 올랐다. 명 사신이 북경에 도착하여 황제에게 일본에서 복종이 아니라 모욕을 받고 왔다는 사실을 고하자, 명 황제는 격노하면서 조국을 배신한 심유경을 꾸짖었다. 사신단의 우두머리는 바로 처형되었고, 사절단의 파견을 건의한 관리들은 모두 투옥된 채 굶어 죽었다. 하지만 어찌된 일인지 심유경은 목숨을 건졌다.

정유재란

일본의 2차 공격의 걸림돌, 이순신 우리는 이제 시간적으로 일본군 침략의 중간 지점에 와 있다. 히데요시는 명나라를 침략한다는 원대한 계획이 실패로 돌아간 것에 아직 분이 안 풀려, 분노를 발산할 통로가 필요했다. 그는 조선에 대한 두 번째 침공을 결행하리라 다짐했다. 이번에는 명을 치기 위한 과정이라는 명분을 버렸으며, 조선이 어떤 벌 받을 짓을 했는지 알 수 없지만, 어쨌든 조선에 벌을 주겠다는 다소 겸손한 욕심을 냈다는 점이 달랐다. 어쨌든 그의 원대한 야심에 조선이 방해가 된다는 점은 분명해졌다. 만약 히데요시가 처음 파병한 육군이 부산에 상륙하지 않고 배를 타고 곧장 명으로 침입했으면, 이때쯤 명의 수도를 함락시켰을지도 모를 일이었기 때문이다. (그러면 이순신을 만나지 않았을 것이고, 조선을 싸우지 않고 접수할 수도 있었을 것이다.―편집자 주)

이제 우리는 이 두 나라 간의 상황이 변했다는 걸 알아야 한다. 조선은 일본군에 점령당한 최악의 상황을 이미 경험했으며, 어떤 일이 일어날지도 알고 있었다. 조선 병사들은 일본 칼의 매운 맛도 봤지만 나중엔 승리의 환희도 맛보았다. 무서운 이 섬나라 족속이 처음 나타났을 때 그들에게 감돌던 끔찍한 이미지도 이제는 거의 사라졌다. 두 민족 사이에는 이제 일종의 대등함이 자리 잡았던 것이다.

그리고 이즈음엔 조선 사람들도 화기를 보유했을 뿐 아니라 그것을 꽤 능숙하게 다룰 수 있었다. 그들은 유격전이 가능한 경우, 절대로 섣불리 야전을 개시하지 않을 만큼 전투 요령도 많이 터득했다. 또한 조선은 이순신 장군 덕분에 해전에서 탁월한 전투력을 과시했다.

따라서 우리가 기억하듯이, 일본군은 본토의 보급 기지와 단절된 채 군량미를 자체 조달해야 하는 한반도에 주둔하게 되면서, 강한 전투력을 보유했음에도 전세를 유리하게 끌고 가지 못했다. 그래서 일본은 조선의 해안에 두 번째 상륙을 시도하기 전에 무적의 장군인 이순신을 제거해야만 했다. 일본의 어떤 함선도 이순신이 이끄는 '거북선 함대'와 마주치는 위험을 감수하려 하지 않았다.

이순신, 요시다의 계략으로 삭탈관직당하다

일본인들은 그동안의 경험을 통해 조선 사람들 상호 간의 시기심이 얼마나 자신들에게 유리하게 작용했는지 익히 알고 있었던 터라, 이순신 장군을 제거하는 데에도 이 수법을 쓰기로 마음먹었다. 어느 날 요시라라는 일본인이 김응서 장군 진지에 나타나 자신은 일본인으로 사는 게 지긋지긋해 조선인이 되고자 한다고 말했다. 그는 조선 사람 옷을 입고 일본과 조선군 진지를 왔다 갔다 하면서 조선 사람들에게 귀중한 정보처럼 보이는 것을 흘려주었다. 그는 완전히 조선 편을 드는 것처럼 행동했다.

하루는 몹시 흥분한 상태로 김응서 장군을 찾아와 가토 장군이 엄청난 함대를 이끌고 조선으로 오고 있으므로, 그가 해안의 어떤 섬을 지날 때 이순신 장군이 잠복하고 있다가 침략군 선단을 격퇴하거나 모두 격침시켜야 할 것이라고 말했다. 그러자 김 장군은 즉시 임금에게 이 사실을 보고하고 명령을 내려달라는 전갈을 보냈다. 이순신 장군의 용맹을 믿고 있던 왕은 이 작전을 허락했다. 하지만 이순신은 이 명령을 받자마자 그것이 자신을 함정에 빠뜨리고 일본이 조선에 상륙의 길을 트려는 계략이라고 보고했다. 그는 그 이유로, 또 언급된 장소가 숱한 암초가 도사리고 있어 항해하기 위험하다는 이유로 작전을 이행하지 않았다. 하지만 요시라는 김응서에게 그 작전이 반드시 수행되도록 하라고 끈질기게 재촉했다. 결국 김응서는 왕에게 이순신 장군이 공격 명령을 거부한다는 편지를 보냈다. 아마 이순신 장군은 자신을 곤경에 빠뜨릴 기회가 생기면 절대 놓치지 않는 적을 조정에 두고 있었던 것 같다.

결국 이순신 장군을 체포해 한양으로 압송하고 그 자리에 원균을 앉히라는 극악무도한 어명이 떨어졌다. 왕은 이순신 장군을 처형하려 했으나 한 대신이 그의 옛 공적을 감안하여 감형을 주장함으로써 그에 대한 처벌은 직위를 박탈하는 것으로 그쳤다. 조선이 보유한 최고의 장수이자 왕이 왕관을 두 번이나 지킬 수 있게 해준 이순신은 그렇게 평범한 병사로 강등되었다. 하지만 놀라운 점은 그가 이런 대우를 받고도 아무런 불평도 하지 않은 채, 마치 아무 일 없었던 것처럼 조용히 자기 임무를 수행했다는 사실이다.

1천 척의 배가 조선 해안에 상륙하다 1597년 1월, 일본군 함대가 일본을 출발했다. 명목상의 총사령관은 히데야키라는 17세의 소년이었지만, 배에 타고 있던 육군 병력은 가토와 고니시가 지휘하고 있었다. 소문에 따르면 모든 일본군을 데리고 대한해협을 건너는 데 총 1천 척의 배가 동원됐다고 한다. 이순신 장군이 예전의 직책에 그대로 있었다면 이 함대는 조선 해안에 도달할 수 없었을 것이다. 하지만 일본군은 이제 아무 어려움 없이 전 병력을 서생포를 통해 안전하게 조선 땅에 상륙시킨 다음, 성벽을 부수고 진지로 들어갔다.

조선 사람들이 가장 먼저 했던 생각은 산맥이 끊어지는 장소로서 일본군이 한양으로 진격하려면 반드시 통과해야 하는 조령 고개를 요새화하는 것이었다. 2만 3천 명의 병졸을 거느린 권율 장군과 동료 장군들은 전국 각지에서 전략의 요충지인 조령 고개로 급히 집결하여 방어 태세를 갖추었다. 왕은 다시 명나라의 참전을 간청하기 위해 즉각 권협을 사신으로 북경에 파견했다.

명나라의 지원군의 남진 명 황제는 이번에는 조선인들이 거듭 간청하게 만들지 않고, 자신이 먼저 군사를 조선으로 보내 일본을 응징하고 싶은 마음이 간절했다. 명 황제가 보낸 군대는 세 사람이 지휘했다. 경리조선군무 양호楊鎬, 총사령관 격인 병부시랑 형개邢玠, 그리고 전 수군을 지휘하는 총병관 마귀麻貴가 그들이었다. 이 세 장군 밑에 양원, 오유충, 우백영, 진우충, 소응궁, 진효, 그리고 동한유 같은 중간 지휘관들이 있었다.

양호 장군은 평양 이남으로는 내려가지 않았다. 그는 임무상 전쟁터에 직접 나갈 필요가 없었기 때문이다. 마귀 제독을 비롯한 모든 장수들은 한양까지 내려갔다. 한양에서부터는 몇 개의 방향으로 각자 흩어져 남진했다. 명 군대는 전라도 남원, 경상도 성주, 전라도 전주, 충청도 청주 등 각 방향으로 나뉘어 진격했다.

원균, 스스로 독 안에 들어가다 이순신의 자리에 부임한 원균 장군은 이순신 장군이 소금을 팔아 부지런하게 병영을 지어놓은 한산으로 갔다. 그가 처음 취한 조치는 자신의 전임자가 공표해놓은 현명한 군령과 규칙을 깡그리 뒤엎은 것이었다. 그 다음으로 권율 밑에서 일개 병졸로 근무하는 전임 장군과 조금이라도 친하게 지냈던 사람들을 모조리 색출하여 쫓아버렸다.

그러고 나서 이순신이 지은 막료 회의실 주변에 말뚝을 박아 그곳에 규방을 차려 놓고 연일 환락과 연회에 빠져 살았다. 그는 걸핏하면 죄 없는 사람들을 불러 순전히 재미로 가혹한 벌을 주곤 했다. 그러자 그곳에 주둔한 모든 병사들 사이에서 그에 대한 신망은 곧 사라졌다.

하지만 교활한 가토는 심복인 요시라를 통해 김응서에게 조선이 일본 함대를 중간에서 격파할 함대를 서둘러 보내야 한다고 계속 부추겼다. 그는 조선 함대가 일본 함대를 공격해야 하는 날짜를 지정해주기도 했다. 결국 이 작전을 수행하라는 명령이 원균 장군에게 하달됐다. 그는 그런 모험적인 작전을 수행할 만한 용기가 없었지만, 그렇다고 드러내고 거부하기도 어려웠다. 이순신 장군이 축출된 이유가 바로 그것이었기 때문이다.

그래서 그는 함선들을 소집하여 부산 앞바다에 있는 절영도를 향해 출발했다. 하지만 거센 바람과 거친 파도 때문에 밤의 어둠 속에서 조선 함선들은 뿔뿔이 흩어져버렸다. 이튿날 비교적 많은 함선들이 가덕도에서 만났지만 예상치 못한 일본 함대의 맹렬한 공격을 받았다. 순식간에 모든 병사들이 원균 제독을 버리고 달아났다. 원균이 취할 수 있는 방법이라곤 도주밖에 없었다. 원균은 칠천도에 가까스로 배를 대고 남아 있는 모든 병력을 모았다.

권율, 무모한 싸움을 재촉하다 이 소식을 들은 권율 장군은 원균에게 섬에서 나와 일본군을 공격하라고 단호하게 요구했다. 이 용감한 사나이는 술 한 잔을 직접 따라 마신 뒤 기세 좋게 반격에 나섰으나 이번에도 수세에 몰리자 휘하의 병사들을 남겨놓고 도주하고 말았다. 무모하기 짝이 없는 원균은 배를 돌려 뭍으로 달아났다. 그러나 그는 멀리 달아나지 못하고 근처의 나무 밑에 앉아 숨을 돌리고 있는 사이 일본군에게 붙잡혔다. 일본군은 그 자리에서 그를 죽이고 전리품으로 목을 베어갔다.

패전 소식이 알려지자 온 나라가 충격에 빠졌다. 왕의 신임을 받고 있던 이항복이 왕에게 "이순신을 이전 직책으로 복귀시켜야 하옵니다."라고 간했다. 상황이 너무 급박하여 왕은 그 충성스러운 사람을 원래 자리로 복귀시켰다. 믿음직한 이순신은 밤낮을 쉬지 않고 걸어서 예전에 근무했던 한산에 당도했다. 그는 그곳에서 패잔병 신세로 사방에 흩어져 있던 예전의 부하들을 만날 수 있었다. 이순신은 그들을 불러 모은 뒤 일본의 진격을 반드시 저지하겠다고 맹세했다.

무덤이 되어버린 남원성   하지만 이순신 장군이 격전의 현장에 도착하기 전에 엄청난 규모의 일본 육군과 수군은 이미 남해안에 상륙해 있었다. 그들의 공격 목표는 명나라 장군 양원이 진지를 구축해놓은 남원이었다. 일본군이 남원에 도착하기 직전, 양원은 일본군이 방어물로 사용할 가능성이 있는 성벽 외곽의 모든 가옥을 불태워버렸다.

그러나 일본군은 성 주변에 임시 울타리, 즉 말뚝을 박아놓고 그 뒤에 숨어 화승총으로 사냥하듯이 성 위에 있던 명나라 병사들을 하나씩 쓰러뜨렸다. 명 군대도 반격을 시도했지만, 탈출하려는 사람들로 성문이 막혀 오도 가도 못하는 신세가 되는 바람에 성문으로 진격한 일본군의 긴 칼에 모조리 쓰러졌다. 명나라 조선의 사람들에게는 애석하게도 그 이튿날은 보름달이 떴고, 일본군은 탈출을 시도하는 사람들을 훤한 달빛 아래 모조리 칼로 베었다. 탈출에 성공한 사람들이라도 성 밖에 박아놓았던 말뚝에 일본군이 줄을 연결해 묶어놓은 칼에 찔릴 수밖에 없었다. 명군 사령관 양원을 태운 말도 이 장애물을 지나가려다 이런 식으로 칼에 찔렸다. 하지만 그는 용케 울타리를 넘어 도주하는 데 성공했다. 일본군은 성에서 가장 약한 지점을 집중 공략하여 성안으로 들어가는 데 성공했다. 이후 성안에서 벌어진 대학살의 참상은 차마 말로 표현할 수가 없었다. 정기원, 이복남, 오응정, 김경로, 신호, 임현, 이덕회, 이원춘 같은 조선 장수들이 모두 죽은 것을 보면, 전투가 얼마나 참혹했는지 짐작할 수 있다.

전라도 북부 지역은 곧바로 대혼란에 빠졌고 전 군대는 북쪽으로 후퇴하기 시작했다. 한양 역시 충격에 휩싸였다. 왕은 대신들을 불러놓고 어떻게 해야 할지 의논했다. 모든 대신들은 왕이 한양을 떠나서는 안 된다고 읍소했다. 이에 왕은 먼저 왕비와 왕세자를 함경도 수안으로 보내고 자신은 필요할 경우 언제라도 떠날 수 있도록 준비해놓았다.

명량대첩 그러나 이즈음 이순신 장군은 예전처럼 임전 태세를 갖추고 상황을 예의 주시하고 있었다. 그에게는 배가 십여 척밖에 남아 있지 않았으나, 병사의 수는 부족하지 않았다. 해안 지역에 사는 모든 사람들이 장군이 복귀했다는 소식을 접하자마자 떼를 지어 몰려왔기 때문이다.

그는 열두 척밖에 안 되는 초라한 함대를 진도에 있는 한 야산 밑에 정박시키고 척후선을 내보냈다. 척후선은 밤에 진지로 돌아와 일본군이 접근하고 있음을 알렸다. 달이 산 뒤로 넘어가자 조선 함대는 완전한 어둠에 가려졌다. 곧이어 일본군 함선들이 한 줄로 접근하는 것이 보였다. 이순신은 배들을 한 줄로 길게 배열했다. 그런 뒤 갑자기 조선 수병들이 일제히 함성을 지르며 아무 의심 없이 접근하는 일본군을 향해 조준 사격을 가했다. 일본군들은 강력한 조선 수군에게 걸렸다고 생각하고 뿔뿔이 흩어져 달아났다.

하지만 이튿날은 상황이 훨씬 심각해졌다. 수백 척으로 이루어진 일본 함대가 나타났기 때문이다. 조선 수병들은 약간 당황해 했으나 두려움을 모르는 이순신 장군은 함대를 끌고 적군을 향해 곧장 진격했다. 조선 함대는 곧 적군에 포위됐지만 이순신은 이 해전에서 적군 함선을 30척이나 격침했다. 일본의 나머지 함대도 조선군의 전투 솜씨를 보고 이순신 장군의 복귀를 알아차렸는지 곧장 배를 돌려 달아났다. 이순신은 이들을 뒤쫓았는데, 그날 해전에서 적장 마다시(馬多時: 구루시마 미치후사)가 전사했다.

이순신 장군은 중요한 이 해전을 끝내고 곧장 한산으로 돌아가 진지를 재정비하고 소금을 제조하는 작업에 착수했다. 전해지는 말에 따르면, 두 달 동안 장군은 2만 가마의 쌀을 확보했다고 한다. 전에 장군을 따르던 장수들과 병사들이 구름처럼 다시 몰려들었다.

장군은 또 다른 재원財源을 찾아냈다. 이즈음 남부 지방에 살던 부자들은 전쟁의 소용돌이를 피해 너도나도 재산을 배에 싣고 다른 지역으로 떠나려 했다. 이순신 장군은 그들의 항로를 가로막고 배 한 척당 1~3가마의 쌀을 통행세로 징수했다. 이것만으로 1천 가마의 쌀이 확보됐다. 장군은 이 재원으로 대포 주조와 배 건조에 필요한 구리를 마련했다. 육지에서 살기가 두려웠던 수천 명의 백성이 진지 주변으로 몰려와 움막을 짓고 사는 바람에 이 섬은 실제로 더 이상 피난민을 수용할 수 없을 정도가 되었다.

금오평의 매복전으로 승기를 잡다 일본군은 남원을 수중에 넣은 뒤 의기양양한 기세로 한양을 향해 북진하기 시작했다. 그들은 전처럼 손쉽게 승리를 거머쥘 수 있으리라는 걸 조금도 의심치 않았.

명나라 군대가 패퇴했다는 소식을 접한 양호는 평양에서 달려와 패주한 장수들에게 용기가 없다며 호되게 질책했다. 그리고 지체 없이 그의 휘하의 해생, 우백영, 양등산, 파귀 장군 등이 정예군을 이끌고 충청도로 이동하여 북진하는 일본군을 저지하기로 결정했다.

군대는 즉각 이동하여 직산의 금오평에서 매복에 들어갔다. 이윽고 일본군이 줄지어 다가오는 모습이 보였다. 그들은 적이 앞에 있으리라는 생각은 추호도 못했기 때문에 아무런 경계심도 없었다. 그래서 매복된 병사들이 발포하기 시작하자 일본군은 순식간에 혼란에 빠졌다. 이 자리에서 엄청난 숫자의 일본군이 죽었다. 이튿날 일본군은 흐트러진 전열을 최대한 정비한 뒤 반격에 나섰다. 그러나 전날의 인명 손실이 너무 컸던 탓인지, 그들은 경이로운 용맹을 과시했음에도 불구하고 또다시 참패했다. 패잔병들은 남쪽으로 목천과 청주를 향해 도주했다.

이 전투는 이 전쟁에서 이루어진 세 차례의 대격전 중 하나로 꼽힌다. 그러나 중요성은 다른 두 전투보다 더 컸다. 왜냐하면 참여한 병력 수도 전사자의 수도 적으면서 일본군의 기세를 일거에 꺾어놨기 때문이다. 그리고 그 후 일본군은 한양을 침공하겠다는 생각을 다시는 하지 못했다. 이 전투가 벌어질 때까지 전쟁은 두 남도 지역을 벗어나지 않았다.

경리조선군무 양호는 조선 왕에게 전쟁터를 시찰하는 것이 좋겠다고 건의했다. 이에 조선 왕은 말을 타고 행렬을 이끌며 숭례문 밖으로 나갔다. 평소에 조선 왕이 겁쟁이가 아닌지 의심해왔던 한 명나라 장수가 시험 삼아 왕이 탄 말을 채찍으로 냅다 후려쳤다. 놀란 말이 공중으로 펄쩍 뛰었지만 왕은 안장에 앉은 채 아무렇지도 않았다. 명나라 사람들은 이 모습에 기뻐했고, 그 후 왕에 대한 그들의 존경심은 눈에 띄게 커졌다.

한양에서는 모든 백성이 하루를 쉬고 승리를 축하하는 잔치를 벌였다. 많은 한양 사람들이 예전에 한양이 침략자들의 수중에 있을 때 어땠는지를 아직도 생생하게 기억하고 있었다.

도산 전투　10월이 되자, 가토 장군은 경상도 울산 지역의 바다가 내려다보이는 한 절벽에 견고한 진지를 구축하고 그것을 도산성(울산성)이라고 불렀다. 명나라 경리조선군무 양호는 그 성을 함락시켜 이 전쟁을 조기에 끝내리라고 결심했다. 그 성만 점령할 수 있다면 일본 육군의 오른팔을 제거하는 것이나 다름없었다. 그는 부근에 있던 모든 병력을 집결시킨 다음, 울산을 공격하기 위해 남진했다.

총 4만에 달한 병력은 모두 3개의 부대로 나뉘었다. 좌군, 즉 동군은 이방춘 장군이, 중앙군은 고책 장군이, 그리고 서군은 팽우덕 장군이 맡았다. 마귀 제독은 선발대로 파견되어 척후 부대로 활동했다. 양호는 일본군 진지를 수 킬로미터 앞둔 지점에서 군대를 세운 뒤 파귀 장군에게 시험 삼아 일본군 진지를 공격하라고 명령했다. 그곳의 지형에 관한 정보와 함께 가능하다면 적군의 숫자와 장비를 알아보려는 속셈이었다.

명군은 불화살로 일본군 진지를 공격했다. 일본군은 즉각 반격에 나섰으나, 460여 명의 전사자만 남긴 채 퇴각했다. 이 교전이 끝난 직후 일본군 진지에 세 개의 대부대가 증원됐다. 일본군은 다시 3개의 부대로 재편됐는데 원래 진지를 지키던 부대가 중앙에 배치됐다. 북쪽 외곽에는 반구정이라는 요새화된 진지가 구축됐고, 남쪽 외곽의 태화강에 또 다른 진지가 구축됐다. 명과 조선의 연합군이 가장 먼저 할 일은 외곽에 배치된 이 두 부대를 진지 중앙으로 쫓아내는 것이었다. 이 목적을 달성하기 위해 좌군은 반구정을, 우군은 태화강을 각각 공격했다.

양호 장군은 갑옷을 입고 몸소 치열한 접전의 현장에 뛰어들어 전투를 독려했다. 북소리, 조총 소리, 병사들의 고함 소리가 공중에 가득 찼고, 빗발치듯 날아가는 화살들이 하늘을 가렸다. 일본군이 쓰던 몇 개의 건물에 불이 붙으면서 연기와 화염이 뒤섞인 거대한 구름이 하늘로 치솟았다. 일본군은 서서히 뒤로 밀리기 시작하더니, 마침내 도산 본진의 관문을 통해 성안으로 모두 퇴각했다. 이 성은 험준한 언덕 위에 세워져 있어서 공격하는 측에서 작전을 펴기가 곤란했다. 하지만 성안에는 물이 매우 부족했기 때문에 일본 병사들은 밤에 몰래 나와 근처의 샘에서 물을 떠가지 않으면 안 되었다.

조선의 김응서 장군은 이 점에 착안하여 샘 주변에 병사들을 매복시켜 100명 이상의 일본군을 사로잡았다. 포로들은 극도로 여위었으며, 며칠만 있으면 일본군이 항복하지 않을 수 없을 것이라고 털어놓았다.

날짜가 어느덧 겨울의 초입에 들어서면서 한바탕 비가 내리더니 곧 지독한 추위가 뒤따랐다. 성을 포위하고 있던 조명 연합군 병사들 중 상당수가 손과 발에 동상이 걸렸다. 가토 휘하의 한 일본군 장수가 강화를 요청하는 전갈을 계속 보냈다. 이에 양호 장군은 "가토는 진지에서 나와 무릎을 꿇어야 한다. 그러면 잘 대우해줄 것이다."라고 대답했다.

이즈음 일본군 병사들은 극도로 지쳐 있었다. 그들에게는 식량도 물도 없었으며, '시체가 산같이 쌓이다.'는 말이 나올 정도로 매일 엄청난 숫자의 병사들이 죽어나갔다. 가토 장군은 수도 없이 자결의 충동을 느꼈으나 그때마다 간신히 참았다. 마지막 방법으로 일본군은 성 밖으로 금과 은을 던졌다. 조명 연합군 병사들을 매수해 공격을 면해보자는 수작이었다.

하지만 전세는 다시 뒤바뀌려 했다. 남부 지방에 주둔해 있던 다른 모든 일본군 부대들은 아군이 도산에서 절박한 위기에 처해 있다는 걸 알게 되었다. 그러자 함락이 임박한 순간에 대규모 함대가 바다에 나타났고, 거의 조명 연합군의 입 안에 있던 승리의 전리품을 낚아챘다.

포위 중인 조명 연합군 병사들도 장기간의 야전 생활 때문에 크게 쇠약해져 있었다. 군량은 거의 바닥이 났고 화살도 다 써버렸다. 그들은 포위된 일본군 병사들보다 훨씬 강했지만, 일본 증원군을 상대하기는 역부족이었다. 더욱이 일본 증원군은 포위된 채 굶어 죽어가는 전우들에 대해 복수심을 불태우고 있었다. 그래서 포위를 풀고 한양으로 퇴각하지 않을 수 없던 쪽은 양호 장군의 군사들이었다. 이 포위 공격에서 명군의 인명 손실은 450여 명 정도였지만 부상자는 수천 명에 달했다.

천주교도 고니시가 소환되다 로마 가톨릭의 선교단이 조선에 들어가기 위한 첫 노력은 이 시기로 거슬러 올라간다. 일본인들은 이미 수천 명이 가톨릭으로 개종했으며, 히데요시가 이 외래 신앙을 뿌리 뽑기 위해 시도해보지 않은 방법이 없었을 정도였다. 그래서 그는 상당수의 가톨릭 개종자들을 침략군으로 조선에 보내기까지 했다. 그중 가장 유명한 이가 젊고 박력 있는 고니시 장군이었다. 그는 진작에 가톨릭 세례를 받았으며 어거스틴 아우구스티노라는 세례명을 갖고 있었다.

고니시 장군을 조선 침략군의 선봉장으로 임명한 것도 가톨릭을 일본 땅에서 몰아내려는 히데요시의 의도 때문이었는지도 모른다. 고니시가 가톨릭 신자로 행세했듯이 가토는 자신이 불교도임을 공공연히 밝혔는데, 이것 역시 두 사람 사이의 증오와 라이벌 의식이 더욱 격화된 원인이 되었다.

고니시 장군은 가톨릭 선교사들을 조선 땅에 데리고 와 가톨릭 병사들의 영적인 욕구를 달래주기를 간절히 원했다. 그래서 그는 일본 내 예수회의 부교구장을 종군 사제로 임명했다. 그와 함께 일본인 한 신부도 조선에 왔다. 이 두 사람은 처음엔 대마도로 갔으나 그곳에서는 겨울에 조선으로 들어가 선교 활동을 펼칠 수단이 없다는 걸 알았다.

이듬해 봄, 그들은 조선으로 들어가 마침내 고니시의 본부까지 가는 데 성공했다. 그들은 그곳에서 한 해 동안 일하다가 결국 히데요시의 의도에 따라 움직인 가토의 계략에 빠져 둘 다 일본으로 소환됐다. 고니시 장군은 결백을 증명하기 위해 자기 주군 앞에 갔으나, 두 선교사의 소환은 고니시의 귀국과 별로 관계가 없었다.

추측을 약간 보태자면, 이 전쟁 기간 중 포로의 신분으로 여러 차례에 일본으로 이송된 많은 조선인들이 나가사키에서 가톨릭교 신도가 되었다. 그들은 비록 노예 생활을 했지만, 1610년부터 1630년까지 일본을 휩쓴 혹독한 가톨릭 대탄압기에 순교를 마다하지 않았을 정도로 신앙심이 매우 깊었다. 하지만 고니시가 데려온 스페인 신부 세스피데스가 조선에서 떠나면서 조선에서는 이렇다 할 선교 활동이 이루어지지 않았다.

일본군 10만 명 대 명군 21만 명 여기서 잠시 서로 대결하고 있는 양국의 군사력을 비교해보자. 일본의 두 번째 조선 침공에 동원되어 조선 땅을 밟은 병사들은 총 10만 5400명이었다. 즉, 첫 번째 침략에 동원된 숫자의 절반쯤 되었다. 이들은 총 27명의 장수가 지휘했는데, 그중 가장 눈에 띄는 인물은 가토와 고니시였다.

히데요시는 이 두 번째 침략 전쟁을 수행하는 동안 일본군에 살해되거나 포로로 잡힌 모든 조선인의 코와 귀를 베어내어 일본으로 보내라고 명령했는데, 여기에서도 그의 사악한 성품이 잘 드러나 있다. 그래서 반半야만인인 일본군은 수시로 소금에 절인 조선인들의 코와 귀를 한 묶음씩 일본으로 보냈다. 그 후 이 전리품은 교토에 있는 다불사라는 절에 매장되어, 한 위대한 민족을 욕보이고, 정당화될 수도 없는 일본인의 끝없는 잔학성을 보여주는 유물로 길이 남게 된다. 당시 코나 귀를 잃은 조선인들 중에는 그 후에도 오랫동안 목숨을 부지했던 사람들이 많았다. 그들이 이 이웃 섬나라 사람들이 어떤 호의를 베풀어도 곧이곧대로 받아들이지 않은 것은 조금도 이상한 일이 아니었다.

명나라 군대의 병력은 총 21만 명이었다. 그들은 이 군대와 함께 전비로 쓰기 위해 151만 2천 냥의 은을 가져왔으며, 아울러 산동반도에서 총 20만 가마의 쌀을 배로 들여왔다. 아울러 조선군을 지원하기 위해 440만 9천 냥의 은을, 그리고 기아에 시달리는 조선 백성들을 지원해주기 위해 추가로 226만 8천 냥의 은을 들여왔다. 당시 명나라가 조선에 이렇게 막대한 양의 병력과 재물을 보냈다는 점을 고려하면, 조선인들이 확신하듯이, 이 때문에 명나라 자신이 쇠약해져서 결국 몇 년 뒤 만주족(후금 또는 청)의 손쉬운 먹잇감으로 전락하여 허무하게 나라를 빼앗겼다는 주장도 충분히 신빙성이 있는 것 같다.

일본 탈영병이 마을을 형성하다   수년째 조선 땅에서 주둔하면서 전쟁에 지친 일본군 병사 중 상당수가 탈영한 후, 남도의 여러 마을에 흩어져 조선인 여성들과 결혼하고 농부로 정착했다. 경상도 밀양에는 그들끼리만 모여 한 마을을 이루어 살았다. 이 마을은 항왜降倭 마을, 즉 '항복한 일본인들의 마을'이라고 불렸다. 함경도와 평안도에도 이런 일본인들이 있었다. 이들은 일본군이 조선에서 철수할 때 이런저런 이유로 잔류했거나 동료들이 내버린 사람들이었다. 그들은 이로부터 25년 후, 이괄李适의 난이 일어났을 때 죽음을 맞게 된다.

전공을 진린에게 돌리는 이순신의 '천재적 처세술'   이즈음 명나라 조정에서는 양호 장군의 적수로 정응태라는 사람이 부상했다. 그는 황제에게 25가지의 죄목을 들어 양호 장군을 비판하는 상소를 올렸다. 그중 5가지는 조선의 왕과 관련돼 있었는데, 이것은 또 나중에 일어나는 큰 사건의 원인이 되기도 했다.

전쟁은 이제 새로운 국면, 즉 대단원의 막을 내리는 단계로 접어들고 있었다. 이듬해, 즉 1598년 정월, 명 황제는 두 명의 장군을 조선에 파견했다. 한 명은 동일원, 또 한 명은 진린이었다. 동일원 장군은 전라도 연안에서, 진린 장군은 경상도 연안에서 수군의 작전을 지휘하게 돼 있었다. 전군도독부 도독으로 임명된 진린은 500척의 배를 이끌고 한강을 거슬러 용산의 첫 번째 마을인 동작까지 올라왔다. 조선 왕과 조정은 그곳까지 친히 내려가 이 함대를 사열하고 함대가 남해에서 활약 중인 이순신 장군의 수군과 합류하기 위해 떠나는 모습을 지켜봤다. 진린 장군은 훌륭한 군인이었으나 허영심이 지나치게 강했다. 그는 누구의 충고도 받으려 하지 않았으므로, 솔직하고 무뚝뚝한 이순신 장군으로서는 골치 아픈 시기가 예정돼 있는 것 같았다.

선조는 진린 장군에게 자신은 이순신 장군을 그다지 믿지 않는다고 말했는데, 물론 이 말은 이 명나라 장군의 생각에 영향을 주었다. 이순신 장군은 당시 전라도 연안의 고금도에 있었다. 진린 장군이 남하하고 있다는 소식을 듣고 이순신이 취한 첫 번째 조치는 그가 유능한 군인일 뿐 아니라 유능한 외교관임을 잘 드러내주었다. 그가 전부터 이 명나라 장수를 알고 있었는지는 알 수 없지만, 그는 어떤 경우에도 그를 적대시하면 이롭지 않다는 것을 알고 있었고, 또 그에 따라 행동했다. 그는 엄청난 양의 생선, 여흥 거리, 술을 모아 남하하는 함대를 맞이했다. 그는 이 명나라 장수와 함께 진지로 돌아온 뒤 큰 주연을 베풀었다. 명나라 장교들은 양껏 술을 마시면서, 이순신 장군은 충성스럽고 유능한 동지라고 단언했다. 진린 장군 자신도 이 칭찬의 대열에 끼었다.

얼마 지나지 않아 이순신 장군은 20여 일본군의 목을 베는 성과를 거두었는데, 그는 그 공을 자신이 차지하지 않고 진린 장군의 것으로 돌렸다. 진린 장군의 호감을 사려는 이순신 장군의 노력은 이로써 깨끗이 마무리됐다. 그 이후 작전을 짜고 건의하는 쪽은 항상 이순신이었고, 그 작전에 동의하고 전과를 차지하는 쪽은 항상 진린이었다. 이런 행동 요령은 이순신 장군의 천재적인 솜씨였다. 그렇게 함으로써 그는 적어도 세 가지의 중요한 성공을 거두었기 때문이다.

첫째, 그는 그 명나라 사람을 적대시했다면 잃어버렸을 자기 자리를 보존할 수 있었다.

둘째, 그는 조국이 자신을 보호해주지 못할 뻔한 시기에 조국을 위해 다행히도 자기 목숨을 보존할 수 있었다. 이순신은 조국 땅에서 적군을 몰아낼 수만 있다면 칭찬을 안 받아도, 남이 공을 독차지해도 개의치 않는 사람이었다.

셋째, 그는 그 중국인들을 유능한 사람으로 돋보이게 해주었고, 그렇게 함으로써 그들의 사기를 북돋워주었으며, 결과적으로 그들에게서 조국에 필요한 모든 것을 이끌어냈다. 의미심장한 조선 속담을 인용하자면, 진린은 사실상 이순신의 '손바닥 안에서 노는' 신세였지만, 그럼에도 불구하고 이순신은 자신이 진린에게 아첨하는 것처럼 보이는 것에 개의치 않았다.

이순신은 진린 장군 곁을 한시도 떠나지 않음으로써 그가 큰 실수를 저지르지 못하도록 줄곧 감시할 수 있었다. 파병 초창기에 명나라 병사들은 귀금속을 훔치고, 훔치다 걸리면 상해를 입히는 등, 조선 백성들에게 매우 난폭하게 굴었다. 이순신 장군은 군대의 군기를 자신에게 맡겨달라고 조용히 청했다. 그리고 첫날부터 아무리 사소한 규칙 위반에도 엄하게 벌함으로써 완전한 질서를 세웠다.

이순신의 이런 능력이 진린 장군의 눈에 안 뜨일 리가 없었다. 진린은 조선 왕에게 편지를 보내 이순신이 매우 뛰어난 인물이며 세상에 그 같은 군인이 또 없을 것이라고 칭찬했다. 어느 날 두 사람이 바다가 내려다보이는 정자에 앉아 쉬고 있을 때 일본군 함대가 먼 바다에 보였다. 진린은 대단히 흥분했고 약간 초조해 했다. 하지만 이순신은 웃으며 말했다. "제가 저 자들을 혼내줄 테니 장군은 여기 앉아 구경만 하시오." 그는 함대를 끌고 나간 지 한 시간도 안 돼 적선 40척을 불태웠다. 나머지 일본 배들은 모두 도주했다. 진린은 이 사건 이후 이순신을 극도로 찬양했다. 그는 또 이순신은 아무렇지도 않게 전과를 올리지만 이 세상의 어떤 사람도 그런 위업을 달성할 수 없을 것이라고 단언했다.

명 대신의 모략에 선조가 움막에서 살며 결백을 호소하다

그해 7월 북경에 있던 양호의 정적들은 그를 조선에서 소환하는 데 성공했다. 이에 선조는 크게 낙망하여 명 황실에 사신을 보내 그를 소환하는 칙령을 거두어달라고 간청했지만 소용없었다. 양호 장군은 명이 조선에 파견한 장수들 중 가장 유능했기 때문에 그를 잃는다는 게 조선으로서는 엄청난 손실이었다. 그가 떠날 때 임금은 수많은 조선 백성들과 함께 영은문까지 나가 그를 배웅했으며, 그의 공적을 기리는 공덕비를 세웠다.

양호 장군의 정적들은 이런 모든 사건 때문에 당연히 조선 왕도 증오하기 시작했다. 그래서 정응태라는 명나라 대신은 선조에 대한 놀랄 만한 이야기를 날조했다. 그는 자신이 조선에 있을 때 조선 왕이 일본에서 의관을 받았다고 적혀 있는 문서를 본 적이 있다고 주장했다. 그는 또 조선 사람들이 죽은 선왕의 사후에 감히 '태太(위대한)' 자를 붙이는 것은 명나라에 대한 불충 행위라고 비난했다. 또한 그는 일본의 첫 번째 침략은 두 나라가 함께 요동을 치겠다는 조선 왕과의 밀약 때문이었다고 주장했다. 이밖에도 그는 조선이 저지른 많은 잘못을 덧붙였다.

조선 왕은 명의 주장을 접하고 몹시 당황해 했다. 자신과 조선 백성들이 그동안 종주국의 이익을 그토록 충실하게 챙겨줬고, 조선을 통과해 명을 공격하려는 일본을 저지하기 위해 그렇게 고생을 했건만, 명은 그 모든 노력을 알아주기는커녕 오히려 배반 행위로 여긴다는 뜻이었기 때문이다. 조선 왕은 그런 불충의 의심을 산 데 대한 속죄의 뜻으로 궁궐을 떠나 볏짚으로 만든 움막에서 꼬박 한 달간 기거했다. 이런 해괴하고 근거 없는 명의 추궁에 온 나라가 크게 동요했다.

선조, "신하국의 도리를 어겼다면 목을 내놓겠다" 왕은 가장 신임하는 신하인 이항복과 이정구를 북경에 보내서 명이 제기한 비난에 대해 다음과 같이 해명했다.

나에 대해 제기된 죄과는 매우 위중한 것들이며, 그것들이 모두 사실이라면 나는 죽어 마땅하다. 진실을 밝히기 위하여 내 입이 더러워지더라도 다시 반복하지 않을 수 없다. 원래 일본인들의 조상은 먼 동쪽 바다에서 기원한다. 그곳은 배로 가기에도 매우 먼 곳이다. 그들은 야만인들이어서 하늘도 그들을 보통 사람들과 갈라놓았다.

그들은 오로지 해적질로 먹고살 만큼, 이웃 나라 사람들에게 항상 못된 짓만 일삼았다. 그들은 번개처럼 왔다가 어느 틈에 사라진다. 고려 왕조가 멸망한 이후, 일본은 큰 혼란에 빠졌다. 이들에게는 법이 통하지 않는다. 이 해적 떼가 조선 남부 지방의 해안 마을을 마음대로 약탈하는 바람에 지금 그곳에는 잡초와 덤불밖에 자라지 않는다. 조선 왕조의 창건자인 태조께서 예전에 이들을 쫓아냈지만, 나중에 이들은 더욱 대담하게 노략질을 계속했다.

대마도 주민들은 우리나라에 와서 교역하기를 원했다. 그래서 우리는 그들의 요청에 따라 교역을 허락했다. 그러자 더 먼 섬들에서도 사람들이 구름처럼 몰려왔다. 우리나라 백성들은 그들을 전혀 좋아하지 않았으나 교역이 두 나라에게 모두 이익이 되므로 과인은 교역을 허락했다. 우리는 한양에 일본 사신들을 영접하는 집도 마련했다.

세종대왕 재위 시절, 일본인들이 우리더러 일본에 사신을 보내달라고 하도 간청해서 우리는 그렇게 했다. 가장 큰 이유는 그 나라를 염탐하고 그 나라가 잘사는지 못사는지, 강한지 약한지 알아보기 위해서였다. 사신은 정보를 손에 쥐었고, 우리는 그것을 바로 명에 알렸다. 우리는 일본에 사신을 보내달라는 청을 거절할 수도 있었지만, 사신을 보냈다고 해서 두 나라가 친하거나 우호적인 관계를 맺고 있다는 뜻은 아니다. 정종대왕 시절에도, 일본인들은 중국 남해안 지방을 약탈하기 시작했고, 그 과정에서 우리 제주도를 점령하기도 했다. 하지만 우리는 곧 해적들을 격퇴했고, 그 우두머리를 산 채로 명으로 보내 뜻대로 처분토록 했다.

또한 정종 시대에 일본인들은 중국 영파부寧波府의 해안 지방을 공격했다. 해적들은 명 장군을 죽이고 도주했지만 우리가 잡아 명의 조정으로 보내줬다. 그 이후에도 우리는 일본인들이 중국 해안 지방으로 가려는 것을 두 번이나 저지했다. 명 황제가 우리의 이런 굳은 충성심을 높이 치하한 것이 한두 번이 아니었다. 우리는 항상 명나라가 잘되도록 몸과 마음을 바쳤다. 그것이 바로 신하국의 도리이고, 우리는 신하국의 도리를 다했다.

우리는 일본인들이 세 항구, 즉 제포, 부산포, 염포에 와서 살도록 해주었지만 5리 내지는 10리 밖으로 나가서는 안 된다고 규정했다. 이 모든 사실을 종합해보면, 조선이 일본인들을 불러들였고 그들의 군대를 요청했다는 주장은 명백한 허위이고 날조임에 틀림없다.

정응태가 봤다고 주장하는 책은 실제로 있는 책이고, 이름이 『해동

제국기』이다. 이 책은 일본에 사신으로 갔던 신숙주가 돌아와서 쓴 책으로 일본의 법과 풍습을 다루고 있다. 여기에는 일본 지도, 족보, 또 일본 사신을 맞을 때 필요한 예법 등이 기록돼 있다. 조선을 모함하는 자는 이 책이 조선과 일본이 연합한 증거라고 주장하고 있지만, 그것은 자기주장에 맞게 뜻을 왜곡하는 짓이다.

우리가 승하하신 선왕에게 너무 고상한 칭호를 붙인다는 주장에 대해 말하자면, 조선이 중국과 바다 건너 위치해 있으며 우리가 무지하고 은둔 생활을 하고 있다는 말밖에 할 수 없다. 신라 시대부터 지금까지 우리는 관습적으로 돌아가신 선왕에게 이런 식으로 이름을 붙인다. 조선 왕조의 창건자이신 태조께서는 조선이 중국의 신하국으로서 누리는 권한의 한계를 넘지 않으려고 무척 조심했으며, 우리는 한시도 종주국과 신하국의 차이를 잊은 적이 없다.

왕의 사후에 이 같은 이름을 붙이는 관례는 신라 시대부터 시작됐다. 그것이 이전에 한 번도 문제시된 적이 없었으니, 우리가 실수했다는 걸 어떻게 알 수 있었겠는가? 우리가 무지하고 무례하다고 욕을 먹으면 눈물로써 사죄하겠지만, 중국에 대한 충성심이 없다는 비난은 황송하지만 사실이 아니라고 말하고 싶다. 우리가 쓰는 달력, 관복, 책은 모두 중국에서 온 것들이다. 이것 하나만 봐도 중국에 대한 우리의 충성심을 알 수 있다.

이 전쟁이 시작되기 한 해 전에 히데요시는 자신의 주군을 죽이고 왕위를 빼앗았다. 그자는 명의 목젖을 치겠다는 전의를 불태우며, 우리에게 함께 명나라를 침공하자는 권유의 편지를 보냈지만, 우리는 그 편지를 일언지하에 돌려보냈다. 이 모든 것을 보아도 우리가 오로지 중국에게 좋은 방향으로 행동했다는 것을 알 수 있다. 그것은 명약관화한 사실이다.

일본군이 쳐들어왔을 때 일본인 전체가 조선 해안에 상륙한 것 같았다. 그들은 조선 팔도를 점령하여 마구 약탈했다. 또한 그들은 세 곳의 주요 도시로 몰려가 그곳의 왕릉에 몹쓸 짓을 서슴지 않았다. 그들은 우리가 조상을 모시는 사당과 기타 신성한 곳을 불태웠으며, 평양까지 북진했다. 우리는 그자들의 진격을 저지하지 못했고, 그들의 손에서 한양을 구하지 못했다. 우리는 거의 자포자기 상태까지 몰렸으며, 종주국으로 건너가 죽을 운명에 처해졌다.

우리가 적어도 히데요시와 우호적인 관계를 맺고 있었다면 우리가 그의 손에 의해 이 모든 고통을 겪었겠는가? 자연의 이치를 생각해보아도 그런 일이 있을 수 있는가? 이런 주장이 사실이라면 우리 군대가 왜 명나라 군대와 합세하여 침략군을 공격했으며, 왜 우리가 일본군의 측면을 물고 늘어지며 끈질기게 괴롭혔겠는가? 우리가 정응태의 중상을 참은 건 이유가 있기 때문이라는 걸 황제에게 고하라. 그것은 정응태가 양호 장군을 치욕스럽게 소환코자 했을 때 우리가 양호 장군을 편들었기 때문이다.

양호 장군은 오랫동안 우리와 함께 있었으며, 조선인들의 진정한 친구이다. 우리는 모두 그를 높이 신뢰하고 있으며, 그렇게 유능한 사람이 그런 대접을 받아야 한다는 게 슬플 뿐이다. 우리는 애절한 슬픔을 금할 수 없다. 조선은 보잘것없는 민족이고 우리의 멸망은 대수롭지 않은 일이지만, 명나라의 장군이 그런 대우를 받는다는 것은 중요한 문제이다. 우리는 외부 사람들이고, 황제의 궁궐을 방문하는 기쁨을 누려본 적이 없기 때문에, 황제에게 우리 처지를 대신 진언해줄 사람이 없다. 하지만 황제는 또 다른 탄원이 없어도 우리의 주장이 옳은지 그른지 판단할 수 있을 것이다. 정응태는 과인을 배신자라고 불렀다. 그 말은 물론 사실이 아니지만, 그런 비난을 들으니 차라리 죽는 게 낫다. 황제가 이 편지를 보고 이 사건을 심판하게 하라. 나에게 죄가 있으면 내 목으로 죄 값을 치를 것이지만 그렇지 않으면 황제가 세상에 나의 무죄를 선포하게 하라. 그러면 나는 다시 대낮의 광명을 떳떳하게 볼 수 있을 것이다.

이 편지는 명확하고, 논리적이며, 핵심을 찌른다. 그리고 왕에게서 전에는 보지 못했던 자존심이 절절히 배어 있다. 여기에는 노예 같은 의존성이 아니라, 자존심을 갖춘 진정한 충성심이 나타나 있다. 모략을 단호하게 부인하고 황제에게 심판 또는 공개적인 사면을 요구하는 대목에서는 나이를 불문하고 모든 남자에게 명예가 되는, 진정한 남성미를 엿볼 수 있다.

정응태의 허리가 두 동강 나다   황제는 이 편지를 읽고 나서 조선 왕의 강직하고 청렴한 성품을 느꼈다. 그리고 금세 자신의 잘못을 깨달았다. 황제는 그 편지를 수십만 장 인쇄하여 전국에 배포하라고 지시했다. 그렇게 진실되고 순수한 왕을 가신국의 왕으로 거느리고 있다는 게 개인적으로 큰 영예라고 생각했던 것 같다. 그는 다음과 같은 답장을 보냈다.

"나는 정응태 같은 소인배의 중상모략을 사실로 믿고 조선 왕의 충성심을 속으로 의심했다. 나는 지금 양호 장군이 부당하게 당한 괴로움을 모른 척할 수 없다. 정응태는 대단히 사악한 자이다. 나는 하마터면 돌이킬 수 없는 실수를 저지를 뻔했다. 나는 이제 그자의 직위를 박탈하고 평민으로 강등할 것이다. 그자를 내 앞에 다시 오도록 하라."

소환된 정응태는 즉시 몸이 허리에서 두 동강이 나는 처형을 당했다.

임진왜란, 그 이후

일본인들이 조선인들과 섞이다
이즈음 진지 주변의 조선 사람들과 어울려 사는 일본 병사들이 많이 늘어났다. 그들은 장사하는 조선 사람들에게 좋은 손님들이었을 것이다. 그리고 조선 사람들은 틀림없이 일본과 싸우는 것은 자기들이 할 일이 아니라고 생각했을 것이다. 1천 리가 넘는 해안선에 퍼져 있던 일본 사람들은 조선 사람들의 표현에 따르면 '구멍' 같은 집을 지어놓고 거기서 살았다. 조선 여인들을 아내로 취해 조선군이나 명나라군이 쳐들어 올 때만 제외하고 농사를 지으며 사는 일본 사람들도 많았다.

조명 연합군의 진격 일본군의 중요 진지는 모두 세 개였다. 그중 동해안의 울산에 설치된 진지는 가토가 지휘하고 있었다. 서쪽에는 고니시가 지휘하는 전라도 순천의 진지가 있었다. 이 두 진지의 중간쯤 되는 사천 선진리에도 진지가 하나 있었는데, 이곳은 시마즈 요시히로 장군이 지휘하고 있었다. 이 세 진지는 평소에 지속적으로 연락을 주고받다가 필요하면 서로 지원하곤 했다.

이 파란만장한 전쟁은 이제 막바지에 접어들고 있었다. 당시 일본군의 병력 수에 대해서는 알 도리가 없으나, 채 10만 명이 되지 않았을 것으로 짐작된다. 명군은 1598년 9월, 한양에 집결한 뒤 일본군에 대한 총공세를 취했다. 명군은 형개 장군과 만세덕 장군이 이끌고 있었다. 명나라 육군은 모두 4개의 대규모 군단으로 나뉘어졌다. 마귀 장군이 동군을 이끌고 울산을 공략하기 위해 남진했다. 그의 휘하에 11명의 장수와 2만 4천 명의 병력이 배속됐다.

1만 3천 명의 병력으로 이루어진 중앙군은 동일원 장군이 지휘했고, 그의 밑에서 8명의 장수가 군사를 이끌었다. 서군은 유정 장군을 비롯한 6명의 장수가 총 1만 3천 명의 병력을 지휘했다.

이 작전에 참가한 수군의 책임자는 진린 제독이었는데, 그는 이미 남부 지방에 주재하면서 다른 8명의 장수들과 더불어 1만 3200명의 병사들을 지휘하고 있었다. 전해지는 말에 따르면, 원정군의 총 병력이 14만 2700명에 달했다고 하나, 앞에서 열거한 각 군단의 총 병력 수를 합하면 그 숫자의 절반도 되지 않는다. 따라서 우리는 모두 합해봐야 채 10만이 되지 않았을 것이라고 결론지을 수밖에 없을 것 같다.

겨울이 한층 가까워진 9월의 마지막 날, 명의 3개 군단은 울산성 성벽 앞에 포진했다. 가토는 그때까지 느긋하게 그곳에 머물러 있었다. 지난 번 조명 연합군의 포위 공격에 처참하게 당하고 난 뒤, 그는 성 방어에 만반의 준비를 갖추었다. 그는 풍부한 식량을 확보하여 창고에 쌓아두었고, 성벽을 높이 쌓는 등 방어 태세를 강화한 만큼 자기 앞에서 감히 다가올 겨울을 버티려는 적군을 보고 코웃음을 쳤다.

명군, 사천에서 일본군의 먹잇감이 되다 명나라 군대도 곧 이 같은 사실을 깨닫고는 좀 더 성공이 확실한 쪽으로 방향을 돌렸다. 동일원 장군은 강력한 군대를 이끌고 일본군 핵심 전력이 주둔해 있는 사천으로 진격했다. 그곳의 일본군 요새는 가토나 고니시가 지휘하는 요새보다 작을 가능성이 컸다. 왜냐하면 그곳의 사령관은 명나라 군대가 접근하자 급히 선진리로 들어가 그곳을 요새화했기 때문이다.

자신만만한 동일원 장군은 그를 압박했다. 일본군은 명나라 군대를 바로 성 밑까지 계속 유인했다. 그러자 성 밑에 숨겨놓았던 지뢰가 폭발했다. 이 지뢰 공격으로 명나라 군사는 수백 명밖에 죽지 않았지만 공격하던 전 부대가 큰 혼란에 빠졌고, 일본군은 성 밖으로 몰려 나가 손쉬운 먹잇감을 요리했다.

칼에 찔려 죽은 명나라 병사들의 시체가 산을 이루었다. 동 장군은 간신히 죽음을 면하고 삼가로 도망가는 신세가 되었다. 남강까지 뒤쫓아온 일본군은 명나라 병참 부대가 갖고 온 1만 2천 가마의 군량미를 노획하는 것으로 만족하고 도주 길을 열어주었다.

진린의 함대, 썰물에 갇혀 속수무책으로 당하다

유정 장군은 정예 병사들을 이끌고 전라도 순천의 왜성을 공격하라는 임무를 부여받았다. 인근 마을인 예교에 도착한 그는 기만전술을 써서 노련한 고니시를 격파하기로 마음먹고, 고니시에게 화평을 제의하는 전갈을 보냈다. 이 전쟁에서 명성도 출세도 얻지 못한 고니시는 일본군의 전력으로 북진이 불가능하다는 게 분명해진 이상, 명분만 있으면 이 전쟁을 언제라도 끝낼 용의가 있었다.

고니시는 기쁜 마음으로 휴전에 동의했고, 두 자루의 멋진 칼을 유정 장군에게 선물로 보냈다. 곧 두 사람은 3천의 병사만 대동한 채 중간 지점에서 만나기로 약속했다. 하지만 유정 장군은 일본군이 일단 진지에서 나오면 퇴각로를 차단할 수 있도록 은밀히 병사들을 매복시켰다. 일본군이 진지에서 나오면 휘파람 소리로 신호를 보내기로 약속했다. 하지만 고니시는 그런 애들 장난 같은 술책으로 잡기에는 너무 노련한 새였다. 그는 성문 근처에 두어 명의 명나라 병사가 숨어 있는 걸 보고는 성에서 출발하는 시간을 늦추었다. 그러자 누가 실수로 휘파람을 불었고, 매복해 있던 명 병사들이 뛰쳐나왔으나, 그들을 기다리고 있던 것은 일본군의 조롱뿐이었다. 하지만 명나라 병사들은 그래도 80~90명의 일본군 낙오병들의 도주를 차단해 포로로 잡을 수 있었다.

유정 장군은 즉시 일본군 진지를 포위한 뒤 진린 제독에게 그날 밤으로 당장 달려와 일본군에 대한 공격에 합세해줄 것을 요청하는 전갈을 급히 보냈다. 진린 제독은 이 요청에 응하여 신속히 함대를 이끌고 갔다. 현지의 물때에 대해서 모르는 상태에서, 거기서 들리는 요란한 소리를 전투의 함성으로 짐작한 그는 왜성의 코 밑까지 함대를 끌고 올라갔다. 하지만 전투 모습은 보이지 않았고 유정 장군과도 연락이 되지 않았다. 그때 물이 빠져나가기 시작했고, 깜짝 놀란 진린과 그의 함대는 갯벌의 진흙 바닥 위에 올라선 채 적군의 코앞에 노출되는 신세가 되었다. 아침이 되자 일본군이 성에서 떼 지어 나와 오도 가도 못 하는 명나라 배 48척을 모두 불태우고 거기 타고 있던 대부분의 병사들을 죽였다.

진린 장군은 간신히 작은 배를 타고 달아나 미련한 동료 장군인 유정의 진지로 피신했다. 그는 너무 화가 나 유정 장군의 깃발을 갈기갈기 찢으면서 자신을 그런 위험에 빠뜨린 데 대해 갖은 욕설을 그에게 퍼부었다. 유정 장군은 너무 부끄러워 얼굴이 '흙빛'으로 변했다고 사람들은 전한다. 그는 자기 가슴을 치며 죽을죄를 지은 걸 인정했다. 그제야 진린 장군은 반 토막 난 자기 진지로 돌아가 분노를 삭였다.

일본군, 유정과 진린의 손아귀에서 벗어나다 하지만 유정 장군은 고니시가 진심으로 전쟁이 끝나기를 원한다는 걸 알고 있었다. 그래서 그는 다시 전령을 보내 "이번에는 진심으로 일본과 화평하고자 한다. 귀관이 모든 병력을 데리고 철수하면 우리는 깨끗이 도주로를 열어줄 것이다. 우리의 병력은 14만이니 우리에게 맞설 생각은 하지 않는 게 좋을 것이다."라고 말했다. 고니시는 이 제의에 동의하고 즉시 휘하의 병사들을 귀국선에 탑승시키기 시작했다. 그러나 이들이 진린 장군의 함대가 포진하고 있는 곳을 지날 때, 진린은 즉시 이들을 공격하여 적선 십여 척을 불태우거나 침몰시켰다. 나머지 배들은 급히 출발지로 돌아갔고, 고니시는 자기를 속였다며 유정 장군을 비난했다.

하지만 유정은 진린 제독에게 휴전 사실을 깜박 잊고 알리지 않았을 뿐이라고 변명하며 곧 알리겠다고 말했다. 동시에 그는 고니시에게 진린 제독에게 존경의 표시를 하는 게 좋겠다고 권유했다. 그래서 고니시는 75냥의 은과 45자루의 칼을 보냈다. 진린은 이 선물을 못 이기는 척하며 받았다. 일본 함대는 다시 진지를 출발하였고, 이번에는 진린이 포진하던 곳을 무사히 지나갔다.

노량해전 하지만 그들은 이순신 장군과 충성스런 조선의 수병들을 생각하지 못했다. 고니시는 또다시 배를 돌리지 않을 수 없었고, 이 용감한 조선군 지휘관을 매수하는 작업에 들어갔다. 그는 이순신에게 선물로 많은 조총과 칼을 보냈다. 하지만 이 노장군은 이미 충분히 많은 무기를 갖고 있다며 그것들을 돌려보냈다. 그러자 고니시는 일본 배들의 통과를 눈감아주면 750냥의 은을 주겠노라고 다시 제의했다. 이순신은 이 제의도 거절했다.

일본군은 이미 모두 배에 탄 상태였기 때문에 깜깜한 새벽에 이 두려운 장군이 지키는 뱃길 옆으로 몰래 빠져나가기로 결정했다. 하지만 적군의 의중을 이미 꿰뚫고 있던 이순신은 동이 트자마자 휘하의 전 함선을 집결시킨 다음, 순천항 앞바다에 정박 중인 일본군 함대를 덮쳤다.

그는 적에게 접근하면서 하늘을 보며 이렇게 기도했다고 한다.

"나는 오늘 죽을 것입니다. 저 일본군을 격파할 한 번의 승리만 더 허락해주시면 나는 죽어도 괜찮습니다." 그는 조정에 자신을 궁극적으로 파멸시킬 게 뻔한 정적들이 있다는 걸 알았으므로 단 한 차례의 마지막 격전으로 모든 것을 끝내기로 결심했던 것이다.

전투는 짧았지만 격렬했다. 아침의 미풍이 전투의 포연을 걷어내자 일본군 함선 중 50척이 화염에 휩싸여 있었고, 바다 위에는 허우적거리는 적병들로 가득 차 있었다. 노련한 이순신 장군은 그 짧은 해전에서 2천 명 이상의 적군을 없애버렸다. 하지만 고니시 장군은 작은 배를 타고 용케 빠져나갔다. 전투는 이제 시작에 불과했다. 바다는 이순신 장군의 무자비한 손에서 벗어나려고 발버둥치는 일본 배들로 뒤덮였다. 전투는 이어졌고 시간이 흐르면서 적의 사상자 수는 이순신 장군이 밤이 되기 전에 처치하기로 맹세한 숫자에 육박했다.

이순신, 신무기 편통으로 진린을 도우다 그때 처음 보는 일본군 함대가 나타나 진린 제독의 함대를 공격하고 있다는 보고가 들어왔다. 이순신이 급히 현장으로 달려가 보니 사실이었다. 그는 전략을 바꿔, 적선과 일대일로 맞붙지 않고 일본 함대의 주변을 선회하면서 가운데 쪽으로 적선들을 몰아붙였다.

모든 준비가 끝나자 그는 자신이 직접 만든 신무기인 편통, 즉 '뿌리는 통'을 일본군에게 사용하기 시작했다. 우리는 이 무기의 정체를 정확히 알지 못하나, 전해지는 말에 따르면 순식간에 일본 함대를 불길에 휩싸게 만들었다고 한다. 이때 바람이 불어 불길은 더욱 거세졌고, 곧 일본 함대 전체가 거대한 불기둥으로 변했다. 수백 척의 일본군 배가 거기에 타고 있던 병사들과 함께 재로 변했다. 이순신은 이 광경을 한

참 지켜보다가, 도주하는 적선들을 뒤쫓기 시작했다. 그는 뱃전에 무방비 상태로 선 채 추격을 독려했다.

한국의 넬슨, 스스로 죽음을 택하다 그리고 이 전쟁에서 가장 위대한 전투의 한복판에서 이순신은 적의 흉탄을 맞았다. 병사들이 쓰러지는 그를 붙잡자, 그는 "나의 죽음을 적들이 알게 하지 말라. 그러면 전투가 엉망이 될 것이다." 한국의 넬슨이라고 불릴 만한 이순신 장군은 이렇게 숨을 거두었다.

거의 무방비였던 이순신은 마치 스스로 죽음을 선택한 것 같았다. 전쟁 후 조정의 재물이 되는 것을 원치 않았던 것일까? 그렇다면 중국이 조선의 왕으로 염두에 둔 이순신을 죽인 것은 일본군이 아니라 조정이라고 할 수도 있지 않을까?

진린, "이제 조선에 남아 있는 군인은 없다" 이순신 장군의 조카인 이완은 계속 전투를 독려했지만, 싸움은 끝난 것이나 다름없었다. 도주하는 적선의 숫자는 점점 줄었다. 우연히 진린 제독의 배가 죽은 이순신 장군의 배 쪽으로 접근했다가 그 배에 탄 수병들이 일본군 머리를 놓고 다투는 것을 보았다. 진린은 탄식했다. "장군이 숨진 것 같다." 배에 올라탄 그는 정말 그렇다는 걸 알았다. 갑판 위에서 세 번이나 주저앉으며 그는 이렇게 탄식했다. "나는 장군이 나를 살리고 본인도 살아 있는 줄 알았는데 여기 죽어 있다. 이제 조선에 남아 있는 군인은 없다."

히데요시, 조선 소년을 몸종으로 두다 우리는 한반도에서 일어난 적대 행위가 사실상 종결되는 시점에 와 있지만, 그전에 일본으로 시선을 돌려 일본군이 한반도에서 최종적인 철수를 해야 했던 직접적인 원인을 알아봐야 할 것 같다. 이에 대한 조선 측의 설명은 주목할 만하지만, 일본 측 설명과 정면으로 대치되지 않는 한도에서만 믿을 수 있다. 조선에서 일어난 사건에 대해서는 조선 측 설명을 정설로 받아들여야 할 것이다. 하지만 일본에서 일어난 사건들에 대해서는 당연히 일본 측 설명을 더 신뢰할 수밖에 없다. 조선 측 설명은 다음과 같다.

1592년 일본이 처음 조선을 침략했을 때, 동래 출신의 양부하라는 조선 소년이 일본군에 노예로 붙잡혔다가 나중에 대마도로 끌려갔다. 그 아이는 거기 살다가 우여곡절 끝에 일본 본토로 갔고, 마침내 히데요시가 기거하는 궁전까지 들어가게 되었다. 사람 보는 눈이 예리한 히데요시는 그 아이를 눈여겨보고 있다가 이렇게 말했다.

"일본 사내아이와 조선 사내아이는 매우 비슷하게 생겼다. 이 아이를 데려가 일본 말을 가르쳐라. 잘 배우지 못하면 목을 쳐라." 이런 상황에서 그 아이보다 머리가 나쁜 아이라도 일본어를 빨리 배우지 못했다면 그것이 이상한 일이었을 것이다. 그 아이는 일본어를 배운 지 석 달 만에 일본어로 능숙하게 대화할 수 있을 정도가 되었고, 히데요시는 상으로 그 아이를 자기 몸종으로 삼았다. 소년은 명나라 사신 심유경이 일본에 올 때까지 히데요시의 몸종으로 여러 해 동안 일했다.

히데요시, 죽음을 부르는 심유경의 환약을 먹다 그런데 심유경은 일본에 체류하는 동안 히데요시의 궁전에 사실상 연금 상태로 있었다. 어느 날 이 조선 하인은 자기 주군에게 심유경을 보게 해달라고 청했다. 히데요시는 허락했다. 젊은이가 명 사신의 거처에 가보니 그는 몹시 곤혹스러운 상태, 아니 사실상 눈물 속에서 하루하루를 보내고 있었다. 젊은이는 그에게 동정심을 느꼈고 그가 자유롭게 다닐 수 있도록 도와줬다. 이 중국인은 그때부터 히데요시의 처소에 수시로 불려 다녔으며, 결국 그와 친해졌다.

어느 날 심유경은 큰 북을 끼고 앉아 있다가 환약을 꺼내 삼켰다. 그가 여러 날 동안 똑같은 행동을 되풀이하자 호기심을 못 참은 히데요시가 그게 뭐냐고 물었다. 심유경은 그 약이 소화제인데, 그 약을 먹으면 몸에서 힘과 정력이 사라지지 않는다고 대답했다. 히데요시는 그의 손에서 약을 빼앗아 의심스러운 눈초리로 살펴봤다. 한쪽에 '뜨겁다'는 뜻의 한자가 쓰여 있었다. 히데요시는 칼을 꺼내 약을 두 쪽으로 자른 뒤 반을 심유경에게 주면서 말했다. "당신이 반을 먹으면 내가 반을 먹겠소."

약효는 자극적이었고 기분을 좋게 했으나, 사실 그 약은 몸의 피를 마르게 하는 독약이었다. 심유경은 매일 히데요시와 약을 나눠 먹었으나 자기 방에 돌아오면 바로 독을 중화시키는 약을 한 첩씩 들이켰다. 오래되지 않아 히데요시의 팔은 점점 굳어지고 말라갔다. 어느 날 그는 실수로 칼에 손을 베였는데 피가 전혀 나오지 않아 소스라치게 놀랐다. 그는 뜸쑥을 가져오게 해 상처에 붙였다. 여전히 피는 나오지 않았다. 그러자 그는 크게 웃다가 울기 시작했다.

"나는 죽은 몸이다. 내가 숨을 쉬지 않거든 내장을 빼내고, 가른 부위는 말갈기로 꿰매라. 그런 다음 내 시체를 술에 담아 보존하라. 절대 외부 사람들이 내가 죽은 걸 알게 하지 말라." 그는 조선에 가 있는 군대의 사기가 떨어질까 봐 자기가 죽었다는 사실을 숨기고 싶어했다. 그 후 얼마 안 있어 그는 정말 죽었다. 그의 명령은 정확히 이행되었다. 두 달 동안, 궁전의 바깥에서는 아무도 그의 죽음을 알지 못했다. 하지만 결국 악취가 너무 심해 궁전 사람들은 위대한 히데요시가 죽었다는 사실을 고백했다. 이것이 조선 측 이야기이다.

도쿠가와 이에야스, 철군을 명하다 조선 사람들은 히데요시의 성품을 다음과 같이 요약한다. 교활하고 약삭빠르다. 어떤 때는 예리하고, 어떤 때는 부드러우며, 어떤 때는 냉소적이고, 어떤 때는 위협적인 말로 주변 사람들을 쥐고 흔든다. 휘하의 장군들을 꼭두각시처럼 갖고 논다. 많은 소년 소녀들을 밑에 두고 키우면서, 함께 자란 그 아이들을 나중에 서로 결혼시키는 것을 좋아한다. 그러면 그 아이들을 완벽하게 자기 지배하에 둘 수 있기 때문이다.

그의 부하 중 가장 세력이 컸던 장수는 모리 데루모토(毛利輝元)와 도쿠가와 이에야스(德川家康)였다. 그들은 히데요시를 증오했기 때문에 그를 전복시킬 기회가 있었다면 쌍수를 들고 환영했을 것이다. 하지만 그것은 불가능했다. 히데요시는 이 두 사람을 잘 알고 있었고, 두 사람이 힘을 합쳐 자신을 공격할 것에 대비해 한 사람은 동부 지방의 성주로, 다른 한 명은 서부 지방의 성주로 임명하여, 두 사람이 서로 견제하도록 꾀했다. 그런 식으로 두 사람을 서로 싸우게 함으로써 자신은 안전할 수 있었던 것이다. 그는 음모와 외교술을 즐겨 사용했으며, 잠시도 가만히 있지 못하는 성격이었다.

그는 종류를 막론하고 항상 즐길 거리를 찾았다. 그가 죽었을 때 이에야스가 그의 곁에 있었는데, 그는 그 틈을 타서 반란이 일어나지 않도록 히데요시의 시체를 소금에 절여 보존했다. 그는 나무들에 히데요시의 시체를 똑바로 앉히고 눈을 부릅뜨게 한 뒤 너무 환하지 않은 곳에 놓아두었다.

사람들은 매일 그가 앉아 있는 모습을 보고 그가 살아 있다고 생각했다. 시체에서 너무 고약한 악취가 풍겨 더 이상 진실을 감출 수 없게 된 것은 그해 8월이었다. 그래서 이에야스는 히데요시의 아들을 데리고 와 쇼군(將軍, 일본 막부 시대의 수장)으로 삼았다.

그리고 나서 가토와 고니시 장군의 처와 자녀들을 모두 감옥에 가두고, 두 장군에게 전령을 보내 즉시 전 부대를 이끌고 일본으로 돌아오라고 명령했다. 두 장군은 이 명령에 즉시 따랐고, 일본 침략군은 모두 부산에서 귀국행 배에 올랐다. 이로써 일본의 대침략은 과거의 일이 되어 버렸다. 이런 일련의 일들이 히데요시의 조선 소년 몸종으로부터 비롯되었다고 한다면 지나친 억측일까? 역사에는 가정이란 없는 것이니까.

조선인 강항이 일본인을 가르치다 조선의 사가들은 임진왜란 초기만 해도 일본군은 조선군보다 훨씬 우월했고, 또 호랑이 가죽, 꿩 깃털, 금박 가면 등으로 위장했는데, 이런 가면의 분위기와 겉모양에 조선인들이 겁을 먹었다고 기록하고 있다. 따라서 처음에는 일본군이 쉽게 승리를 거듭했으나, 뒤로 갈수록 그렇지 않았다. 조선인들은 그 후 병기를 개선하였으며, 일본군이 악마처럼 보이는 섬뜩한 가면을 쓴 채 대대적인 공격을 감행해도 두려워하지 않게 되었다.

일본군의 2차 침공(정유재란) 때, 강항이라는 조선인이 포로로 잡혀 일본으로 압송되었다. 그는 탈출하지 못하자 일본어를 배우기 시작했다. 그는 그곳에서 중국 사상을 전파한 스승으로서 많은 제자들을 거느리게 되었다. 제자들은 그를 높이 섬겼으며, 편안하게 지낼 수 있도록 그를 도와주었다. 전쟁이 끝나자 제자들은 합심하여 배를 한 척 구입한 다음, 그와 그의 모든 소지품을 실어 고국인 조선으로 보내주었다. 그는 귀국 후 자신이 겪은 포로 생활을 다소 풍자적이고 가볍게 기록한 『간양록看羊錄』, 즉 '양떼를 돌보며 지낸 이야기'라는 책을 펴냈다.

관우의 혼령이 일본군의 간담을 서늘케 하다 조선에 파병된 명나라군은 이듬해 봄까지는 움직이지 않았다. 그러자 조선 왕은 명 황제에게 사신을 보내 조선의 정세가 안정될 때까지 만세덕, 두잠, 조승훈 장군 등이 조선에 머물 수 있게 해달라고 청했다.

기원후 200년 전후 무렵 중국에는 관우라는 유명한 장수가 있었다. 그는 기골이 장대했고, 얼굴은 불타는 듯 붉었으며, 하루에 1천 리를 달릴 수 있는 거친 적토마를 타고 다녔고, 무려 40킬로그램이나 나가는 칼을 휘둘렀다. 전설에 따르면, 일본군이 한양을 점령하고 있을 때 이 위대한 인물의 혼령이 숭례문과 동대문 근처에 계속 나타나 일본군들의 간담을 서늘하게 했다고 한다. 명의 장군들이 귀국을 앞두고 있자, 진린 장군은 바로 이 관우 장군의 사당을 숭례문 외곽에 세웠다.

선조가 즉위한 지 33년째 되던 해, 즉 1600년에 명 황제는 관우 사당의 건축비로 내탕금 4천 냥을 보냈으며, 이 돈으로 현재 동대문 외곽에 있는 지금의 사당이 세워졌다. 황제는 또 동대문 밖에도 이와 똑같은 사당을 조선인들의 손으로 지으라고 명했고, 이 명령은 그대로 이행되었다. 두 사당은 정확히 똑같은 모습이었다. 조선 왕이 황제에게 이 사당에 이름을 붙여달라고 청하자, 황제는 '현령소덕왕관공지묘顯靈昭德王關公之廟'라는 친필 액자를 보내왔다. 이 말은 '영특하고 덕이 많은 관우 장군의 혼령을 모신 사당'이라는 뜻이다. 선조는 또 경상도의 성주와 안동, 그리고 전라도의 남원에도 똑같은 사당을 세웠다.

자기 사람 심기에만 혈안이 된 당파 싸움 우리는 이미 이 전쟁에서 조선을 가장 쇠약하게 만든 요인이 바로 내부의 당파 싸움이라는 것을 알고 있다. 이 당쟁은 전쟁 이후 더욱 치열하고 단호한 양상으로 전개되었고, 이것은 결국 약 1세기 후 이 나라를 거의 무정부 상태로 빠뜨리게 된다. 처음에는 두 당파, 즉 동인과 서인밖에 없었던 것을 기억할 것이다. 전시에 조정의 총애를 받던 유성룡이 경상도 출신에게 관직을 무더기로 나누어주었기 때문에 남인, 즉 '남쪽 사람들'이라는 이름이 부각되면서 그 이름을 그대로 딴 당파가 급속히 조직화되었다. 그러자 그들의 정적들은 정치적 균형을 유지하기 위해 곧 북인, 즉 '북쪽 사람들'이라는 뜻의 명칭을 파벌 이름으로 채택했다.

전쟁이 끝나자 반대 파벌, 즉 북인의 수뇌부는 유성룡이 나라의 체통을 무시하고 일본과의 화친을 열망하였다며 그를 비난하는 상소를 왕에게 올렸다. 왕은 이들의 상소를 접한 뒤 유성룡을 귀양 보냈다. 하지만 그의 지지자들은 유성룡에게 가해진 누명은 이미 충분히 해명되었으므로 유성룡을 복권시켜야 한다는 역逆상소를 올림으로써 다시 전세를 역전시켰다. 이처럼 남인과 북인이 권력의 전면에 부상하면서 옛 집권 세력인 동인과 서인은 분열되거나 사라졌다.

임진왜란 후반기에 남인은 권좌에서 밀려나고 북인이 수시로 정권을 잡았다. 그러다 임진왜란이 끝난 후부터 다음 왕이 재위하던 시기까지는 동인이 권력을 잡았으며, 그 후 50년간은 서인이 모든 정사를 좌지우지했다. 사람들은 이 정파들의 정치철학이 무엇이며, 국내 또는 대외 정책 면에서 어떤 차이가 있었는지 궁금할 것이다. 하지만 우리는 이 다양한 정파들은 똑같은 정강 정책과 행동 계획을 가지고 있었을 뿐, 그들의 목적은 오로지 왕의 귀를 독점하고, 인사권을 장악하며, 모든 요직에 자파 인물들을 앉히는 것뿐이라고 말할 수 있다.

죽은 이순신, 명예를 회복하다 전쟁이 끝나자 대마도의 일본인들은 조선과 다시 교역할 수 있는 길이 열리기를 간절히 원했다. 사실 그것은 두 나라에 모두 이익이었다. 이듬해인 1601년, 구로다라는 일본 사신이 대마도에서 임진왜란 때 일본에 포로로 잡혀 갔던 300명의 조선인 남녀들을 데리고 조선에 왔다. 그 일본 사신은 조선과의 호혜적인 무역을 요구했다. 조선 왕은 이 문제를 명 황실과 의논했는데, 그 후 얼마 안 있어 조선 사신이 왕의 친서를 갖고 대마도에 간 것을 보면, 명은 이때 긍정적인 답변을 보냈던 것 같다.

하지만 이때만 해도 일본의 청은 받아들여지지 않았다. 게다가 황제는 조선에 남아 있던 모든 명나라 군대에게 철군하라는 명령을 내렸다. 하지만 조선 왕의 간곡한 요청에 따라 전라남도, 경상남도를 방어하는 데 필요한 8천 명의 군사는 잔류했다. 조선의 구세주로서, 살아봐야 조정의 중상모략꾼들에게 모함 받을 것을 알고 전장에서 일부러 죽는 길을 택했던 이순신 장군은 사후에 명예가 회복되었다. 이항복과 85명의 관리들도 큰 상과 더불어 각종 서훈을 받았다.

납치된 조선 도공들, 일본을 가르치다 1605년 일본은 조선이 일본과 강화조약을 체결하고 일본 왕궁에 사신을 파견해줄 것을 요청했다. 조선 왕은 이를 승낙하고 사명대사 유정에게 이 섬나라의 군사력과 뱃길의 거리를 자세히 살펴보고 오라는 밀명과 함께 일본 왕실에 파견했다. 그는 이듬해 귀국하면서 임진왜란의 와중에 여러 번에 걸쳐 일본에 납치됐던 약 3천 명의 조선인을 데리고 왔다는 말이 전해진다. 조선 측 기록에는 전시의 혼란을 틈타 일본인들이 많은 노획물을 대거 반출해간 사실, 조선 도공의 대규모 납치, 또 그들을 도기 및 기타 공예물 제작에 활용한 사실 등에 대한 정보가 전혀 나와 있지 않으나, 우리는 어마어마한 양의 보물들이 일본으로 반출되었으며 아름다운 사쓰마 도기는 조선 공예인들이 가르침을 전수해준 결과라고 밝힌 일본 측의 보고서를 믿어도 좋을 것 같다.

이보다 한 해 앞선 1604년은 성우길 장군이 이끄는 조선 관군과 누르하치가 이끄는 북방 오랑캐 간에 치열한 전쟁이 벌어진 해로 유명하다. 성우길 장군은 야밤에 두만강을 건너 이 부족의 주요 거주지를 철저히 파괴함으로써 성공적으로 이 부족을 무력화시켰다. 그는 이 부족이 두만강변의 여러 마을에서 약탈해간 엄청난 양의 재물도 모두 회수했다.

선조가 왕세자보다 중전의 아들에게 애정을 주다 우리는 이제 조선 역사에서 가장 고통스러운 시대로 이어지는 사건들의 초입에 와 있다. 독자들은 선조가 왕비와의 사이에 후계자를 얻지 못했기 때문에 할 수 없이 첩의 소생인 광해군을 세자로 책봉했다는 사실을 기억할 것이다. 이 자는 포악하고 즉흥적이었고, 부패하고 이기적이었으며, 백성들의 복리에 무관심한 인물이었다. 따라서 왕이 재위 40년째 되던 해(1606년)에 왕비와의 사이에서 아들을 얻자, 그의 기쁨은 광해군의 원통함만큼 컸다.

법도에 따르면 한 번 왕세자를 책봉했으면 바꿀 수 없었다. 하지만 왕은 그토록 오랫동안 기다려왔던 왕자를 얻었던 만큼, 이성보다 감정이 앞섰고, 그 아이가 미래의 왕위 계승자에게 주어지는 모든 영예를 받도록 하고 싶었다. 그래서 왕은 그 아이가 태어날 때 모든 대신들을 궁으로 불러 예를 올리라고 명했다. 이 조치는 그때 왕이 취한 가장 부적절한 조치였다. 왜냐하면 이미 책봉된 세자로서 자신이 궁극적으로 왕관을 차지할 것으로 믿어 의심치 않았던 광해군이, 이 같은 적자에 대한 애정 표시에서 이미 발표한 세자 책봉의 칙령을 수정하고자 하는 왕의 숨겨진 욕망을 읽고 증오심을 불태웠기 때문이다.

왕이 칙령의 철회를 진정으로 원했다면 북경에 사신을 보내 명 황제의 손을 빌어 그렇게 했어야 했다. 하지만 일이 그렇게 돌아가지 않음으로써 그 아기는 가장 먼저 자기를 제거하려들 게 뻔한, 매우 위험한 적이 자기를 기다리고 있는 세상으로 들어간 셈이었다. 이 왕세자(광해군)의 증오를 산 사람은 그 아이 혼자가 아니었다. 왕비, 즉 중전도 광해군의 증오의 대상이 되었으며, 아기에게 예를 올리라는 어명을 전한 관리도 마찬가지였다.

조선과 일본의 국교 재개 이 와중에도 일본은 기존의 주장, 즉 상호 이익이 되는 무역의 재개를 계속 재촉했으며, 조선에 대한 그들의 선의를 계속 강조했다. 선조는 일본 류큐 왕국(1429년에 건국된 일본 류큐 섬들의 소왕국―옮긴이)의 왕이 보낸 각종 선물과 축하의 편지를 갖고 온 사신을 접견했다. 그 편지에는 일본 측 의도에 대한 강한 의구심이 제기돼 있었고, 또다시 일본이 침략할 경우에 지원을 제공하겠다는 뜻이 담겨 있었다. 하지만 왕은 이런 의구심을 믿지 않았던 것 같고, 일본의 거듭되는 요청에 대해 일본이 예전에 한강 위쪽에 있던 왕릉을 파헤친 자들을 조선이 처벌할 수 있도록 한양으로 송환하면 바로 일본에 사신을 보낼 것이라고 답했다.

일본인들은 일단 귀국한 뒤, 그해 늦가을에 두 사내를 포승에 묶어 데려와 그자들이 조선이 찾는 자들이라며 넘겨줬다. 하지만 그들은 어린아이들이었다. 영의정은 왕에게 그들을 일본에 돌려보내자고 건의했으나, 왕이 총애하는 유정은 왕을 설득하여 그들의 목을 베었다. 그러고 나서 여우길, 경섬, 정호관이 사신으로 일본에 파견됐다.

한편 일본에서는 이에야스가 일본 전역의 실권을 쥐고 명실상부한 패자霸者가 되었다. 따라서 일본에 도착한 조선 사절단은 심한 냉대를 받았다. 이에야스는 "일본과 조선이 사신을 교환하자고 누가 요청했소? 하지만 기왕에 왔으니 받아주긴 하겠소."라고 말했다. 그들이 일본에서 받은 대우는 말로 표현할 수 없을 정도로 형편없었다.

일본인들이 조선 사람들을 못되게 대우한 사례로 드는 얘기는 이렇다. 일본인들은 오물로 가득 찬 음식을 가져왔는데, 그 위에는 금가루 같은 게 뿌려져 있었다. 조선 사람들이 무슨 음식인지 보려고 접시에 손을 대자, 일본인들은 그 모습을 보고 박장대소했다. 이런 못된 장난에 기분이 상한 조선 사람들은 바로 귀국했다.

영의정 유영경, 우유부단이 죽음을 부르다 늦가을에 노쇠한 선조가 앓아눕자, 모든 사람들이 왕의 죽음이 임박했다는 걸 감지했다. 병세는 심상치 않았다. 영창대군은 겨우 두 살이었고, 왕세자인 광해군은 적개심을 불태우며 왕좌를 향한 자신의 길을 막는 자가 있으면 누구라도 그냥 안 둘 기세였다.

사람들은 매우 심기가 불편했다. 어린 영창대군을 옹호한 것이 충분한 효과를 냈는지 모르지만, 왕은 그 왕자를 무자비한 적의 자비심에 맡겨놓은 채 떠난다는 생각이 들었다. 그는 영의정 유영경柳永慶을 불러 이렇게 말했다. "눈앞이 캄캄하오. 과인은 곧 죽을 것이오. 그대는 광해군이 왕이 되어야 한다고 생각하오?"

하지만 왕이 원하는 대답을 감히 해줄 수 없었던 영의정은 계속 머뭇거렸다. 이런 행동이 그의 운명을 결정지었다. 그에게는 과감하게 어린 왕자의 정통성을 주장하든지 아니면 광해군을 밀든지, 두 가지 길이 있었다. 그러나 그는 아무 선택도 하지 않음으로써 한쪽에게는 적이 되면서, 다른 한쪽의 가능성은 망쳐버리는 우를 범했고, 이로써 자기 사형 집행 명령서에 제 손으로 서명한 꼴이 되었다.

공교롭게도 광해군에게는 친형이 있었는데, 그가 왜 왕위 계승자로 책봉되지 못했는지 이유를 우리는 모른다. 임해군이라 불린 그 왕자에게 당시 사람들은 백성들을 두려움으로부터 구해내도록 동생에게서 권력의 고삐를 빼앗으라고 부추기고 있었다. 하지만 광해군은 음모의 기운을 눈치채고 임해군을 모든 추종자들과 함께 곧바로 추방했다.

선조의 유언, "영창대군을 잘 부탁하오" 사태가 이런 식으로 흘러가던 중, 1608년 초봄의 어느 날, 왕의 사저에서 한 하인이 뛰어나와 왕이 승하하려 한다고 소리쳤다. 모든 대신들이 궁으로 달려갔다. 노쇠한 왕의 끈질긴 생명력에 대해 초조해진 광해군이 왕의 자연사를 재촉하는 모종의 조치를 취했다는 말이 돌고 있었으나, 그것은 증명된 사실이라기보다는 그 사람의 성격에 근거한 일반인의 추측일 뿐이라고 생각된다.

소집된 대신들은 왕이 누워 있는 방의 옆방에 앉아 있었다. 곧 내시가 다음과 같이 적혀 있는 종이를 들고 나왔다. "과인이 죽으면 광해군이 영창대군을 잘 보살피게 해주시오." 대신들은 그 쪽지를 세자에게 보냈다. 잠시 후 왕의 처소에서 또 한 장의 종이가 전달됐다. "7명의 대신들은 잘 들으시오. 과인은 곧 죽을 것이오. 과인에게는 한 가지 근심밖에 없소. 영창대군은 너무 어리오. 과인은 영창이 성인이 되는 모습을 보지 못할 것이오. 그 아이를 잘 보살펴주시오." 이 말이 끝이었다. 그 뒤 왕은 벽을 향해 돌아눕더니 그대로 숨을 거두었다.

임해군, 교동도에서 독살당하다 이 기쁜 소식을 접한 광해군은 오랫동안 탐냈던 권좌를 서둘러 차지했다. 그가 가장 먼저 취한 조치는 영의정 유영경을 귀양 보내는 것이었다. 그런 다음 명에 사신을 보내 자신이 왕위를 계승한 사실을 알렸다. 명 황제는 "장자인 임해군이 왜 왕위를 이어받지 않았는가?"라고 답한 뒤 이 사건을 조사하도록 사신을 파견했다. 임해군은 유배 생활을 하고 있던 교동 섬에서 돌아왔다.

새로 즉위한 왕(광해군)의 한 심복이 임해군의 머리만 가져오는 게 좋겠다고 탄원했으나, 원로대신인 이항복이 하도 거세게 반대하여 광해군도 자기 뜻을 고집할 수 없었다. 하지만 임해군을 한양으로 압송할 때 사람들은 그를 임시로 '분장시켜' 놓았다. 그의 머리는 풀어헤쳐져 있었고 몸에서는 악취가 났으며, 옷은 누더기였다.

순진한 명 사신은 그런 임해군을 보자마자 당장 원래의 유배지로 돌려보내라고 명령했다. 그 후 사태가 더 복잡해지는 것을 막고 또 자신의 복수심을 채우려는 심사에서, 광해군은 밀사를 보내 교동 섬의 문지기에게 임해군을 독살토록 했다. 그는 이어 유배 중이던 영의정을 죽인 다음, 시신을 한양 한복판으로 끌고 와 칼로 두 동강 내버렸다.

기유약조　일본은 수년 전부터 옛날과 같은 관계를 재개해달라고 조선을 계속 압박했다. 그것은 반은 외교, 반은 교역의 성격을 띤 관계를 말하는데, 주로 남부 지방의 부산항을 통해 이루어졌다. 광해군이 즉위한 이듬해에 조선은 이에 동의했고, 곧 조선에서는 이지완, 일본에서는 겐쇼와 요시나오가 대표로 나서서 협상을 시작해 조약을 맺었다.

일본은 예전에 일본인들에게 개방되었던 3개 항을 모두 개방해달라고 졸랐으나, 조선은 이를 거부하고 부산항만 개방했다. 또 조선에 들어올 수 있는 일본 배의 숫자는 연간 20척으로 줄였다.

그리고 일본의 막부가 보낸 외교사절은 조선에 최대 110일까지 체류할 수 있도록 했다. 반면 다이묘(大名, 일본 전국 시대의 성주―옮긴이)가 파견한 외교사절은 85일간, 특사는 55일간 체류할 수 있도록 했다. 조선이 일본에서 올 수 있는 배와 사람의 숫자, 체류 기간 등을 엄격하게 제한한 것과 3개 항의 개항을 거절한 점은 조선이 국익보다는 일본에 대한 호의의 표시로 조약을 체결해줬다는 사실을 시사한다. 그리고 역사를 통해 알 수 있듯이, 조선은 일본에 대한 도움의 손을 언제든 자유롭게 거둘 수 있다. 조선이 내준 쌀을 비롯한 식량은 일본 사절단이 왔을 때 그들을 먹이기에 빠듯한 정도였다.

선조의 어린 적자가 골방에서 쪄서 죽다 우리는 새 왕이 왕비가 낳은 적자가 아니라 첩의 소생임을 명심해야 한다. 그는 이제 대비(인목대비)를 폐하고, 죽은 자신의 친어머니를 진짜 왕비로 확립하는 작업에 착수했다. 그는 자기 어머니를 공성왕후로 추존하고, 폐위된 대비를 정동의 서궁西宮에 유폐시켰다. 이런 행위는 당시의 대신들에게 극악무도한 불효요, 사악한 행위로 비쳤다. 대신들은 이구동성으로 대비에 대한 그의 가혹한 처사를 비난했다.

광해군은 그 다음 3년을 선조에게 각별히 총애를 받았던 사람들을 모조리 제거하는 데 보냈다. 하지만 존경 받는 인물인 이항복만은 예외였다. 그는 백성들로부터 크게 존경 받았기 때문에 극악무도한 광해군도 감히 그에게는 손을 대지 못했다. 당시 못마땅한 자들을 제거하는 데 잘 써먹은 방법은 죄인들에게 접근하여 그가 사람들이 반역 음모를 꾸민다는 말을 들었다고 거짓 자백하면 석방시켜주겠다고 약속하는 것이었다.

하지만 피에 굶주렸던 광해군은 어린 왕자 영창대군이 살아 있는 한 어느 것에도 만족하지 못했다. 왕자는 당시 예닐곱 살밖에 되지 않았다. 아무도 왕에게 대놓고 반대하지 못했지만 대신들은 왕의 총애를 받으려면, 반역 행위가 없었어도 왕자를 처형할 수 있는 모종의 음모를 꾸밀 수밖에 없다고 생각했다.

그 작업은 다음과 같이 이루어졌다. 여주에 박응서라는 유명한 도적이 있었다. 그는 관군에 체포된 뒤 한양으로 압송되어 신문을 받았다.

신문이 끝나자 왕의 심복인 이이첨이 그가 갇혀 있는 감옥으로 사람을 보내 이렇게 말했다. "너는 내일 죽을 것이다. 하지만 네가 다른 몇 사람과 작당하여 왕을 쫓아내고 어린 왕자를 그 자리에 앉힐 음모를 꾸몄다고 고백하면 너는 즉시 석방될 뿐 아니라 후한 상도 받게 될 것이다."

왕은 그 가련한 자의 거짓 자백서를 받고는 짐짓 놀란 척했다. 그러고는 자백서에 거명된 주모자들을 곧바로 체포하여 모두 처형했다. 왕의 부하들은 또 왕자와 대비도 이 음모에 관여돼 있는 게 분명하므로 모두 죽여야 하며, 대비의 아버지도 목을 베어야 한다고 탄원했다.

왕은 그런 악랄한 짓을 한꺼번에 다하진 못했지만, 대비의 아버지를 참수하고 왕자를 강화로 귀양 보냈다. 왕자는 사람들이 자기를 잡으러 오자 어머니의 치마 속에 숨었다. 하지만 그들은 잔인하게 어머니를 밀쳐내고 그 꼬마를 질질 끌고 갔다고 한다. 백성들은 이런 잔인한 행위에 참을 수 없는 분노를 느꼈고, 그런 행위를 방관하느니 차라리 죽는 게 낫다고 생각한 많은 사람들로부터 엄청난 상소가 왕에게 쇄도했다. 하지만 왕은 상서를 올린 자들을 모조리 잡아 죽이거나 관직을 박탈하거나 귀양 보내는 것으로 응수했다.

어린 왕자가 이제 어머니와 떨어져 강화에서 귀양살이를 하고 있는 이상, 사람들은 이제 그 아이를 마음대로 요리할 수 있었다. 그를 죽여도 오랫동안 사람들이 모르게 할 수 있었으며, 아무도 눈치 못 채게 할 수도 있었다. 그래서 이듬해에 이이첨의 명을 받은 강화 부사가 어린 왕자를 골방에 가둬놓고 아궁이에 불을 지펴 그 열기로 죽게 만들었다. 이 세상 어디서도 볼 수 없는 잔인무도한 행위라 하지 않을 수 없다. 이 소식은 금세 모든 관리들에게 퍼졌다. 수십 통의 상소가 쇄도했으나, 왕은 이번에도 귀양과 처형으로 응수했다.

2부 병자호란

1장······ 광해군의 중립외교

2장······ 이괄의 난과 정묘호란

3장······ 인조의 남한산성 피신

4장······ 항전과 항복의 갈림길

5장······ 삼전도의 굴욕

6장······ 북벌을 꿈꾼 효종

남한산성 수어장대 수어장대는 남한산성 안에서 가장 높은 지점에 설치한 지휘소다. 남한산성이 본격적으로 지금과 같은 형태로 증축된 것은 인조 대에 이르러서인데, 인조는 광해군의 뒤를 이어 1624년(인조 2)부터 1626년까지 2년간 증축 공사를 추진하였다. 공사 완료 후 광주목을 이곳으로 이전했고, 수어청도 같은 해 이곳에 설치하였다. 이런 노력에도 불구하고 남한산성은 1636년 병자호란의 치욕을 피할 수 없었다. 인조와 조선군은 이곳에서 농성을 시작했지만 결국 45일 만에 식량 부족으로 성문을 열고 나가 항복하고 말았던 것이다.

광해군의
중립외교

조카인 능창대군도 증살하다 1618년 초, 광해군은 폐위된 대비가 자신의 친어머니의 무덤에 가, 그곳에서 자기를 저주하는 굿을 했다는 문서를 돌림으로써 대비에 대한 적개심을 더욱 노골적으로 드러냈다. 이 행위 역시 정직한 모든 백성들로부터 거센 항의를 불러일으켰지만, 또다시 유배 바람이 불었다.

어린애들까지 광해군이 서궁(지금의 덕수궁)의 귀신을 두려워하는데, 자기 어머니는 그곳에 놔두고 자기는 근처에도 가지 않는다며 이 포악한 군주를 조롱했다. 정직하고 곧은 사람들의 무기는 입뿐이었지만, 광해군은 그들을 무서워했다.

그의 조카이자 나중에 왕이 될 사람의 형인 능창대군은 매우 온화하고 순한 인물이었다. 하지만 왕은 그를 몹시 두려워했고, 결국 심복을 시켜 그에게 반역죄를 뒤집어씌워 강화도 교동의 한 골방에서 증살蒸殺(방 안에 가두고 장작불을 지펴 그 열기로 죽게 하는 것 ―옮긴이)시킬 때까지는 마음 편히 쉬지 못하였다.

왕이 관직을 팔다 이즈음 성지라는 승려가 미신 좋아하는 왕의 신임을 얻었다. 그는 왕을 설득하여 외국인들에게 '뽕나무 궁전'으로 더 잘 알려져 있는 인경궁을 짓게 했다. 이 궁을 짓기 위해 수천 채의 평민 가옥이 파괴되었고, 모든 백성에게 가혹한 세금이 부과되었다. 그래도 건축에 필요한 자금은 턱없이 부족했다. 그러자 왕은 관직을 팔기 시작했다. 어떤 사람들은 금으로, 또 어떤 이는 은을 냈으며, 심지어 철, 목재, 돌이나 소금을 내고 관직을 산 이들도 있었다. 사람들은 이것을 유교의 가르침인 '오륜'에 빗대어 '오항'이라고 불렀다. 사내아이들은 또 다음과 같은 우스개 노래를 부르고 다녔다. "네 놈은 그 자리를 얻자고 금, 은, 아니면 목재를 줬느냐?" 아이들은 관리들이 거리를 지나가면 이런 노래를 불러 약을 올렸다.

광해군의 심복 이이첨, 폐위된 대비를 몰아붙이다 광해군의 심복인 이이첨은 주군의 소원을 들어주지 않으면 마음이 편치 않은 인물이라 폐위된 대비를 철저히 파멸시킬 묘안을 강구했다. 이 목적을 달성하기 위해 다른 방법을 찾을 수 없었던 그는 결국 다음과 같은 계략을 꾸몄다. 그는 허균이라는 사람을 시켜 어떤 당파가 유폐돼 있는 대비에게 함께 왕의 폐위를 도모하자고 제의하는 거짓 편지를 쓰게 했다. 그 편지는 대비가 사는 집 안으로 던져졌고, 그것은 곧 교활한 음모꾼들의 하수인들에게 발각됐다. 왕은 대비에게 불리한 것이면 무엇이든 믿을 준비가 돼 있었던 터라, 이 편지는 왕의 분노를 부채질했다.

이이첨은 여세를 몰아 다른 수십 명의 사람들과 함께 왕에게 대비의 처형을 재촉하는 상소문을 올렸다. 영의정인 기자헌이 반대했으므로, 그를 먼 북쪽 지방으로 귀양을 보내지 않을 수 없었다. 11월이 되자 왕은 드디어 대비를 한양에서 쫓아내기로 결심하고, 조정의 모든 관리들에게 글로 의견을 제시하게 했다. 930명의 관리와 170명의 왕족이 그 조치를 지지했지만, 노쇠한 이항복을 비롯한 8명의 대신들은 이 극악무도한 음모에 극구 동조하지 않으려 했다. 그래서 선왕(선조)의 유지를 지지한 최후의 의인인 이 아홉 사람은 결국 유배형에 처해졌다.

폐위된 대비의 10가지 죄목 이 해는 이렇게 우울하게 막을 내렸고, 폐위된 대비의 10가지 죄목을 열거한 영의정 한효순의 상소문과 함께 새해가 시작되었다. 그가 열거한 10가지 죄목은 다음과 같다.

(1) 대비는 왕위 계승자가 이미 책봉되었는 데도 불구하고 대신들에게 어린 왕자에 대한 복종을 강요했다. (2) 대비는 자신이 낳은 어린 왕자가 왕위를 이을 수 있도록 하기 위해 승하하기 직전의 왕(선조)에게 광해군을 멀리하라고 재촉했다. (3) 대비는 선왕이 왕위를 광해군에게 물려주려는 것을 기를 쓰고 막았다. (4) 대비는 선왕이 죽기 전에 어린 왕자를 사람들이 잘 보살펴주라는 취지의 교지를 내린 것처럼 꾸몄다. (5) 대비는 자기 아버지가 반역을 꾀하도록 교사했다. (6) 대비는 궁에서 왕세자인 광해군의 죽음을 기원하는 주술을 올렸다. (7) 대비는 광해군 어머니의 무덤에서도 똑같은 짓을 했다. (8) 대비는 반란을 일으키겠다는 생각으로 외부의 파벌과 함께 역모를 꾸몄다. (9) 대비는 명 황제에게 광해군의 세자 책봉을 인정하지 말라고 요청하는 편지를 보냈다. (10) 대비는 일본에 사람을 보내 조선 왕실을 무너뜨릴 군대의 파병을 요청했다.

대비에게 '대비' 호칭을 박탈하다 왕은 이 모든 죄를 믿기 어렵다는 척하면서 그에 따른 조치를 취하기 시작했다. 그는 하늘에 맹세하건대, 자기는 그런 일을 생각만 해도 끔찍하며 그런 일을 입에 올리느니 차라리 먼 해안 지방으로 유배되는 게 낫다고 단언했다. 하지만 대신들의 엄청난 읍소를 받고 나니 더 이상 신하들의 탄원과 백성들의 안녕을 도외시할 수 없는 지경이라고 말했다.

그래서 그는 대비에게서 '대비'라는 칭호를 박탈함과 동시에 대비를 서궁에 유폐시켰다. 그리고 대비는 정부의 보조금을 전혀 받아서는 안 되고, 관리들은 더 이상 대비에게 충성을 바쳐서는 안 되며, 대비의 혼인 증명서를 불태워버리고, 대비가 갖고 있던 모든 보석을 회수하라는 교지를 내렸다.

그는 또 대비가 죽을 경우, 아무도 곡을 못하게 하고 어떤 종묘사직에도 대비의 이름이 못 오르게 하며, 대비의 처소에 경비를 엄하게 세워 대비가 자기 처소에서 한 발짝도 못 나오게 하리라고 마음먹었다.

만주족 족장 누르하치가 칼을 갈다 이즈음 북서 지방에서는 머지않아 한반도 전체, 나아가 중국의 하늘을 덮게 될 먹구름이 나타나기 시작했다. 이 먹구름은 만주족으로 그 우두머리는 누르하치라는 자였다. 그는 앞에서 살펴봤듯이 조선 원정군에 의해 분쇄된 건주建州 출신의 야만족이었다. 그의 할아버지는 각창안覺昌安이었고, 아버지는 탑극세塔克世였다. 두 사람 모두 이성량이라는 명나라 장수의 손에 죽었다.

누르하치는 아버지가 죽자 중국의 손이 미치지 않는 동쪽 지방으로 달아나 세력을 키운 뒤 점차 서진하여 만주 벌판에 발을 들여놓았다. 하지만 명을 치겠다는 계획을 실행에 옮기기에는 아직 시기상조였다.

하푸이거코시프이라는 몽골 장수가 만리장성을 뚫고 유부 장군의 명나라 군대를 격파했을 때 누르하치는 그 장수를 죽여 그의 목을 북경에 보내기도 했다. 명 황제는 이에 흡족해 하며 그에게 '용호龍虎장군'이라는 칭호를 붙여주었다. 이 대담한 북방인은 이렇게 명의 의심을 없앤 뒤 1만 명의 유능한 궁사들을 곁에 확보할 때까지 군사를 모으고 훈련시켰다.

명이 조선에 지원군을 요청하다

그보다 몇 년 전에 누르하치는 내분의 가능성을 두려워하여 자신의 동생을 죽였고, 조선에서 앞서 서술한 사건들이 일어날 즈음에는 이미 명나라 세 장군, 즉 이영방, 장승윤, 양여귀의 군대를 차례로 격파한 뒤였다. 중국의 지배자인 명 황실은 상황의 심각성을 깨닫고, 이 위대한 만주족 우두머리와 결정적인 설욕전이 불가피하다고 보았다.

황제가 취한 첫 번째 조치는 조선 왕에게 즉시 장수와 병사들을 누르하치를 격파할 명나라 군대에 합류시키라는 교지를 보내는 것이었다. 조선 왕은 이 요청을 받고, 현지에 사람을 보내 명이 강한지 약한지, 그리고 곧 벌어질 전투에서 명나라를 돕는 게 조선에 이득인지 아닌지를 면밀히 파악하게 했다.

이것은 일본이 조선을 침략했을 때 명이 지원 요청을 받고도 꾸물거린 데 대해 조선이 똑같은 방식으로 앙갚음한 꼴이지만 조선은 명에 철저하게 충성했다. 명나라는 조선을 이러쿵저러쿵 비판할지도 모르지만, 조선이 만주족과 전쟁을 벌일 때보다 더 충실하고 헌신적으로, 즉 자신이 손해를 보면서 헌신적으로 명나라를 지원한 적이 없었다.

명나라 장군 양호는 조선 왕에게 다시 사람을 보내어 이렇게 말했다. "우리가 지원을 요청했는데 조선은 상황을 파악할 염탐꾼이나 겨우 보낸단 말이오? 이 전쟁은 우리만큼 조선에게도 중요합니다. 그러니 조선은 즉시 군대를 요동으로 보내 우리와 연합 전선을 구축하는 게 좋을 것이오."

강홍립, 누르하치에게 투항하다

이 같은 명의 요청은 조선 왕이 이 전쟁에 아무리 자신이 없어도, 묵살하기에는 너무 강했다. 게다가 임진왜란 때 명이 지원해줬기 때문에 조선 왕은 명의 요청에 엄청난 부담감을 느꼈다. 그래서 왕은 강홍립 장군을 도원수로, 김경서 장군을 부원수로 삼아, 그 밑에 정호서, 이정남, 정응정 등 세 장군과 함께 평안도, 함경도, 경기도, 충청도, 전라도에서 징집한 2만의 군사를 이끌고 북부 접경 지역으로 출동하라고 명령했다. 이때는 연말쯤이었으나 명나라는 새해가 밝기 전에 대규모 무력시위를 보여주겠다는 의도로 조선에 다시 전령을 보내 조선군의 출병을 재촉했다.

1619년 1월 조선군은 전장터로 갔다. 이때는 한겨울이었는데, 비교적 따뜻한 지역에 온 대부분의 병사들은 마치 북극 같은 거친 환경 속으로 들어가는 것과 같았다. 명의 양호 장군은 네 개의 길을 따라 만주의 요충지로 진격하고 있었다. 양국 군대는 조선의 국경도시인 의주에서 그리 멀지 않은 요동의 심하에서 합류했다. 연합군은 양호, 유정, 교일기, 그리고 조선 장수인 강홍립 등 모두 4명의 장군이 지휘하였다. 조명 연합군은 500명 안팎으로 구성된, 작은 만주족 부대와 접전을 벌여 상당히 많은 적군을 죽이고 그들을 산악 지대로 쫓아냈다. 그들은 경솔하게도 다른 모든 만주족 군대들도 그렇게 쉽게 격파할 수 있으리라고 단정했다. 이 탐색전에서는 조선군이 주도적인 역할을 했는데, 한 장수가 죽었고 또 한 명은 팔에 부상을 입었다.

이튿날 전 부대가 부차라는 장소로 이동했다. 부대의 왼쪽과 오른쪽 측면은 명나라 군이 맡았고, 중앙 쪽은 강홍립 장군이 조선군을 이끌고 포진했다. 그런데 갑자기 아무런 예고 없이 1만 명의 만주족 기마병들이 연합군의 오른쪽 측면을 덮쳤다. 이 측면공격은 크게 성공했다. 연합군의 오른쪽 날개는 순식간에 와해되었고, 이 과정에서 유정 장군과 양호 장군이 전사했다. 그런 다음 만주족 지휘관 귀영가는 3만의 군사를 몰고 가합 고개를 넘어 연합군의 왼쪽 측면을 덮쳤다. 그쪽도 순식간에 무너졌다.

이에 반해 강홍립이 지휘하는 중앙 부대는 아무런 공격도 받지 않았으며, 우측과 좌측의 아군이 입은 엄청난 피해에도 별 영향을 받지 않았다. 전투가 벌어졌다는 것 자체를 몰랐을 가능성도 없지 않았다. 그때 강홍립에게 사태의 추이를 예의 주시하고 있다가 명나라 군대가 버티지 못하면 만주족 진지로 가서 그들과 화해를 도모하라는 왕의 지시가 전달되었다. 이것은 중국에 그다지 충성스럽지 않은 행위로 보일지 모르지만, 우리는 여기서 조선인들의 전반적인 국민성을 논하는 게 아니라 당시 왕좌를 차지하고 있던 비운의 사람, 즉 자기 백성에 대한 사랑에 비해 명나라에 대한 진정한 충성심은 그다지 크지 않았던 광해군에 대해 얘기하고 있다는 것을 명심해야 한다.

강홍립은 왕의 지시에 따라 만주족 부대의 우두머리에게 사람을 보내 이렇게 말했다. "우리는 당신들의 적이 아니다. 우리가 서로 적대시할 이유가 없다. 우리는 어쩔 수 없이, 우리 뜻에 반하여 내키지 않는 처지에 놓여 있다. 명나라는 임진왜란 때 우리 조선을 도와줬기 때문에 우리는 그 은혜에 보답하는 의미에서 약간의 관심을 보이지 않을 수 없다. 하지만 상황을 보면 알 수 있듯이 우리는 그대들과 화해할 용의가 있다."

만주족 족장 역시 기꺼이 강화조약을 맺고자 했다. 그래서 조선 부대는 통째로 만주족 진영으로 넘어갔다. 강홍립은 누르하치 앞에 출두하여 복종의 뜻을 표시했다. 그 실력자는 왕좌에 앉아 있었고, 노란 비단 옷을 입고 있었다. 그의 양옆에는 보석으로 만든 귀걸이를 길게 늘어뜨린 여인들이 시중을 들고 있었다. 강 장군은 약간 떨어져 절을 하라는 지시를 받았다. 하지만 그는 자기 조국에서 자신은 왕에게 이보다 더 가깝게 접근할 수 있는 지위에 있다고 말했다. 그래서 그는 누르하치에게 더 가깝게 다가갔다. 그리고 나서 그는 한쪽 무릎을 살짝 구부렸다

펴는 식으로 예를 올렸다. 성마른 누르하치가 이에 만족할 리 없었고, 장군은 충분한 복종심을 표할 것을 강요받았다. 김경서 장군도 마찬가지로 이 치욕스러운 의식을 치러야 했다.

강홍립은 이때 이미 만주족 진영에 영원히 가담하는 게 자기에게 더 이득이 될 것이라고 판단했던 것 같다. 김 장군이 조선 왕에게 만주족과 그들의 무력에 대해 상세히 보고하는 편지를 보내려고 했을 때, 강 장군이 편지를 중간에서 가로채 누르하치에게 주면서 김 장군을 죽이라고 건의했기 때문이다. 그의 권고는 그대로 이행되었다.

만주족, 조선에 강화를 제의하다 석 달 후, 만주족 우두머리는 조선 왕에게 편지를 보내 다음과 같은 조건을 제시했다. "내가 명 황실을 증오하는 데에는 일곱 가지 이유가 있다. 그래서 나는 그들을 도저히 가만 놔둘 수 없다. 이제 귀하와 나는 적이 아니다. 분명히 말하건대, 조선은 과거에 우리에게 피해를 조금 입혔다. 하지만 우리는 그것을 전혀 문제 삼지 않을 것이다. 그러나 앞으로 조선은 중국과 모든 관계를 단절해야 하며 어떤 식으로도 지원해서는 안 된다."

이때 강홍립 장군도 조선에 편지를 보내 다음과 같이 말했다. "만주족 사람들은 전쟁에 대비하여 모든 젊은이들을 훈련시키고 있습니다. 그들은 머지않아 전 요동 지역을 차지할 것입니다." 왕은 이 두 통의 편지를 평안도 감찰사에게 주고 답장을 보내라고 지시했다. 답장은 다음과 같았다.

"200년 동안 귀국과 우리는 명나라의 신하국이었는데, 귀국과 북경 정권 사이에 문제가 발생하면서 귀국과 조선 모두에게 안 좋은 상황이 되어버렸다. 중국은 우리에게 부모와 같은 존재인데 우리가 어찌 중국의 지원 요청을 거절할 수 있겠는가? 우리는 귀국의 요구대로 중국을 돕지 않을 수 없는 처지다. 귀국이 우리와 친하게 지내고, 우리와의 국경선을 명확하게 규정하고, 중국에 대한 야욕을 자제한다면 중국은 기뻐할 뿐 아니라 우리 두 나라에게 모두 선물을 줄 것이다."

이 편지에 대해 만주인들은 이렇게 응답했다. "너희가 정말 중국이 선물을 줄 것이라고 생각한다면 큰 오산이다. 그들은 모두 거짓말쟁이이고 사기꾼들이다. 그래서 우리는 그들을 증오한다. 그런 생각은 당장 집어치우고 우리와 어깨를 나란히 하자. 우리는 하늘의 신에게는 흰말을, 땅의 신에게는 검은 황소를 바침으로써 우정을 맹세해야 한다. 그런 다음 너희 나라의 장수들과 병사들을 모두 돌려보낼 것이다. 우리 사이에는 말채찍만 필요할 뿐이며, 다시는 무기가 사용되는 일이 없도록 하자." 마지막 말은 말(馬)을 수단으로 삼아 우호적인 관계를 유지하자는 뜻이다.

강홍립 장군은 또 편지에서 이렇게 썼다. "누르하치는 북관을 점령했으며 김태석 장군은 죽었다. 백양고는 투항했다. 누르하치는 몽골군과 합세하여 요광 지역으로 진격하고 있다. 그의 두 아들인 망고이태와 홍타이지는 요동 지역을 먼저 점령하는 게 좋다고 진언한다. 명을 먼저 치는 게 좋은가, 조선을 먼저 치는 게 좋은가 하는 문제를 놓고 매일 열띤 토론이 벌어진다. 이것은 비밀이지만 내 말은 확실하다. 그들은 요즘 엄청난 양의 사다리를 만들고 있는데, 아마 조선을 먼저 공격하려는 의도인 것 같다."

한양이 공황 상태에 빠지다 왕은 이 편지를 받고 근심에 빠졌다. 이것으로 마음의 위안이 사라졌기 때문이다. 그래서 왕은 북경에 급히 밀사를 보내 명 황제에게 '동쪽 영토를 방어할' 대규모 병력을 파견하라고 요청하는 편지를 전달하게 했다. 이 말은 조선 왕은 명이 조선과 만주의 폭군 사이에서 버텨주길 바란다는 뜻이었다.

강홍립 장군은 자기 친척들에게 북쪽 지방의 동향에 대해 계속 알려주었고, 그들은 큰돈을 누르하치에게 보냈다. 그를 매수하여 조선을 침략하지 못하도록 하기 위해서였다. 누르하치의 조선 침공이 늦어진 것은 적어도 부분적으로는 이것 때문일지도 모른다. 왕의 밀사들은 북경으로 들어가는 길이 만주족에 의해 봉쇄되는 바람에 발길을 돌릴 수밖에 없었다. 그래서 왕은 사신들을 배로 한 명씩 계속 보냈다. 하지만 조선인들은 항해 실력이 좋지 않았기 때문에 번번이 엉뚱한 장소에 상륙하여 만주족의 손에 잡히거나, 항해 도중에 폭풍을 만나 난파되기 일쑤였다.

1621년 만주족은 요동 지역 전체를 장악했고, 이곳에 살던 중국인들은 사방으로 달아났다. 그들은 수천 명씩 떼 지어 조선으로 건너왔는데, 많은 사람들이 압록강 입구에 있는 옥강섬과 인산섬으로 들어갔다. 그들은 비참하고 궁핍한 그곳의 환경에서 자신들의 처량한 신세를 한탄하며 조선 주민들과 어울려 살았다.

의주의 성주는 왕에게 만주족을 견제할 군사를 보내달라고 청했다. 또 명나라 장군도 조선 왕에게 전갈을 보내 명 황실을 위협하는 이 거친 유목민 무리에 대적할 조선군의 파병을 요청했다. 하지만 왕은 지독하게 무능했으며, 당시 한양 전체가 혼란에 빠져 있었다. 왕은 자기의 안위만 생각했으며, 자기가 한양을 떠나야만 할 경우에 대비해 강화도에 안전한 장소를 마련하는 데에만 신경을 썼다.

초여름에, 명나라 한인 출신으로서 몸도 마음도 완전히 만주족 사람이 되어 누르하치의 사위가 된 이영방이라는 자가 만주족 기병 부대를 이끌고 옥강섬과 인산섬으로 건너가 그곳에 살던 명나라 난민들을 닥치는 대로 죽였다.

이 사건은 왕의 마음에 큰 공포심을 심어주었고, 한양 전체를 공황 상태로 몰아넣었다. 왕은 남부 지방에서 9천 명의 군사를 모아 수원 인근 지역에 배치했다. 하지만 총대장에 임명할 만한 인물이 없었다. 그래서 왕은 귀양 가 있던 한준겸韓浚謙을 불러 그에게 총사령관의 영예를 안겼다. 부사령관에는 한명련이 임명되었다. 그는 하층계급 출신이었으나 임진왜란 때 약간의 명성을 쌓았다.

만주족, 중국 본토를 공격하다 이듬해인 1622년, 만주족은 중국 본토를 공격하기 시작했고, 가는 곳마다 승리를 거두었다. 그들은 조선과 조약을 맺고 싶어했으나 조선 왕은 응해야 할지 말아야 할지 결정하지 못했다. 그가 보낸 사신들은 아직 중국에 도착하지 못했기 때문에 명 황제의 말도 듣지 못했다. 왕비는 왕에게 한글로 쓴 탄원서를 올렸다. "저 북방 오랑캐들은 조선에 어떤 우정을 갖고 있어서가 아니라, 순전히 중국과 조선을 한꺼번에 상대하기 힘들기 때문에 우리와 화평조약을 맺으려고 하는 것입니다. 중국 침략을 끝낼 때까지 우리를 조용히 붙들어 매자는 게 저들의 생각입니다. 전하는 가부간에 결정을 내리시어 실행에 옮기셔야 합니다. 임진왜란 때 명나라가 우리에게 베푼 은혜를 생각해보십시오! 조선은 망하기 직전에 있었는데 명나라가 살려주었습니다. 왕과 백성들은 한 몸이 되어 서둘러 이 공동의 적에 대적할 군사를 보내야 합니다. 설사 전쟁에서 패하더라도 우리는 양심에 부끄러울 것이 없습니다. 우리는 명나라가 어려울 때 힘이 닿는 한 도왔기 때문입니다."

3월 초에 만주족 수뇌부가 보낸 편지가 도착했다. "너희는 중국이 부모요, 너희들은 자식이라고 말한다. 좋다, 나는 지금 네 부모를 치고 있다. 하지만 너희는 부모를 도울 능력이 없는 것 같구나. 도와봐야 소용

없을 테지만." 겁 많은 조선 왕은 이 소름끼치는 조롱에 대한 응답으로 만주족 진지로 선물과 함께 사신을 보냈다. 하지만 만주족은 선물과 사신을 모두 돌려보냈다.

모문룡의 요청을 모른 척하다   명 장군 모문룡은 배로 요동을 탈출하여 조선의 영천에 도착했다. 그곳에 있던 명나라 피난민 중에 적지 않은 병사들이 섞여 있는 것을 보고, 그는 소규모 부대를 조직하여 만주족 진지를 향해 진격했다.

첫 번째 전투에서 그런 대로 성공을 거두어, 만주족 장군의 목을 베어 귀환했다. 그 후 철산에 아예 본부를 세웠다. 겨울에 만주족 군대가 대거 압록강을 넘어오자, 병력이 턱없이 부족했던 모문룡은 달아나지 않을 수 없었다. 그는 조선 왕에게 다음과 같은 내용의 편지를 보냈다. "나는 지금 적은 병력과 함께 귀국의 영토에 있습니다. 우리 같이 힘을 합쳐 이 만주 오랑캐들을 몰아냅시다." 하지만 조선에서는 아무런 응답이 없었다.

만주족은 포로들을 극도로 잔인하게 다루었다. 그들은 포로들을 전부 줄지어 앉혔다. 그러면 전사들이 한 줄로 늘어서 그들에게 화살을 쏘았다. 화살을 맞고도 바로 죽지 않은 포로는 제 손으로 화살을 뽑아 사형 집행관들에게 갖다줘야 했다.

인조반정   한편 조선의 사정은 더욱 악화되었다. 오래전부터 관직은 돈을 가장 많이 내는 자들의 차지였다. 관직의 가격은 관찰사와 장군은 현금 3만 냥, 지방 성주는 2만 냥, 말단 관리는 3천 냥이었다. 즉석에서 현찰을 주지 않으면 아무 자리도 차지할 수 없었다. 영의정의 자리는 너무 비싸서 아무도 그 자리에 앉지 못했다. 그래서 백성에게는 잘된 일인지 모르겠지만, 그 자리는 계속 공석으로 남아 있었다.

당시에는 왕이 가장 총애하는 첩('김상궁 개시'인 듯)이 정사를 좌지우지하고 있었는데, 그녀는 권세를 이용하여 자기 친척들과 측근들을 부자로 만들어주었다. 그녀를 비롯한 많은 왕의 첩들은 전국에 사람들을 보내 관직을 팔았다. 이렇게 관직을 판 돈의 절반은 전국으로 보내진 이들이 챙겼고, 나머지 반은 첩들의 호주머니 속으로 들어갔다. 1623년이 밝아올 즈음, 나라꼴이 이 모양이었으므로 이 불쌍한 사이비 왕이 몰락하는 것은 어쩌면 당연한 순서였던 것이다.

이귀라는 사람은 오래전부터 나라를 이 포악한 독재자의 손에서 구할 방도를 열심히 찾고 있었다. 마침내 그는 이 거사에 기꺼이 동참할 다섯 사람을 찾을 수 있었다. 그 다섯 사람은 신경진, 심기원, 김자점, 최명길, 김류였다. 그들은 오랫동안 의논한 끝에 자기들 계획이 성공하면 왕위를 선조의 손자에게 넘겨주기로 합의했다. 그들은 자금을 모아 작지만 정예병으로 구성된 부대를 무장시키고, 훈련대장 이흥립 장군의 협력도 약속 받았으며, 거사 날짜도 정했다.

그러나 이 음모에 연루된 한 사람이 배신하여 왕에게 그 음모의 전모를 일러바쳤다. 음모를 꾸민 사람들은 발각됐다는 걸 즉시 알았으나 위험을 무릅쓰고 원래 계획을 밀고나가기로 결정했다. 왕은 마침 주연을 즐기다가 이런 흥미로운 정보를 들었는데, 듣고 나서도 이 중요한 사실을 까맣게 잊어버렸다.

바로 그날 밤, 반역자 무리는 약속 장소인 영은문迎恩門(중국 사신 맞이하던 곳. 후에 독립협회가 독립문을 세웠다.—편집자 주)에 모였다. 그러나 문제가 생겼다. 장단에서 오기로 돼 있던 병사들이 도착하지 않았던 것이다. 급히 밀사가 그들을 찾으러 나갔다. 그들은 20리 떨어진 곳에서 병사들을 찾아 급히 돌아왔다. 이괄을 비롯한 몇몇 장수들이 이 병사들을 한양 성안으로 데리고 오기 위해 영은문 바깥으로 나갔다. 그들은 이번 거사에 가담하기 위해 대기하고 있던 수백 명의 병사들을 발견했다. 그때 시내에서 장유라는 자가 급히 나오더니 이렇게 말했다. "누가 왕에게 밀고했습니다. 관군이 지금 우리를 잡으러 이리로 오고 있습니다."

상항이 다급해지자 이귀는 이괄의 팔을 잡고 이렇게 말했다. "이번 거사를 지휘하게 돼 있는 김류가 아직 도착하지 않았으니 당신이 우리 지도자가 돼줘야겠소." 그는 동의했다. 그는 병사들에게 종이 한 장씩 나눠주고 뒷덜미 옷깃에 붙이게 했다. 서로 혼동하지 않고 자기편을 알아볼 수 있도록 하기 위해서였다. 마지막 순간에 김류가 도착하는 바람에 그와 이괄 사이에 누가 거사를 지휘하느냐를 놓고 언쟁이 벌어졌다. 하지만 동이 트려고 했으므로 그들은 그냥 김류에게 책임을 맡겼다.

그들은 관군이 서대문을 통해 출동했다는 소식을 듣고 북악산을 우회하여 창의문彰義門을 통해 성안으로 들어갔다. 관군은 성 안쪽에서 떠들썩한 소리가 들려오자 속았다는 것을 깨닫고 급히 돌아갔다. 반란군 병사들은 이미 창덕궁 앞에 도달해 있었다. 그들은 도끼로 성문을 부수고 들어가 닥치는 대로 불을 질렀다. 그들이 왕의 처소에 난입했을 때 왕은 대궐 뒷문으로 달아나 담을 넘어 한 승려의 방에 숨었다. 그는 그곳에서 안국신이라는 사람의 집으로 가 문상객의 옷으로 갈아입고 다시 의관 정남수의 집으로 갔다(사료에는 의관 안국신의 집에서 체포되었다고 기록됨). 하지만 이 사람은 반란군 측에 왕이 숨어 있는 곳을 알려줬고, 왕은 거기서 체포됐다. 이 반란은 1623년에 일어났다.

광해군을 강화도로 유배 보내다 폐위된 왕의 조카인 능양대군이 왕위에 올랐다. 그가 대궐 앞에 위엄 있게 앉자 군중이 몰려와 절을 했다. 그는 사후에 인조대왕으로 봉헌되었다.

그가 처음 취한 조치는 경운궁(서궁)에 유폐돼 있던 대비(인목대비)에게 용상을 보낸 것이었다. 하지만 대비는 사악한 광해군의 계략일지도 모른다고 생각하여 경운궁을 떠나려 하지 않았다. 대비는 "왕이 직접 와서 나를 데려가라고 하시오."라고 말했다. 그러자 왕이 직접 행차하여 광해군이 쫓겨났다는 좋은 소식을 알려주었다.

인목대비는 선조 시절에 그랬던 것처럼 복위되었다. 신임 왕이 방에 들어와 대비 앞에서 절을 올리고 울기 시작했다. 그러자 대비는 "전하, 울지 마시오. 오늘은 우리가 해방된 날이오. 오히려 기뻐해야 합니다." 그러고는 임금 놀이를 하려다가 참담하게 실패한 광해군을 데려오게 했다. 대비는 다음과 같이 소리쳤다.

"이 자는 천하의 반역자이며 잔인한 자이다. 이 자를 지금 이 자리에서 처단하지 않으면 나는 이 자리를 뜨지 않겠다. 나는 이곳에서 십 년이나 감옥 생활을 했다. 바로 그젯밤 승하하신 선조대왕께서 꿈에 나타나 '며칠만 있으면 대비는 이곳에서 나갈 것이오'라고 말씀하셨다."

환관들이 옥새와 왕실에서 쓰는 기장을 새 임금에게 바쳤다. 그는 폐위된 광해군을 강화도에 유배시키고 그의 아들은 교동섬으로 보냈다. 왕은 포악한 광해군이 죽인 임해군, 능창대군, 연흥부원군과 영창대군에게 각각 존호를 붙여주었다. 그는 또 제주도에서 유배 생활을 하고 있던 인목대비의 어머니도 한양으로 올라오게 했다.

개혁에 착수하다 왕은 조정이 비참한 상태에 빠져 있다는 걸 알고, 즉시 개혁에 착수했다. 왕은 새 인물들을 6조의 대신들로 임명하고, 8도에 교지를 내려 돈으로 관찰사의 직책을 산 자는 누구든지 즉시 현직에서 사퇴해야 하며, 백성들한테서 빼앗은 땅은 돌려줘야 한다고 지시했다. 또 모든 지방 관리들에게 조정에 아직 납부하지 않은 세금을 즉시 보내라고 명했다. 왕은 한양의 중심지인 종로에 병사들을 소집하여 축출된 광해군의 총애를 받았던 이이첨을 비롯하여 광해군의 학정을 도왔거나 부추긴 17명을 처단했다. 아울러 60명이 먼 지방으로 유배되었는데, 그들은 유배지에서 가시나무 울타리에 둘러싸인 작은 방에 갇힌 채 울타리에 난 작은 구멍으로 넣어주는 음식을 먹고 살아야 했다.

평안도 관찰사였던 박엽朴燁과 두 명의 다른 지방 관리도 조정에서 보낸 밀사에 의해 처형되었다. 이 박엽이라는 자는 지독한 악인이었다. 이 자는 경호대 비슷한 병사들을 데리고 다녔기 때문에 극렬한 저항이 예상되었으나, 조정에서 보낸 밀사는 이런저런 구실을 붙여 경호병들을 유인한 다음, 신속하고 확실하게 임무를 완수했다. 평안도 백성들은 이 관찰사를 몹시 미워했기 때문에 그가 죽자 시체를 산산조각 내어 '기념으로' 하나씩 갖고 갔다고 한다.

왕은 이귀를 병조판서에 임명하는 한편, 자신의 아버지 정원군은 대원군으로, 어머니는 부부인府夫人으로 격상하여 현재 제중원濟衆院이 있는 자리에 있던 궁에 모셨다. 왕은 궐에서 모든 악기들과 함께 타락한 여인들을 쫓아냈고, 광해군이 만들게 해서 행차 때마다 갖고 다녔던 목제 모형 산을 종로에서 불태웠다. 이 모형 '산'은 살아 있는 작은 나무와 꽃을 피우는 식물들로 덮여 있었다고 한다.

또 왕은 장만張晩 장군을 8도의 전군을 총괄하는 도원수에 임명하여 평양에 있는 그의 진지에 원수부를 두게 했다. 그는 폐위된 왕비(광해군의 비인 문성군부인)의 오빠와 강화에서 어린 왕자를 증살시켜 죽인 이를 찾아 목을 베었다. 또한 왕은 밀사들을 전국에 파견하여 실제적인 국정 상태를 확인했다.

인조는 불교를 극도로 배척했다. 어떤 승려도 한양의 4대문 안에 발을 들여놓지 못하게 한 사람도 바로 그였다. 평민이 한양의 4대문 안에 들어오면 반드시 말에서 내려야 한다는 법령도 이때 공표되었다. 왕은 조선 왕조가 건국할 즈음, 정몽주가 피살된 장소인 송도의 피 묻은 다리(선죽교)와 기자의 묘에 직접 가서 제사를 지냈다.

국가에 내는 세금은 수확된 곡물의 10분의 1로 정한다는 칙령이 공포되었는데, 이것은 과거에 비해 훨씬 적은 양이었다. 하지만 징수 업무는 더욱 규칙적으로 집행했다.

우리는 축출된 왕의 며느리로서 교동도에 유배된 여인에 대해서 동정을 금할 수가 없다. 그녀는 남편을 따라 귀양길에 올랐는데, 유배지에서 연약한 손으로 20여 미터 깊이의 땅굴을 파서 남편을 탈출시키려고 하였다. 그녀는 혼한 부지깽이같이 생긴 쇠붙이 외에는 다른 도구가 없었다. 남편이 탈출하려던 순간, 이 음모가 발각되었다. 불쌍한 그의 아내는 슬픔과 좌절을 못 이겨 목을 매어 죽었다.

이 소식을 들은 왕은 죽은 여인을 후하게 장례를 지내라고 명했으며, 젊은 남편에 대해서는 사약을 내림으로써 이승의 고통에서 벗어나게 해주었다. 같은 해, 폐위된 왕비가 죽자 왕은 왕비로서의 예를 갖춰 장례를 치르게 했다. 그녀는 독실한 불교 신자였으며, 생전에 많은 사찰에 나무나 진흙으로 만든 불상들을 보내주었다. 하지만 그녀는 왕비로서 행복하게 살지 못했으며, 살아 있을 때 불교의 교리대로 자신이 죽어 다음 세상에 태어나면 다시는 왕비로 살지 않도록 해달라고 기도했다고 한다.

이괄의 난과
정묘호란

2등 공신이 된 이괄, 앙심을 품다

이괄의 난은 하찮은 일이 얼마나 큰 결과를 낳을 수 있는지를 잘 보여주는 사례이다. 왕은 자신이 왕위에 오르는 데 도움을 준 사람들을 좀 특별한 방법으로 치하하고자 했다. 공신 중에 특히 공이 많은 사람은 김류와 이괄이었다. 김류는 이괄보다 높은 가문의 출신이었으나 이 거사에서는 이괄보다 공이 적었다.

이괄은 자신이 이등 공신으로 봉해지자, 너무 화가 나서 다른 모든 공신들이 왕에게 무릎을 꿇고 엎드렸을 때 혼자 왕을 노려보며 그들 옆에 서 있었다. 그는 곧 진정했으나 깊은 마음의 상처를 입었다.

이괄, "간신배로 가득한 조정을 청소할 것이다" 그는 꽤 큰 군사력을 보유하고 있는 평안도의 병마절도사에 봉해졌다. 이 평안도의 부대에는 탁월한 검객으로 임진왜란 이후 조선에 귀화한 항왜병이 300명 정도 있었다. 이괄의 성품을 잘 알고 있었던 이귀 장군이 새해 벽두에 송도를 관장하는 연평부원군延平府院君이라는 직책에 임명되었다. 그의 의도는 이괄이 모종의 반역을 도모하면 자신이 중간에서 저지할 기회를 갖고자 한 것이었다.

문회文晦라는 신하가 왕에게 이괄이 불순한 의도로 병사를 모집하고 있다고 고하자, 왕은 급히 어전회의를 소집했다. 김류는 이괄이 반란을 일으킨다는 것은 불가능하다고 생각했으나, 최명길은 그런 소문이 사실이며 김류를 추종하는 자들도 반역 음모에 연루되었다고 하면서 그들을 처벌할 것을 강력히 주장했다. 하지만 아무도 그의 말에 주목하지 않았다. 하지만 우리는 곧 김류가 반란을 진압하는 데 적극적으로 나서지 않는다는 걸 곧 알게 된다. 그가 반란 음모에 관련돼 있었을지도 모른다는 의심을 산 것도 이 때문이었을지 모른다.

왕의 눈 밖에 난 이괄 장군과 친하다고 알려진 많은 사람들이 체포되어 투옥되었다. 이괄과 한패로 알려진 한명련을 죽이고, 이괄의 아들을 체포하기 위해 두 자객이 파견되었다. 이들은 평양에 도착한 뒤 대담하게 이괄을 찾아가 어명을 전했다. 이때 이미 한양으로 진격하려고 만반의 준비를 갖추고 있었던 이괄은 두 밀사의 목을 침으로써 응수했다. 그는 인근의 모든 성주들을 급히 소집한 후, 다음과 같이 선언했다. "지금 전하는 간신들에게 둘러싸여 있다. 나는 당장 한양으로 쳐들어가 조정을 청소할 것이다." 그리고 나서 항왜병 검객들을 선두에 놓고 휘하의 2만 병사들을 몰고 한양으로 진격하기 시작했다.

이괄의 난에 대한 조정의 대응 온 나라가 혼란의 소용돌이에 빠졌다. 왕은 이원익李元翼 장군을 수도 방어의 총책임자인 도체찰사都體察使로 임명하고, 이시발을 부체찰사로 임명했다. 이수일은 평안도 병마절도사로 임명되어 반란군의 길목을 차단하기 위해 군대를 끌고 북진했다. 완풍군 이서李曙 장군은 반란군의 공격에 대비해 송도의 진지를 강화했다. 오용서는 임진강 강둑의 진지를 강화했다. 또한 8도에서 병사들이 징집됐다. 강각은 수안과 서흥에서 모은 의병들을 이끌고 반란군의 진격을 막기 위해 수안에 배치됐다.

평양 북쪽의 안주에 주둔해 있던 정충신鄭忠信 장군은 다른 장수들과 함께 이괄 부대의 후미를 공격하기 위해 반란의 본거지인 평양을 향해 진격했다. 장만이 그에게 이괄의 반란이 성공할 가능성에 대해 어떻게 생각하느냐고 묻자, 그는 이렇게 대답했다. "만일 이괄이 무사히 한양에 입성하고, 그때까지 임금이 그곳에 있으면 결과는 알 수 없소. 하지만 이괄이 황해도에서 조금이라도 지체하거나, 임금이 남쪽으로 피신해서 이괄이 한양에서 꾸물거리면 우리는 그자를 개처럼 때려잡을 수 있을 것이오."

장만 장군은 15명의 장수 및 성주들의 휘하에 있던 주변의 모든 병력을 끌어모았다. 그는 자기 병력이 이괄의 부대에 비해 턱없이 초라한 규모인 것을 알고 절망에 빠졌지만 어떤 사람이 "이괄의 병사들은 그자에게 그다지 충성스럽지 않습니다."라고 말했다. 이 말을 들은 그는 이괄에게 가담한 이윤서라는 장군의 노비를 불러낸 다음, 무명 50필을 주며 주인을 반란군 대열에서 빼오라고 지시했다. 그러자 그 노비는 무명을 마다하며 "가능하다면, 제가 가서 우리 장군님을 반란군 진영에서 빼내오겠습니다. 제가 성공하면 저에게 보상할 시간은 충분히 있을 것입니다."라고 하면서 반란군 진영으로 잠입했다.

그날 밤 경비병들은 이윤서 장군이 "나는 관군 진영으로 넘어갈 것이다."라고 크게 외치는 소리를 들었다. 그는 장만 장군의 진영에 도착한 후 자신이 하마터면 반역자가 될 뻔했다는 생각에 안도하며 참회의 눈물을 흘렸다.

이괄은 장만을 죽이기 위해 8명의 자객을 보냈으나 그들은 모두 체포되어 자신들이 죽이려 했던 장군 앞으로 끌려 나왔다. 하지만 장만은 그들을 죽이지 않고 저녁을 후하게 먹인 뒤 보내주었다. 이괄은 암살의 공포 때문에 매일 처소를 옮겨가며 잠을 잤는데, 어떤 때는 하룻밤에도 여러 번씩 거처를 옮겼다.

이괄의 손에 장수들의 목이 떨어지다 장만 장군은 한양을 향해 출발했다. 선봉대는 정신 장군이, 산병선散兵線(군대를 흩어 배치한 전투선—옮긴이)은 박영서가, 우측과 좌측은 각각 장돈과 유효걸이, 매복 부대는 최응일이 맡았고, 군수물자의 조달은 안몽윤이 담당했다. 총 병력은 1,800명 정도였다. 첫날은 대동강을 건너는 데 보냈다. 3일 후, 진압에 나선 관군은 황주에 도착하여 반란군과 대치했다.

산발전이 벌어진 뒤, 반란군 진영에서 두 기병 부대가 마치 항복하려는 듯이 이탈하는 모습이 목격되었다. 하지만 그들은 장만의 부대에 접근하자마자 기습을 가했고, 이 바람에 관군은 큰 혼란에 빠져 전 부대가 곧 퇴각했다. 전세는 이괄이 부대를 이끌고 수안으로 진격하면서 완전히 바뀌게 되었다. 상원을 거쳐 한양에 접근한다는 것이 이괄의 의도였으나 그곳의 관군이 막강했기 때문에 그는 계획을 바꿔 길이 몹시 거친 기린 쪽으로 들어갔다.

한편 장만 장군은 패잔병들을 정비하여 서흥까지 반군을 추격했고, 그곳에서 이수일 장군의 부대와 합세하여 평산 방향으로 남진했다. 그곳에서 800명의 병사들이 추가로 관군에 합세했다. 6월에 접어들면서 이괄의 부대는 마탄에 도착했다. 그곳은 이중로 장군과 이성부 장군의 관군이 지키고 있었다. 이괄은 길목을 압박하여 관군을 도주하게 유도한 뒤 두 장수의 목을 베었다. 하루 이틀 뒤, 더 많은 관군이 접근하자 반란군은 그들에게 경고의 표시로 참수한 두 장군의 목을 보냈다. 진압군은 이에 아랑곳하지 않았고, 곧이어 벌어진 전투에서 반란군의 많은 장수들도 목을 잃었다.

인조가 공주로 도망가다 이 와중에 한양에서는 재미있는 사건들이 벌어지고 있었다. 왕은 반역에 연루된 것으로 의심되는 49명을 처형했는데, 그중에는 명백히 죄가 없는 이들도 섞여 있었다. 이귀는 그중 몇 사람의 구명을 왕에게 간청했으나, 왕은 고집을 꺾지 않았다.

이서 장군은 2천의 군사를 이끌고 송도에서 수십 리 북쪽에 있는 성문을 장악하여 반란군의 진격을 저지하고자 했다. 이괄은 밤에 성문을 공격했으나 장애물을 돌파하는 데 약간 어려움을 겪었다. 하지만 그는 송도로 바로 진격하는 대신, 송도와 임진강 길목을 지키는 관군을 모두 피할 수 있는 우회로를 택했다. 그는 임진강 상류 쪽의 얕은 여울을 건너갔다. 나룻배를 지키고 있던 박효립은 이 사실을 알고 급히 한양으로 발길을 돌렸다. 해질 녘에 한양에 도착한 그는 왕에게 지체할 시간이 없으며 밤중에 한양을 탈출해야 한다고 고했다. 왕은 바로 말을 타고, 한양을 공포의 광란 속에 남겨둔 채 숭례문을 통해 달아났다. 왕이 깜깜한 밤에 한강에 도달하니, 나룻배 감시인들이 안전을 위해 모든 배를 강 건너편으로 이동시킨 뒤였다. 그들은 돌아오라는 명을 일언지하에 거절했다.

할 수 없이 우상중이 옷을 벗고 강을 헤엄쳐 건너가 6척의 배를 찾아오는 데 성공했다. 왕족 행렬이 모두 강을 건너는 사이에 밤이 다 지나갔다. 왕이 강 위쪽 마을인 사평에 도착했을 때가 2월 9일이었다. 왕은 이튿날 정오까지 아무것도 먹지 못하다가 신준이 얻어 온 죽 한 사발과 몇 개의 곶감으로 허기를 채웠다. 수원에 도착했을 때는 완전히 지쳐 있었다. 그곳에서 며칠 쉰 뒤 왕은 다시 충청도의 큰 도시인 공주로 갔다. 한양을 탈출한 이후 처음으로 편안하게 지냈다. 충청도와 전라도의 병마사들이 왕을 알현했다. 금강의 남쪽 둑을 따라 강력한 경비 부대가 배치됐다.

이괄, 한양에 입성하다 왕이 한양을 탈출한 이튿날 정오, 이괄 장군을 따르는 30명의 추종자들이 한양으로 들어가 백성들에게 새 임금이 추대되었으므로 아무것도 두려워할 것이 없다고 선언했다. 그 이튿날 이괄도 한양에 입성했다. 그를 맞이하러 수많은 말단 관리들과 엄청난 군중이 길에 나와 그가 가는 길 앞에 붉은 흙을 뿌렸다. 이것은 충성심을 표시하는 일종의 의식이었다.

그는 지금 경복궁이 서 있는 자리에 진지를 마련했다. 왕의 삼촌까지 두려움 때문인지, 반란이 성공했다고 생각했는지 이괄을 직접 찾아왔다. 그는 왕으로 추대되었고, 이 사실을 알리는 방이 백성을 진정시키기 위해 곳곳에 붙었다. 이 혼란기를 틈타 수천 명의 천한 모사꾼들이 새 정권에서 공직을 거머쥐었다.

장만 장군, 도성을 봉쇄하다 북쪽의 사정은 어떠했을까? 파주에 도착한 장만 일행은 왕이 한양을 빠져나간 것을 알자 즉시 비상 회의를 소집했다. 회의 결과, 한양 백성들이 대체로 이괄에 호의적이므로 즉시 행동을 취하여 백성들이 새 정권을 인정하는 사태를 막아야 한다는 결정이 내려졌다.

그래서 한 부대를 파견하여 동대문 밖의 도로를 감시하고 모든 물자의 진입을 차단시켰다. 또 다른 부대는 숭례문 외곽을 지켰다. 정충신 장군은 서대문 외곽의 구릉지대에 즉시 진지를 구축하면, 이괄이 달아나지 않을 수 없을 것이라고 말했다.

이 목적을 위해 김양언이 기병대를 이끌고 홍은문 인근에 있던 봉수대를 기습했다. 관군의 공격을 알리는 신호를 보내지 못하도록 하기 위해서였다. 그날 밤, 장만이 이끄는 전 부대는 구릉지대에 집결한 다음 모화관 바로 뒤편의 한 언덕 뒤에 매복했다. 관군의 이런 병력 이동은 때마침 불어온 바람의 덕을 크게 보았다. 이때 강력한 동풍이 관군이 일으키는 모든 소음을 날려버려, 한양의 반란군은 적군이 코앞에 와 있는 걸 까맣게 몰랐던 것이다.

이때 장만은 200명의 군사를 이끌고 돈의문 밖에 매복하고 있다가 반란군이 관군을 공격하기 위해 서대문을 나가는 순간 도성에 진입했다. 장만은 또 다음과 같이 쓰여 있는 방문 수천 장을 도성 안에 뿌려 백성들이 돌려 읽게 만들었다. "내일 이괄 편을 들지 않고 왕에게 계속 충성을 바칠 사람은 이 종이를 갖고 오면 상을 줄 것이다."

바람의 방향이 승패를 가르다 이튿날 아침, 이괄은 성문 밖 언덕에 배치돼 있는 소규모 부대를 발견했다. 반란군을 현혹시키기 위해 주력부대는 언덕 뒤에 숨어 있는 걸 그는 몰랐다. 이괄의 부하 중 한 명이 말했다. "저들의 숫자가 적으니 우리가 돈의문 밖으로 나가 포위하는 게 좋을 것 같습니다."

적군의 규모가 하도 보잘것없어 이괄은 바로 그들을 향해 진격했다. 한양 사람들이 모두 성벽 위에 올라 숨죽이며 이 전투를 구경했다. 이괄의 심복인 한명련이 항왜병 부대를 이끌고 가파른 언덕을 올라갔고, 그 뒤를 따라 이괄의 주력부대가 올라갔다. 때마침 불어온 강력한 동풍이 공격하는 반란군을 크게 도와주었다. 바람 덕분에 반란군이 쏜 화살은 속도가 더 붙었다. 바람이 얼굴이 아니라 등 뒤에서 불어주니까 공격이 한결 수월했던 것이다.

관군은 일단 후퇴하지 않을 수 없었고, 지휘관들은 전 부대가 퇴각하는 사태를 막기 위해 후퇴하는 일부 병사들을 죽여야 했다.

그런데 결정적인 순간에 바람의 방향이 갑자기 서풍으로 바뀌면서 공격하던 병사들의 눈에 모래와 먼지가 쏟아져 들어가기 시작했다. 이

것이 이 전투에서 결정적인 전기가 되었다. 이괄은 후퇴하지 않을 수 없었다. 한명련도 화살에 맞아 부상을 당했다. 장만 장군은 두 시간 동안 거세게 몰아붙여 계속 승기를 이어갔다. 드디어 이괄 부대의 기수가 몸을 돌려 달아났다.

누군가의 입에서 "이괄이 도망간다"는 고함이 터져나왔고, 이것을 기화로 반란군 전체가 순식간에 혼란에 빠졌다. 이괄을 포함하여 모든 반란군 병사들이 도망치기 바빴다. 이괄은 서대문 쪽으로 급히 달아났다. 하지만 성벽 위에 있던 백성들은 놀고 있지 않았던 모양이다. 성문은 이미 잠긴 채 빗장이 쳐져 있었다. 그는 방향을 돌려 성벽을 따라 계속 달렸고, 결국 자신이 입성했던 숭례문에 도달했다.

장만 장군은 "저놈을 쫓지 말자. 제 부하들이 결국 우리 편으로 돌아 저자를 때려죽일 테니까. 도망가게 내버려둬라. 조금 있으면 백성들이 그자의 목을 갖고 올 것이다."라고 말했다.

도망가던 이괄, 부하에게 목이 베이다 이렇게 이괄은 소수의 부하들만 데리고, 수구문을 통해 간신히 한양을 빠져나간 다음, 송파에서 한강을 건넜다. 그리고 광주 목사 임회를 죽이고 이북 고개를 기다시피 넘어 동쪽으로 달아났다.

정충신 장군은 경안까지 그의 뒤를 쫓았다. 그즈음엔 반란군 무리는 28명 수준으로 줄어들어 있었다. 그는 야음을 틈타 이천 관할의 묵방리墨坊里까지 달아났으나, 이미 전세가 기울었음을 간파한 두 부하가 제 목숨이나 부지하고자 밤에 그의 거처에 잠입하여 목을 베었다. 그의 아들, 그리고 한명련 외에 6명의 다른 반란 가담자들도 이런 식으로 죽음을 맞았다.

배반자들은 공주로 가서 왕 앞에 그들의 목을 내놓았다. 반란군에 의해 왕에 추대됐던 인조의 삼촌은 광주로 달아났다가 체포되어 장만 장군에게 인계됐다. 장만은 그를 투옥한 뒤 어명을 기다렸다. 하지만 심기원沈器遠이 나서서 "아니오, 이 사람은 반역자입니다."라고 말한 뒤 제 손으로 그를 죽였다. 인조가 한양으로 복귀한 뒤 심기원은 왕족을 죽인 죄로 형식적으로 며칠 정도 투옥되는 가벼운 처벌을 받았다.

인조, 한양으로 돌아오다 같은 달 22일, 인조는 한양으로 돌아왔다. 장만 장군은 시종들을 이끌고 한강으로 나가 왕을 호위했다. 하지만 정충신 장군은 왕에게 가서 절을 하지 않았다. 자기 말대로 "반역자를 막지 못했을 뿐 아니라, 그 때문에 왕께서 한양에서 쫓겨나게 만들었기 때문이다." 그는 왕을 알현하지도 않은 채 평양으로 가버렸다.

왕은 이 소식을 듣고 그에게 사람을 보내 상으로 금을 하사했으며, 그를 평안도 병마절도사에 임명했다. 지금도 어떤 사람들은 이괄이 당시의 왕인 인조가 전 왕(광해군)을 권좌에서 축출하고 왕위를 찬탈했다는 점을 알고 반란을 일으켰을 것이라고 말한다. 하지만 이런 소문은 틀린 것 같다. 왜냐하면 이괄은 인조반정에서 핵심적인 역할을 한 사람 중 하나였다. 따라서 그는 틀림없이 당시 사건들에 대한 진실을 알고 있었을 것이기 때문이다. 이괄은 단지 시기심이 많은 자였으며, 강력한 군대를 보유한 이상 자기가 직접 나서야겠다는 생각이 들었을 것이다.

그것이 맞든 틀리든, 그가 반란을 일으킨 건 애국심 때문이었다는 소문이 돌았다. 이런 생각을 불식시키기 위해 왕은 다음과 같은 포고문을 발표했다. "전 왕인 광해군은 사악하고 불효막심한 자이다. 그는 제 아버지와 형을 죽였으며 어머니를 투옥했다. 나라가 풍전등화의 운명에 처했기 때문에 나는 그자를 권좌에서 쫓아내지 않으면 안 되었다. 왕위가 탐나서가 아니라 종묘사직을 지키기 위해서였다. 이괄의 난은 광해군을 추종하는 소수가 퍼뜨린, 근거 없는 소문 때문에 일어났다. 그러니 내가 예전에 반정을 일으킨 건 오로지 조선 왕조를 구하겠다는 목적 때문이었다는 사실을 온 백성에게 알려라."

9월에 접어들면서, 인조의 숙부인 인성군을 왕좌에 앉히려는 또 한 번의 반란이 시도되었다. 음모는 때맞춰 발각되었으며, 주모자들은 처형되었고, 인성군은 강원도 간성으로 유배되었다.

평양의 모든 집에 기와를 올리다 평안도 병마절도사 정충신은 평양의 잦은 화재를 줄이기 위하여 평양의 모든 집에는 짚 대신 기와로 지붕을 올리게 하는 법을 공포해달라고 왕에게 탄원했다. 왕은 이에 찬성했을 뿐 아니라 기와를 구입하는 데 필요한 자금도 지원했다. 그 법은 구한말까지도 유지되었다.

1625년은 전쟁 준비로 막이 올랐다. 이서 장군은 강하고 용감한 장정들을 전국에서 엄선하여 부대를 조직했고, 그들을 동대문 안에 있는 훈련원과 서대문 밖에 있는 모화관에서 훈련시켰다.

왕은 그해가 저물 무렵, 첩의 소생들에게 가해지는 각종 차별을 철폐하고 그들에게 관직에 오를 수 있는 권리를 부여하는 매우 중요한 법을 공포했다. 이 법이 조선에서 지위와 계급을 막론하고 온 백성에게 얼마나 큰 영향을 주었는지를 알려면 이 나라에 널리 퍼져 있는 축첩 제도를 잘 알아야 한다. 첩은 주로 후손이 없기 때문에 취한다는 사실에서도 알 수 있듯이, 축첩 행위는 합법적이었다. 따라서 첩 소생들의 처지에서 볼 때 공직 진출권은 두 가지 면에서 효과를 발휘했다. 이 조치는 우선 첩의 지위를 향상시켜주었고, 아울러 자식을 낳지 못한 본부인의 처지도 조금이나마 나아지게 만들었다.

홍타이지가 누르하치의 뒤를 잇다 우리는 앞에서 동아시아 전체를 뒤흔드는 만주족의 발호에 대해 간략하게 살펴보았다. 지금까지 여러 정치적 사건들을 간간히 설명하였지만, 이 시기 내내 만주족은 조용히 미래를 준비하고 있었다. 조선 출신의 변절자인 강홍립 장군은 여전히 그들 편에 있었다.

그러다 또 다른 조선 사람이 만주족으로 넘어갔다. 그는 한윤이라는 자로 평안도 북부 지역인 귀성으로 달아나, 그곳에서 압록강을 건너 만주 땅으로 넘어갔다. 그는 강홍립을 찾아 이렇게 말했다. "제 가문은 왕에 의해 완전히 파멸되었고, 나는 추방자의 신세가 되었습니다. 저와 함께 군사를 일으켜 조선 사람들에게 복수합시다." 강홍립은 그의 제안에 열렬히 찬성하였다. 두 사람은 자기들의 계획을 알리기 위해 만주족 우두머리를 찾아갔다.

요동 지방을 관할하는 명나라 관리 서우신은 이 계획을 듣고는 조선 왕에게 사신을 급파하여 이 두 사람에 대한 경각심을 일깨워주었다. 왕은 강홍립이 회복 불능의 상태로 괴멸되었다고 생각하지 않았기 때문에, 즉시 그의 아들을 만주족에게 사신으로 보냈다. 이 젊은이가 목적지에 무사히 도착했더라면 아마 조선에 계속 충성을 바치라고 아버지를 설득했을지도 모른다. 하지만 국경을 넘자마자 그는 만주족 병사들과 마주쳤는데, 그를 모르는 병사들은 그를 통과시켜주지 않았다. 그래서 그는 임무를 완수하지 못한 채 돌아올 수밖에 없었다.

당시 명나라의 대장군인 원숭환이 요동 지방으로 오지 않았다면, 아마 만주족이 조선을 침략했을지도 모른다. 그는 병사들을 통솔하는 솜씨가 너무 뛰어나 초인적인 능력의 소유자로 인정받고 있었다. 만주족은 그가 버티고 있는 이상 조금도 전진할 수 없었다. 누르하치는 이 유명한 장군이 관할하는 마을을 공격했으나 실패했고, 이로 인한 화병이 등창 병을 더욱 악화시켜 죽음에 이르렀다는 말이 전해지고 있다. 그가 죽자 그의 둘째 아들인 홍타이지가 정권을 장악하고 위대한 아버지의 야심찬 계획을 완료하는 대장정에 나섰다.

정묘호란 조선 왕실은 자신들이 직면해 있는 위험을 잘 인식하고 있었던 것 같다. 이 해, 즉 1626년 7월에 남한산성의 축성이 완료되었기 때문이다. 이것은 한양에서 남동쪽으로 약 20여 킬로미터 정도 떨어진 거대한 산성이다. 예전에 이곳은 백제 왕국의 수도 중 하나였다.

1627년이 시작되면서 오랫동안 두려워했던 사건이 발생했다. 정월 15일 3만의 만주족 병사들이 압록강을 건넜다. 그들은 며칠 뒤 의주 앞까지 진격했다. 만주족 군대가 보낸 전령이 성문 앞까지 와서 소리쳤다. "위대한 금나라의 두 번째 왕께서 이제 조선을 손보기 위해 당도하셨다. 당장 성에서 나와 항복하지 않으면 우리는 이 성을 쑥대밭으로 만들 것이다."

일이 안 되려고 그랬는지, 당시의 성주는 기생집에서 숙취를 달래려 잠에 곯아떨어져 있었다. 그는 뛰어나와 수비대를 출동시키려 했으나 때는 이미 늦었다. 이미 배신자인 한윤이 조선 사람 옷으로 위장하고 도성에 진입하여 성문을 이 무자비한 침략자들에게 활짝 열어주었기 때문이다. 성주와 수비대는 모두 한 줄로 선 채 무자비한 만주족 병사들의 화살에 쓰러졌다.

그들은 성주의 시체를 솥에 끓인 다음, 그의 육신으로 하늘에 제사를 지냈다. 그리고 나서 그들은 조선 왕에게 다음과 같은 조건을 제시하는 편지를 보냈다.

"너는 4가지 죄를 저질렀다. 첫째, 위대한 누르하치 황제가 승하하셨을 때 애도 사절단을 보내지 않았다. 둘째, 우리가 조선과 명나라의 연

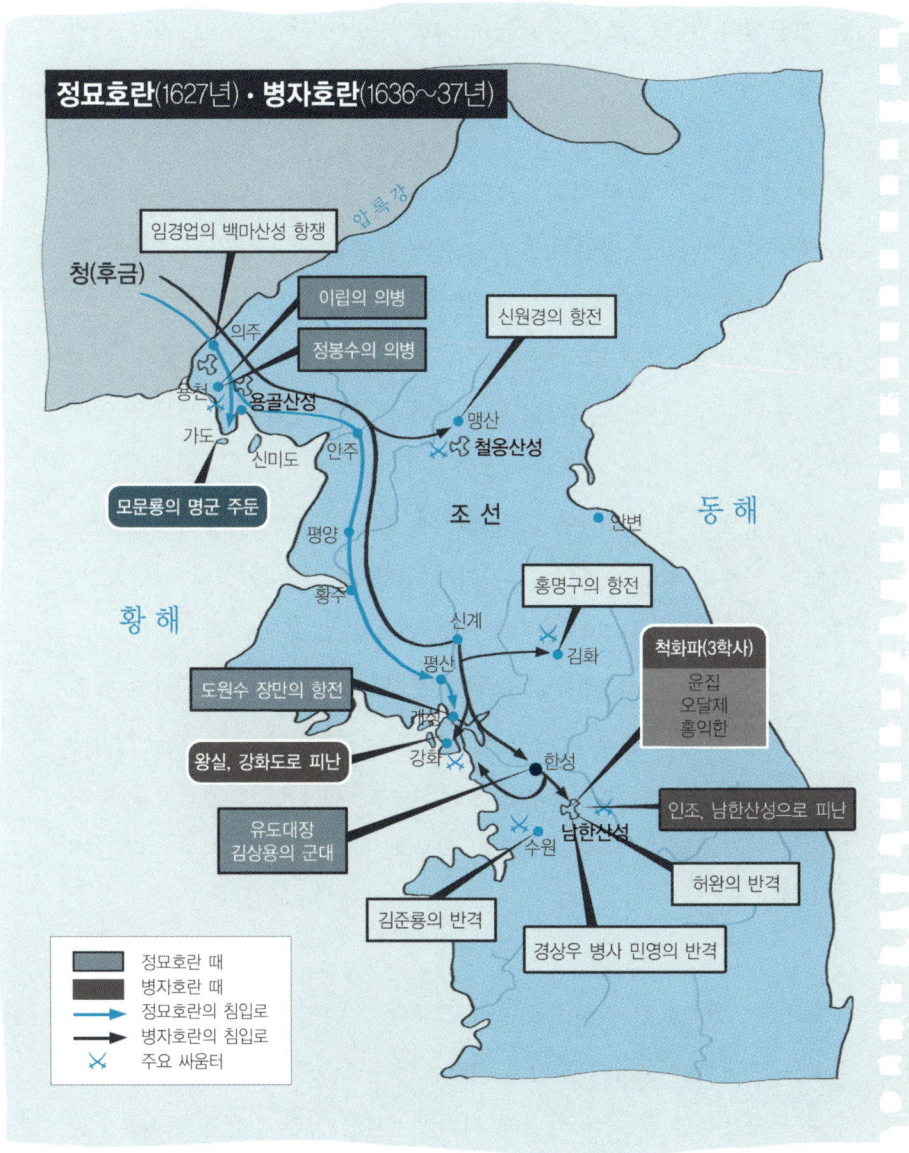

합군을 격파함으로써 조선 군대의 수고를 덜어주었는데, 우리에게 감사의 표시를 하지 않았다. 셋째, 우리의 적인 모문룡에게 감히 피신처를 제공했다. 넷째, 조선 사람들이 요동 지방에 사는 우리나라 사람들을 많이 죽였다."

곽산 경비대, "항복보다 죽음을 택하겠다" 침략군은 남쪽으로 이동하면서 조선 사람들에게 상투를 자르도록 강요했고, 그들을 길잡이로 썼다. 하지만 이들이 아무런 저항을 받지 않은 건 아니었다. 만주족은 용천에서 2천 명의 군사를 이끌고 있는 성주와 대적했다. 하지만 소수의 관리들이 배신자로 돌변하여 만주족 군대에게 성문을 열어주었다.

17일에 만주족은 곽산에 도착했는데, 그곳의 조선군 경비대는 항복하느니 차라리 죽음을 택할 것이라고 말했다. 그들은 정말 그렇게 했다. 하지만 그들은 힘에서 만주족에 눌렸으며, 대량으로 학살됐다.

만주족에게 아내가 납치당한 두 성주가 자기들 목숨도 구하고 빼앗긴 아내를 되찾기 위해 적군 진영으로 들어갔다. 그러나 그들의 아내는 그곳에서 첩살이를 하고 있었고, 성주들 자신은 그 여인들을 돌려보내길 거부하는 만주족 사내들의 말고삐를 붙잡고 다니는 신세로 전락했다.

도원수가 된 장만, 북으로 진군하다 한양은 이 와중에도 주기적으로 발생하는 정치적 혼란을 겪고 있었는데, 조선은 이 혼란으로 그 후로도 오랫동안 혹독한 시련에 처하게 된다. 장만 장군은 도원수, 정충신은 부원수가 되었다. 그들은 동원할 수 있는 모든 병력을 끌어 모아 즉시 북쪽을 향해 진군했다. 모든 장정들을 소집하라는 명이 조선 8

도에 떨어졌다. 이서 장군은 남한 지역의 지휘를 맡았다. 왕은 또 유배지에 가 있던 많은 대신들을 한양으로 불렀는데, 이것은 아마 사색당파 간의 조화를 도모하고 계급 간의 단합을 이루고자 했던 의도로 보인다.

인조가 한양을 버리고 강화도로 피신하다 21일 만주군은 안주까지 진격했다. 그들은 "빨리 나와 항복하라."고 소리쳤으나, 그들에게 돌아온 답변은 "우리는 싸우기 위해 왔지 항복하기 위해 온 것이 아니다."라는 말뿐이었다. 안개가 자욱했던 이튿날 새벽, 만주군은 성벽에 접근했다. 그들은 엄청나게 큰 사다리를 낙타 등에 용케 운반해왔다. 적군은 이 사다리를 성벽에 기대놓고 단검만으로 무장한 채 떼 지어 성벽을 올라갔다. 하지만 그들은 이런 무기를 매우 효율적으로 사용하여 결국 오래지 않아 성안에 교두보를 마련할 수 있었다.

안주 목사인 남이흥南以興은 성문 옆에 선 채 훌륭한 활 솜씨로 수많은 만주족 병사를 쓰러뜨렸다. 그는 화살이 다 떨어지자 화약이 든 부대를 갖고 오라고 명령했다. 그는 그것을 모두 폭발시켜 수많은 적군을 죽였으나, 이 과정에서 자신도 목숨을 잃었다.

평안도는 이제 사실상 무방비 상태에 놓여졌다. 성주는 한양으로 도망가 왕에게 전황을 보고했다. 왕은 즉각 안전을 위해 왕세자를 남쪽으로 내려보내는 한편, 자신과 대신들은 조상의 위패를 들고 강화도로 급히 피신했다. 이로써 한양은 말로 묘사하는 것보다 상상하는 게 나은 상태로 방치되었다.

만주족, 화평의 조건을 제안하다 강홍립이 조선에 대해 원한을 품었던 이유 중 하나는 왕이 자기 아들을 죽였기 때문이다. 하지만 그것은 사실이 아니었다. 비록 성공하진 못했지만 왕이 그의 아들을 만주족에게 사신으로 보냈다는 걸 알고, 그의 마음은 크게 동요했다. 그는 이번 침략에 가담한 것에 대해 슬픔을 토로했으나, 이제는 멈추기에 너무 늦었다고 말했다. 그는 만주족 우두머리에게 선물을 보내고 화평을 청하는 게 좋겠다고 조선 왕에게 건의했다.

황주에 도착한 만주족은 강화도에 피신해 있던 왕 앞으로 다음과 같은 편지를 보냈다. "조선이 우리와 화평을 맺으려면 세 가지 조건이 필요하다. 첫째, 모문룡이라는 자를 당장 우리에게 넘길 것. 둘째, 우리가 명을 치는 데 1만의 조선 병사를 지원할 것. 셋째, 조선은 북부 지방의 2개 도, 즉 평안도와 함경도를 포기할 것." 2월 9일, 이 편지를 휴대한 사신이 강홍립의 부대와 함께 송도에서 강화도로 들어가는 배를 탔다.

이튿날 왕은 이들에게 알현을 허락했고, 사신 일행은 왕 앞에서 절을 올렸다. 하지만 왕은 답례의 절을 하지 않았다. 사신은 이것 때문에 크게 화를 냈으나 왕은 통역을 통해 이렇게 말했다. "저 사람에게 화를 내지 말라고 하라. 내가 관습을 몰랐을 뿐이니까."

왕은 실제로 만주족이 황주에서 무엇을 하고 있는지 알기 위해, 화평을 청한다는 명목으로 강인姜絪을 파견하기도 했다. 만주 사신은 곧 원래 있던 곳으로 돌아갔으나 강홍립은 강화에 계속 머물렀다. 적군이 강화에서 백 리밖에 안 떨어진 평산까지 진격해오자 조정의 대신들은 모두 왕에게 어떤 조건이라도 받아들여 화평 조약을 맺어야 한다고 재촉했다. 모든 병사들은 이미 패주했으며 적들은 코앞에 와 있었기 때문이다. 한양을 사수하기 위해 남아 있던 장수와 병사들은 만주족이 접근해 있는 것을 알자 궁궐에 있던 모든 보석과 식량을 불태우고 한양을 빠져나왔다. 이것이 백성들의 대탈출이 시작되는 신호가 되었다. 백성들은 한꺼번에 한양을 빠져나와 산이나 먼 지방 등, 안전한 곳을 찾아 뿔뿔이 흩어져 달아났다.

처형을 앞둔 윤훤, 두던 장기를 끝까지 두다 윤훤尹暄은 평양을 방어하는 데 전력을 다하지 않고 탈출했다는 죄로 투옥돼 있었는데, 많은 대신들이 왕에게 그의 사면을 간청했다. 하지만 도가 지나쳤다. 너무 많은 상소문이 쇄도하는 바람에 왕은 그가 위험할 정도로 명망이 높다고 생각하여 처형을 명했다. 죽음의 사자가 이 불운한 사람에게 가보니 그는 장기를 두고 있었다.

함께 장기를 두던 사람은 형 집행관을 보고 울음을 터뜨렸으나, 윤훤 본인은 "자네가 왜 우는가? 곧 죽을 사람은 자네가 아니라 나일세. 장기나 마저 끝내세." 두 사람은 장기를 끝까지 두었고, 그러고 나서 윤훤은 조용히 자기 운명을 받아들였다. 이것이 바로 한국인들이 찬양해 마지않는 '의젓한 태도'의 예이다.

"충성 맹세를 하든지 전쟁을 하든지 택하라" 22일, 만주족 장군 유해劉海는 조선 왕과 면담하기 위하여 평산을 떠나 강화도로 갔다. 그는 왕에게 중국식 책력을 버리고 대신 만주식 책력을 채택할 것을 권했다. 또 그는 왕이 아들을 볼모로 만주족이 사는 북쪽으로 보내야 한다고 말했다. 이에 왕은 자기 아들이 너무 어리므로 대신 자기 동생을 보내겠다고 대답했다. 이 약속에 따라 그는 동생 대신 종실인 원창군原昌君을 보냈다. 아울러 면 3만 필, 마 300필, 100장의 호랑이 가죽, 100장의 표범 가죽을 보냈다.

유해는 이에 크게 기뻐하며, 자신은 조선과 화평하기를 바라지만 그러려면 조선 왕이 반드시 만주족에게 충성의 맹세를 먼저 해야만 한다고 말했다. 그리고 그는 이 요구가 즉시 이루어져야 하며, 그렇지 않으면 만주족이 한양으로 쳐들어갈 것이라고 덧붙였다.

이튿날 만주족의 왕자인 이완이 보낸 편지가 도착했다. 그는 이 편지에서 조선에게 만주족과 강화조약을 맺고 충성의 서약을 맺으라고 촉구하면서 다음과 같이 덧붙였다. "조약을 맺든지 전쟁을 하든지 택하라." 또 그는 왕에게 즉시 제물로 바칠 동물을 죽이고 충성의 맹세를 할 제단을 마련하라고 명령했다.

조선 사람들은 머뭇거리며 말했다. "우리가 공물과 인질을 북쪽으로 보내주었지 않소? 그런데 왜 우리가 이런 맹세를 해야 합니까?" 격노한 만주족 사신은 즉시 말을 타고 평산으로 떠났다. 그의 돌연한 복귀는 불길한 징조였고, 조선 사람들을 두려움에 빠뜨렸다. 그래서 그들은 서둘러 제단을 만들기 시작했다.

강화조약을 체결하다 며칠 후 강홍립과 유해는 호위병을 대동하고 다시 찾아와 그 자리에서 강화조약을 체결하자고 요구했고, 조선 사람은 지체 없이 그들이 시키는 대로 했다. 왕은 유해 장군과 함께 제단으로 나아갔다. 제물로는 하늘과 땅을 각각 상징하는 흰말과 검은 황소가 바쳐졌다.

만주족은 왕에게 그 동물들을 칼로 깊이 찌르라고 명령했다. 이 모습을 지켜보던 모든 신하들이 탄식했다. "전하께서 직접 그리하실 수는 없습니다. 대리인이 해야 합니다."

왕은 "이제 와서 그렇게 한들 무엇이 달라지느냐. 이미 모욕을 당했으며, 모든 사람들의 목숨이 저들에게 달려 있다. 과인이 직접 하겠노라." 하지만 대신들이 너무 심하게 반대했기 때문에 결국 이정구가 왕의 대리인으로 지명되었다.

1627년 3월 3일, 강화도 산성의 서문 밖에서 의식이 거행되었다. 그들은 흰말과 검은 수소를 죽여 하늘과 땅에 제물로 바쳤다. 만주족이 낭독한 충성의 맹세는 다음과 같았다.

"만주국의 두 번째 왕은 조선의 왕과 조약을 맺는다. 오늘부터 우리는 마음과 생각이 같다. 만일 조선이 이 맹세를 어기면 하늘이 저주를 내릴 것이다. 만일 만주국이 맹세를 어기면 똑같은 천벌을 받을 것이다. 두 왕은 진실을 존중하며 신앙의 원리에 따라 통치한다. 하늘이여, 우리를 굽어 살피시고 축복을 내려주소서."

조선 측의 서약은 다음과 같았다.

"오늘 조선은 맹세와 함께 금나라와 조약을 맺는다. 우리 두 나라는 이 제물을 바침으로써 각각 자신의 영토를 보존한 채 안전하게 살 것이다. 두 나라 중 하나가 상대국을 증오하거나 피해를 입히면 하늘이시여, 도발한 측에 천벌을 내리소서. 우리 두 왕은 진실한 마음을 품는다. 양국은 서로 화평하게 지내야만 한다."

이튿날 조선 왕실에서 나온 세 명의 고위 대신들이 만주족 진지에 가서 조약의 세부적인 내용을 타결했다. 조선 대신들은 이렇게 말했다. "이제 귀국과 조약을 맺었으니 당연히 귀국의 군대는 한양으로 가서는 안 됩니다. 즉시 철수하는 것이 최선의 방법입니다. 이제 귀국이 '형'이 되었고, 우리는 '아우'가 되었으니 압록강 건너편 지역을 벗어나지 않는 예의를 보여주시오. 중국의 명나라는 200년 동안 조선의 어버이로 군림하였고, 조선 왕들은 항상 중국 황제의 승인을 받았습니다. 우리는 이제 귀국과 조약을 맺었습니다만, 그렇다고 우리가 종주국으로서 중국과의 인연을 반드시 끊어야 되는 것은 아닙니다."

이 말이 조선 사람들에게는 긁어 부스럼을 낸 꼴이 돼버렸다. 그 후 여러 날, 양측은 조선의 지위 문제를 놓고 격렬한 논쟁을 벌였으나, 협상은 눈곱만큼도 진전되지 않았다.

드디어 놀랍게도 유해 장군은 자리에 앉아 팔짱을 낀 채 이렇게 말했다. "조선이라는 나라는 기껏해야 작은 섬이나 깃털과 같소. 우리가 발을 들여놓기만 하면 조선은 망할 것이오. 조선은 멸망을 목전에 두고 있으면서도 중국과 군신의 관계를 끊으려 하지 않고 있소. 참으로 대단한 일이오. 그런 의리와 충성심은 찬탄할 만하오. 우리 왕께서 허락하신다면, 이 점에 있어서만큼은 조선은 원하는 대로 해도 좋소."

그들은 평산에서 군대와 함께 머물고 있던 만주족 왕자에게 전령을 보냈고, 그는 이를 허락했다. 그러고 나서 유해는 매년 조선이 바치는 공물 문제를 제기했다. 그들은 엄청난 양을 요구했으나 조선은 요구 중 일부만 보내기로 마음먹었다.

철산 부사 정봉수, 만주족을 물리치다

만주족 군대는 그 후 평양 북쪽에 위치한 안주로 이동했다. 그곳에 있던 정충신 장군이 대항하려 하자 만주 사람들은 조선과 금나라는 이미 강화조약을 맺었고, 자신들은 지금 만주로 돌아가는 중이라고 말했다. 정충신은 그들이 실은 후퇴하고 있는 중이며, 자기를 속이고 있다고 판단하여 이렇게 말했다. "나는 조정으로부터 이것에 관한 어떤 지시도 받지 못했소. 그러니 내가 왕의 명령을 받아올 때까지 여기서 기다리시오."

황해도를 통해 북쪽으로 돌아가던 만주군은 소, 말 그리고 여자 등 닥치는 대로 훔쳤다. 그들은 노예로 삼기 위해 어린아이들을 잡아 손바닥에 구멍을 뚫은 뒤 끈으로 한데 묶어 북쪽으로 끌고 갔다.

그들은 특히 평안도에서는 이런 만행을 저지르지 않았다. 많은 만주족 사람들이 그곳 백성들 사이에 섞여 살고 있었기 때문이다. 그들은 평양을 떠날 때 불을 질러 도시 전체를 철저하게 파괴했다. 평양 북쪽의 큰 마을들, 즉 안주, 청주, 선천, 의주 등에는 모두 독립된 군대를 배치했다. 그리고 이상하게도 이들 부대의 지휘관에는 조선 사람들을 앉혔다. 물론 그 부대들은 현지 주민들에게 신세질 수밖에 없었는데, 거리낌 없이 대규모로 재물을 약탈하고 압수했던 것 같다. 이것은 철산의 부사인 정봉수가 너무 화가 나서 더 이상 못 참겠다고 말했다는 사실에 잘 나타나 있다. 그래서 그는 최대한 많은 군사를 끌어 모은 뒤 만주족 부대를 만나면 장소를 가리지 않고 전투를 벌였다.

소수의 만주족 약탈자들이 이 지역에서 식량을 찾아다니는 와중에 이 성주에 손에 수백 명씩 죽어나갔다. 세 명의 만주족 장수들이 병사를 이끌고 이곳의 부대와 합세하여 이 조선의 혼성군을 격파하려 했으나, 오히려 자신들이 죽임을 당했고 그들의 부대도 산산조각이 났다. 왕은 이 무용담을 듣고 만주족 부대의 부당한 도발을 성공적으로 응징한 조선 사람들을 크게 칭찬했다. 이 사건이 일어나고 얼마 지나지 않아 만주족은 편지를 보냈다. "조선은 우리와 화평 조약을 맺었는데 왜 우리를 공격하여 백성들을 죽이는가?"

이 편지에 대해 조선 사람들은 다음과 같이 대담한 답장을 보냈다. "화평 조약에 따르면 모든 만주족 사람들은 압록강 이북으로 이동하게 돼 있다. 그들이 그렇게 했더라면 아무 말썽도 없었을 것이다. 하지만 귀국의 많은 백성들이 평안도에 들어와 우리의 소를 훔치고 여자들을 납치했다. 우리 백성들은 이런 만행을 더 이상 참지 못하고 응징했을 뿐이다. 조정이 선동한 것이 절대 아니다. 귀국 때문에 말썽이 일어났다는 것은 명약관화하다. 너희가 포로로 만주로 데려간 2천 명의 우리 백성을 돌려보내면 아무 문제도 없을 것이다."

만주족이 조선인 포로들을 송환함으로써 이 싸움은 마무리됐다. 일본인들은 조선 사람들이 만주족을 성공적으로 물리쳤다는 소식을 듣고 300자루의 총과 300자루의 검, 그리고 약 130여 킬로그램의 화약을 선물로 보냈으나, 조선 사람들은 현명하게도 정중하게 거절하고 그 선물을 모두 일본으로 돌려보냈다.

인조의 남한산성 피신

70만 대군 양성 4월 10일, 왕은 한양으로 출발하여 이틀 뒤에 입성했다. 그는 이제 잘 훈련된 군대의 필요성을 절감했으며, 즉시 혼신의 힘을 다해 군대를 훈련시키는 작업에 착수했다. 그는 강화도에 장군과 부대를 항구적으로 주둔시키는 한편, 15세 이상 40세 미만의 모든 남자들의 군 복무를 제도화했다. 또 지방의 일부 장정들을 한양으로 보내 3년간 훈련을 받게 했다. 그들은 첫해에는 성문과 성벽을 지키는 방법을 배우는 데, 둘째 해는 사격 훈련, 그리고 셋째 해는 검술과 활 쏘는 법을 배우는 데 보냈다. 이들은 철저한 훈련을 마친 뒤, 의병들을 훈련시키기 위해 지방으로 다시 파견됐다. 이런 식으로 동원할 수 있는 병사의 수는 총 70만 명에 이르렀다고 전해진다.

만일 이것이 15세 이상 40세 이하의 튼튼한 장정들의 대략적인 숫자라면, 이 숫자는 당시 조선의 총 인구를 파악하는 데 중요한 실마리가 된다. 당시에는 10명으로 이루어진 분대의 인원을 앞뒤에 각각 5명씩 배치하는 편제가 다시 유행하고 있었다. 전면에 병사들이 소총의 화약을 다 쓰면 뒤로 물러나고, 그러면 이들이 화약을 재장전할 동안 후위에 있던 병사들이 전면에 나서 사격을 가하는 식이었다.

중국 사신이 편지를 갖고 북경에서 왔으나, 그는 가도라는 섬에서 더 이상 오려고 하지 않았다. 그는 그곳에서 "어찌하여 조선이 만주족과 친하게 지내게 되었는가?"라고 쓰여 있는 전갈을 조선 왕에게 보냈다.

이에 왕은 이렇게 답했다. "만주족이 엄청난 군사를 끌고 와 우리를 압박하여 우리는 조약을 맺든지 멸망하든지 둘 중 하나를 택해야 했다. 시간이 없어 황제께 사람을 보내 사태를 설명할 수 없었다."

황제는 이 편지에 다음과 같은 답장을 보냈다. "회답을 잘 받았으며 진심으로 미안하게 생각한다. 결코 네 잘못이 아니다. 이제 그대는 부귀영화를 누려라. 나는 군사를 일으켜 만주족들을 멸망시키리라."

유해 장군이 조선 왕의 등을 토닥거리다 독자들은 조선 왕이 왕족 중 한 명을 볼모로 만주족에게 보낸 사실을 기억할 것이다. 하지만 화평 조약에 따라 그는 만주족 유해 장군의 호위를 받으며 조선으로 돌아왔다. 왕은 숭례문 밖으로 고위 대신을 보내 그들을 영접했으나 만주족 사람들은 만족하지 않았다. 그는 왕이 직접 나오지 않은 것에 화를 냈다. 그래서 왕은 그들을 직접 영접했고, 그들이 돌아갈 때는 성대한 주연을 베풀어주었다. 유해 장군은 왕을 알현할 때, 우정을 표시하는 만주족의 관습이자 두 나라 사이의 맹세가 여전히 지켜지고 있다는 표시로 왕의 뺨에 입을 맞추려 했다. 하지만 왕은 신체를 접촉하는 그 인사법을 거절했다. 그러자 장군은 왕의 등을 두드리고 마는 것으로 양보했다.

두 차례의 반역 사건 그해 연말, 조선 왕실을 전복하려는 두 차례의 위험한 반역 사건이 일어났다. 첫째 반역의 주동자는 강원도의 전직 관리인 이인조라는 자였다. 그는 꽤 많은 추종자들을 거느리고 있었고,

과감하게 모든 죄수를 풀어주기도 했다. 그는 몇 개의 마을을 약탈한 뒤 한 산꼭대기에 있는 진지 속으로 숨었다. 그러나 관군은 그곳을 포위 공격한 끝에 마침내 그를 체포하여 한양으로 압송했다. 그는 한양에서 두 아들과 함께 참수되었다.

두 번째 반역은 성질이 좀 달랐다. 폐주 광해군의 처남의 조카인 유효립은 제천에서 유배 생활을 하다가 반란을 일으키기로 결심했다. 그는 아들을 변장시킨 뒤 한양으로 보내 인조에 반대하는 환관들과 역모를 꾀하게 했다. 병사들도 철저히 무장시킨 다음, 상인으로 변장시켜 데리고 갔다.

이들은 이듬해 정월 14일 대궐을 점령하려고 했다. 하지만 공교롭게도 한 공모자의 친척인 허적이 때마침 영의정에게 간신히 보고할 수 있어서 이 역적의 음모가 드러났다. 그래서 역모 집단은 습격당하자마자 전원이 체포되었다. 이들과 함께 여자 옷을 입고 여자용 가마를 타고 한양에 도착한 유효립도 체포되었다. 그는 심문을 받는 과정에서 자신은 이 사건의 주동자가 아니며, 실은 인조의 숙부를 왕위에 올리려는 대비가 조정하여 나서게 되었다고 증언했다.

왕실의 어른으로 존경을 받던 대비는 격노하며 역모에 관련됐다는 주장을 부인했다. 그리고 결백의 증거로서, 거론된 왕의 숙부를 사형에 처할 것을 주장했다. 모든 사람들이 대비의 요청에 찬성했고, 결국 왕은 숙부가 결백하다고 직감했음에도 불구하고 탄원을 승낙했다. 우리는 나중에 왕이 옳았다는 걸 알게 된다.

장유, "조정이 백성을 포기하면 조정이 아니다" 만주족은 여전히 불만이 많았다. 곧 북쪽에서 다음과 같은 급전이 날아왔다. "우리는 많은 포로들을 보내주었고, 너희들은 그들의 몸값을 지불하기로 약속했다. 하지만 그들이 국경을 넘어갔는 데도 우리는 돈을 구경도 못했다. 우리가 조약을 맺은 지 1년도 안 되었는데 너희들은 거리낌 없이 조약을 위반하고 있다. 중국인들이 그렇게 했을 때 우리는 중국의 24성을 점령함으로써 복수했다. 이제 너희는 우리가 풀어준 사람들을 다시 돌려보내야 한다."

모든 대신들 중에서 오직 한 사람만이 이에 반대했다. 장유는 이렇게 말했다. "조정은 백성을 위해 존재합니다. 따라서 조정이 백성을 한 사람이라도 포기한다면 그 순간부터 조정은 조정이 아닙니다. 우리가 그들의 요구를 들어주면 곧바로 그들은 바로 우리 조정을 멸망시킬 것입니다." 그의 의견이 채택되었다.

일본이 만주 정벌에 나서겠다고 제안하다 조선은 북쪽 만주족에게 거대한 검, 130여 킬로그램의 인삼, 70장의 검은담비 모피로 이루어진 선물 보따리와 함께 사신을 파견하면서 5명의 석방만을 요구했다. 만주족은 매우 흡족해 하며 그동안 자신들을 불쾌하게 했던 조선의 행동을 모두 용서했다.

이 소식을 들은 일본 사람들이 조선에 사신을 보내 "그 만주족은 대담한 작자들입니다. 그들은 귀국과 조약을 맺어놓고도 잘 대해주지 않습니다. 말만 하면 우리가 나서서 그자들의 버릇을 고쳐놓겠습니다."라고 했다. 왕은 이 말에 겁을 먹고 일본의 전갈을 만주족에게 전달하려고 했으나 김신국金藎國이 나서서 이렇게 말했다. "만일 우리가 그렇게 하면 만주족과 일본인들이 조선 땅에서 전쟁을 벌이게 될 것이고, 우리는 고래 싸움에 새우등 터지는 꼴이 될 것입니다." 왕은 이 주장을 받아들였다.

1629년 왕은 교동섬에 수군 기지를 설립하고 그곳에 장군을 배치하여 그 섬과 강화도를 바다 쪽에서 가해지는 공격으로부터 보호하라는 임무를 주었다. 이런 조치는 강화도에 또다시 피난하는 사태가 필요할지 모른다는 조선 왕실의 예상이 반영된 것이었다.

무법자 모문룡의 목이 잘리다 명나라 황제는 모문룡이라는 장군을 압록강 어귀에 위치한 가도에 배치하여 만주족을 저지하게 했으나, 이 사람은 명나라 황실에 전혀 충성심이 없었으며 오히려 만주족 쪽으로 기울고 있었다. 그는 만주족이 어차피 최후의 승자가 되리라는 걸 알고 있었다. 그는 조선인들이 만주족과 강화조약을 맺자 매우 화를 냈다. 조선인들이 험담을 해서 자기 명성이 떨어질까 봐 두려워했기 때문이다.

만주족이 인근 지역인 요동 지방을 공격했을 때도, 아마 과장됐겠지만, 일설에 의하면 그는 30만이나 되는 병력을 거느리고 있었는 데도 전혀 방어 조치를 취하지 않았다. 오히려 그는 압록강 북쪽 지역을 공격하여 만주 영토에서 고국으로 돌아가던 많은 조선인 포로들을 죽이는 등 조선에 애꿎은 화풀이를 했다.

명나라 황제는 이 사건에 대한 해명을 들으려고 그를 소환했지만 그는 응하지 않았다. 한편 모문룡 장군은 스스로 '바다 위 하늘의 아들'이라며 자처하고 다녔다. 그의 의도가 밝혀지면서 그의 불충에 대한 의문도 풀렸다. 본국에서 원숭환 장군이 나와 그에게 뜻밖의 사건에 대한 해명을 요구했던 것이다. 원 장군이 그에게 진지에서 나와 보고하라고 요청하자, 그는 자기가 거느리고 있는 부하들이 원 장군 휘하의 동족들을 공격하지 않을 것이 두려워 감히 그 요청을 거부하지 못하였다. 짐작할 수 있듯이, 그는 원 장군의 진지에 도착하자마자 붙잡혀 목이 잘렸다.

사사건건 싸우는 노론과 소론 　조선은 군사력을 강화하려는 노력에도 불구하고 전혀 강하다고 볼 수 없었다. 두 주도적인 당파인 노론과 소론은 견원지간처럼 사사건건 싸우고 있었다. 양측이 번갈아 조정의 권력을 장악하면서 추방과 소환의 악순환이 끝없이 이어졌다. 나랏일을 펼치는 데 있어서 화합이나 단결 같은 건 전혀 없었고, 저마다 자신의 안위를 걱정하는 한편, 대신 회의에 참석하는 사람들은 격렬한 논쟁을 그치지 않았다.

　이런 당쟁의 와중에서 왕은 200여 명의 장정들로 구성된, 일종의 특수 부대인 '무학'을 창설하였다. 전해지는 말에 따르면, 그들은 하루에 300리, 즉 120킬로미터를 달릴 수 있었다고 한다.

　만주족은 당연히 가도에 대한 명나라의 점령을 자기들에 대한 위협으로 간주하였다. 그들은 2만의 병력을 파견하여 명나라 군대를 공격하는 한편, 조선에 자신들의 군대를 수송할 배를 요구하였다. 조선은 이 요구는 들어주지 않았으나, 명나라를 노골적으로 편드는 기미를 보이지 않으려고 만주족에게 쌀 200가마를 주었다. 하지만 명나라는 만주족이 그 섬으로 건너올 때까지 기다리지 않았다. 그들은 본토로 건너가 만주족에게 기습을 가했다. 이 전투에서 만주족은 모두 400명이 죽었고 나머지는 도주했다.

중국 사신으로 간 정두원, 가톨릭 신부를 만나다 　1630년에 중국에 파견된 정두원鄭斗源이라는 사신이 북경에 머물 때 로드리게스라는 늙은 로마 가톨릭 신부와 우연히 만났다. 신부의 기품 있고 성자 같은 용모가 그의 관심을 사로잡았다. 이 사람은 유명한 마테오 리치의 일행 중 한 명이었다. 사신은 그에게서 몇 권의 과학책, 권총 두 자루, 망원경을 비롯한 기타 물품을 선물로 받았다. 조선 측 기록에 대포가

2부 · 병자호란 | 145

언급돼 있지만, 이는 어떤 이가 권총이라고 적을 자리에 실수로 대포라고 잘못 적은 것으로 판단된다.

만주족 사신, "조선을 신하국으로 부를 것이다" 대신들은 왕에게 머지않아 만주족이 조선을 다시 침략할 것이 확실하므로 강화도에 군비를 넉넉히 갖추어야 한다고 진언했다. 대신들은 가도에서 명나라와 연합군을 구성하여 만주족을 공격해야 한다고 재촉했다.

평안도에 있는 철산과 운산 진지가 바로 이때 축조되었으며, 온 나라가 북방 오랑캐의 공격에 대한 방어 태세에 들어갔다. 결과는 곧 밝혀졌다. 만주족 사신이 다음과 같은 서한을 갖고 나타났다.

"조선은 우리와 맺은 조약을 깨뜨리려는 게 분명하다. 그래서 우리는 조선을 더 이상 '동생 나라'로 부르지 않고, '신하국'으로 부를 것이다. 조선은 앞으로 매년 조공으로 100냥의 금과 1천 냥의 은, 1만 2천 필의 각종 직물을 바쳐라."

왕은 금은 없지만 호랑이 모피를 조금 주겠다고 답변했다. 이에 사신은 코웃음을 치며 거절했고 북쪽의 자기 땅으로 돌아갔다.

왕은 만주족 사신이 그냥 돌아간 것에 마음이 불편하여 선물과 함께 사절단을 파견했으나, 그들은 선물에 손도 대지 않고 모두 돌려보냈다. 그러자 조선 왕은 격노하여 만주족에게 사신을 즉각 다시 보내 조선은 앞으로 두 번 다시 공물을 바치지도 않고, 만주족과 화평하게 지내지도 않을 것임을 통고하라고 명령했다. 김시양金時讓이 그런 전갈을 보내는 건 자살행위라고 왕에게 간청했으나, 받아들여지지 않았다. 그러나 아마 그런 전갈은 만주족에게 전달되지 않았던 것 같다. 새해 들어 왕이 정신을 차렸는지 북방 민족에게 800필의 비단, 800필의 아마포, 800벌의 아마천, 800필의 무명, 60장의 호랑이 가죽, 300장의 해달 모피,

그리고 800장의 두꺼운 종이를 공물로 바쳤기 때문이다.

조선의 영토는 일부 배신한 명나라 장군들이 목숨을 구걸하기 위해 찾아오는 피난처가 되었다. 이런 사정 때문에 조선이 명나라 황제와 만주족, 어느 쪽과도 좋은 관계를 유지하기란 거의 불가능했다. 만주족은 북쪽 국경 지역을 끊임없이 약탈했으며, 그들이 예전에 조선에 대해 갖고 있던 우정은 거의 사라진 듯했다. 조선 왕이 노골적으로 명나라 편을 들고 있는 이상, 그것은 이상한 일이라고 볼 수 없었다.

청으로 개명한 만주족이 마각을 드러내다

1636년 봄, 왕은 남쪽의 세 도에 대한 경작 가능한 토지를 다시 측정하라고 명령했다. 백성들의 살림이 나아지고 있었고, 경작지가 넓어지면서 조세 수입의 재설정을 위한 토지 재측량 작업이 불가피해졌던 것으로 보인다.

동시에 왕은 봉천奉天(지금의 심양)에 있는 만주족 왕실에 두 명의 사신을 급파했다. 만주족은 얼마 전 나라 이름을 '청'으로 바꾸었다. 그리고 우리는 조선 침략에 매우 주도적인 역할을 담당하게 되는 두 명의 위대한 만주족 장군들의 이름을 처음으로 접하게 된다. 바로 용골대龍骨大와 마부대馬夫大가 그들이다.

이 두 사람은 압록강에 와서 조선 왕이 청나라 황제의 아들에게 보내는 서신을 받았다. 조선 사신은 만주족 황제의 처소로 안내되어 절을 하라는 명령을 받았지만 거절했다. 그들은 허리를 구부리는 자세를 강요받았지만 그것도 거절했다. 그러자 만주족 사람들은 그 자리에서 두 사신을 발가벗기고, 두들겨 팬 다음 쫓아냈다.

만주족은 조선을 침공하여 다시 한 번 굴복시키겠다는 결심을 완전히 굳혔다. 그들은 침략 준비의 일환으로 앞에서 언급한 두 장군을 사신으로 한양에 보냈다. 사실은 이는 조선 땅과 도로 사정을 염탐하기 위한 조치였다. 조선의 대신들은 한목소리로 사신이 가져온 서찰을 불태워버리고 그자들을 모두 죽여야 한다고 왕에게 진언했다.

"두 황제는 있을 수 없다" 이 당시 조선인의 분노가 어느 정도였는지를 알려면 누군가가 왕에게 보낸 상소문을 볼 필요가 있다. 거기에는 이렇게 쓰여 있었다.

소생은 태어난 이후로 세상에 두 황제가 있다는 말을 들어보지 못했습니다. 어떻게 이 돼먹지 못한 야만인들이 황제의 권력을 참칭할 수 있단 말입니까? 전에도 한 번 반역자(강홍립을 가리킴)가 이 도적떼들과 함께 들어왔을 때 전하께서는 강화로 피신하지 않을 수 없었습니다. 그때 우리가 그 반역자의 목을 베기만 했다면 참으로 큰 영광이었을 것이요, 그 영광은 태양과 달처럼 빛났을 것입니다. 어찌 우리가 중국에 대한 충성심을 버릴 수 있단 말입니까? 우리의 모든 고난은 우리가 강홍립을 죽이지 않았기 때문에 생겨났습니다.

만주족이 황제국 노릇을 한다는 소식에 소생은 가슴이 찢어지는 것 같습니다. 우리는 비록 세상의 한구석에 있지만 그래도 예의범절을 아는 민족이기 때문입니다. 태조 시대부터 지금까지 우리는 명나라에 충성을 바쳐왔습니다. 저 북방의 오랑캐들이 점점 강성해지고 있고 우리가 두려움 때문에 할 수 없이 그들의 말을 듣고 있으니 어쩌면 당분간 화를 피할 수 있을지 모르오나 결국 세상은 우리를 비난할 것입니다. 조선의 조정이 만주족 사신들을 정중하게 대접한 것은 실수였습니다. 이제 전하께서 저 이방인들에게 모욕을 당하고 있는 데도 대신들은 조용히 앉아 있습니다. 우리 조선이 처해 있는 상황은 위험할 뿐만 아니라, 가련할 정도입니다.

우리는 여기에 앉아서 적들이 우리 영토에 들어오는 데도 막을 생각을 못하고 있습니다. 소생은 만주족이 뭘 원하는지 압니다. 그들은 우리가 약하다는 것을 알고 있으며, 우리를 손아귀에 쥐고 자랑하려고 합니다. 그들이 제국 놀이를 하든지 말든지 자기네들끼리 하면 되지, 왜 우리를 끌어들이려 하는지 모르겠습니다. 그들은 조선이 자기들 뒤를 따르는 신하라고 말하고 싶어서 그러는 것입니다. 자, 남자답게 그 사신들의 목을 베어 그 목과 그들이 갖고 온 모욕적인 편지를 상자에 넣어 자칭 황제라는 자에게 다 보내옵소서. 전하께서 소생의 진언을 좋아하지 않으시면 제 목을 쳐서 그걸 보내라고 하십시오. 저는 살아서 이 오랑캐들의 모욕적인 말과 행동을 듣기도 싫고 보기도 싫습니다. 북부 지방에 살고 있는 우리 백성들은 그들에게 이를 갈고 있으며, 그자들과는 도저히 함께 살 수 없다고 말합니다.

이 왕국이 계속 존속할지 말지는 오늘 결정될 것입니다. 전하께서는 백성들에게 종묘사직의 보존을 위해 모두 힘을 합치라고 온 백성에게 고해야 합니다. 그러면 모든 백성들은, 나라를 위해 필요하다면 기꺼이 목숨을 바칠 것입니다.

이 웅변조의 상소문은 아마도 당시 대다수의 관리들과 백성들의 속마음을 정확하게 표현한 것일 테지만 대부분의 백성들은 현명하게도 입을 다물고 있었다. 그렇게 말했다가는 즉각적인 보복을 당할 게 분명했기 때문이다. 왕도 틀림없이 그렇게 생각했던 것 같다. 이 절절한 상소문에 이렇게 답했기 때문이다. "그대 말이 맞다. 하지만 우리가 이웃 나라에서 온 사신의 목을 벤다는 건 약간 성급한 행동이다. 하지만 이 문제는 계속 생각해보겠다."

청의 사신들을 쫓아내다 만주족 사신들은 약간의 몽골족 병사들을 데리고 왔다. 조선인들에게 몽골인들도 이미 만주족의 위세에 굴복했다는 걸 은연중에 과시하기 위해서였다. 사신들은 그 몽골 병사들을 잘 대해주라고 요청했으나 왕은 그들을 노예처럼 취급했다. 사절단의 목적은 명목상으로는 왕의 비妃인 한씨의 장례식에 참석한다는 것이었으나, 왕은 그들을 촘촘한 울타리가 쳐져 있는 폐쇄된 장소로 보냄으로써 그들의 눈을 속였다.

사신들은 그곳이 장례식장인 줄 알고 애도의 자세를 취했으나, 때마침 불어온 강한 돌풍에 울타리가 넘어가는 바람에 그들은 속았다는 것을 알게 되었다. 그들은 부당한 대우를 받지 않을까 하는 두려움에 휩싸여 곧바로 말을 타고 숭례문을 통해 달아났다.

한양의 사내아이들이 그들이 지나갈 때 돌을 던졌다. 사람들은 문제가 심각해졌음을 깨닫고 달아나는 사신들에게 계속 전령을 보내 돌아오라고 간청했다. 하지만 소용이 없었다.

왕의 포고문, "치욕을 되갚아야 한다" 영의정은 왕에게 이제 전쟁은 불가피해졌으며, 즉시 백성을 징집해야 한다고 말했다. 왕은 이 말에 동의했다. 곧 다음과 같은 포고문이 발표되었다.

"10년 전, 우리는 만주족과 강화조약을 맺었으나 그들의 성질이 너무 고약하고 너무 무례하여 전에 없는 수치를 당하였다. 위로는 왕에서부터 아래로 하급 신하에 이르기까지 모든 백성들이 단합하여 이 치욕을 일소해야 한다. 그들은 지금 자기네가 제국이고 우리는 신하국이라고 주장하고 있다. 그런 무례한 행동은 용납할 수 없다. 조선 왕실이 망할지라도 우리는 그 사신들을 쫓아내지 않을 수 없었다. 모든 사람들이 그들이 달아나는 모습을 보았다. 물론 이 때문에 전면전이 일어날지 모르지만, 모든 백성들은 주어진 의무를 다하여 목숨을 바쳐서라도 만주족에게 복수할 것을 맹세해야 한다."

만주족 사신들은 이 포고문의 사본을 손에 넣을 만큼 조선 땅에서 오래 지체했다. 그들은 이 포고문을 갖고 국경을 넘어 자기네 나라로 돌아갔다.

전운이 감돌다 한양의 조정에는 다방면에 원로들이 있었다. 그중 어떤 이는 왕이 피신처로 삼을 마음을 먹지 않도록 강화에 있는 궁궐을 아예 태워버려야 한다고 주장했다. 또 다른 이들은 왕이 평양으로 가서 군대를 직접 지휘해야 한다고 말했다.

사람들은 당시 위험이 임박했다는 불길한 징조가 많이 있었다고 말했다. 물론 그것들은 꾸며낸 이야기이지만 당시 조선인들의 심리 상태가 잘 나타나 있다. 또 어떤 곳에서는 커다란 바위들이 저절로 이동했다고 했다. 또 어떤 고장에서는 물 위에 떠 있는 오리들이 서로 싸우고 죽였다고 했다. 또 어떤 고장에서는 엄청나게 많은 황새 떼가 한곳에 모여 '진지'를 꾸몄고, 숭례문 밖에서는 개구리들이 그들끼리 치열하게 싸웠다고 했다. 그런가 하면 남쪽 지방에서는 한겨울에 두꺼비들이 뛰쳐나와 돌아다녔다고 했다. 궁궐 안에 있는 연못의 물이 피처럼 붉게 물들었고, 여름에 강이 크게 범람하는 바람에 동대문의 주춧돌이 물에 잠겼다고 했다. 한양에서 땅이 솟았다가 가라앉은 데가 모두 27군데였다고 했다. 당시 미신처럼 번진 이야기는 대충 이런 것들이었다.

가도 섬의 부대를 지휘하던 명나라 장수는 조선이 만주족과 결별했다는 말을 황제에게 전했다. 황제는 즉시 조선 왕에게 축하의 편지를 보내 왕의 용기를 치하했다. 명 사신은 황제의 편지를 전하면서 이렇게 덧붙였다. "소신은 황제께서 전하를 치하하시는 편지를 갖고 왔습니다. 황제 폐하께서는 아울러 조선이 처해 있는 위험을 잘 알고 계십니다. 그래서 황제 폐하께서는 조선이 원한다면 만주족과 화평하게 지내도 좋다고 허락하셨습니다." 하지만 왕은 이미 전쟁으로 결판내기로 결심한 터여서, 명 황제의 뼈 있는 암시를 알아차리지 못했다.

왕은 평양에서 군사를 소집한 뒤 모든 병사들에게 목화로 만든 옷을 한 벌씩 선물로 주었다. 총 병력 수는 알려지지 않았으나, 사람들은 당시 그곳에 1만 234명의 노련한 궁수와 700명의 조총수들이 있었다고 한다.

혼란에 빠진 조정 하지만 상황을 점검한 결과 모든 사람이 만족했던 것 같지는 않다. 한 고위 대신이 "우리가 최후의 조치를 취하여 전쟁에 돌입한다면 우리는 모두 죽을 것이오. 그러니 만주족에게 사신을 보내 문제를 급히 수습하는 게 나을 것이오."라고 말했기 때문이다. 이 말에 다른 대신이 거세게 반박했다. "모든 사람들이 개전하는 쪽으로 기울고 있으며, 이 오랑캐들을 우리 손으로 없애기로 굳게 마음먹었소. 사신을 보낸다는 말을 하다니, 당신은 조국의 반역자요. 당신은 전하를 욕보이고 있소. 당신은 대다수의 의견을 거스르고 있소."

하지만 그 대신은 냉정하게 대꾸했다. "우리 군대는 그들과 맞서 한 시간도 버티지 못할 것이오. 어느 날 맑은 아침에 우리는 모두 방에서 죽은 채 발견될 것이오. 조상의 위패를 모실 곳도 없소. 그러니 평양에 장군들을 보내 병사들을 훈련시키고, 동시에 만주족에게 사신을 보내 그들의 얘기를 들어보자는 게 내 생각이오. 사태가 잘 정리되면 우리가 예전처럼 평화롭게 지낼 수도 있소. 어쨌든 우리는 준비할 시간을 벌 수 있지 않겠소. 상황이 더 악화되어 압록강을 방어해야 한다면 우리는 최선을 다할 것이오. 하지만 그들이 일단 강을 건너오면 우리는 목숨을 구걸하는 신세가 될 게 분명하오."

이 말은 반대하기 어려울 정도로 논리 정연했으나, 한편으로는 말을 않느니만 못했다. 왜냐하면 주장이 너무 극단적이어서 조정 전체가 완전히 혼란에 빠졌기 때문이다.

용골태, "조선을 다 차지한 뒤 강화가 무슨 소용인가" 10월이 되자 만주족 장군인 마부대가 압록강의 서편 제방 위에 나타나 의주 성주에게 다음과 같은 전갈을 보냈다. "다음 달 25일에 우리 군대는 조선으로 진격할 것이다. 하지만 그때까지 너희들이 사신을 보낸다면 우리는 마지막 순간이라도 진격을 멈출 것이다."

김류 장군은 왕에게 이 말을 전하고 사신을 파견하자고 재촉했다. 하지만 왕은 통역관에게 편지를 주어 만주족 우두머리에게 보냈을 뿐이었다. 만주족 사람들은 그에게 이렇게 말했다. "돌아가서 너희 왕에게 전하라. 다음 달 25일까지 조선 왕이 아들과 영의정, 또 한 명의 고위 대신을 보내어 조약 체결식을 수행하지 않는다면, 우리 군대는 즉시 행동에 들어갈 것이다."

용골태는 전에 조선에서 가져온 포고문 사본을 보여주면서 말했다. "이걸 봐라. 조약을 먼저 위반한 쪽이 우리라고 할 수 없다." 그들은 밀사에게 왕에게 전달할 편지를 주었는데 거기에는 이렇게 쓰여 있었다.

"듣자하니 너희 나라가 많은 진지를 구축하고 있다고 한다. 그게 모두 내가 네 나라의 수도로 진격하는 걸 막기 위함인가? 듣자하니 너희들은 지금 강화도에 나중에 피신할 때를 대비해서 궁을 짓고 있다고 한다. 내가 조선 8도를 다 차지한 후에도 강화도가 소용 있을까? 너희 문신들이 붓으로 나를 이길 수 있을 것 같은가?"

이 불길한 편지가 한양에 도달하자 왕과 고관 대신들은 만주족과 즉시 타협하기를 바랐다. 하지만 하급 관리들 전체가 격렬하게 반대했다. 결국 조선은 만주족이 제시한 화평 조건을 수락한다는 편지와 함께 사신을 급파했다. 그러나 운명의 날짜는 이미 지나 있었고, 밀사는 의주에서 조선으로 진군하는 만주족에게 체포됐다.

14만 청군, 압록강을 건너다 전쟁이 불가피해짐에 따라 김류 장군과 김자점 장군은 만주족의 진격로에 있는 마을들의 백성들에게 주도로에서 물러나 대피하라고 지시했다. 이것은 나라의 명령이었고, 의주, 평양, 완주의 성주들은 10리에서 100리 정도 뒤로 이동했다. 그 도로에 접해 있는 모든 마을들의 주민들도 대피했다.

김자점 장군은 강압적으로 백성들을 위협하여 정방산의 진지를 재건했다. 하지만 그는 압록강에 대한 방어는 시도하지 않았다. 만주족이 무슨 수를 써서라도 강을 건너올 것이라고 생각했기 때문이다. 의주에서 한양까지는 산 정상에 봉수대가 설치돼 있는, 일종의 통신 라인이 연결돼 있었다.

하지만 그는 자신의 진지가 있는 지역에 한하여 전시에만 불을 올리라고 지시했다. 봉화가 올라가면 한양이 충격과 놀라움에 빠진다는 이유 때문이었다. 그의 범죄적인 직무 유기와 부주의는 너무 심각하여, 그해 12월 적군의 침공을 알리는 쌍 봉화가 북쪽에서 봉수대 라인을 따라 전해졌는 데도 그는 그것이 사신의 복귀를 알리는 신호에 불과하다고 단정했다. 그는 한양에 전령도 보내지 않았고 아무런 경보도 발령하지 않았다. 그는 북쪽으로 전령을 보내 만주족이 어디 있는지 찾도록 했다. 이 전령은 복귀한 뒤 북부 지역은 만주족 병사들이 잔뜩 진출해 있다고 알렸다. 그런데도 장군은 그 말을 믿지 않고, 오히려 자기를 기만했다며 그 전령을 죽이려 했다.

그러나 그 전령의 보고는 너무 많은 목격자들이 사실로 확인해주어 장군도 결국 그의 말대로 만주족이 들어왔다고 한양에 보고하지 않을 수 없었다. 12일, 14만 명에 달하는 만주족 병사들이 압록강을 건넜다는 의주 성주의 편지가 한양에 도착했다. 이튿날 느려터진 김자점 장군이 보낸 편지를 보니 만주족이 이미 평안도를 깊숙이 침투했다는 내용이었다.

한양 백성들에게 이것은 마른하늘에 날벼락 같은 소식이었다. 백성들은 공황 상태에 빠졌고 끓는 물처럼 안절부절못했다. 도로는 한양을 탈출하려는 피난민들로 꽉 막혔다. 왕은 "감옥에 있는 포로들과 죄수들을 모두 풀어주고, 귀양 간 사람들도 모두 사면하라."고 명했다.

아직 임지로 떠나지 않은 지방 관리들은 즉각 현지로 부임됐다. 왕은 그 즉시 강화로 출발하기를 간절히 원했으며, 김경징金慶徵을 최고사령관(안찰사)으로, 부제학 이민구李敏求를 부사령관(부사)로 임명하여 강화도 방어를 맡겼다. 연로한 원임 대신 윤방尹昉은 김상용金尙容과 함께 종묘사직의 신주神主를 들고 강화도로 먼저 출발했고, 왕비와 왕자들이 그 뒤를 따랐다. 마지막으로 왕은 심기원을 유도대장留都大將으로 명하여 한양 방어를 맡겼다.

왕실 행렬이 남한산성으로 들어가다 14일 만주족 군대는 황해도에 진입했고, 얼마 안 있어 그들이 한양에서 120리밖에 안 떨어져 있는 장단에 도달했다는 소식이 전해졌다. 그들은 그곳의 성주를 붙잡아 머리를 자르고, 만주족 옷을 입힌 다음 안내자 노릇을 하도록 강요했다. 이튿날 정오, 왕과 세자는 강화도로 가기 위해 숭례문을 통과했으나, 그때 전령이 헐레벌떡 달려와 만주족 기병들이 이미 한강의 양화진에 도착해 있어 강화도로 가는 길이 이미 봉쇄되었다고 알렸다.

왕과 시종들은 숭례문 뒤에 있는 정자에 올라가 즉석에서 어전회의를 열었다. 조선 측 사관들은 "이들의 얼굴은 하얘졌으며 목소리는 시골 개구리들이 우는 소리 같았다."고 기록해놓고 있다. 충분히 그럴 만했다.

지여해池如海가 "저들은 국경을 넘어 5일 동안 내려왔다. 지금쯤 매우 지쳤을 것이다. 나는 군사 500명을 데리고 나가 전하께서 강화도에 무사히 도착하실 때까지 저들을 막고 있겠다."라고 말했다.

그러나 최명길은 "적들이 코앞에 와 있으므로 우리는 지금 당장 결정을 내려야 한다. 우리는 저들에게 대항할 수 없다. 내가 성 밖으로 나가 저들과 교섭하는 틈을 타 전하를 모시고 남한산성으로 피신하는 것이 좋겠다."라고 말했다. 왕은 이 계획에 적극적으로 찬성했다.

최명길은 황소 10마리와 술 10통을 갖고 성 밖으로 나가 적들을 만났다. 한양 남쪽에 있는 모든 성문이 봉쇄되었으므로 왕과 시종들은 동대문으로 향했다. 왕세자를 시중드는 내관이 달아났기 때문에 왕세자는 할 수 없이 직접 고삐를 잡았다. 왕실 일행 주변에 사람들이 너무 많이 몰려들어 이동하기가 거의 불가능했다. 하지만 그들은 결국 성문을 통과하여 발걸음을 재촉했다.

그날 밤 7시쯤, 왕실 행렬은 정문을 통해 남한산성으로 들어갔다. 이동 속도가 너무 빨라 이들이 최종 목적지에 도착했을 때 왕의 시종들은 여섯 명밖에 남아 있지 않았다. 나머지 사람들은 얼마 후, 자정 무렵에 도착했다.

그들은 이구동성으로 왕에게 우회로를 이용하여 강화도까지 가려면 동이 트자마자 출발해야 한다고 주장했다. 그렇게 하기로 결정됐으나 그때 진눈깨비가 섞인 비가 거세게 내리는 바람에 길이 매우 미끄러웠다. 왕은 할 수 없이 말에서 내려 걸어가야 했다. 그래서는 탈출할 수 없다는 게 곧 분명해졌다. 왕은 추위에 심하게 떨었고 이동 속도는 절망적으로 느렸다. 사람들은 왕을 급조한 가마에 태우고 산성으로 되돌아갔다.

나중에 밝혀졌지만 그게 더 잘된 일이었다. 만주족이 강화도로 진입하는 모든 길목에 경비병을 배치해놨기 때문에 왕이 절대로 강화도에 들어갈 수 없는 상황이었기 때문이다.

적군과 협상하기 위해 나가 있던 최명길은 영은문 위쪽에서 마부대 장군을 만나 이렇게 말했다. "우리는 얼마 전에 너희 나라와 강화조약을 맺었다. 그런데 너희 나라는 대군을 이끌고 조선에 쳐들어왔다. 어찌된 일인가?"

만주족 장군은 대답했다. "조약을 위반한 쪽은 우리가 아니라 너희들이다. 그리고 우리는 너희 왕으로부터 그 이유를 직접 듣기 위해 왔다." 이에 최명길이 대답했다. "너희는 우리 전하를 뵐 수 없을 것이다. 전하께서는 남한산성으로 이미 떠나셨다."

두 사람은 함께 한양으로 들어갔다. 한양에서 만주족 장군은 최명길에게 왕에게 보내는 다음과 같은 편지를 쓰게 했다. "만주족 장군은 우리와 조약을 맺기 위해 왔습니다. 하지만 그는 우리가 자기네들을 너무 무서워하여 왕까지 달아났다고 말합니다. 그는 전하께서 자기네들과의 화평을 원한다면 왕자와 영의정, 그리고 전하께 조약을 깨라고 부추긴 자들을 함께 자기네 나라로 보내야 한다고 말합니다. 이들은 즉각적인 회답을 원합니다."

그날 밤에는 아무런 답신도 오지 않았다. 마부대 장군은 최명길이 자기를 속였다고 비난하면서 그 자리에게 그를 죽이려 했다. 하지만 나머지 조선 사람들이 만류하며, "우리가 직접 남한산성으로 갈 수 있도록 놔주시오."라고 말했다. 그들은 최명길을 안내인으로 삼아 곧 그 유명한 남한산성 앞에 도착했다. 최명길은 홀로 성안으로 들어갔다.

왕은 그의 손을 잡고 말했다. "공이 우리를 구해주러 왔구료." 하지만 최명길은 이렇게 말했다. "전하께서 어젯밤 제 편지에 답신을 해주시지 않았기 때문에 만주족 장군이 몹시 화가 났습니다. 그래서 그자가 총 병력 중 3분의 1을 이끌고 지금 저 앞에 와 있습니다. 그자를 달래려면 그가 제시한 세 가지 조건을 들어주는 수밖에 없습니다."

왕은 대답했다. "너는 그자에게 속았다. 그 정도에 만족하자고 그자가 이 먼 길을 왔으리라고 생각하는가?"

항전과 항복의 갈림길

왕이 항전하기로 결심하다 만주족 군대는 모화관에서 숭례문, 그리고 동대문 밖까지 한양의 남쪽 측면을 따라 진지를 구축했다. 그들이 울리는 음악과 북소리가 쉬지 않고 울렸다. 만주족 병사들은 처음에는 몇 마리의 소를 훔치거나, 그리고 가끔 여자를 탐하는 정도 이상의 가혹한 짓을 하지 않았다.

하지만 왕이 남한산성으로 달아났다는 걸 알면서부터 그들은 아무 거리낌 없이 난동을 부렸고, 남녀를 불문하고 조선 사람들을 대량으로 학살했다. 왕실 소유의 창고들은 모조리 약탈당했고, 그들이 감히 바깥으로 끌어내지 않은 물품은 없었다. 같은 날 밤, 일단의 만주족 병사들이 10킬로미터 가까이 되는 남한산성의 외곽을 완전히 포위했다.

왕은 신경진 장군에게 동문 방어를, 구굉具宏 장군에게는 남문 방어를, 이서 장군에게는 북문 방어를, 그리고 이시백李時白 장군에게 서문 방어를 맡기는 등, 산성 주변에 대한 경비를 강화했다. 원두표元斗杓, 구인후具仁厚, 한회일韓會一, 박환朴煥 장군은 모두 성벽을 넘어올지 모르는 적들을 방어하기 위해 정예병을 이끌고 성벽 주변에 포진했다.

산성 안에 있는 병력은 모두 1만 2천 명 정도였다. 나만갑羅萬甲 장군은 관향사管餉使(산성에서 식량 조달하는 직책—옮긴이)라는 중요한 직책을 맡았다. 당시 왕의 시종들을 포함하여 궁정 식구는 200여 명의 대소 신료들, 200여 명의 왕실 가족, 100여 명의 하급 관리들, 그리고 300여 명에 달하는 여러 계급 출신의 하인들로 이루어져 있었다. 이들은 모두 쌀로 급료를 받았다. 1~2품 대신들은 세 명의 하인들과 말 두 필을, 3~4품 대신들은 두 명의 하인과 말 한 필을, 그 이하의 대신들은 한 명의 하인과 말 한 필을 보유할 수 있었다.

총사령관은 김류 장군이 맡았다. 그는 왕에게 즉시 왕자와 영의정을 만주족에게 보내고 가능한 한 가장 좋은 조건으로 강화조약을 맺자고 진언했다. 조정은 가능한 한 적을 속이기로 결정했고, 이에 따라 왕의 종친인 능봉수綾峯守를 왕의 동생처럼 행세하게 했다. 그리고 심집沈諿에게 왕자 역할을 시켰다.

두 사람은 만주족을 시험해보기 위해 불쑥 그들에게 갔다. 이들이 나타나자 냉혹한 마부대 장군은 이들을 훑어보고, 안팎을 샅샅이 조사하고 나서 퉁명스러운 답변과 함께 왕에게 돌려보냈다.

"그대가 우리를 속이려 했으므로 우리는 앞으로 왕자를 제외하고는 아무하고도 상대하지 않을 것이다. 왕자를 보내면 그와 의논할 것이다." 그들은 왕자가 아직도 모친상 중이라는 전령의 말에도 불구하고 계속 왕자를 요구했다.

이런 최후통첩이 전달되자 조정의 의견은 분열되었다. 김류 장군을 비롯한 몇몇 사람은 그들의 요구를 들어주는 수밖에 없다고 주장했다. 하지만 왕은 "차라리 내가 먼저 죽겠노라."며 반대했다.

김상헌金尙憲은 반대편에 서서 이렇게 말했다. "소심하게 항복을 논하는 자는 배신자이다."

17일, 왕은 홍서봉洪瑞鳳을 만주족 진지에 보내 이렇게 말했다. "나는 내 둘째 또는 셋째 아들을 보낼 것이다. 하지만 그 아이들은 모두 강화도에 있다."

만주족은 전과 똑같은 답변을 보냈다. "우리는 왕자 외에는 아무도 원치 않는다." 왕자가 자진해서 가겠다는 의사를 표시하자 한 대신이 말했다. "우리에게는 정예 결사대가 있습니다. 비겁하게 항복하거나, 미래의 왕을 저 도적들의 손아귀에 넘겨줄 수는 없습니다. 왕자께서 가신다면 제 채찍으로 제 목을 졸라 죽겠습니다."

또 다른 사람이 나서서 "저들과 싸웁시다. 우리는 사람입니다. 허수아비가 아닙니다."라고 말했다.

왕은 항복이 아니라 항전하기로 결심하고 다음과 같이 선언했다. "우리는 죽을 때까지 싸울 것이다. 아무도 평화를 예상하지도, 바라지도 말라."

왕은 그러고 나서 평양에 있는 김자점에게 다음과 같은 편지를 보냈다. "우리는 여기에 갇혀 옴짝달싹 못하고 있다. 우리 군사력은 허약하고 식량도 부족하다. 하지만 우리는 왕조가 망할지언정 끝까지 항전하기로 결정했다. 그러니 그대는 휘하의 전 병력을 이끌고 서둘러 우리를 지원하라." 이튿날 북문을 지키던 부대가 기습 공격을 성공시켜, 만주족 병사의 목 6두를 갖고 귀환했다. 성안의 병사들은 이 소식에 환호하였고, 저마다 성 밖으로 뛰쳐나가 포위군과 한판 붙고 싶어했다.

한편, 애석하게도 만주족은 조선이 남한산성에서 쓰려고 한강변에 비축해두었던 모든 군량미를 탈취했다. 하지만 병기와 화약은 성벽 안에 온전히 비축돼 있었다. 왕은 이번 습격의 성공으로 병사들의 사기가 높아지자, 때맞춰 병사들을 모아놓고 간단하게 다음과 같이 훈시했다.

"우리는 항복해야 할 것인가, 아니면 싸워야 할 것인가? 대답은 그대들에게 달려 있다."

심광수沈光洙가 나서서 모든 병사들을 대신하여 단호한 어조로 말했다. "전하께 항복을 건의하는 자의 목을 우리에게 보여주십시오." 이 말은 최명길을 가리키는 말이었으나 다른 사람들도 감히 이 요청에 찬성하지 못했다.

그때부터 성벽에 대한 경비는 더욱 강화되었다. 날마다 만주족 진지에서 풍겨나오는 연기가 포위된 산성의 하늘을 맴돌았다.

19일, 왕은 남한산성을 오랫동안 수도로 삼았던 백제 왕국의 창건자, 온조의 비를 찾아 제사를 지냈다. 같은 날 구굉 장군은 서문을 나가 적군을 기습했고, 20명의 만주족 병사의 목을 베었다. 이 소식에 결사대는 거의 통제할 수 없을 정도로 흥분했다.

이튿날, 만주족으로 넘어간 조선인 변절자가 성문에 접근하여 경비병들과 타협을 시도했다. 그는 왕이 항복하고 만주족과 화평하게 지내야 한다고 주장했다. 하지만 왕은 이 소식을 듣고는 경비병들에게 그자가 다시 오면 성문에서 만나지 말고, 성벽 위에서 내려다보며 말하라고 명했다.

결사대에 대한 보급품이 절반으로 줄다 가장 시급한 문제 가운데 하나는 군량미 문제였다. 왕은 총사령관을 불러 창고에 며칠 분의 식량이 남아 있는지 물었다. 그는 60일치의 식량이 남아 있으나 아끼면 최대 70일까지 버틸 수 있을 것이라고 대답했다. 그는 말에게는 하루에 콩을 한 끼만 주면 되고, 하인들은 보리와 귀리로 최대한 버텨야 할 것이라고 말했다.

어떤 사람이 성안에는 중요한 일을 맡지 않고 있는 사람들이 많으므로 왕에게는 그들을 먹여 살릴 책임이 없다고 말했으나, 왕은 그 의견을 뿌리치며 이렇게 말했다.

"그들은 나를 믿고 여기까지 왔다. 그런데 이제 와서 그들에게서 식량을 빼앗으라는 말인가? 안 된다. 우리는 먹어도 같이 먹고, 굶어도 같이 굶을 것이다." 날씨는 매우 추웠고 성벽 위에서 추위에 노출된 병사들은 가혹한 고통을 겪고 있었다. 그들의 뺨은 서리에 얼어붙어 뼈아픈 고통을 가하며 갈라졌다. 이 모습을 본 왕은 야간 경계 임무를 없앴고, 노인과 허약한 자는 그처럼 추위에 노출되는 자리에 보초로 세우지 말라고 명했다.

왕은 다시 여러 도의 관찰사들에게 서찰을 보냈다. "우리는 이곳에 갇혀 있다. 우리는 풍전등화의 운명에 처해 있다. 충성스러운 자들을 모두 소집하여 우리를 지원하고, 우리를 포위하고 있는 적들을 공격하라." 그리고 김자점에게는 "우리는 7일째 이곳에 갇혀 있는데, 이제 멸망 직전이다. 즉시 우리를 지원하라."는 서찰을 보냈다.

간헐적인 기습전 21일, 동문과 서문에서 각각 한 차례의 기습 작전이 동시에 전개되어, 모두 약간의 성과를 거두었다. 김신국은 병사들의 사기를 높여주기 위해 베어온 만주족 병사의 머릿수에 따라 포상을 주는 등급표를 만들자고 건의했다.

항복하지 않겠다는 왕의 의지는 여전히 확고했다. 그것은 한 대신이 항복을 촉구하는 상소를 올리자 격노하여 그 문서를 불태운 것에서도 잘 알 수 있다.

22일, 만주족이 보낸 전령이 성문에 올라와 왕이 아직 항복할 마음이 없는지 물었다. 대답은 남문과 동문 쪽에서 격렬한 기습을 가하는 형태로 돌아왔다. 조선은 이 전투에서 모두 40명의 목을 베었으며, 이지원 장군은 쇠방망이로 말에 탄 두 적장을 죽였다. 이 작은 승전은 물론 포위하고 있는 적군의 전투력에 전혀 영향을 주지 못했으나, 조선 병사들의 사기는 크게 높여 조선군은 여세를 몰아 이튿날 여러 방향에서 동시 다발적으로 기습을 감행했다. 각 전투에서 조선군이 약간씩 우세했다. 조선군은 20명밖에 안 죽었으나 만주족 군대는 훨씬 큰 인명 손실을 입었다. 그러나 만주족은 죽은 병사의 시신을 가져갔기 때문에 그들의 정확한 인명 손실 규모는 알려지지 않았다.

왕은 성벽을 순회함으로써 승전을 축하했다. 이튿날은 습하고 안개가 끼었으며, 추위가 훨씬 심해 맑은 날보다 병사들이 견디기가 어려웠다. 비가 오는 데도 불구하고 병사들의 사기를 돋워주기 위해 왕과 왕자가 처소에서 나왔다. 그들과 많은 대신들은 병사들의 몸이 비에 젖지 않도록 말안장의 흙받이와 담요 등을 병사들에게 주었다. 성안에 있는 한흥사의 승려들이 40첩의 종이와 채소 몇 부대를 왕에게 선사했으나, 왕은 그것들을 모두 병사들에게 나눠주었다. 다른 승려들이 커다란 세 개의 꿀단지를 선사하자, 왕은 감사의 마음을 표하고 나서 그들에게 선물로 답례했다.

산성 전체를 나무 울타리로 감싸다 25일, 만주족은 나무 울타리로 산성 전체를 감싸는 작업을 완료했다. 이 울타리의 길이는 48킬로미터에 달했으며 높이는 어른 키의 두 배 정도였다. 이 작업이 7일만에 끝났다는 사실에서 우리는 만주족 군대의 총 병력 수에 대해 약간이나마 감을 잡을 수 있다. 울타리는 80걸음마다 종이 달려 있어서 만일 누가 넘기를 시도하면 초병에게 즉시 경보가 울리는 방식이었다.

산성 밖에는 위기에 처한 왕과 조정을 열심히 구하고자 하는 사람들이 있었다. 원주에 있던 권정길 장군은 소규모 군대를 조직하여 남한산성이 훤히 내려다보이는 검단산에 진지를 차렸다. 왕은 모든 조선 백성들이 자기를 지원하기 위해 집결하기를 기대하면서 크게 기운을 냈다. 이 친위 부대는 만주족을 공격했으나, 적의 위력에 압도되어 순식간에 괴멸되었다.

만주족은 닥치는 대로 조선인들을 체포했다. 그들은 자기네 병사들에게 이런 만행을 더욱 심하게 강요했다. 노인들은 나무를 해오게 시키거나 물을 길어오게 했고, 젊은 여자들은 첩으로 삼았으며, 나이든 여자들은 요리와 빨래를 시켰다.

28일, 왕은 황소 한 마리와 10병의 술을 만주족 지휘관들에게 선물로 보냈으나, 돌아온 대답은 "하늘이 우리에게 모든 조선 땅을 주셨으니, 이 따위 선물은 필요 없다. 도로 갖고 가서 굶주리는 너희 병사들에게나 줘라."였다.

연계 성주, 혼인식을 올린 날 전쟁터로 가다

충청도 관찰사인 정세규鄭世規는 왕이 반찬 두 가지를 곁들인 밥으로 수라상을 받는다는 소식을 듣고 비탄에 빠졌다. 그는 한 승려에게 꿩 두 마리를 주고는 어떡해서든 산성 안으로 들어가 그것을 왕에게 전해달라고 부탁했다. 관찰사 자신은 소수의 병사들을 이끌고 포위된 산성에서 40리 밖에 안 떨어진 험천險川으로 갔다. 적군은 그의 부대를 뒤에서 공격했다. 그의 부대는 완전히 괴멸되었고, 그는 자살할 생각으로 깊은 계곡으로 달려갔다. 그는 거기서 투신했으나 다행히 죽지는 않았다.

연계의 성주인 남영 역시 힘닿는 대로 싸우려 했다. 그는 왕이 비참한 처지에 빠졌다는 얘기를 듣고, 혼인식을 올린 밤이었는 데도 자리에서 일어나 전쟁터로 출발했다. 적군은 그의 작은 부대를 포위했고, 그에게 항복하라고 명령했다.

그는 이때 길이 후세에 남을 유명한 말을 남겼다. "네 놈들은 내 목을 가져갈 수 있을지 몰라도 나를 무릎 꿇게 할 수는 없을 것이다." 적은 그의 혀를 잘랐고, 사지를 절단 냈다.

실패한 김류 장군의 무모한 작전 김류 장군은 남문 쪽의 만주군이 가장 취약하므로 단호한 의지로 기습을 가한다면 포위망을 허물 수 있을 것이라고 판단했다. 그래서 그는 29일 모든 장군을 소집하여 공격 명령을 내렸다. 장군들은 모두 그의 의견에 반대했고, 그 계획을 무모하다고 생각했으나 아무도 따르지 않으려는 태도를 보이려 하지 않았다. 따라서 꽤 큰 부대가 조직되어 남성을 나와 계곡을 따라 만주군의 포위망을 향해 급히 전진했다.

그러나 이 부대는 이 작전의 성공 가능성을 처음부터 믿지 않았고, 순전히 김류 장군의 칼이 무서워 후퇴하지 못할 뿐이었다. 실제로 그는 몇몇 병사에게 경고의 표시로 칼을 휘둘렀다. 한 장군이 "이것은 사실상 자살행위입니다. 소신이 제 부대를 이끌고 나가 이 한 목숨을 희생하는 한이 있더라도 이 작전이 성공할 수 없다는 걸 보여드리겠습니다."라고 말했다. 그는 재빨리 전진하였으나 얼마 되지 않아 언덕 모퉁이에 매복해 있던 만주군에 포위됐다. 그와 병사들은 모두 만주족 군의 칼에 쓰러졌다.

조선 병사들은 탄약이 다 떨어지자 조총을 손에 잡고 죽을 때까지 싸웠다. 이 무모하기 짝이 없는 전투에서 200명의 조선 병사들이 죽었고, 기가 죽은 김류는 수치스러운 표정으로 복귀했다. 그는 변명의 여지가 없었지만, 다른 부대가 자신을 충분히 지원하지 않았다며 패전의 책임을 남에게 떠넘기려 했다. 그는 또 왕에게 전사한 병사가 40명뿐이라고 말했다.

한양을 사수하는 책임자로 남아 있던 심기원은 왕에게 편지를 보내 자신이 서대문 외곽의 애오개에 진을 치고 있는 만주족 군대를 강력하게 공격했다고 말했다. 하지만 왕은 나중에 이 보고가 거짓이며, 심기원 자신은 적군의 면전에서 비겁하게 달아났다는 사실을 알았다.

여자로 가득 찬 청군 진영, 고난이 극에 달한 남한산성

1636년을 보내는 마지막 날, 조선과 만주족의 상대적인 사정은 다음과 같이 밝혀졌다. 만주족 진지에는 약탈품과 병사들이 강제로 끌고 온 여자들로 가득 찼다. 아이들은 어떻게 됐을까? 만주족 병사들은 아이들은 원치 않았기 때문에 모두 죽여서 진지 밖으로 던져버렸다. 그래서 거기에는 아이들의 시체가 산을 이루었고, 전염병이 돌지 않은 것은 순전히 한겨울의 추운 날씨 때문이었다.

남한산성 안에서는 고난이 극에 달했다. 군량미는 애초에 바랐던 만큼 오래 가지 않았다. 모든 음식이 바닥났으며, 말과 소는 굶어죽어 가고 있었다. 왕은 평민복을 입고 잠을 잤다. 담요를 모두 병사들에게 나눠주었기 때문이다. 왕이 수라를 들 때 반찬으로 삼을 수 있는 것은 닭다리와 날개뿐이었다. 이 해의 마지막 날, 몇 마리의 까치들이 왕의 처소 옆에 있는 나무에 둥지를 틀기 시작했다. 사람들은 길조라며 환호했다. 이것은 이런 유치한 미신을 신봉할 만큼 조선 결사대가 곤궁에 처했음을 보여주는 좋은 예이다. 이것은 그 후 한동안 유일한 화젯거리가 되었으나, 갇혀 있는 조선 왕에게는 별 도움이 되지 않았다.

인조, "용서해주지 않으면 죽을 수밖에 없나이다"

이튿날은 1637년의 정월 초하루였다. 왕은 김신국과 이경직李景稷을 만주족 진지로 보내 새해의 덕담을 건넸다. 전령들은 그곳에서 청 황제의 아들이 도착하여 군대와 진지를 점검했다는 말을 들었다. 따라서 홍서봉, 김신국, 이경직은 이튿날 그가 있는 곳으로 갔으나, 황제의 아들이 아니라 한 만주족 장수가 이들을 맞았다.

그는 "너희들은 우리를 노예이고 도적들이라고 불렀으나, 우리의 역사는 곧고 바르며 처음부터 끝까지 변치 않았다."라고 말했다. 그러고 나서 그는 조선인들 앞에 노란 종이에 쓰인 청 황제의 칙서를 펼쳐 보이며 그 앞에 절을 하라고 명령했다. 칙서의 내용은 다음과 같았다.

위대하시고, 선하시며, 현명하시고, 친절하신 황제가 조선의 왕에게 고하노라. 너희 나라가 우리보다 명 황제에게 더 충성하려고 하고, 우리나라를 전복시키려 하는 것도 모자라 우리를 능멸하고 모욕하므로, 우리는 이제 너희가 선택한 길의 결과가 무엇인지를 보여주겠노라. 너희들은 맹세의 언약을 깨고, 만주족과의 유대 관계를 팽개치고, 우리에게 무장한 적군을 보내는 등, 진실로 사악하게 행동했다. 이에 나는 대군을 이끌고 너희 나라의 8도를 모두 점령했다. 자, 이제 너희들은 '아버지'인 명 황제를 어떻게 도울 것이냐? 명나라는 사실상 무력화되었다.

이튿날 왕은 다음과 같은 답신을 보냈다.

위대하고, 장엄하고, 정당한 황제에게.
이 소국小國이 대국에 죄를 지었고, 이런 고초를 자초했으며, 그 결과 멸망의 문턱에 와 있습니다. 우리는 오래전부터 그런 뜻을 알리려 했으나, 이렇게 포위되고 갇혀 있는 관계로 포위망을 뚫고 편지를 전달하기가 거의 불가능했습니다. 하지만 황제의 아드님께서 친히 이곳에 왔으니, 우리는 기뻐하면서도 떨고 있습니다.
명 황제는 이제 우리의 종주국이 아닙니다. 이 점에 관한 한 우리는 완전히 바뀌었습니다. 국경에 있는 우리 병사들이 만주족 사신들을 푸대접한 것은 대단히 잘못된 행동이었습니다. 우리는 진실로 멸망 직전에 처해 있으며, 이제 우리의 죄를 모두 고백하고자 합니다. 고백은 우리의 몫이요, 용서는 황제의 몫입니다. 오늘부터 우리는 마음에서 충성에 대한 다른 생각을 모두 일소하고 새로운 노선을 걸을 것입니다. 황제께서 용서해주지 않으면 우리는 모두 머리를 조아리고 죽을 수밖에 없나이다.

만주족, 오히려 공격에 나서다 이 비참한 문서를 만주족에게 보내기 전에 어전회의에서 낭독하자, 너무 굴욕적이라고 생각하는 사람들도 있었으나, 대신들은 이것이 유일한 살길이라고 말했다. 그래서 이 서신은 그대로 만주족 진영에 전달되었다. 황제의 아들이 아직 도착하지 않았으며, 그가 오는 대로 곧 답장을 주겠다는 답신이 왔다.

이상하게도 강화 협정은 체결되지 않았다. 만주족 병사들은 강화 협정이 맺어지면 산성의 성벽을 기어오르는 재미를 잃게 될 것을 우려하여 바로 그날 밤 사다리를 이용해 침입을 시도했다. 하지만 그들은 방어 부대의 의지와 용기를 과소평가했다. 성안에 들어간 만주족은 금세 이시백 장군에 의해 쫓겨났다. 이 무모한 공격 작전에서 많은 만주족 병사들이 죽었다. 거의 같은 시각, 남문 쪽에서도 비슷한 공격이 가해졌으나, 그곳에서도 만주족 병사들은 조선 경비병들에 의해 궁지에 몰렸다.

4만 조선군이 청군의 측면을 위협하다 이때 전세에 변화가 일어났다. 4만의 병력을 이끌고 다른 도에서 온 허완과 민영 장군이 산성으로 접근하여 만주족 군대의 측면을 위협했다. 그들은 마주 보는 두 개의 산기슭에 진지를 구축한 다음, 그 사이에 정예 소총수들을 일렬로 배치했다. 곧이어 벌어진 전투에서 조선군은 용감하게 한 발도 물러서지 않으면서 침략군을 사실상 처음으로 격퇴시켰다.

그러나 이 전투로 조선군은 탄약이 동이 났고, 적군이 전열을 정비하여 다시 접근하자 그들은 후퇴할 수밖에 없었다. 이 후퇴는 참담한 패배로 이어졌고, 허완 장군을 비롯한 많은 조선 병사들이 칼에 쓰러졌다.

민영 장군이 이끄는 다른 부대는 좀 더 버텼으나 어떤 불행한 사건이 일어나는 바람에 부대가 혼란에 휩싸였다. 병사들에게 지급해준 많은 양의 화약이 갑자기 폭발하는 바람에 수많은 병사들이 목숨을 잃었을 뿐 아니라, 남아 있는 병사들에게 전투를 계속할 수 있는 수단을 앗아갔던 것이다. 그래서 그들 역시 허완 장군의 병사들과 똑같은 운명을 맞이했다. 만주족은 죽은 사람들의 옷을 벗기고 그들을 불태웠으며, 이때 조선 피난민들도 추위와 피로 때문에 많이 죽었다.

심윤 장군, "아무리 기를 써도 소용없다" 심윤 장군은 조령 고개에 진지를 구축하였으나 4만의 조선군이 참패했다는 소식을 접하고는, 겁을 먹고 허둥지둥 후퇴했다. 그리고 만나는 사람마다 아무리 기를 써도 소용없다고 말했다.

그러나 더 참을성이 많았던 김준룡 장군은 남한산성에서 30여 킬로미터 떨어진 곳에 진지를 구축함으로써 적군을 괴롭힐 수 있는 요충지를 확보했다. 당연히 양측은 격돌했다. 처음에는 조선군이 승기를 잡았으나, 그날 밤 만주족은 병력을 보강하였고, 대포를 가져와 조선군에 퍼부었다. 이튿날까지 조선군은 결사적으로 항전했다. 밤이 오면서 전투가 끝났는데, 탄약이 바닥난 것을 안 조선군은 조용히 후퇴하면서 가는 길에 있는 모든 다리를 불태웠다.

왕을 지원하고 싶었던 전라도 병마사는 소규모 함대를 조직하여 강화도로 북상한 뒤 그곳의 근왕 부대에 합류했다. 강원도 관찰사는 이런 저런 핑계를 대며 식량 부족 사태에 처해 있는 남한산성을 구원하는 데 적극적으로 참여하지 않았다. 이런 이유로 그는 나중에 귀양을 갔다.

양근 장군, 한 달 동안 꼼짝도 하지 않다　한편 북부 지방에서는 색다른 상황이 벌어지고 있었다. 한양에서 북쪽으로 비교적 짧은 거리에 있는 곳에 양근 장군이 꽤 큰 부대와 함께 주둔해 있었다. 그러나 그는 겁쟁이여서 감히 손 하나 까딱하려 하지 않았다.

그의 휘하에 있던 두 명의 장수는 자기네들이 아무 행동도 취하지 않으면 나중에 곤란해질 것이라고 생각했지만, 상관이 양근 장군이라는 점을 다행스러워했다. 왜냐하면 그들은 양근이 아무런 군사적 행동도 하지 않을 것이며, 따라서 자신들은 안전할 것이고 책임질 필요도 없다는 것을 알았기 때문이었다.

그래도 두 사람은 양근에게 만주족을 향해 진격하자고 재촉했다. 그러나 그는 그렇게 하기를 거부하는 것도 모자라, 그들에게 그런 취지의 문서까지 써주었다. 그 문서를 받고 두 사람은 비로소 안도했다. 그들은 이렇게 남한산성이 적의 손에 함락될 때까지 한 달 동안 그 자리에서 꼼짝도 하지 않았다.

유림의 영웅적 항전　이 전쟁에서 큰 족적을 남긴 장군 가운데 유림柳琳이라는 사람이 있었다. 그는 평양에서 한양으로 전진하다가 만주족의 공격을 받았다. 그가 이끄는 소규모 부대는 그날 밤, 만주족 진지에서 전사한 동료들을 애도하는 곡소리가 진동했을 정도로 영웅적으로 항전했다.

조선 병사들은 탄약이 거의 바닥나자, 기발한 후퇴 작전을 생각해냈다. 그들은 조총에 탄약을 장전한 뒤 그것들을 나무에 묶은 다음, 도화선을 여러 가지 길이로 달아놓았다. 그러고는 은밀히 퇴각했다. 밤새도록 총소리가 울리는 바람에 적들은 아침이 될 때까지 조선군이 퇴각한 것을 전혀 모르고 있었다.

김자점, 죽었다가 살아 도망가다 이 시기에 약 7천의 병사들을 거느리고 있던 김자점 장군과 욕달 장군도 왕을 구하려고 시도했다. 이들은 북부 지방에서 송도 인근 지역까지 내려왔다. 불행하게도 그들은 척후병을 내보내지 않은 탓에 송도에서 북쪽으로 몇 킬로미터 떨어진 좁은 협곡에서 예기치 않게 만주군과 맞닥뜨렸다.

조선군은 공황 상태에서 전투를 치렀으며, 전해지는 말에 따르면 이때 5천의 병사가 전사했다고 한다. 총 7천의 병력 중에서 2천 명만이 살아남았다는 게 좀 미심쩍기는 하다. 김자점은 가파른 산기슭을 기어올라 겨우 현장에서 빠져나왔으나 그의 부관은 붙잡혔다. 생존한 2천의 조선군은 전열을 정비한 뒤 만주군을 거세게 공격하여 뒤로 밀어붙이고 포로로 잡혔던 아군 장수를 구출하는 성과를 거두었다.

김자점 장군은 곧 양근 장군이 빈둥거리고 있는 곳으로 갔다. 두 사람은 그곳에서 왕이 항복할 때까지 함께 기다렸다. 우리는 몇 달 후, 세상이 다시 조용해지면 이 두 장군은 범죄 수준의 이처럼 비겁한 행위를 저지른 대가로 먼 오지에 유배될 것임을 짐작할 수 있다.

신경원이 함정에 빠지다 만주군은 황해도 옹진에 주둔하고 있던 신경원申景瑗 장군의 부대를 포위했으나, 험한 지형 때문에 접근이 어려워 굴복시킬 수 없었다. 그래서 만주군은 조선 수비대를 끌어내려는 의도로 후퇴하는 척했다. 신경원 장군은 이 속임수에 넘어가지 않았다. 그는 장교 한 사람을 적진을 살펴보라는 임무를 주어 내보냈다.

그런데 그 장교는 공교롭게 부상에서 회복된 지 얼마 안 된 사람이었다. 그래서 그는 멀리 가지 않고 인근의 여인숙에서 밤을 보냈다. 그는 이튿날 아침 부대로 돌아와 적군이 떠났다고 보고했다. 그러자 신 장군은 한양 외곽까지 가려는 생각으로 부대를 이끌고 진지에서 나왔다. 하지만 근처에서 잠복하고 있던 만주군이 일제히 뛰어나와 조선군을 덮쳤고, 그를 포로로 붙잡았다. 그는 나중에 강화조약이 체결되고 난 뒤 석방되었다.

서로 책임을 전가하다 한편 남한산성에서는 심각한 국론 분열이 벌어지고 있었다. 그들은 모두 항복과 그로 인한 치욕을 피할 수 없다는 걸 잘 알고 있었다. 그것은 생각만 해도 치가 떨리는 일이었고, 따라서 그들은 서로 책임을 전가했다. 오랜 감금 생활에 지친 왕의 면전에서 대신들 간의 상호 비방이 얼마나 격렬하게 벌어졌는지를 잘 보여주는 사례가 있다. 유백증兪伯曾은 왕에게 다음과 같은 상소를 올렸다.

"조선군의 총책임자인 영의정이자 체찰사인 김류는 군사 전략이 전혀 없고, 시기심과 복수심이 강한 인물이며, 그의 집은 뇌물로 가득 차 있습니다. 전하께서는 거의 시종들 없이 남한산성으로 왔습니다. 하지만 그자는 참말로, 60명이나 되는 마부를 데리고 왔습니다. 게다가 그 집에 사는 여인들은 가마를 타고 왔습니다. 전하께 왕자를 짐승 같은 만주족의 자비에 넘겨주라고 재촉한 자가 바로 그자입니다. 그렇게 비굴하게 썼건만 그나마 거절당한 그 편지를 보내도록 전하께 권함으로써 전하를 욕보이게 한 자도 바로 그자입니다. 이 모든 것이 김류 때문에 일어난 일입니다."

다른 사례도 많지만, 이 사건에서도 우리는 사적인 앙심이야말로 항상 조선의 국익을 좌초시키는 주범이란 걸 알 수 있다.

청 황제, 강화조약 체결을 미루다 청 황제는 조선 왕이 굴복했다는 걸 알았지만, 자신의 포로가 알거지 신세가 될 때까지 강화조약의 체결을 미루기로 마음먹었다. 모든 조선인의 머리에 조선이 신하국이라는 엄연한 사실을 각인시키고, 그것을 결코 잊지 못하도록 따끔한 교훈을 주기 위해서였다. 이렇게 세월은 흘러갔다.

그달 6일, 조선의 전령이 만주군의 포위망을 뚫고 강화도에 있는 두 왕자의 편지를 왕에게 전달하는 데 성공했다. 만주군은 이 사실을 알고는 접근로에 대한 경계를 두 배로 강화했다. 그래서 왕은 이제 외부 세상과 완전히 격리되었다.

며칠 뒤 김온윤이라는 조선 장수의 한심한 사기극이 적발되었다. 그는 작은 부대를 이끌고 서문을 나가 2두의 머리를 갖고 돌아왔다. 왕은 그의 전과를 치하하면서 비단을 선물로 하사했다. 사람들은 그 머리를 깃대에 꽂아 내걸었다. 하지만 어찌된 일인지 그 머리에서는 피가 전혀 흐르지 않았다. 한 하급 병사가 달려와 소리쳤다. "왜 내 동생을 두 번 죽이는가?"

알고 보니, 그 장군은 왕의 칭찬과 총애를 받을 요량으로 죽은 조선인들의 시체에서 목을 베어내었던 것이다. 왕은 깃대에 걸려 있던 머리를 김온윤과 그의 부관의 목으로 교체했다.

정온, "다 죽더라도 항복은 안 된다" 12일, 왕이 보낸 밀사들이 편지를 휴대하고 만주족 진지로 들어갔다. 만주족은 곧 자기네 위대한 장군이 도착하게 돼 있으니 이튿날 다시 오라고 말했다. 남한산성의 조선인들은 절박한 처지로 몰렸다.

한때 항전을 주장했던 대신 중 예조판서 김상헌, 이조참판 정온鄭蘊을 제외하고 모두 항복을 주장했다. 정온은 "모든 병사들이, 그리고 모든 일반 백성들이 한 사람도 안 남고 다 죽을 때까지는 항복을 논할 때가 아니다."라고 말했다.

인조, "이제 조선은 신하국입니다" 이튿날 밀사들은 만주족의 지시대로 그들의 진지를 다시 찾아갔다. 이들을 맞이한 장군은 "조선은 예전에 우리와 맺은 조약을 깨뜨렸다. 다시 조약을 맺으면 이번에는 지키겠는가?"라고 말했다.

밀사들은 가슴을 치며 소리쳤다. "그것은 우리의 잘못이지 우리 전하의 잘못이 아니오. 그것을 증명할 수 있다면 기꺼이 우리 목숨을 내놓을 용의가 있습니다."

"그런데 너희들은 왜 성에서 나와 우리와 싸우지 않느냐?"

이에 밀사들은 비굴하게 "우리의 전력은 보잘것없습니다. 우리가 어찌 감히 청나라에 대적할 생각을 하겠습니까?"라고 대답했다. 그러자 만주족 사람들은 왕이 보낸 칙서의 봉인을 뜯고 읽기 시작했다.

우리가 예전에 조약을 맺었을 때는 귀국이 형이요, 우리는 아우의 나라였습니다. 동생이 잘못을 저지르면 형이 바로잡아 줘야 합니다. 하지만 그 잘못이 정의의 원칙이 깨질 정도로 심각하면 하느님이 노할 것입니다. 조선은 대양의 한 귀퉁이에 사는 보잘것없는 민족입니다. 우리는 책밖에 모릅니다. 우리는 전사들이 아닙니다. 우리는 약하기 때문에 강대국 앞에 머리를 조아려야 합니다. 따라서 귀국이 자비를 베풀어주기를 바랍니다. 조선은 이제 신하국이며 귀국은 우리의 종주국입니다.

일본이 우리나라를 침략했을 때 우리는 멸망 직전까지 몰렸습니다. 그때 명나라가 대군을 보내어 조선을 구해주었습니다. 명나라에 감사하는 마음은 모든 조선인들에게 뼛속까지 박혀 있습니다. 귀국의 화를 돋울지도 모른다는 위험을 무릅쓰고 우리가 그들과 관계를 끊지 못한 이유가 바로 그것입니다.

이제 만주의 강대국이 호의를 베풀어 압록강 위로 돌아간다면 우리가 갖는 감사의 마음은 명에게 감사하는 마음과 같아질 것입니다. 우리는 오랫동안 이 산성에 사실상 감금돼 있어서 지치고 갑갑하기 그지없습니다. 우리의 과실을 너그럽게 봐주면 우리는 만주의 강대국을 제대로 대접할 것입니다. 이런 생각은 우리의 마음에 깊이 박혀 있으며, 우리는 만주의 강대국에게 항복하고 자비를 구하고자 합니다.

20일 분의 식량밖에 남지 않다　식량은 이제 사실상 동이 났다. 관리들에게 지급되는 양도 절반으로 줄었으며, 왕에게 매일 올리는 식사의 양도 3분의 1이 줄었다. 기껏해야 20일을 견딜 수 있는 양밖에 남지 않았다. 이때 만주족은 동문 외곽에 있는 왕릉의 부속 건물과 남한산성 인근에 있는 왕릉의 부속 건물을 불태워버렸다. 연기가 하늘로 치솟았다. 이런 야만적인 행위들은 왕의 입술을 적신 쓰디쓴 약의 마지막 한 방울이었던 것 같았다.

　16일, 왕은 홍서봉을 다시 만주족 진지에 보내 답장을 보내는 않는 이유를 물었다. 사실 만주족은 먼저 강화도에 군대를 보내 점령하기로 결심했던 것이다. 그들은 "공유덕孔有德 장군이 7만의 군사를 이끌고 강화도를 점령하기 위해 출발했다. 우리는 그가 돌아올 때까지 기다려야 한다."고 대답했다.

　이튿날 그들은 왕에게 다음과 같은 모욕적인 답신을 보냈다.

　　너희들은 왜 성에서 나와 우리와 싸우지 않는가? 우리는 너희들이 작은 싸움이라도 걸어올 줄 알았다. 너희 병사들은 화약을 장전하고 발사하는 방법을 배우지 못했는가? 명나라는 너희 나라의 좋은 친구로 알고 있는데, 왜 군대를 보내어 너희들을 돕지 않는가? 너희들은 지금 굶어죽어 가면서도 정당한 예절을 논할 만큼 시건방지다. 하늘은 선한 자를 돕고 악한 자를 벌한다. 우리는 믿고 따르는 자는 돕지만, 우리에게 반대하는 자는 반드시 목을 벤다. 너희는 우리의 적이 되었기 때문에 우리 대군을 맞게 되었다. 너희들이 예전과 같은 신종臣從의 의무를 다한다면 우리는 너희들을 형제처럼 대해줄 것이다. 살고 싶으면 당장 성에서 나와 항복하라. 성에서 나와 싸운다면, 그것도 좋다. 하늘이 우리 둘 중 하나를 선택할 테니까.

이에 대해 조선인들은 비록 굶주리고 있었지만 다음과 같은 기억할 만한 답장을 보냈다. "우리는 그런 식으로 항복하느니, 차라리 여기 성 안에서 죽겠노라. 그러면 너희들의 치욕적인 명령에 답할 사람도 없을 것이다."

인조, "항복하러 갈 길을 터주시오" 18일, 만주족 장군이 남문에 접근하여 왕에게 나와서 항복하든지 싸우든지 하라고 요구했다. 왕은 이에 대해 자신은 나가서 항복하고 싶으나, 만주군 병사들이 성벽 주변을 배회하고 있기 때문에 그러지 못한다는 내용의 편지를 밀사를 통해 만주족 수뇌부에 보내려고 했다.

왕이 이 편지를 밀사에게 건네주자 김상헌이 밀사의 손에서 편지를 낚아채 갈가리 찢으면서 말했다. "네 놈이 어찌 이런 편지를 전달할 수 있느냐? 우리가 인내심을 갖고 버티면 하늘이 우리를 도울 것이다. 하지만 이 편지를 보내면 우리는 정말 끝이다."

그러자 곧이어 대신들끼리 치고받는 난장판이 벌어졌다. 최명길은 편지 조각을 땅에서 주어 풀로 붙였다. 그리고 이튿날 다른 장군과 함께 그 편지를 만주족에게 갖다주었다.

그러나 그들에게는 퉁명스러운 답장이 돌아왔다. "우리는 너희들의 편지를 원하지 않는다. 우리가 바라는 것은 너희들의 왕이 성에서 나와 항복하는 것이다."

그날 밤, 만주족 병사들이 동쪽의 성벽을 넘어 성안으로 들어오자, 조선인들은 엄청난 공황 상태에 빠졌다. 하지만 이기축李起築 장군은 일단의 정예병들과 함께 적군을 물리쳤다.

청 황제, "불충한 자들을 우리에게 넘겨라" 20일, 청 황제가 보낸 답신이 도착했다.

우리가 조선 왕이 산성에서 나와 항복하라고 요구하는 이유는 너의 진실성을 알 수 있는 확실한 증거를 갖고 싶기 때문이다. 우리가 너를 그대로 남겨놓고 철군하면, 너는 계속 조선의 왕으로 잘 지낼 것이다. 내가 온 세상을 정복하고 있는데, 왜 너를 속여야 하는가? 내가 술책을 쓸 필요가 있는가?

나는 너에게 명에 달라붙으라고 권하고 우리에게 불충한 자들만 벌하기를 바란다. 너는 항복하기 전에 그자들을 포박하여 우리에게 넘겨야 한다. 나는 그자들을 죽일 것이지만, 나머지 사람들은 무사할 것이다. 한 가지만 분명히 해두겠다. 앞으로 나는 너희들의 편지를 받지 않을 것이다.

왕은 이 편지를 보고 울음을 터뜨렸다. "나는 그 사람들을 묶어서 그자에게 보낼 수 없소."

청 황제 편지의 불길한 마지막 말에도 불구하고 왕은 다시 그에게 편지를 보내 이렇게 말했다.

조선이 존경하고, 영예롭고 강대하며, 자비로우신 황제께 경배를 올립니다. 우리는 속 좁고 편협한 민족이며, 태도가 매우 반항적입니다. 하지만 현재의 마음가짐과 몇 달 전의 마음가짐은 천양지차입니다. 우리 조정에서 어떤 대신들은 이렇게 주장하고 또 어떤 대신들은 다르게 주장했습니다. 하지만 지금 우리는 굶주림 때문에 모두 똑같은 생각을 갖게 되었습니다.

우리는 만주 강대국의 신하국이 되어야 한다는 걸 잘 알고 있습니다. 하지만 신라 시대 이후 이 땅의 왕이 성에서 나와 적에게 항복한 일은 한 번도 없었습니다. 우리는 도저히 그런 짓을 할 수 없습니다. 귀국이 계속 그것을 고집한다면 곧 시체로 가득 찬 성밖에 얻을 게 없을 것입니다. 나는 이미 항복하겠다는 의사를 표시했는데, 그럼에도 불구하고 내가 성에서 나가 폐하께 간다면 백성들은 나를 두 번 다시 왕으로 인정하지 않을 것이고, 그러면 무정부 상태가 뒤따를 것입니다. 나는 만주족과 화평하게 지내는 걸 반대한 자들을 오래전에 귀양 보냈습니다. 그래서 그자들을 보내고 싶어도 보낼 수 없습니다. 그러니 황제께서는 이제 아량을 베푸시어 우리의 잘못을 용서해주어야 합니다.

만주족 장군이 이 편지에 코웃음을 치며 되돌려보내려고 하자, 이홍주李弘胄는 이 편지가 실은 대신들이 작성한 것이며, 더 이상의 조치는 불가능하고, 따라서 누구라도 왕에게 항복의 타당성을 언급하면 즉시 처형될 것이라고 그에게 말했다.

하지만 만주족 장군은 격노하여 조선 밀사들을 쫓아냈다. 정온은 휴전을 추구하는 이 모든 조치에 격렬히 반대하면서, 항복하느니 차라리 그 자리에서 죽어 썩는 게 낫다고 말했다. 그는 계속 항전을 주장했다.

삼전도의 굴욕

세자빈, 식솔부터 강화도로 건네준 김경징을 나무라다

한편으로는 굶주림, 또 한편으로는 굴욕적인 항복에 직면한 왕과 조선 왕실을 뒤로하고 강화도에서 어떤 일들이 벌어지고 있었는지 알아보자.

몽골의 침략을 받은 고려의 고종이 강화도로 피신했으나 물에 약한 몽골군이 손을 쓰지 못하면서 이곳은 난공불락의 섬이란 명성을 얻었다. 그곳의 방어 책임자는 강도江都 검찰사 김경징과 부검찰사 이민구였고, 해안 방어는 주사대장舟師大將 장신張紳이 맡았다. 만주족 선발대가 양화진 방면으로 통하는 길목을 차단하자 강화도 피난길이 막혀버린 왕이 남한산성으로 피신하기 며칠 전, 김경징의 호위하에 세자빈, 원손, 봉림대군, 인평대군, 후궁들, 종친, 그리고 연로한 신하들과 그들의 부인들을 강화도로 피신시켰다.

물론, 피난민 속에는 김경징의 아내와 어머니도 들어 있었다. 수십 리에 이른 그들의 행렬이 강화도로 가는 배가 기다리고 있는 나루터에 도달하자, 김경징은 먼저 자기 가족과 50여 필의 말에 실어온 가재도구들을 싣기 시작했다. 뒷전으로 밀려난 세자빈 일행은 만주족 군사들에게 언제 잡힐지 모를 위험 속에서 꼬박 이틀 밤낮을 추위와 굶주림에 떨며 지낼 수밖에 없었다.

마침내 화를 참지 못한 세자빈이 김경징을 불러 호통을 쳤다. "이 배는 전하의 것이 아니오? 우리가 위험 속에서 이렇게 기다리고 있거늘 어찌 경은 감히 자기 식솔과 친지들만을 위해 그 배들을 사용하신단 말씀이오?" 자신의 행위에 대해 둘러댈 만한 핑계가 없었던 김경징은 세자빈의 명에 따를 수밖에 없었다. 이렇게 세자빈 일행은 간신히 배에 탈 수 있었다.

바로 그때, 잔인한 만주족 기병들이 배를 타지 못한 수천 명의 피난민들을 덮치면서 그 일대는 순식간에 아수라장이 되었고, 겁에 질린 수많은 사람들이 '마치 바람에 날리는 낙엽처럼' 물속으로 뛰어들어 목숨을 버렸다.

청군, 강화도에 교두보를 마련하다

김포와 통진에는 나라의 곡식이 많이 저장되어 있었으나 아직 만주족 군사들에게는 발견되지 않은 상태였다. 김경징은 피난민을 구제한다며 그 곡식들을 강화도로 옮겨와 자기 가족과 추종자들에게만 나눠주고 피난민들에게는 배급하지 않아 백성들의 원성이 높았다. 그는 강화도를 난공불락의 요새라고 굳게 믿은 나머지, 경계병들을 배치하지 않은 채 주연과 장기로 소일하며 지내고 있었다.

봉림대군이 경계를 철저히 하는 것이 좋겠다고 권고하자 그가 쏘아붙였다. "피난 오신 분께서 어찌 감히 나를 지휘하려 하시오?" 김경징은 당시 남한산성의 방어를 책임지고 있던 체찰사 김류의 아들이었고, 그들 부자가 마음먹으면 안 되는 일이 없을 정도였다. 김경징과 대신들 사이에 격렬한 논쟁이 이어졌다. 백성들을 지켜주어야 할 군사들은 전투태세도 되어 있지 않았고 일사불란하게 움직이지도 않았다.

만주족 병사들은 배는 없었지만, 그대로 물러설 생각이 없었기에 이곳저곳을 다니며 집을 부숴 거기서 나온 목재로 뗏목을 만들었다.

비록 강화도까지의 거리는 얼마 되지 않았지만, 한겨울이라 바닷가 둑은 꽁꽁 얼어 있었다. 그리고 조금 때여서 물이 깊지 않아 배를 타고 건널 수도 없는 노릇이었다. 그런데 경계병으로부터 만주족 병사들이 뗏목을 완성하여 갑곶甲串으로 향할 준비를 마쳤다는 보고가 들어왔다. 김경징은 어떤 멍청한 놈들이 감히 만주족이 그 같은 장애를 뚫고 강화도로 건너올 것이라고 생각하느냐며 나무랐으나, 실제로 그들이 급조한 배를 띄웠다는 소식을 듣고는 겁을 집어먹었다.

그는 윤신지尹新之에게는 대청포를, 유정량柳庭亮에게는 불원을, 유성증兪省曾에게는 장령을 지키게 하고, 자신은 갑곶을 맡았다. 강화 병기고에는 무기가 많이 보관되어 있었다. 그러나 무기가 부족했던 병사들이 그것을 내어달라고 요구하자 김경징은 거부했다. "아버지께서 마련해놓으신 것을 어찌 감히 내가 마음대로 쓸 수 있겠는가?"

만주족 군대는 반대편 둑에 설치한 거대한 대포의 지원 포격을 받으며 강화로 건너올 심산이었다. 청군이 발사한 포탄이 날아와 주변에서 터지며 뿌연 먼지를 일으키자 김경징은 겁에 질려 자제력을 잃고 숨을 곳을 찾았다. 이어 만주족 병사들이 이상하게 생긴 배에 오르는 모습이 보였다. 선봉에서 건너오는 뗏목에는 한 손에는 방패를 들고 다른 손으로는 물을 헤치는 열일곱 명의 병사들이 타고 있었다.

광성진 부근에 머물고 있던 주사대장 장신의 선단은 김경징의 명령을 받고 필사적으로 갑곶으로 이동하려 했으나 마침 조수가 물레방아를 도는 도랑물처럼 마구 밀려와 전혀 앞으로 나아갈 수가 없었다. 장신은 뱃전에 선 채 그저 분노와 원통함으로 제 가슴만 치고 있을 뿐이었다. 첫 번째 뗏목을 탄 만주족 병사들이 강화도에 상륙하여 교두보를 마련했다. 대항하던 200여 명의 조선군은 화약이 물에 젖고 화살이 떨어지자 열일곱 명의 청나라 군사에게 밀려 달아났다.

만주족 병사들은 해안을 오락가락하면서 증원군이 당도하기를 기다렸다. 김경징은 이미 나룻배를 타고 도주했으며, 만주족의 대병력은 속속 상륙했다. 세자빈은 두 살짜리 아들과 함께 탈출하려고 했으나 성문을 지키던 만주족 병사들이 내보내주지 않았다. 그녀는 아들을 내관 김인金仁에게 맡겼다. 김인은 원손을 데리고 간신히 포위망을 뚫고 나와 충청도의 당진으로 갔다.

죄 없는 백성들이 떼죽음을 당하다 세자빈은 자결하려 했으나 뜻을 이루지 못했다. 만주족은 원임 대신 윤방을 불러 말했다. "우리는 성의 남쪽 부분을 사용할 테니, 왕실 사람들과 대신들은 그 반대편을 쓰시오."

그러고는 모든 평민들을 북성 밖으로 데리고 나가 길게 세웠다. 늘어선 백성들이 무슨 일이 벌어질지 궁금해 하고 있을 때, 붉은 깃발을 든 기수가 나타났고, 그 뒤를 따라 군사 하나가 시퍼런 칼을 들고 나와서는 아무 죄도 없는 그들의 목을 닥치는 대로 베었다. 만주족은 성안에 있는 조선 사람들에게 통행증을 발행했으며, 신분증명서를 내보이지 않으면 누구도 성을 드나들지 못하게 했다. 도주하지 않은 주민들은 모두 떼죽음을 당했다.

전 우의정 김상용, 화약 상자를 폭파시켜 자결하다 섬을 완전히 장악한 만주족은 남한산성 앞에 포진해 있던 주력군에 합류하기 위한 예비 조치로 섬 안에 있는 모든 관아 건물을 불태웠고, 아직 살아 있는 사람들을 눈에 띄는 족족 죽였다. 그러고는 세자빈 일행과 모든 관리들을 데리고 남한산성으로 진군했다. 그들은 세자빈을 지위에 걸맞게 정중하게 대우했다.

일행이 남한산성으로 향하기 위해 강화도를 떠나려고 할 때, 연로한 전前 우의정 김상용은 너무 애통한 나머지 삶을 끝내기로 결심하고 남문 누각으로 올라갔다가 화약 상자를 발견했다.

그 뒤를 따랐던 묘사제조廟社提調 윤방이 자신도 삶에 지쳤노라고 말하자 김상용이 말했다. "대감은 신주들을 책임지고 계시니 신성한 책무에 거스르는 일을 해서는 안 됩니다." 그래서 윤방은 40여 신위를 모시는 책무를 계속 받들기로 했다. 김상용은 외투를 벗어 시종에게 건네며 시신 대신 매장하라고 이르고는 부싯돌로 곰방대에 불을 붙여 화약 상자 안에 밀어넣었다. 이어 폭발이 일어나면서 누각은 산산조각이 났고, 그를 비롯한 김익겸金益兼, 의병을 일으킨 권순장權順長, 열세 살 먹은 김상용의 손자가 형체도 없이 사라졌다.

윤방은 신주들을 남한산성으로 안전하게 운반하기 위해 자루 속에 넣었으나 그것들을 성가시게 여겼던 만주족 병사들이 모조리 도랑에 던져버렸다. 윤방은 그것들을 주워 정성껏 닦은 다음 다시 모셨다. 어쩌면 그 만주족 병사들은 단지 조선 왕실에서 가장 신성하게 여기는 것에 대해 무례함을 표시하고 싶어서 그런 행동을 했는지 모른다.

청 황제, 아내로 삼은 조선 왕족을 신하에게 선물로 주다

강화도가 점령된 이후 순절한 대표적인 인물들을 꼽아보면, 심현, 이상길, 이시직, 송시영, 윤전, 정백형, 김수남, 강위빙, 이돈오, 이가상 등이 있다. 역시 이때 심평, 윤선거, 이성구, 한오상, 권순장, 이돈오, 홍명일 등의 부인들과 김경징의 어머니도 죽었다. 어떤 사람들은 칼로 스스로를 베어 죽었고, 어떤 사람들은 목매달아 죽었으며, 물에 빠져 죽은 이들도 있었다. 살인보다 더 심한 범죄도 많이 있었는데, 만주족은 조선의 많은 귀부인들을 서슴지 않고 붙잡아 욕보였다. 높은 신분의 아내나 며느리가 죽는 게 더 나았는 데도 죽지 않고 능욕을 당했고, 그것은 오늘날까지 가문의 흠집으로 남았다.

그곳에 끌려간 여인들 중에 왕족인 회헌의 딸도 있었다. 그녀는 나중에 만주족 황제의 여섯 번째 아내가 되었다가, 얼마 안 있어 황제는 그녀를 한 충신에게 선물로 주었다.

김상헌, "신을 저들에게 보내주소서" 동쪽으로 떠난 조선인 포로들의 긴 행적에 대해서는 이만해두고, 요지부동의 남한산성 성벽 안으로 돌아가보자. 참혹한 굶주림이 성안을 휩쓸자 만주족의 제안이 더욱 그럴싸하게 들리기 시작했다. 어전회의에서 만주족이 요구하는 사람들을 포박하여 죽음의 길로 내몰 수밖에 없다는 결정이 내려졌다.

왕세자는 이 얘길 듣고 "나에게는 아들도 있고 형제들도 있다. 그러니 내가 가지 못할 이유가 없다." 그러자 정온이 "만주족의 요구를 가장 강력하게 반대한 사람은 소신입니다. 신을 보내주시오."라고 말했다. 또 김상헌은 "소신보다 저들을 더 심하게 반대한 사람이 누굽니까? 저들에게 보내야 할 사람은 바로 신입니다."라고 외쳤다. 윤황尹煌, 윤집尹集, 오달제吳達濟 등도 저마다 만주족 진지로 가서 만주족이 마련한 복수의 제단에 제물로 희생되기를 자처했다.

어전회의가 계속되는 동안, 많은 병사들이 성에서 내려와 문틈으로 소리쳤다. "만주족이 이 사람들을 보내라고 하는데, 왜 보내지 않아서 우리를 굶주리게 하십니까?" 사람들은 이 병사들을 제 위치로 복귀시키는 데 애를 먹었다. 그날 밤 9시, 일단의 만주족 병사들이 서문에 접근했고, 그중 한 명이 실제로 성벽을 기어오르다가 조선 경비병에 의해 발각됐다. 그는 몽둥이 세례를 맞고 재빨리 도망갔고, 조선 병사들은 공격을 감행한 만주족 부대를 향해 돌을 비롯해 던질 수 있는 것은 모조리 퍼부었다. 동시에 동쪽에서도 공격이 있었으나, 신경진 장군이 성공적으로 격퇴했다. 그는 단순히 적을 쫓아내는 데 만족하지 않고 끝까지 추격하여 우두머리를 비롯해 많은 부하들을 죽였다.

만주족은 다음에는 포격으로 산성을 무너뜨리려고 했다. 그들이 발사한 포탄은 땅속에 두 자씩이나 푹푹 박힐 정도로 강렬했다고 한다. 조선군도 치열한 포격으로 대응했다.

인조, "더 이상 항복을 지체할 여유가 없다" 1월 25일 아침, 만주족이 서문에 와서 화평을 요구했고, 그들을 따라 청나라 진영으로 갔던 조선 대신 세 사람은 다음과 같은 말을 들었다.

"조선이 항복하지 않아 진노하신 우리 황제께서 조선을 초토화시키라고 명하셨다. 황제께서는 내일 조선을 떠날 예정인데, 그렇게 되면 너희들은 항복하고 싶어도 그럴 기회가 없을 것이다."

만주족은 포위망을 더욱 좁힌 다음, 최후의 일전에 대비하여 온종일 포격을 퍼부었다. 성벽이 파괴되고 많은 조선 병사들이 전사했으나 살아남은 군사들은 재빨리 파괴된 성벽에 모래자루를 쌓고 그 위에 물을 부었다. 그러자 그것이 곧바로 얼면서 훌륭한 성벽이 되었다.

그러나 사기가 떨어진 병사들은 왕에게 몰려가 만주족이 원하는 사람들을 보내주라고 간청했다. 즉각 어떤 조치를 취하지 않으면 안 될 상황이 되자 화의를 주장하던 홍서봉이 만주족 진영으로 가서 말했다. "내일 귀국이 요구했던 왕세자와 다른 사람들이 이곳으로 올 것이오."

그러자 만주족은 "우리는 왕세자가 아니라 직접 왕을 만나고 싶다."며, 조선을 압박하기 위해 강화도가 자신들 수중에 떨어졌다는 사실을 증명하는 서찰들을 내놓았고, 포로가 된 대군 한 사람이 왕에게 올리는 서찰 한 통을 건넸다. 그러고는 '왕세자와 그의 형제 한 명, 그리고 대신의 아들들을 심양에 볼모로 보낼 것과 왕은 두려워하지 말고 성에서 나와 항복할 것' 등의 화의 조건을 제시했다. 그리고 그 조건을 받아들이면 조선에는 아무 일이 없을 것이라고 덧붙였다.

홍서봉 일행은 왕자의 서찰을 받아들고 산성으로 돌아왔다. 조정에서 그 서찰이 낭독되자 비탄의 목소리가 여기저기에서 쏟아져나왔다. 일부에서는 오랑캐의 속임수일 것이라고 주장했지만, 왕은 그렇지 않다고 말했다. "이것은 왕자의 필적이 틀림없소. 강화도가 저들의 손에 떨어졌으니 당연히 신주들도 파괴되었을 것이오. 그렇다면 더 이상 항복을 지체할 필요가 없소." 왕은 화평에 나서기 전에 안전 조치로서 만주족을 업신여기는 내용이 담긴 서류를 모두 불태우라고 명했다.

이튿날 왕이 보낸 편지가 만주족 수뇌부에 전달됐다. 왕은 편지에서 이렇게 말했다. "황제께서 북방으로 돌아가려 하니, 나는 떠나기 전에 황제를 뵈어야 합니다. 그렇지 않으면 피해를 입을 것입니다. 지금 이 시점에서 액운이 낀다면 내 손으로 칼을 들어 이 자리에서 스스로 목숨을 끊는 게 낫습니다. 내가 종묘사직을 위험에 빠뜨리지 않고 항복할 수 있도록 황제께서 모종의 조치를 취해주시기를 기원합니다."

전령은 왕이 산성에서 내려올 때 만주족 병사들이 기습할까 봐 두려워하고 있다고 설명했다. 이에 만주족 장군은 "내가 지시할 때까지 기다렸다가 내려와라."고 대답했다. 김상헌은 항복한다는 것에 더 이상 견딜 수 없어 목을 매 자살하려 했다. 하지만 어떤 사람이 밧줄을 끊어 그를 끌어내렸다. 정온도 마찬가지로 '차가운 칼'로 자기 배를 찔러 자결을 시도했으나 상처가 죽을 정도로 치명적이진 않았다. 왕은 그를 잘 보살피게 했다.

윤집과 오달제를 만주족에게 넘기다 28일에 만주족에 가장 강력하게 항전을 주장했던 오달제와 윤립을 만주족 진지로 넘길 준비가 끝났다. 그들은 출발하기 전에 왕의 부름을 받았다. 왕은 흐느끼며 말했다. "우리가 어찌 이런 지경에 왔단 말이오? 과인은 부끄러워 경들의 얼굴을 볼 수가 없소." 하지만 그들은 쾌활하게 웃으며 대답했다. "소신들 때문에 전하께서 슬퍼하실 이유가 없사옵니다. 다 소신들의 잘못입니다."

왕은 그들을 자리에 앉힌 다음 내시에게 술을 따르게 했다. 이것은 왕이 그들에게 베풀 수 있는 최대의 영광이었다. 왕은 말했다. "과인은 그대들의 가족이 무사하도록 챙길 것이오." 그러고 나서 그들은 죽음의 운명을 맞으러 출발했다.

만주족 황제는 이런 복종의 표시에 만족하여 최명길에게 털옷과 술을 대접했다. 황제는 두 사람을 자기 앞으로 부른 다음, 그들에게 왜 만주족에게 줄곧 항전을 주장했는지 물었다. 그들은 조선이 수백 년 동안 명나라와 밀착 관계를 유지해온 이상, 당장 그런 관계를 끊거나 그렇게 하자고 진언하기가 불가능한 것으로 생각했기 때문이라고 대답했다. 그러자 황제는 이들을 풀어주되 엄격한 감시를 붙여 진지를 벗어나지 못하게 하라고 명령했다.

"먼저 관 속에 들어가라" 이튿날 홍서봉, 최명길, 김신국은 만주족 진지에 가서 항복식의 준비를 마무리하기 위해 왔다고 말했다. 만주족은 제단이 이미 송파에 준비돼 있고, 의식은 내일 열려야 한다고 하면서, "우리에게는 특별한 항복 의식이 있다. 우선, 항복하는 자는 관 속에 들어가 있어야 한다. 하지만 이것은 너무 치욕적이기 때문에 이번만은 면제해주겠다. 그러니 두 번째 조항부터 시작하자."라고 말했다.

이에 최명길이 "우리 전하는 왕의 옷을 입고 나와도 됩니까?"라고 묻자, 만주족 장군은 "절대 안 된다. 반드시 푸른 옷을 입고 나와야 한다."라고 했다. 이것은 푸른색이 동쪽을 상징하고, 그래서 항상 '동방의 나라'라고 불리는 조선에 잘 어울리는 색이기 때문이었다.

두 번째 질문은 "전하는 남문을 통해 나옵니까?"였고, 대답은 "아니다. 죄를 저지른 자가 어떻게 남쪽 문을 사용할 수 있다는 말인가? 그는 서문을 통해 나와야 한다. 항복 의식이 끝나면 그는 바로 한양으로 가도 된다. 아무것도 두려워 할 게 없다. 우리는 이미 식량 징발대를 철수시켰으며, 이제 아무도 조선의 왕을 괴롭히지 않을 것이다."였다.

청 황제가 내건 항복 조건 그날 밤, 만주족 장군 용골대는 청 황제가 보낸 다음과 같은 내용의 칙서를 왕에게 전해주었다.

그대는 산성에서 나와 항복하라는 우리의 명령이 그렇게 두려운가? 안심해도 된다. 뿐만 아니라 그대가 나오면 큰 혜택을 줄 것이다. 그대를 다시 왕위에 앉힐 것이며, 그대의 지난 과거를 다 용서할 것이고, 종주국과 신하국의 처지에서 그대와 굳고, 구속력이 있는 조약을 맺을 것이다. 그대가 후계자로 그대 아들과 손자를 왕위에 앉히고 싶다면 우리에게서 새로운 옥새를 받아야 할 것이다.

그대는 명에 더 이상 사신을 보내서는 안 되며, 명의 연호를 버리고 우리의 연호를 채택해야 한다. 왕세자와 영의정, 그리고 영의정의 아들은 볼모로 우리와 함께 가야 한다. 그대가 죽으면 왕세자를 석방하여 조선을 다스릴 수 있도록 해줄 것이다. 나는 곧 명나라를 칠 것이니 그대는 우리에게 배와 군대를 보내야 할 것이다. 나는 우선 가도를 점령해야 하는데, 그러려면 그대는 우리에게 배 50척과 그 배에 배치할 병사들을 파견해야 하고, 활과 화살도 보내야 한다. 또 우리 군대가 떠나기 전에 이들에게 큰 잔치를 베풀어 줘야 한다.

지금부터 그대는 청 황제비와 황태자들의 생일을 지켜야 한다. 그대는 우리의 사신들을 명나라 사신들에게 해온 것과 똑같이 대접해 줘야 한다. 나는 조선 포로들을 압록강 이남으로 모두 송환할 것이나, 그들의 몸값을 지불해야 한다. 그대 나라 백성들은 우리나라 사람들과 통혼해야 한다.

그대는 두만강을 따라 국경 진지에 억류하고 있는 모든 만주족 포로들을 석방하고 우리에게 송환해야 한다. 일본과의 무역에 관한 한 그대는 마음대로 해도 된다. 이 점에 대해서는 아무런 강요도 하지 않을 것이다. 그대는 이제부터 더 이상 성을 축성해서는 안 된다.

자, 보라. 나는 그대를 죽은 목숨에서 소생시키노라. 나는 그대의 왕조를 부활시켰다. 내가 베푸는 큰 호의와 자비를 잊지 말라. 그대의 마음속에서 배신의 싹이 트지 않도록 유념하라.

매년 그대는 다음과 같은 공물을 바쳐야 한다. 100냥의 금, 1천 냥의 은, 1만 가마의 백미, 2천 필의 비단, 200필의 모시, 1천 벌의 광목, 400필의 세마포, 1천 필의 거친 삼베, 1천 첩의 고은 종이, 1천 첩의 보통 종이, 해우의 뿔로 만든 200개의 활, 사람 크기의 칼 26개, 4개의 창문 가리개, 붉은 꽃이 그려진 40개의 침구, 20개의 보통 칼, 90킬로그램의 염료 채취용 목재, 10되의 후춧가루, 1천 봉지의 차, 100장의 호피, 100장의 사슴 가죽, 400장의 수달 가죽, 200장의 다람쥐 가죽. 그대는 3년 뒤부터 이 공물을 우리에게 보내야 한다. 나는 그대 왕족 중 한 명을 아내로 취했으므로 쌀 9천 가마를 보내주겠노라.

만주족이 조선 왕조를 존속시켜주는 대가로 제시한 조건은 이와 같았다. 그들이 요구한 공물의 양이 엄청나게 많아 조선 사람들이 진지하게 받아들였던 것 같지는 않다. 그래서 요구한 것 중 극히 일부를 채워주었을 뿐, 한 번도 요구 조건을 다 들어주려고 시도한 적이 없었다.

굴욕적인 항복의 예 모든 수단을 동원해보고, 비상사태에 전혀 준비돼 있지 않은 산성에서 혹독한 겨울의 시련을 견디며, 충성스러운 병사들이 굶주림과 추위로 자기 곁에서 죽어가는 것을 본 뒤, 조선의 왕이 결국 쫓기듯 만주의 강대국에게 무릎을 꿇은 것은 1637년 1월의 마지막 날이었다. 엄청난 안개가 온 천지를 뒤덮으면서 날이 밝았다. 산성의 서문이 열렸고, 오랜 옹성으로 인해 지친 모습이 역력한 왕과 왕실의 기마 행렬이 모습을 드러냈다.

왕과 세자는 승전국의 명에 따라 모두 푸른 옷을 입고 있었다. 뒤에는 여원, 그러나 충성스러운 근위병들이 따라 나왔다. 이들은 왕이 명령만 내렸다면 죽는 순간까지 성에서 버티면서 성벽을 방어했을 것이다. 왕실 집단은 계곡을 향해 구부러진 길을 내려오면서 중무장한 만주족 기병대 병사들이 길의 양쪽에 길게 줄지어 도열해 있는 모습을 보았다.

왕이 깜짝 놀라 근심 어린 표정으로 왜 이러냐고 묻자, 그들은 단지 왕의 행차에 경의를 표하는 의식일 뿐이라고 말했다. 잠시 후 두 명의 만주족 장군, 즉 용골대와 마부대가 왕의 일행을 맞이했다. 왕은 말에서 내렸고, 양측 사이에 적절한 인사가 오고갔다. 그런 다음, 그들은 자리에 앉아 문안 인사를 나누었고, 예의범절에 따라 각각 동쪽과 서쪽을 향해 자리를 잡았다.

이런 형식적인 의례가 끝나자, 그들은 왕을 호위하여 옛날에 광주라는 마을이 있었던 곳으로 왕을 안내했다. 이곳에서 그들은 잠시 쉬었다. 왕을 직접 호위한 이들은 세 명의 대신을 비롯해 각각 다섯 명의 2품 관리와 사관, 기타 두어 사람이었다. 이들 외에는 왕세자와 그의 스승뿐이었다.

전면에 꽤 거리를 두고 노란 비단 차양으로 덮여 있는 높은 제단이 설치돼 있었고, 그 밑에 청 황제가 옥좌에 앉아 있었다. 그 앞에는 한 무리의 나팔수들이 도열해 있었다. 용골대 장군과 왕은 말에서 내렸다. 황제 쪽으로 향해 있는 동쪽 출입구에 도착하자마자 그들은 세 번 절한 뒤 손으로 뒤통수를 쳤다. 그런 다음 그들은 제단이 설치된 곳으로 들어가 황제에게 절을 했다. 그들은 왕에게 제단에 올라가라고 말했다. 황제는 남쪽을 향해 앉았고, 왕은 서쪽을 바라보며 그의 왼쪽에 앉았다.

왕의 왼쪽, 역시 서쪽을 향해 청 황제의 세 아들이 앉아 있었고, 마지막으로 강화도에서 압송된 왕의 아들들이 그 아래에 앉아 있었다. 제단 아래에는 조선의 대신들이, 그리고 멀리 떨어진 곳에 평민들이 앉았다. 금을 입힌 황제의 옥좌는 제단보다 약 30센티미터 높은 곳에 설치된 연단에 놓여 있었고, 옥좌 위에는 노란 비단으로 만든 햇빛 가리개와 깃발이 꽂혀 있었다.

황제는 손으로 활을 만지작거리며 앉아 있었다. 왕에게 한 잔의 차가 건네졌다. 잠시 후 황제가 통역관을 통해 조선의 영의정에게 "이제 우리는 한집의 식구들이다. 활 솜씨를 겨뤄보자."

영의정은 약간 비꼬는 듯한 말투로, "우리는 글을 잘 알지만 활 솜씨는 그다지 좋지 않습니다."라고 말했다. 음식이 들어와 왕 앞에 놓여졌다. 황제 앞에 놓은 음식과 질과 양이 똑같았다. 각자 술 석 잔씩 마신 다음, 음식을 물렸다. 이것은 왕을 편안하게 하려고 한 요식 행위에 불과했다. 그러자 한 시종이 황제가 키우는 개들을 데리고 왔고, 자기 손으로 고기를 썰어 개들이 고기를 물어오도록 허공에 던졌다.

제단에서 내려온 왕은 세자빈과 재회의 기쁨을 누렸다. 두 사람의 짧은 대화는 용골대 장군에 의해 끊는데, 그는 화려하게 장식한 장대한 말과 함께 화려하고 검은 옷을 입고 나타나 황제가 준 선물이라고 말했다. 그리고 나서 왜 왕이 예전에 명 황제가 준 왕실 훈장을 가져오지 않았는지 물었다. 조선 측은 만주족과 예전에 조약을 맺을 즈음에 잃어버렸다며, 나중에 샅샅이 뒤져서 그에게 넘기겠다고 약속했다.

인조의 환도 용골대 장군은 또 왕 주변에 있던 대신들에게 각각 검은 관복을 선물로 주었다. 어둠이 내리기 시작한 오후 5시경, 황제는 왕에게 한양으로 가도 좋다고 말했다. 왕세자와 왕세자빈은 봉림대군과 함께 볼모로 만주 지방으로 가야 한다는 점도 다시 한 번 주지시켰다. 왕은 한양으로 출발하기 전에 그들과 작별 인사를 나눈 다음, 무거운 마음으로 수도를 향해 발길을 돌렸다.

이때 왕을 쫓아간 시종들의 숫자가 너무 많아 일행이 송파의 나루터에 도착했을 때 큰 혼란이 벌어졌다. 사람들을 실어 나를 배가 턱없이 부족한 것이 알려지자 사람들이 창피하게도 서로 먼저 올라타려고 뒤엉켰던 것이다. 일행은 우여곡절 끝에 한강을 건넜다. 왕의 행렬은 한양을 향해 나아가면서 도처에서 조선인 여성들이 득실거리는 만주군 진지를 볼 수 있었다. 어떤 여인들은 가슴이 미어지는 듯 울부짖었고, 또 어떤 여인들은 북쪽으로 올라갈 생각에 흥겨워하고 있었다.

만주족 병사들은 왕의 진로에 방해가 되지 않도록 한양 밖으로 나오라는 명령을 이미 받았다. 그래서 약탈품을 잔뜩 갖고 조선인 포로들을 끌고 가는 엄청난 만주족 병사 무리들 때문에 왕의 행렬이 지나가는 길이 곳곳에서 막혀 있었다.

왕이 지나가는 모습을 보자, 이 비참한 백성들은 왕을 향해 살려달라고 아우성쳤다. 하지만 정복자들은 폭언과 채찍으로 이들을 가축을 다루듯이 몰고 갔다. 좁은 공간에 너무 많은 사람들이 몰려 있었고, 한양에서 나오는 인파가 틈을 안 주고 들어가는 인파를 밀어붙였기 때문에 이 와중에 왕의 시종들 중 상당수가 만주족 병사들에게 포로로 오인되어 끌려갔다. 귀한 혈통의 사람들도 어둠과 혼란의 와중에서 많이 납치되어 끌려갔다. 그 후 이들의 소식은 두 번 다시 들려오지 않았다.

왕이 한양의 관문에 도착한 것은 7시경이었다. 한양은 거의 폐허로 변해 있었다. 길가에는 시체들이 산같이 쌓여 있었고, 길 양쪽의 가옥들은 잿더미로 변해 있었다. 가축들은 모두 사라졌고, 개들만 남아 있었다. 이 개들은 이미 들개 떼로 바뀌어 길가에 널려 있는 시체들을 뜯어먹고 있었다. 동대문에서 가장 가까운 궁이 창경궁이었기 때문에 왕의 일행은 그곳에서 밤을 지냈다. 만주족 병사들은 황제의 금지 명령에도 불구하고, 밤새도록 한양의 거리를 뛰어다니며 집을 불태우고, 닥치는 대로 약탈하는 등 이 방치된 수도에서 마지막 방종을 즐겼다.

청군이 물러가다 이틀 뒤, 만주족 군대는 만주를 향한 긴 여정을 떠날 차비를 차렸다. 왕은 동대문 밖으로 5킬로미터나 나와 떠나는 청 황제에게 작별 인사를 올렸다. 만주족이 한양을 동쪽으로 우회하여 바로 북쪽으로 출발하기로 마음먹었기 때문이다. 모든 군대가 이동을 시작하는 데 13일이나 걸렸다. 총 병력은 12만이었다. 그중 3만은 몽골족이었는데, 이들은 동쪽으로 가는 길을 택해 함경도를 통과한 다음, 두만강을 건넜다. 만주족은 7만이었고, 요동 출신의 한족이 2만 정도 되었다. 공유덕 장군과 경중명 장군은 2만의 군사를 이끌고, 가도를 공격하기 위해 용산에서 배를 타고 곧장 북상했다.

조선 포로들의 몸값   왕이 청 황제와 헤어진 이튿날, 용골대 장군과 마부대 장군이 왕과 의논할 게 있다며 대궐을 찾았다. 영의정 김류는 이들의 방문을 예상한 듯이 "우리 두 나라의 관계는 이제 부자지간과 같습니다. 우리는 이것을 바탕으로 하여, 청이 명나라를 침략하고 북경을 점령하는 데 필요한 파병을 요청할지라도 우리의 의무를 다할 준비가 되어 있습니다."라고 말했다.

홍서봉은 조선에 금이 부족하다는 점을 감안하여 공물의 양을 약간 줄여달라고 청했으나 그들은 허락하지 않았다. 김류는 포로로 만주로 끌려간 자기 딸을 돌려보내 달라고 두 장군에게 간청했고, 왕도 옆에서 거들어주었다. 하지만 소용이 없었다. 그러자 그는 딸의 몸값으로 은 1천 냥을 주었다. 그들은 이 제의를 받아들였으나, 이 사건은 다른 사람들에게는 참담한 고통을 안겨주었다. 왜냐하면 그 때문에 나쁜 선례가 세워졌고, 청은 그 후 높은 신분의 포로를 석방하는 대가로 비슷한 몸값을 요청했기 때문이다. 결과적으로 그 정도의 몸값을 지불하는 경우는 거의 없었다.

인조와 소현세자의 생이별   모든 조선 포로들은 청 황제의 아홉 번째 동생이 관리했다. 2월 5일 그는 왕세자가 왕에게 가서 작별 인사를 드릴 수 있도록 보내주었다. 하지만 그를 수행했던 6명의 만주족 소부대는 왕과 세자의 대화를 중간에서 끊어버리고 동대문 밖에 있는 만주족 진지로 그를 급히 데리고 갔다.

7일, 왕과 대신들이 왕세자와 작별 인사를 하기 위해 만주족 진지로 나왔다. 만주족은 세심한 연회를 준비했는데, 이 자리에서 차린 음식을 게걸스럽게 먹은 조선 사람들이 있는가 하면, 입도 대지 않은 사람들도 있었다.

이튿날 만주를 향한 긴 행진을 시작하라는 명령이 떨어졌다. 볼모로 함께 가는 조선 왕족들을 15명의 고위 관리들이 수행했다. 왕과 대신들은 떠나는 이들을 한양에서 20리 떨어진 장릉까지 나가 배웅했다. 이곳에서 눈물로 뒤덮인 마지막 작별의 장면이 연출됐다.

논공행상과 처벌 이제는 국가 재건 작업에 착수해야 했다. 물론 가장 시급한 일은 난리의 과정에서 불충했던 자들을 벌하고, 충성을 보여준 자들을 포상하는 일이었다. 우선 마냥 지체하면서 왕을 구하기 위한 조치를 전혀 취하지 않았던 김자점 장군을 귀양 보냈다. 또 그와 함께 심기원과 신경원, 그리고 남한산성에 대한 포위를 분쇄하라는 절망적인 명령을 받고도 목숨을 버리고 싸우기를 주저했던 강원도의 관찰사도 같은 벌을 받았다.

만주족 군대가 강화도로 건너오는 걸 조수의 방해 때문에 저지하지 못한 주사대장 장신은 서소문 밖에서 처형됐다(사료에는 귀양 간 것으로 돼 있다—편집자 주). 강화도 방어를 책임졌던 김경징과 그의 부하 장수인 이민구는 모두 절도絶島 정배定配의 벌을 받았다. 왕은 귀족이든 일반 병사든, 자신이 남한산성에 포위돼 있을 때 지원하러 왔던 사람들을 모화관으로 불러 성대한 잔치를 베풀어주었다. 이 중 가장 돋보이는 활약을 펼친 네 장군에게는 말 한 필씩을 선물로 주었다. 모든 대신들은 한 등급씩 승진했다. 공에 따라 여러 선물들과 직위들이 배분되었다.

남한산성으로 들어가는 고생길에서 왕의 일행을 버리고 달아났던 자들은 모두 체포되어 투옥되었다. 왕의 동생을 가장하고 만주족 진지에 들어갔지만 자기 동료에 대해 거짓말로 감싸주기를 거절했던 심집도 절해고도로 귀양 갔다.

김상헌은 왕이 청 태종에게 항복하기 위해 남한산성에서 나올 때 달아났었다. 그는 자신이 왕으로부터 총애의 표시를 받은 사람들 명단에 속하게 되자, 그것을 받을 수 없다는 상소문을 올렸다.

그는 그 이유로 첫째, 자신은 왕에게 항복하지 말라고 주장했으며, 둘째 중요한 순간에 도망갔고, 셋째 왕이 쓴 편지를 찢어버렸다는 점을 들었다. 그는 글 말미에 이렇게 덧붙였다. "비록 우리가 힘이 약해 굴복하지 않을 수 없었지만, 전하께서는 이런 사실들을 명심하고, 만주족에게 복수할 수단을 마련해야 할 것입니다."

임경업이 청군을 지원하다 왕은 청의 가도 섬 공격을 지원하기 위해 임경업林慶業 장군을 북부 지방에 파견했다. 3월이 되자 마부대 장군은 50척의 배를 이끌고 본토에서 바다를 건너 이 섬의 서안에 상륙했다. 그곳에는 명나라 부대가 무방비 상태로 주둔해 있었다. 섬에 상륙한 그는 야음을 틈타 병력을 이끌고 명나라 군대의 배후를 칠 수 있는 산으로 올라갔다. 날이 밝자 그는 강력한 기습 공격을 가했다.

한편 조선 장군 임경업은 40척의 배를 이끌고 바다를 건너 섬의 동쪽 해안에 상륙했다. 혼란에 빠진 명나라 군대는 급히 해안 쪽으로 달아나 경비병이 없는 것처럼 보이는 이 40척의 배에 허겁지겁 올라탔다. 그러나 그 숫자가 너무 많았는데, 배에는 아주 적은 병사들만이 탈 수 있었다. 이때 수백 명이 익사했다. 부하들이 모두 죽는 모습을 본 명나라 장군은 스스로 목숨을 끊었다.

산속에는 절망적으로 청군에 맞서고 있던 명나라 병사들이 아직도 많았다. 하지만 그들은 모두 청군의 칼에 쓰러져갔다. 전해지는 얘기에 따르면, 이 짧은 전투에서 4만에서 5만의 명나라 병사들이 전사했다고 한다.

명나라 병사들은 조선과 명이 싸우는 이 유례없는 전투를 치르면서 줄곧 외쳤다. "도대체 조선이 명나라와 무슨 원수가 졌단 말인가?" 물론 이 말은 청군과 합세한 조선인들을 원망하는 말이었다.

전투가 끝난 뒤, 청의 공유덕 장군은 임경업 장군에게 250명의 명나라 포로들을 넘기면서 말했다. "나는 이 자들에게 관심이 없소. 이 자들을 만주에 노예로 팔려가는 똑같은 숫자의 조선인 포로들과 교환하시오." 이 계획은 그대로 실현되었고, 임경업 장군은 이 갸륵한 행위로 길이 후세에 이름을 남겼다.

6장 북벌을 꿈꾼 효종

삼전도비, "황제의 은덕이 하늘보다 높다" 청이 승전을 기념하기 위해 남한산성으로 가는 길목에 비석을 세운 것은 1639년이었다. 청 황제가 그곳에 비석을 보냈으나 즉각 세워진 것은 아니었다. 청은 비석 건립을 감독하기 위해 사신을 파견했다. 전해지는 말에 따르면, 세울 예정이었던 비석은 두 개였는데, 강변에 방치되어 있던 비석 한 개는 물에 휩쓸려 강 속에 빠져버렸다고 한다. 청의 사신은 항복 의식이 치러진 장소에 기념비를 세울 것이라고 못 박았다. 견고하게 만든 높은 토대에 몇 개의 계단이 설치되었다. 비석을 토대 위에 세우고 비바람으로부터 보호하기 위해 그 위에 비각을 건축했다. 비석의 한쪽에는 한문으로, 반대쪽에는 만주어로 비문을 새겼다. 비문의 내용은 다음과 같았다.

위대한 청 태종은 재위 12년 되던 해에 조선이 청과 맺은 조약을 위반한 사실을 알고 화가 났다. 황제는 군대를 소집하여 우리 영토에 들어왔다. 대적하는 사람이 없었으므로 황제는 우리 영토를 가로질러 행군했다. 약하고 미천한 조선의 왕과 백성들은 남한산성으로 도피했다. 우리는 봄에 얼음 위를 걷는 사람처럼 두려워했다. 우리는 산성에 50일 동안 머물렀다. 우리 군대가 동쪽과 남쪽에서 지원하려고 왔지만 황제의 군대 앞에서 도망쳤다. 북쪽과 서쪽에서 지원 온 부대는 산속에 숨어 손과 발을 들지 못했다. 우리의 식량은 얼마 남지 않았다. 그때 황제가 우리의 산성을 공격했다면 우리는 추풍낙엽 신세가 되었거나 불 속의 머리카락 같은 신세가 되었을 것이다. 그러나 황제는 우리의 멸망을 바라지 않았다. 황제는 "산성에서 나오면 내가 너희를 돕겠다. 나오지 않으면 너희를 멸망시킬 것이다."라고 말했다. 용골대 장군과 마부대 장군 및 여러 위대한 장군들이 우리와 계속 연락을 취했다.

우리의 대신들은 어전회의를 연 뒤, 그들에게 말했다. "우리는 10년 동안 평화를 유지해왔으나, 지금 눈이 멀고 어리석어 이 모든 사태를 자초했습니다. 우리 백성은 칼날 아래의 어육처럼 되었습니다. 이 모든 사태는 전적으로 우리 책임입니다."

황제는 인내심을 발휘하여 우리를 멸망시키지 않았으며, 거듭 항복을 권유했다. 그렇게 하면 백성을 구할 수 있는데, 우리가 어떻게 거부할 수 있었겠는가. 모든 대신들이 동의했다. 우리는 수십 명이 말을 타고 산성에서 나와 황제의 진지로 가서 잘못을 고백했다. 황제는 우리를 인자하게 대접했으며 은덕으로 우리의 불안한 마음을 진정시켰다. 우리는 황제에게 진심으로 승복했다. 황제는 우리 대신들에게도 은덕을 베풀었다. 황제는 우리를 수도로 되돌아가게 하고 남도 지방을 휩쓸던 만주족 기마 부대를 불러올렸다.

꿩들처럼 흩어졌던 우리 백성들이 이제 돌아왔다. 모든 것이 과거처럼 되었다. 눈과 서리는 물러가고 봄이 다시 미소를 지었다. 가뭄 끝에 단비가 내렸다. 파괴되었던 모든 것이 재건되었고 깨진 것들은 다시 합쳐졌다. 청 황제가 휴식을 취했던 이곳 한강변 삼전도에 기단과 담장이 있다. 우리 나약한 왕은 공조판서에게 명하여 이곳에 전보다 더 높고 넓은 기단을 세우고 이 기념비를 놓는다.

후세대가 이번 일들을 잊지 않고 명심하도록 만들고, 황제의 은덕이 하늘보다 높다는 걸 알리기 위함이다. 우리뿐 아니라 모든 청나라 사람들도 증인이 되었다. 황제의 인자한 말을 세상이 거역치 못하리라. 우리는 땅처럼 크고 넓으며 해와 달처럼 밝은 글자로 이 글을 쓰지만, 황제의 위대함과 영광을 결코 다 표현할 수 없다. 그런 까닭을 여기에 적는다. 서리와 이슬은 둘 다 하늘에서 내린다. 서리는 생명을 죽이나 이슬은 살린다. 그러므로 황제는 두려워하는 자들에게 은덕을 베푼다.

황제는 10만이 넘는 대군을 이끌고 왔다. 그들의 대다수는 호랑이와 용 같은 병사들이다. 황제의 군대에서는 창을 휘두르는 먼 북방과 서방의 오랑캐 무리가 선봉에 섰다. 무시무시한 사람들이다! 그러나 황제가 보낸, 분명하고 아름다운 10줄에 담긴 인자한 말이 우리의 몽매한 마음을 깨우쳐주었다. 황제의 말은 명쾌하고 정확했으며 우리 왜소한 왕은 죄를 고백하고 항복했다. 황제를 두려워해서가 아니라 황제의 은덕을 기뻐했기 때문이다.

황제는 우리에게 친절을 베풀었고 모든 의식에 관심을 기울였다. 그리하여 우리는 기뻐 웃었고 모든 병기는 제자리로 돌아갔다. 그 후 우리는 평화의 옷을 입었다. 남녀노소를 막론하고, 한양의 모든 백성들은 노래를 하면서 황제가 우리의 대궐을 돌려주었다고 말했다. 황제는 백성들의 고난을 불쌍히 여겨 백성들에게 다시 논밭을 경작하라고 격려했다. 죽은 나무의 뿌리에 봄이 찾아왔다. 황제의 은덕을 삼한에 보여주기 위해 이 비석을 강의 머리에 높이 세운다.

조선에 이런 비문을 강요했던 청은 최근까지도 조선이 자기네 속국이라고 주장했다. 이런 주장은 본질적으로 정당했다. 조선처럼 굴욕적으로 속국의 지위를 인정한 경우는 없었다. 속국이 아니라는 것을 입증하는 데 이용할 수 있는 유일한 글귀는, 1895년에 조인된 시모노세키 조약 이전에 청이 조선의 행동에 대한 책임을 회피하기 위해 간간이 종주 관계를 부인한 발언뿐이었다.

청에 끌려간 홍익한, "아버지는 한 분뿐이다" 일본은 이처럼 이 시기에 일어난 다사다난한 모든 사태를 계속 지켜보고 있었으며 이 시점에 우방국들 사이의 관행에 따라 조선에 사신을 보내 일본 제국의 새 연호를 통보했다. 조선 왕은 일본의 편지가 무슨 소용이 있겠느냐면서 일본 사신이 갖고 온 서한의 접수를 거부했다.

일본 사신은 이렇게 말했다. "왕은 청에 항복하여 지금 임자 없는 개와 같다. 어찌 우리나라의 이름이 남의 나라만 못하겠는가?"

최명길의 다음과 같은 말을 보면 조선 사람들이 느낀 굴욕감의 정도를 알 수 있다. "우리는 청에 항복하는 잘못을 저질렀다. 지금 일본과 화친을 도모하자." 그 후 일본이 매년 보낸 서신을 정중하게 받는 관습이 정착되었다. 그러나 두 나라 사이에 이 이상의 화친이 강화된 것 같지는 않다.

청 황제는 북으로 올라가 평안도를 통과할 때 천산의 성주에게 홍익한洪翼漢을 잡아 대령하라고 명령했다. 홍익한은 청에 유달리 심하게 반발한 인물이었다. 붙잡혀 온 홍익한은 청의 수도인 심양으로 끌려갔다. 홍익한은 심양에서 별관이라고 불리는 거처에 연금되어 지내다가 호위병들이 삼엄하게 둘러선 청 황제 앞에 끌려 나갔다. 황제가 청에 반대한 이유를 묻자, 홍익한은 다음과 같이 글로 답했다.

"사해 만민은 형제이지만 아버지는 한 분뿐이다. 조선의 왕은 처음부터 올바르게 예의를 갖추었다. 조선에는 왕의 잘못을 지적하여 올바른 길로 인도하는 언관이 있다. 지난해 본인은 언관으로서, 형제국을 자처했던 귀국이 황제를 칭하면서 양국 사이의 관계를 깨뜨렸다는 말을 들었다. 일찍부터 명에 충성을 바쳐온 우리가 거짓 관계를 지키라고 왕에게 건의할 수 있는가? 귀국에 대항하라고 내가 왕에게 건의한 이유가 이것이다. 이번 전쟁과 그에 따른 모든 불행은 오로지 본인 한 사람의 책임이다. 당신은 나를 천 번 목을 베도 좋다."

홍익한을 위압하려 했던 황제는 이처럼 용감한 발언에 크게 화를 내고 홍익한을 지하 감옥에 가두게 했다. 그 후 홍익한에 관한 이야기가 더 이상 들리지 않은 것으로 보아 굶어죽은 것이 틀림없다.

명 황제에게 항복 사실을 알리다   조선 왕이 청에 넘겨준 다른 두 사람도 북으로 끌려갔다. 그들 또한 무서운 용골대 장군의 심문을 받았다. 용골대는 두 사람을 설득하여 청에 항복시킨 다음 만주에 영구 거주시키려 했다. 그러나 두 사람은 그 제의를 거부하고 당장 죽여달라고 청했다. 용골대는 계속 달래고 위협했으나 두 사람은 동요하지 않았다. 처형하라는 명령이 떨어졌을 때 두 사람은 용골대를 노려보며 욕설을 퍼부었다. 세자를 모시던 정노경이 두 사람의 시체를 조선으로 운구하여 장사 지내게 해달라고 간청했으나 거절당했다.

그해 여름, 한양 및 남쪽 백성들은 괴상한 도깨비와 귀신들의 출몰로 공포에 빠졌다. 이런 요물들은 밤에 여러 지역에서 나타나 사람들을 두려움에 떨게 했다. 조선 사람들은 그런 환각에 잘 빠지는 특성을 갖고 있다. 조선인들은 이런 요물들이 청나라 사람들의 손에 죽은 사람들의 원혼이라고 말했다. 왕이 남한산성 부근의 2개 지역에서 귀신들을 달래는 대규모 제사를 올린 후에야 백성들의 공포가 수그러들었다.

왕은 9월에 옛 종주국인 명 황제에게 사신을 보내 자신이 어쩔 수 없이 항복한 사실을 알리고 자발적인 행동이 아니란 점을 강조했다(병자호란 이후 조선이 명과의 관계를 끊었지만, 비밀리에 사신을 보낸 것으로 보인다.—편집자 주). 이런 설명에 대해 명 황제는 조선 왕이 강압에 못 이겨 청에 충성하는 사실을 비난하지 않는다는 동정적인 답변을 했다. 명 황제 자신도 오래지 않아 청나라 군대의 전면적인 압박을 받게 되었다.

장유, 최초로 담배를 피우다 이 무렵 조선에 담배가 전래되어 널리 보급되었다. '남쪽의 오랑캐'를 뜻하는 남만족이 먼저 일본에 담배를 들여왔고, 그것이 다시 조선으로 전해진 것으로 기록돼 있다. 이는 지금으로부터 약 300년 전의 일이다. 봉림대군(효종)의 장인으로 왕실의 외척이었던 장유라는 사람이 담배를 가장 먼저 피웠다.

당시 담배는 '담바고'라고 불리었는데 이는 일본인들이 '다바코'란 발음을 소리대로 적은 한자를 조선말로 발음한 것이다. 일본인들이 다바코란 명칭을 서양에서 들여왔다는 것이 통설이나, 우리는 조선에서 이미 17세기 초부터 담바고란 말이 사용된 기록을 확인했다.

이 시기는 담배가 유럽 각국에서 확고하게 뿌리 내리기 전이다. 유럽에서 담배가 보편적으로 사용되기 시작한 지 10년도 되지 않아 조선에 도착할 정도로 담배가 빠르게 확산되었다는 사실은 거의 믿기 어렵다. 그러나 그랬을 수도 있다. 대규모로 일본을 찾아왔던 포르투갈 무역업자들이 이 향기로운 풀을 갖고 왔을 가능성이 있다.

우리가 이 책에서 지금 묘사하고 있는 시기, 즉 청나라의 조선 침공이 끝났을 때 담배는 조선에 이미 널리 보급돼 있었다. 담배는 소화에 뛰어난 효과가 있는 것으로 여겨졌으며 특히 육류를 과식한 사람들에게 권장되었다. 청나라 사람들은 흡연 습관에 심하게 물들어 있었다. 담배로 인한 화재가 많이 일어나자 청 황제는 흡연을 금지하려고 시도했지만 실패한 것은 말할 필요도 없다. 처음 전래되었을 때 200그램 남짓한 담배의 가격이 1만 냥이었으나 상인들이 씨를 구해온 뒤 얼마 후 일반화되었다.

조선군이 명을 치러가서 명을 도우다 조선 왕은 청나라의 요구에 따라 청의 명나라 공격을 지원하기 위해 5천여 명의 병사들을 파병했다. 그러나 정해진 날짜보다 한 달 늦게 도착하자 화가 난 청나라는 조선군을 돌려보냈다. 그러나 이듬해 초 이완李浣 장군과 임경업 장군이 지휘하는 병력 5천 명이 청나라 군대에 합세했다. 청의 계획은 산동반도에 있는 등주登州를 공략하는 것이었다.

이 공격 계획이 조선에 알려지자 조선은 비밀리에 3척의 배를 보내 공격 목표 지점을 명나라에 미리 알려주었고, 조선군은 강압에 의해 청나라 군대와 함께 공격에 가담한다고 넌지시 알려주었다. 조선군은 또 명군과 조선군이 대치할 때마다 싸우는 시늉만 하면 어떻겠느냐고 제의했다. 명군은 이 같은 제의에 기꺼이 찬성했다. 뒤이어 북신구에서 벌어진 전투에서 조선군과 접전한 명군은 한 명의 전사자도 내지 않았고 조선군 역시 피해가 없었다. 명나라 장군은 다음과 같은 편지를 조선군 측에 전달하는 데 성공했다.

"명 황제는 일본의 조선 침공 때 우리가 조선을 크게 도운 일을 상기시키는 바이다. 황제는 지금 청군 총사령관을 잡아다 바치는 사람에게 나라의 절반을 줄 것을 제안했다." 이 편지는 청군의 공격에 밀린 명나라가 당시 얼마나 절박한 상황에 처했는지를 단적으로 보여준다. 조선의 장수들은 청군 총사령관을 사로잡는 방법을 찾지 못했으나 청군의 일거수일투족, 즉 청군의 약점과 강점, 공격 예상 지점, 수비 취약 지점 등을 명군에게 알렸다. 이로 인해 청군은 계속 공격에 실패했고 명군은 사기가 올랐다. 산동반도 부근에 있는 금주위를 함께 공격하자는 청의 제안에 따라 청군은 육로로 공격하고 조선군은 해로로 공격하게 되었다. 그러나 조선군은 보급품이 바닥나자, 청측에 전선의 상태가 매우 나쁘다고 설명했다. 청군은 "그렇다면 조선군은 귀국하는 것이 좋겠다."고 대답했고 조선군은 기꺼이 명령에 따랐다.

인조의 국내 정비 조치 한편 조선 왕은 청나라 침략의 결과로 인한 백성의 고통을 덜어주기 위해 할 수 있는 모든 조치를 취하고 있었다. 왕은 8도의 감사에게 명하여 빈민과 과부, 고아를 돕기 위해 쌀을 나눠주도록 하고 장례비를 댈 수 있는 친척이 없는 사람의 시체를 나라에서 적절히 매장하라고 명했다. 또한 왕은 한양에 있는 성균관을 강력하게 지원했다. 그리고 지방 수령들이 직무에 충실한지 살피기 위해 전국에 암행어사를 은밀히 파견했다.

두만강을 지키는 수비병들이 고생할 것을 우려하여 면화 4천 필을 보냈다. 또 강화도의 마니산에 있는 옛 제단을 수리하기 위해 돈을 하사했다. 단군이 사용했다는 전설이 전해지고 있는 이 제단은 조선에서 가장 오래된 유적으로 보아도 무방할 것이다.

명나라를 도운 조선의 대신들이 처벌당하다 북부 국경에 용골대와 오목도가 이끄는 청군이 출현함에 따라 이런 평화와 안식의 시대는 끝났다. 일부 조선 관리들이 청나라에 불리한 조언을 명나라에 한다는 소문이 청나라 조정에 다시 들어갔다. 이런 소문이 들어간 결과, 4

명의 대신들이 청나라에 포로로 끌려갔다.

　이듬해 초 황제의 동생인 칠가왕이 조선 대신들을 재판하기 위한 법정을 설치했다. 조선의 세자도 참석했다. 죄인들이 한 명씩 불려나가 심문을 받았고 각자 조리 있게 변론을 했다. 하지만 결과는 처음부터 정해져 있었다. 죄인들은 모두 유죄 판결을 받고 위쪽에 문이 하나 달린 지하 감옥에 투옥되었다. 죄인들은 추위와 질병 및 굶주림에 시달리는 괴로운 생활을 했다. 만주인 간수들조차도 그들을 불쌍하게 여길 정도였다. 결국 세자가 황제에게 탄원하여 죄수들은 엄중한 감시 아래 의주로 이송되었다.

　1640년 부산에 파견된 일본 사신들은 항구가 너무 작다고 불평했다. 항구가 만 전체가 아닌 만의 일부인 왜관 바로 앞에 있는 부분만 포함하고 있었기 때문이다. 항구의 위치는 지금의 부산 왜관과 조선인 거주지의 중간쯤 되는 곳이었다. 항구의 이름은 두모포였다. 조선 조정은 항구를 확장해달라는 일본의 요구를 거절했다.

　폐위된 후 유배되었던 광해군이 1641년 제주도에서 비참한 생활을 하던 중 사망했다. 조선은 왕족을 극진히 예우하는 나라이기 때문에 왕은 4일 동안 금식하는 한편, 광해군의 시신을 양주로 운반하여 국왕의 예우를 갖추어 장례를 치러주었다. 왕은 고인의 생존한 딸에게 안락한 집을 내주고 매년 녹봉을 하사했다.

탄로 난 청나라에 대한 공격 음모　이듬해 최효일崔孝一이 동지 2명과 음모를 꾸몄다. 그들은 의주 부윤으로부터 자금을 받아 배를 타고 중국으로 건너갔다. 중국 등주에 도착한 일행은 명군에 가담하여 직책을 받은 다음 의주 부윤에게 편지를 보내 병력을 집결시켜 명군과 합세하여 청나라를 치자고 했다. 운명의 장난으로 이 편지는 의주에 도착하자마자 마침 그곳에 머물고 있던 용골대의 손에 들어갔다. 그는 즉각 조선 왕에게 사람을 보내 음모 가담자 전원을 체포하여 처형시킬 것을 요구했다. 주동자만 처벌하라는 영의정의 조언에도 불구하고 의주와 여타 지역 사람 11명이 한양으로 끌려와 처형당했다.

일본과 조선이 서로를 잊지 않았다는 것은, 일본 황제가 조상들을 위해 건축 중인 절의 이름을 지어달라고 사신을 조선에 보낸 사실에서도 나타났다. 조선 왕은 그 요청을 거절하고, 자신의 숙부에게 작명을 부탁했다. 조선이 제시한 절의 이름은 '일광산의 빛나는 절'이란 의미를 지녔다.

밀고자를 청나라도 버리다 청에 저항하는 잔존 세력을 진압하는 데에는 또 한 차례의 희생이 불가피했다. 청에 항복하고 6년이 지난 때였다. 항복 직후 조선 왕은 자신이 청에 항복한 것은 가혹한 운명의 탓이지, 자신의 뜻이 아니었다는 변명의 편지를 휴대한 사신을 명에 파견했다. 사신이 명나라 수도에 도착했는지는 확인할 수 없었으므로 왕은 2년 후 다시 편지를 보냈다.

명이 조선의 항복 여부를 확인하기 위해 파견한 독보獨步라는 승려를 통해 편지를 보냈다. 평양에 도착한 독보는 임경업 장군을 만났고 임경업은 독보를 영의정 최명길에게 보냈다. 융숭한 대접을 받은 독보는 돌아가는 여행에 필요한 새 배 한 척과 의복, 식량 등의 보급품을 제공받았다. 독보는 앞에 언급한 왕의 변명을 적은 편지를 갖고 갔다.

4년 후 명 황제의 답신이 조선에 전달되었다. 명 황제는 이 편지에서 조선을 전혀 비난하지 않았을 뿐 아니라, 조선이 침공당했을 때 도우러 가지 못한 것을 유감스럽게 생각한다는 뜻을 전했다. 명 황제의 서신을 갖고 온 사신은 평안 감사로부터 극진한 대접을 받았다.

정크junk 선으로 황해를 건너 명과 무역을 계속하고 있었던 선천 부사 이규가 이 사실을 몰랐다면, 평안 감사가 독보를 대접한 사실은 별 문제가 되지 않았을 것이다. 청군에 붙잡힌 이규는 북으로 압송되었다. 최악의 사태를 두려워한 이규는 목숨을 살려주는 대가로 중요한 비밀을 알려주겠다고 제의했다. 그리하여 이규는 한양과 북경 사이에 오간 거래의 전모를 폭로했다. 청은 격노하여 조선 왕에게 조선의 요인들인 최명길과 임경업, 이경여, 이명한을 보내라고 요구했다. 조선은 명령에 따르는 수밖에 없었다.

이들이 청으로 떠날 때 왕은 울면서 약 400냥의 은을 최명길에게 노잣돈으로 주었다. 압록강 건너 봉황성에 도착한 일행은 용골대와 마부대 장군에게 인계되었다. 최명길은 모든 거래의 책임은 자기 한 사람에게 있다고 주장했다. 증거를 살펴본 청 황제는 다른 사람들은 벌금형에 처했지만 최명길만은 칼과 수갑을 채워서 북관으로 보내라고 명령했다. 그 뒤 최명길은 1645년 소현세자 일행과 함께 풀려났다. 청나라 백성의 신분을 새로 얻은 반역자 이규는 청 황제에게 충성을 바친답시고 12항목의 상소를 올렸다. 그러나 황제는 자국 왕을 배신한 자는 본심이 악한 인간이라고 꾸짖고 이규를 결박하여 조선에 돌려보내라고 명했다. 조선에 도착한 그는 지체 없이 목이 잘렸을 것이다.

청이 북경에 입성하다 다음 몇 해 동안, 왜란 때 일본에 끌려갔던 많은 조선인 포로들이 송환되었다. 백성들은 부모의 상을 치르는 3년 동안 결혼을 할 수 없다는 법이 선포되었다. 또한 이때 콜레라가 창궐하여 왕은 조선의 큰 산 여덟 곳에 사람을 보내 제사를 올리도록 했다. 좌의정 심기원이 주도한 대규모 역모로 인조는 거의 폐위될 뻔했으나, 거사 직전에 밀고가 들어와 심기원 일당은 붙잡혀 처형당했다.

인조 재위 22년째 되던 1644년, 명나라가 멸망했다. 청이 북경으로 진군한 명분은 북경에 불을 지르고 황제를 자살로 몰고 간 이자성의 반란을 진압한다는 것이었다. 죽음을 두려워한 이자성은 북경에서 도망쳤고 이어 청군이 입성했다. 북경이 함락되었을 때 청은 다음과 같은 내용의 편지를 조선에 전달했다. "나는 가장 위대한 지배자다. 너희는 오래전부터 나의 속국이었다. 나는 이제 은혜를 베풀어 볼모로 잡고 있던 너희 세자를 돌려주고자 한다."

임경업의 최후 최명길과 함께 청으로 압송된 임경업의 운명에 대해 추가로 설명할 필요가 있다. 그는 일행이 압록강에 도착하기 전 탈출에 성공하여 승려로 변장하고 등주로 가는 상선에 탔다. 등주에 도착한 그는 명나라의 황종예 장군의 부하가 되어 큰 도움을 주었다. 그는 악명 높은 해적을 체포하여 이름을 날린 것으로 전해진다. 그는 배를 타고 해적의 본부가 있는 섬으로 바로 들어가서 해적과 부하들에게 술을 먹여 취하게 한 다음 모두 결박하여 무사히 명군 진지로 끌고 왔다. 나중에 반역자의 밀고로 청군에게 생포된 임경업은 끝까지 항복을 거부하여 청나라 사람들로부터 높은 존경을 받았다. 청나라는 임경업을 석방하여 조선으로 돌려보냈다. 하지만 이런 청의 배려는 임경업에게 불운이 되었다. 왜냐하면 그동안 조선에서는 김자점이 귀양에서 풀려나 왕의 총애를 받고 있었기 때문이다. 임경업과 김자점은 불구대천의 원수였으므로 귀국한 임경업 장군은 즉각 붙잡혀 처형당했다. 같은 해에 『동사보편東史補編』이란 역사책이 간행되었다.

봉림대군이 왕위 계승자가 되다 이듬해에 세자와 동생이 중국에서 귀국했으나 세자는 얼마 후 병에 걸려 죽었다. 세자가 죽으면 왕과 왕비가 3년 동안 복상하는 것이 그때까지의 관례였으나 조정은 관습을 개혁하여 복상 기간을 기년(1년)으로 줄였다. 왕위 계승권이 죽은 세자의 어린 아들에게 돌아간 것은 물론이다.

그러나 둘째 왕자인 봉림대군의 부인은 왕비가 되겠다는 야심이 대단히 컸고, 원하는 목적을 이루기 위해 애를 썼다. 그녀는 힘이 닿는 한 모든 수단을 동원하여 왕에게 압력을 가해 왕세손을 폐위시키고 자기 남편을 세자에 임명하도록 유도했다. 그녀의 계획은 부분적이나마 성공을 거두었다. 이듬해 왕은 어전회의를 소집하여 세자 교체의 타당성을 논의하게 했다. 그는 실제 후계자가 팔에 안긴 아기이며 왕 자신은 이미 너무 늙어 살 날이 얼마 남지 않았다는 점을 강조했다.

왕이 봉림대군을 왕위에 앉히고 싶어하는 것이 분명했다. 매우 활발한 토의가 뒤를 이었다. 대부분의 신하들은 그것은 조선의 전통에 어긋나며 모든 백성이 왕세손을 미래의 통치자로 간주한다고 말하며, 세자 교체 계획에 반대했다. 이 모든 근거에도 불구하고 왕은 반대 주장을 물리쳤다. 이는 왕이 진로에 관해 이미 마음을 굳혔으며, 단지 자기 의견에 대한 확인을 구하려 한다는 뜻이었다.

이때 김류가 나서 "전하께서 이미 결심을 했다면 생각을 밝히도록 하여 무의미한 논의를 끝내자."고 말했다. 왕은 이어 봉림대군을 후계자로 발표했다.

이 무렵에 충청도의 감영이 있는 공주에서 위험한 역모가 발각되었다. 그러나 남도의 관군이 즉각 행동에 나서 역모를 진압했다. 우리는 조선의 특이한 관습을 설명하기 위해 이 역모 사건의 결과를 언급할 필요가 있다. 이 역모로 인해 공주는 그 후 여러 해 동안 공산公山이란 명칭으로 불리었고, 충청도의 도명은 홍청도洪淸道로 바뀌었다.

인조, 세자빈에게 사약을 내리다   봉림대군은 어명으로 이제 확실한 왕위 계승자가 되었다. 그는 운명의 수레바퀴가 엉뚱한 방향으로 굴러 자신의 왕위 계승 목표를 이루지 못할 것을 두려워하여 왕세손과 그의 어머니를 자신의 앞길에서 제거하기를 간절히 바랐다. 늙은 왕은 정신이 쇠약해지는 시기에 접어들었으므로, 봉림대군의 부인이 왕을 조종하는 것은 간단했다. 왕의 음식에 독을 탄 혐의로 여섯 명의 나인이 체포되어 처형되었다.

이어 왕은 대신들을 소집하여 죽은 소현세자의 빈이 만주에 살 때 왕비의 복장을 입었고, 귀국한 다음에는 왕에게 불손한 언행을 일삼았으며, 나인들이 왕의 음식에 독을 타도록 사주했다고 비난했다. 왕은 빈이 죽어 마땅하다고 말했다. 모든 신하들은 증거가 필요하다는 데 뜻을 같이했으나 왕이 빈의 즉각적인 처형을 고집하여 사약을 내리게 했다. 빈의 두 형제는 맞아 죽었다. 봉림대군의 후계 지명 반대에 앞장섰던 세 사람은 유배당했다.

이듬해는 조용히 지나갔으나 관리들의 부패가 너무나 만연했고, 백성들에 대한 지방 수령들의 가렴주구가 너무 심해, 왕은 모든 수령이 비행으로 처벌받을 경우 공동 책임을 질 3명의 연대 보증인을 정하는 법을 만들었다.

이듬해에는 유명한 정치가 송시열宋時烈이 등장했다. 그는 장차 여러 해 동안 조선의 주도적인 인물이 될 사람이었다. 그는 학자로서 명망이 높았고 왕은 여러 번 그를 한양으로 초빙했다.

폭풍으로 시작된 효종의 치세   왕은 생애의 마지막 해에 접어들면서 청에 대해 극도의 적개심을 불태웠다. 왕은 재위 27년 동안 장군들을 선발하고 군비 증강 계획을 세우면서, 자기가 증오하는 청의 굴레에서 벗어나기를 원했다. 그러나 1649년 초여름, 늙은 왕은 뜻을 이루지 못하고 마지막 숨을 거두었다. 왕위를 계승한 세자는 후대 역사에 효종대왕으로 기록되었다.

새 왕의 등극은 오랜 기간 실질적인 독재자 노릇을 했던 김자점과 그 일당을 집중 공격하는 신호가 되었다. 김자점은 실각했으나 왕은 그의 과거 공적을 생각하여 처형까지는 바라지 않았다. 왕이 자신에게 무례를 범했다고 생각하여 모욕감을 느낀 송시열은 왕에게 3가지 비판적인 상소를 올린 다음, 화를 내며 지방으로 내려갔다.

효종의 치세는 폭풍으로 시작되었다. 치욕을 당하고 낙향한 김자점은 일본이 동래 부사에게 조선과 더불어 청을 치는 데 동참하겠다고 제의한 사실을 상세하게 청에 보고하고, 조선 조정이 전쟁을 준비하는 한편, 청의 연호를 폐지했다고 덧붙였다. 이 소식을 들은 청은 크게 흥분했고 노련한 장군인 용골대와 마부대가 이끄는 막강한 군대를 압록강 지역에 파견했다. 곧이어 6명의 사신이 각각 이틀 사이로 앞서거니 뒤서거니 하며 한양으로 향했다. 이 여섯 명은 의주에 잠시 머무는 동안, 이 모든 정보가 무엇을 뜻하는지 다그치는 편지를 한양으로 보냈다.

한양의 조정에 이것은 물론 청천 하늘의 날벼락이었다. 이조판서 이경석李景奭은 직접 말을 타고 의주로 달려갔다. 그는 청 사신들을 한양으로 안내했다. 그리고 지루한 회담이 열렸는데, 은 1천 냥을 선물로 주고, 조선 공주가 청으로 가서 청의 왕자와 결혼할 것이며, 이 사건에 관련된 몇 명의 관리들을 귀양 보내겠다는 약속을 한 후에, 이 사건과 관련하여 조선 왕에게 책임을 묻지 않는다는 양해가 이루어졌다.

효종의 다사다난한 10년의 재위는 이렇게 시작되었다. 초기의 몇 년은 북부 지방을 휩쓴 가혹한 기근으로 점철되었다. 조정은 그쪽 백성들의 고통을 덜어주기 위해 남쪽 지방에서 상당한 곡식을 거둬 보내야 했다. 과거 시험마저 부패에 물들었다. 그래서 응시자들에게 시험지의 여백에 성명을 쓰게 한 다음, 시험 도중 이 부분을 떼내고 나중에 시험지를 채점하고 합격자를 선정할 때 응시자의 이름과 떼어낸 피봉에 적힌 이름이 일치해야만 합격자를 발표했다.

김자점과 그의 아들이자 선왕의 사위인 김식 등이 작당한 반역 사건이 일어났으나 실패로 돌아갔다. 그들은 김식의 부인을 꾀어 왕 처소의 마룻바닥 밑에 사악한 주물呪物을 숨겨놓았다. 이것은 저주 받은 당사자의 명을 재촉하기 위한 것이었다. 하지만 어떤 사람이 이 주물을 발견하는 바람에 음모가 드러났다. 주동자 세 명은 참수를 당했고, 그 여인은 사약을 받았으며, 오빠들은 귀양을 갔다. 부적은 다름 아닌 왕의 이름이 배에 적혀 있는 죽은 쥐였는데, 어떤 사람들은 대궐이 이 주물 때문에 이미 부정이 탔으므로 다른 궁으로 이전해야 한다고 주장했으나 어전회의에서 부결되었다. 그렇게 하면 백성들에게 왕실이 이런 어리석은 미신에 사로잡혀 있다는 인상을 준다는 이유 때문이었다.

효종은 청 세력에 대해 선왕이 품었던 증오심을 그대로 이어받았다. 그는 평온하게 유지되고 있는 청나라와의 우호 관계가 깨질 경우에 대비하여 강화도에 궁을 짓고 그곳에 식량을 비축했다. 그는 일부 유용한 개혁 조치도 단행했다. 우선 죄인을 때려죽이는 잔인한 관행을 금지시켰다. 또 그는 백성들이 논에 필요한 물을 나라 소유의 저수지에서 퍼 갈 때 징수하는 세금을 폐지했다.

서양 문물을 들여오다   22년 전, 중국에 사신으로 간 김혁은 그곳에서 서양 사람을 만났다. 조선사에 탕약망湯若望(아담 샬 폰 벨)이라는 이름으로 기록돼 있는 그는 가톨릭 예수회 소속의 신부였다. 그는 처음에 선교사 신분으로 중국 광동 지방에 왔으나, 그가 재능을 인정받은 곳은 북경이었다. 명나라가 망한 뒤 청 황제는 그를 불러, 그의 종교에 대해 물었다. 그런 다음, 그를 궁중 천문학자로 채용했다.

그곳에서 조선인들은 시헌력時憲歷이라는 달력을 처음 접하게 된다. 명나라가 망했을 때 만주족은 이 서양인들에게 잔류를 요청했고, 그들에게 정기적으로 녹봉을 주었다. 김혁은 북경에서 책을 한 권 갖고 왔는데, 그 책은 아마도 앞에서 언급한 유명한 책의 사본이나 발췌본으로 짐작된다. 김상범金尙范이라는 조선의 학자가 22년 동안 그 책을 연구한 끝에 마침내 시헌력의 비밀을 알아냈고, 그것을 기초로 독자적인 달력을 개발했다. 김혁이 북경에 갔을 때 서양인인 이마두利瑪竇(마테오 리치)와 탕약망이 이미 수년째 그곳에 체류 중이었다는 말이 있다.

하멜이 한양으로 이송되다 조정은 백성들이 조세 납부를 피하기 위해 법으로 정해진 경작지 외곽에 있는 산비탈을 개간하는 사례가 있다는 걸 발견했다. 세금을 부과할 수 있는 토지를 재측량하고, 연료 자원을 크게 감소시킬 우려가 있는 산비탈 경작을 억제하기 위해 전국에 관리들이 파견되었다.

네덜란드를 출발한 불운한 상선 '스페르웨르 호'가 헨드릭 하멜이라는 화물 감독을 태우고 네덜란드를 출발한 것도 바로 이 해였다. 이 배에는 모두 64명의 선원이 탑승한 것 같은데, 이 배는 제주도 인근 해역에서 좌초되는 바람에 그중 36명만이 제주도 해안까지 안전하게 도착했다. 그들은 당국에 의해 한양으로 이송되어 그곳에서 13년간 살았다. 그들은 왕의 은총에 의지해서, 혹은 자기 힘으로 살았으며, 가끔은 음식을 구걸해서 먹고살아야 했다. 그러나 일부 생존자들은 야음을 틈타 탈출에 성공해 일본의 나가사키에 도착했다. 하멜은 나중에 조선에서의 억류 생활을 다룬 회고록을 썼다.

이완 장군에게 군사훈련을 맡기다 1654년 신하들에 대한 왕의 적개심은 좀 더 구체적인 형태로 드러나기 시작했다. 그는 총명하고 젊은 무관인 이완을 군사 업무를 총괄하는 자리에 임명했다. 이완은 인구가 많은 남부 지방에 군사교관을 파견하여 현지의 백성들에게 군사훈련을 시켰다. 그는 또 함경도 성진에 성을 쌓았고, 남부 지방의 이밤금 성과 격포에도 성을 쌓았다.

그는 외적의 한양 접근에 대비해 4명의 장군을 한양 외곽에 포진시켰으며, 곡식을 많이 거두어 그중 상당 부분을 제물포 근처의 화령이라는 곳에 비축했다. 이것은 나중에 청을 공격할 때 배로 천진天津으로 운송하기 위한 조치였다. 그는 또 강화도의 군비를 대폭 강화했고, 황해도의 장산에 거대한 창고를 지었다. 이 창고는 배들이 돌출된 황해도 해안을 우회하는 데 겪는 어려움 때문에 지어졌다. 또 그는 장교들을 육성하는 군사학교를 창설하였고, 전국에서 엄선한 20명의 장교를 이곳에 데려와 군사학을 가르쳤으며, 그들이 조금이라도 게으름을 피우면 즉시 퇴교시켰다.

효종은 또 의복 개혁에 있어서도 열렬한 신봉자였다. 그는 우선 병사들에게 짧은 소매의 저고리와 바지를 입게 했으며, 옷의 무게를 줄이기 위해 종종 비단으로 만든 옷을 입게 했다. 이것부터 시작하여 왕은 자기의 개혁적인 생각을 더 많은 분야에 적용시켰다. 그는 갓의 챙이 너무 넓고, 소매가 흘러내리면 산들바람이 불어도 불편하다고 보았다. 왕은 이런 점을 개선하라고 지시했고, 오늘날 궁에서 볼 수 있는 갓이 이때 도입되었다. 이것은 원래 고려시대의 유명한 신하인 정몽주가 만든 것이었다. 그의 핏자국은 지금도 송도의 한 돌다리에 남아 있다. 흉배, 즉 문신들은 가슴에 학 문양을 새긴 옷을 입고, 무신들은 호랑이 문양의 옷을 입는 관습을 처음 도입한 사람도 그였다.

3부 끊임없는 당쟁과 외세의 손길

1장······ 끊임없는 당쟁과 보복

2장······ 당쟁과의 싸움

3장······ 유교의 나라에서 꽃핀 천주교

4장······ 천주교 박해와 잇단 재난

5장······ 외세가 손을 뻗치다

덕진진 덕진진은 인천광역시 강화군에 있는 강화 12진보(鎭堡) 중의 하나이다. 현재 문루·포대와 성곽·돈대가 남아 있다. 병자호란 후 강화도를 수비하기 위하여 내성·외성·진보·돈대 등을 축조했는데, 12진보는 그 중 하나로서 강화도 주위에 설치되었다. 덕진진은 강화해협에서 가장 강력한 포대였다. 1866년 병인양요 때 양헌수가 이끄는 부대가 이 진을 통하여 정족산성으로 들어가 프랑스군을 격퇴하였고, 1871년 신미양요 때는 미국 함대를 격퇴시켰다.

끊임없는 당쟁과 보복

효종의 승하 재위 11년째로 접어든 1659년, 왕은 전국을 휩쓴 대규모 기근 사태를 멈추기 위해 비바람을 무릅쓰고 하늘에 제사를 지낸 후 병이 들었다. 왕은 이마에 종기가 생긴 직후 죽었다. 왕의 죽음으로 인해 많은 사람이 죽게 될 것이라는 주장이 나왔다.

인조의 계비繼妃인 자의대비는 아직 살아 있었다. 대비는 효종의 형인 소현세자가 죽었을 때 기년(1년) 동안 상복을 입었다. 이제 대비가 효종의 상을 당해 같은 기간 동안 상복을 입을 것인지의 여부가 최대 문제로 떠올랐다.

송시열과 송준길宋浚吉은 1년이면 충분하다고 주장했고, 윤휴가 앞장선 반대파에서는 3년을 주장했다. 이어 장기간에 걸쳐 격렬한 논쟁이 벌어졌다. 양측은 자기네 주장의 근거로 삼을 전례를 찾기 위해 경전을 샅샅이 뒤졌다. 결국, 짧은 기간 쪽으로 결정됐고 이에 따라 대비는 1년만 상복을 입었다.

송시열은 관의 밑바닥에 널판 두 개가 필요할 정도로 왕의 시신이 부풀어 오를 때까지 천으로 왕의 시신을 단단히 감싸지 않고 방치함으로써 화를 자초했다. 이는 커다란 불운으로 간주되었기 때문에 사건 후 1

년도 안 되어 송시열은 과실에 대한 집중 탄핵을 피하기 위해 사직하고 서둘러 낙향했다.

현종의 감세 정책 미성년자인 새 왕이 1659년에 왕위에 올랐다. 그의 시호는 현종대왕이었다. 왕의 첫 번째 임무는 아버지의 장례를 치르는 일이었다. 지관들은 선왕의 시신을 수원 부근의 장지에 매장해야 한다고 말했으나, 대신들이 그 장지가 간선 도로에서 너무 가깝다고 반대하는 바람에 동대문 밖에 있는 장지가 선정되었다.

즉위 첫해는 개혁의 해였다. 양반 살인범에 대한 처벌이 너무 가벼웠는데, 양반이 살인했을 경우 곤장 100대와 단기간 관직 취임이 보류되는 처벌을 받았다. 그러나 왕은 조정의 권고를 받아들여 모든 양반 살인범들의 관직 취임을 영구적으로 금지했다. 우리는 그 시대는 지금보다 상하 계급의 경계선이 훨씬 분명했다는 사실을 염두에 두어야 한다.

여러 가지 정황을 면밀히 살핀 왕은 시정이 필요한 다수의 악습을 찾아냈다. 왕은 병사들에게 더 좋은 군복을 지급하라고 명령했다. 수많은 국사범들의 죄상을 재검토한 다음 적지 않은 죄수들을 석방했다. 함경도의 대마와 인삼에 대한 세금을 면제했다. 단천의 금광에 대한 세금도 감면해주었는데 그 규모가 1년에 대략 금 1천 냥이였다. 왕은 충청도의 토지세도 낮춰주었다. 왕의 이런 자발적인 세금 삭감 때문에 줄어든 국고 수입에 맞추기 위해 수도 한양의 절약이 불가피했다. 그 결과 왕실의 말 사육장이 폐지됐다.

당파의 계보 여기서 복잡한 정치 파벌의 계보를 설명할 필요가 있겠다. 과거의 동인과 서인은 여러 갈래로 분열되어 남인과 소론, 소북이 그 자리를 차지했다. 계보는 다음과 같다.

| 남인 영수 허목許穆 | 소론 영수 윤증尹拯 |
| 노론 영수 송시열 | 소북 영수 유영경 |

    남인과 노론 인사들 가운데서 가장 알려진 지도자는 허목과 송시열이었다. 두 사람은 불구대천의 정적이었다. 이들은 당파가 다르면 서로 결혼도 하지 않았으며, 당파마다 옷의 색깔이 달랐다. 남인은 붉은색을, 소론은 청색, 노론은 흰색, 소북은 검은색을 사용했다. 이렇게 서로 다른 색깔의 옷을 입은 것은 남자들이 아니라 여자들이었다. 이런 당파의 색은 지금도 여자들의 두루마기 깃에서 흔히 볼 수 있다. 남자들은 두루마기 깃의 모양으로 소속 당파를 구별했다. 노론과 남인의 깃은 아래 부분을 직각으로 만들었고, 소론은 아래 부분이 둥글게 돌출한 모양이었으며, 소북은 평범한 곡선을 이루었다. 이런 구별이 유치해 보일지 모르나 그 시대에는 생사가 걸린 문제였다.

    당쟁의 제단 위에 희생된 사람은 헤아릴 수 없이 많았다. 당파 간의 격렬하고 비합리적인 싸움으로 인해 나라가 외부의 위협을 받았을 때 공동 대응과 같은 협력의 길이 막혔다. 당쟁은 사람들이 개인의 진정한 능력에 따라 평가받는 것을 불가능하게 만들었다. 정직한 사람들이 청렴하고 정직한 정부를 만들기 위한 노력도 당쟁이 가로막았다. 정치를 하면서 원칙을 놓고 다투는 것이 아니라, 개인의 영달만을 추구하며 격렬한 야망을 끝없이 불태우는 것처럼 비열한 행위도 없을 것이다.

조선의 철혈재상, 송시열

그러나 이 시기에는 송시열이 이끄는 노론이 압도적 우위를 차지하여 당쟁이 일시적으로나마 거의 중단되었다. 또 이 시기는 왕의 여러 가지 노력이 괄목할 만한 시대적 특징을 이루었다. 현종의 치세는 일관되고, 빠르게 계속된 개혁의 대장정으로 빛을 발한 시대였다. 이 개혁 운동에서 송시열이 수행한 위대한 역할을 이해하기 위해서는 조선의 영의정이 휘두른 권력이 엄청나게 컸다는 사실을 알 필요가 있다. 특히 영의정이 국왕의 전폭적인 신임을 받을 때 그랬다.

왕에게 정보를 전달하거나 차단할 수 있는 권한을 지닌 영의정이 사실상 나라의 통치자였다. 송시열이 진정한 개혁자였다는 사실은, 그가 죽은 후 수십 년 동안 정치인들이 빈번하게 그의 업적을 회상하며 찬양한 사실로 입증된다. 정쟁에서 그에게 패배한 것을 인정한 정적들이 그에게 품었던 강한 증오심 또한 그가 개혁자였다는 것을 반증한다. 이 사람이 보편적인 정당정치의 차원까지 몸을 낮추었는지의 여부를 알 수 있는 증거는 없다. 15년에 걸친 그의 치세를 되돌아보고 그것으로 드러나는 그의 위대한 성격을 살펴보자.

위대한 개혁의 깃발이 오르다 우리는 앞서 몇 가지 시행된 개혁을 언급했다. 먼저 송시열은 대비의 복상 기간과 관련된 의견을 둘러싸고 자기를 비하하려 했던 정적 허목에게 결정적인 승리를 거두었다. 그는 자신의 견해를 뒷받침하는, 단순하고 결정적인 근거를 내세워 정적들의 트집과 비판을 잠재우기 위해 과거 역사의 전례를 자세히 인용했다. 그러나 송시열의 위대한 점은, 정적들을 죽이는 데 자신의 권력을 이용하지 않았다는 것이다. 하지만 역설적으로, 이런 관대한 조치의 대가로 그는 나중에 자기 목숨을 내놓게 된다.

다음은 시행된 개혁의 몇 가지 사례이다. 이런 개혁을 통해 당시 서민의 생활상을 깊이 들여다볼 수 있기 때문에 상세하게 설명하고자 한다.

지금 불교 사찰은 일종의 빈민 구호소 역할을 하고 있다. 이 나라에 거지는 거의 없다. 그러나 당시에는 남자가 집을 떠나 사찰에 들어가 중이 되는 경우가 흔했다. 뚜렷한 생계 수단이 없을 경우 남자들은 머리를 깎고 승복을 걸친 후 1년 중 몇 달 동안 절에 머물렀다. 나머지 기간에는 사람들로부터 쌀이나 돈 등의 시주를 받으러 돌아다녔다. 이런 생활을 하기 위해서는 가족을 떠날 필요가 있었다. 이 폐습을 막기 위해 국왕은 가족이 있는 남자가 이런 식으로 집을 떠나는 것을 금지하는 명령을 내렸을 뿐만 아니라, 가족이 있는 모든 승려는 승복을 벗고 환속하여 정직하게 가족을 부양하도록 했다.

관아의 아전은 조선에서 특유하게 발달한 공무원 제도다. 아전은 지방관청에서 서기, 관리인, 대리인, 뚜쟁이 등 만능 역할을 하는 일꾼이다. 넓은 의미에서 아전은 상전의 악행을 실천에 옮길 뿐만 아니라 거기에 자신의 악행까지 덧붙였다. 왕은 전교를 내려 수많은 아전들이 재판을 받고 불법 취득한 금품을 토해내도록 강요하여 가능한 경우, 강제로 빼앗긴 사람들에게 돌려주도록 했다.

처벌의 범위 문제가 걸려 있기 때문에, 처벌 방식의 개혁에도 주목할 필요가 있다. 일반적으로 조선에서는 남자가 죄를 저지르고 체포되어 시범적으로 처벌될 경우, 법을 확대 적용하여 그 죄인의 먼 친척이나 가까운 친척을 함께 처벌했다. 그래서 다수의 무고한 사람들이 피해를 입는 경우가 많았다. 그러나 개혁을 통해 범법자만 처벌받게 했다. 죄인의 범죄 행위로 인해 친인척을 문책하는 것은 엄격하게 금지되었다.

수많은 왕족의 생활비를 지원하기 위해 염전과 어업에 여러 해 동안 무거운 세금을 물렸기 때문에 그 업에 종사하는 백성들이 극심한 고통을 받았다. 그러나 이제 이런 세금이 거의 다 면제되었다. 왕족들이 어떤 조치를 취했는지 우리는 듣지 못했다. 그들이 일하러 갔기를 바랄 뿐이다.

세금을 걷는 관리들이 법적으로 납세의무가 있는 성인들뿐만 아니라 아이들에게도 인두세人頭稅를 요구하는 것이 당시의 관습이었다. 이런 폐습도 역시 시정되었다.

왕은 선왕의 역점 사업이었던, 터무니없는 중국 정벌 계획을 완전히 포기했다. 따라서 대규모 군대를 유지할 필요가 없었으므로 많은 병사들을 제대시켰다.

경복궁 서쪽에 번성하는 비구니 절이 있었다. 왕은 그 절을 없애기를 원했으나, 일부 사람들이 여기에 늙은 궁녀들을 보호하는 시설이 있고 선왕들의 위패가 여럿 안치돼 있다는 이유로 철거를 반대했다. 위패와 관련하여 왕이 "그렇다면 구덩이를 하나 파서 모두 묻어버려라."고 말했을 때 반대자들이 크게 놀랐을 것으로 상상된다.

왕이 조상의 사당에서 돌아올 때 행차의 뒤에 탈춤꾼들을 따르게 하는 쓸모없는 풍습도 폐지되었다. 왕은 어린 처녀들을 강제로 뽑아 궁녀로 삼는 풍습도 없앴다. 궁녀의 선발은 처녀의 아버지가 자발적으로 동의하는 경우로 한정했다. 또 왕은 주변 지방의 주민들이 혹사당하는지 살피기 위해 전국의 유황 광산에 관리를 파견하는 데에도 동의했다.

이와 동시에 왕은 숭례문 안에 있는 달성위궁의 유황 채굴을 금지했다. 왕은 고려 왕들의 능을 수리하여 보존하라고 명령했다. 남부 지방의 여러 절에 있는 불상이 땀을 흘린다는 소문을 듣고 민심이 크게 동요하자, 왕은 우기에 불상에 흡수된 습기가 스며 나와 생긴 서리가 원인이란 것을 보여주어 민심의 동요를 가라앉혔다. 이 소문은 거짓일 가능성이 있었으나, 단순하게 소문으로 일축하지 않고 진지하게 받아들여 자연적인 원인 규명을 통해 헛소문이란 것을 입증한 것은 고도로 정치적인 조치였다. 왕은 민심을 소란하게 만들었으므로 그 후 문제의 불상들을 불에 태우라고 명령했다.

당시 전라도의 토지 면적은 대략 19만 855결이었다. 1결은 대략 쌀

40가마를 생산하는 면적이었다. 세금은 1결당 4두斗로 대략 정해졌다. 왕족, 왕릉 관리, 공신을 특별 대우하기 위해 왕은 2만 4084결에서 걷는 세금을 따로 떼어놓았다. 나머지 16만 6771결에서 걷힌 세금은 벼 14만 7134가마였는데, 그중 6만 9280가마가 한양으로 수송되고 7만 7854가마는 관리들이 사용하기 위해 지방에 저장되었다.

당시 여러 궁의 땔감을 공급하기 위해 일정 면적의 삼림지대를 할당하는 것이 관행이었으나, 관리 부실로 인해 각 궁은 할당받은 것보다 훨씬 넓은 삼림지대를 차지하고 있었다. 그 결과 서민들이 고통을 받았다. 왕은 삼림지대의 재분배와 땔감 사용의 시정을 명령했다. 또 왕은 쓸모가 많은 면화를 8도에서 재배하기를 원했기 때문에 함경도에 20가마의 면화씨를 보냈다.

제주도는 여전히 개간되지 않은 땅이 많았고 주민들은 미개했다. 그래서 한반도 역사상 처음으로 국왕이 그곳 주민들에게 관직을 내리고 향교를 세워줌으로써 주민을 개화시키는 사업을 시도했다. 왕은 또한 압록강 유역의 여러 마을에도 같은 조치를 취했다. 여진족들이 빈번하게 국경을 넘어와 장진과 그 일대의 조선인 가옥을 약탈했기 때문에 왕은 백성들의 이익을 보호하기 위해 장군과 부대를 파견했다.

1천 명이 넘는 지방의 선비들이 한양에 올라와 송시열을 탄핵하는 상소문을 올렸다. 당파 싸움에만 몰두하여 나라의 이익을 망각하고 조정의 업무에 간섭하는 선비들은 가혹한 대접을 받을 것이라는 경고를 받았다. 두만강 유역의 주민들은 매우 무지몽매하여 국왕이 있는지조차 알지 못했다. 그래서 그 지역에 향교를 세우고, 주민들을 교육하기 위해 관리가 파견되었.

당시에는 친척을 관직에 등용하는 풍조가 만연했다. 특히 과거 시험 때 이런 풍조가 심했기 때문에 왕은 시험관의 친척을 과거 급제자 후

보에 넣지 못하도록 결정했다. 왕은 수도에 형사 재판소를 설치하여 지방 관헌들로부터 형사사건을 모두 인계받아 처리했다. 지방 수령들이 사실보다는 편견에 입각하여 판결하는 경우가 잦았기 때문이다.

왕은 무기 제조업에 부과되는 세금을 절반으로 줄였다. 조정은 모든 일반 기생들을 잡아들여 관가의 노비로 삼았다. 왕은 공자의 가르침을 충실하게 따랐지만, 공자의 제자 4명의 이름을 큰 소리로 언급하는 것을 금지했다. 왕은 수원에 주둔한 병력 6천 명을 경제적인 이유로 4천 명으로 줄였다. 왕은 30세를 넘긴 노처녀들에게 돈을 하사했다. 이 조치는 조선에서 가장 가혹한 운명으로 간주되는 노처녀 생활을 어느 정도 보상하는 데 목적이 있었다.

왕은 자주 가는 온천 여행 때 지방에서 백성들의 참담한 생활을 목격하고 한양에 돌아온 후 의복과 음식 양면의 사치스런 생활을 대폭 줄였다. 왕은 동부 지역의 심각한 식량난 때문에 한양으로 집단 이주한 빈민들을 위해 수용소를 지어주었다. 수용소는 수구문 밖과 애오개에 하나씩 세워졌다. 왕은 수용소의 빈민들에게 식량과 약도 하사했다. 명나라 출신 중국인들이 가득 탄 배가 남쪽으로 도주하다 폭풍을 만나 제주도에 도착했을 때, 왕은 청 왕조에 대한 배신행위를 했다는 비난이 나오지 않도록 중국인들을 즉각 북경으로 송환했다.

어떤 사람이 세금을 싣고 오던 배가 난파하여 세금을 낼 수 없다고 주장하며 세금을 내지 않으려 하자, 왕은 이런 일이 다시 생길 경우 선박 주인의 목을 베기로 결정했다. 왕은 일본군이 수도를 점령했을 때 파손된 동銅활자를 복원시켰다. 또 비운의 국왕인 단종을 모시는 사당을 세웠다. 왕은 세금을 적절하게 조정하기 위해 남도의 토지를 다시 측량하게 했다. 역적의 가족은 죄인과 함께 처벌하되, 출가한 딸은 제외하라는 명령도 내렸다.

도시의 성벽을 허무는 사람을 처형하자는 병조판서의 의견을 받아들였으나, 그런 경범죄로 죽음을 당한다면 망나니의 칼날을 피할 사람이 없을 것이라는 신하들의 건의를 듣고 앞서 내린 어명을 취소했다.

왕의 가장 흥미로운 전교 가운데 하나는 인구조사와 관련된 것이다. 왕이 백성의 인구수를 조사하라고 명령을 내리자, 더욱 체계적이고 철저한 과세의 수단이 된다는 이유로 반대하는 의견이 나왔다. 그래서 왕은 살인 사건이 일어날 때마다, 피살자의 이름이 납세자 명단에 올라 있지 않을 경우 살인자를 즉각 사면한다는 명령을 내렸다. 모든 백성이 서둘러 납세자 명부에 자기 이름을 올리고 그 사실을 널리 알린 것은 물론이다.

왕은 동성 간의 결혼을 금지했다. 또 특별 부서를 설치하고 관리들을 파견하여 해안과 섬 사이에 돌출하여 항해를 위태롭게 하는 바위를 깨뜨려 제거했다. 지방 수령들이 관아에 자기 친척을 임명하는 것도 금지시켰다. 남도의 어떤 사람이 한양에 올라와 송시열이 반역죄를 범했다고 비난하면서도 증거를 대지 못하자 오히려 본인이 처형됐다.

당시 근친상간으로 태어난 아기는 길에 내다버려 죽게 하는 풍습이 있었다. 왕은 그런 불운한 아기들을 키우는 비용을 나라가 부담하라고 명령했다. 왕은 전염병으로 죽어가는 환자들을 수용하는 사대문 밖의 수용소에서 죽은 사람들의 장례식을 격식에 따라 치러주었다.

왕은 훌륭한 지방 수령의 아홉 가지 자질을 다음과 같이 꼽았다. (1) 생활과 행실이 바른 자, (2) 우수한 학자, (3) 재주가 있고 교역을 육성하는 자, (4) 타고난 지도자, (5) 용감한 자, (6) 인간의 본성을 탐구하는 자, (7) 욕심이 없고 뇌물을 밝히지 않는 자, (8) 효성이 지극하다고 소문난 자, (9) 글을 잘 짓는 자.

당쟁에 휘말린 숙종 치세

재위 16년째인 1674년 왕은 병에 걸렸다. 어머니의 죽음으로 상심이 커서 지병이 악화되었고, 결국 왕은 죽었다. 왕에게는 달리 찬사가 필요치 않았다. 단지 그의 치세 기간 동안 이룬 훌륭한 업적을 하나하나 나열하는 것으로 충분했다. 그의 업적은 후대까지 전해질 영원한 기념비였다. 위대한 보좌역을 해낸 송시열의 도움을 받은 천재적 통치 기간 동안, 왕은 정치 및 사회생활과 세금, 재정, 정치경제학, 농업, 광업, 공직 기강의 확립, 대민 봉사, 사회윤리, 위생, 교육, 부국 정책, 군사, 민간의 미신, 노비 문제, 형벌, 외교, 국경 수비, 기근 구제, 근친혼 금지, 출판 등 모든 분야에서 업적을 이루었다. 왕은 이들 분야와 함께 다른 여러 가지 중요한 문제를 직접 세심하게 관여하여 처리했다. 왕은 또 당쟁을 강력하게 억제했다. 그의 전체 재임 기간 동안 당쟁이 머리를 든 것은 한두 번뿐이었다.

왕위를 계승한 그의 아들의 시호는 숙종대왕이었다. 당파 의식은 소멸되지 않았다. 선왕의 강력한 통치 기간에 잠시 중지되었을 뿐이었다. 새 왕의 즉위와 더불어 당쟁이 다시 불거졌다. 어린 왕에게 송시열의 악행을 비난하는 상소문이 홍수처럼 올라갔고, 왕은 상소문의 수가 많은 것으로 보아 그런 비난에 일리가 있다고 생각했다.

왕은 비난과 반박, 공격과 수비의 중심에 서게 되었다. 나이가 14살 밖에 안 된 데다 성격이 우유부단하고 변덕스러웠던 왕은 돌아가면서 이 당파 저 당파의 도구가 되었다. 47년에 걸친 그의 재위 기간 동안 조선은 당쟁의 소용돌이에 휘말려 있었으며 유익한 일보다는 놀라운 일들이 끊임없이 벌어졌다. 왕의 성격에서 주된 특징은 변덕이었다. 그는 지지하는 당파를 계속 바꾸었고 당파가 바뀔 때마다 수많은 사람들이 목숨을 잃었다. 장래 예측은 금물이었다.

숙종 때 인구는 470만 3505명　숙종의 치세가 시작된 이듬해인 1675년에 허적을 영수로 삼은 남인이 권력을 차지했다. 송시열은 당쟁에서 밀려 원산으로 유배되었다.

그러나 모시던 군주가 죽고 다시 그의 아들로부터 똑같은 신뢰를 받았다는 점에서 송시열은 조선의 '철혈재상 비스마르크'라 불릴 만하다.

끝없이 일어난 당파 싸움은 일일이 기록할 가치가 없다. 숙종의 재위 기간은 당쟁으로 날이 새고 당쟁으로 날이 저물었다는 설명으로 충분할 것이다. 재위 초기인 1677년 전국적으로 완전한 인구조사가 실시되었다. 이 조사는 선왕이 시작한 작업의 마무리였을 가능성이 크다. 조사 결과, 전국의 가구 수는 123만 4512호였고, 인구는 470만 3505명이었다.

중국 역사서들이 광해군을 훌륭한 인물로 묘사하고 인조대왕은 광해군에게 반역을 했다고 주장하여 조선 조정에 물의를 일으켰다. 당파 간의 심한 다툼 끝에 왕은 사신을 파견하여 잘못을 바로잡아 줄 것을 청 황제에게 요청하기로 결정했다.

초량에 왜관이 들어서다　일본인들은 1678년 부산의 자기네 거주지인 왜관을 확장해달라고 다시 요구했다. 조선 조정은 왜관을 7리 이동하여 초량에 다시 세워도 좋다는 허가를 내렸다. 이곳이 현재의 부산시가 있는 자리다. 이때 두 채의 영빈관이 건축되었는데 하나는 동관, 다른 하나는 서관이라고 불렀다. 영빈관은 대마도에서 온 일본인 목수들이 지었는데 공사 기간이 3년이었다. 조선 조정은 건축비로 벼 9천 가마와 은 6천 냥을 제공했고 보수 유지의 책임을 맡았다. 그 이후 조선 조정이 왜관의 건물을 18~19세기에 걸쳐 여러 해 수리한 사실은 왜관이 잘 유지되었다는 것을 보여준다.

남인의 영수 허적이 제거되다 잦은 당파 싸움은 지극히 사소한 문제로 촉발되었다. 왕이 어느 날 궁 밖으로 행차를 나가려 할 때 폭풍이 불었다. 노론은 이것이 남인이 역모를 꾸며 권력을 잡으려는 음모를 좌절시키려는 하늘의 뜻을 나타내는 징조라고 주장했다. 모든 문제에 확고한 입장을 지킨 사람들은, 이런 주장이 나중에 비난의 근거와 죽음을 부르는 원인이 되었다는 것을 알아차렸다.

송도 부근에 성을 짓도록 건의한 영의정 허적이 비판의 대상으로 부각되었다. 결국 이 사건은 나중에 허적을 죽음으로 몰아넣었다. 신료들이 자기네 첩들 간의 다툼과 땔나무를 베는 것, 영의정 아들의 방탕한 생활 등과 같은 지극히 사소한 일들을 놓고 왕 앞에서 서로 비방을 일삼는 가운데 국가의 중대사는 방치되었던 듯이 보인다.

이제 1680년이 되었다. 남인이 여전히 권력을 완전히 장악하고 허적이 주도권을 행사했다. 그러나 아주 사소한 일로 허적이 몰락하는 것을 지켜볼 필요가 있다. 허적이 조상에게 제사를 지내는 날, 비가 많이 내렸다. 왕은 그를 배려하여 기름종이로 만든 어용御用 천막인 유막油膜을 제사 때 사용할 수 있도록 그의 집에 보내라고 내시들에게 지시했다. 내시는 허적이 이미 어용 유막을 갖고 갔다고 대답했다. 허적이 오만하게 자신의 허락도 없이 어용 유막을 사용한 사실을 알게 되자 왕의 다정했던 기분은 갑자기 분노와 미움으로 바뀌었다.

왕은 신하를 통해 남인의 추종자들이 허적의 집에 많이 모인 사실을 알게 되었다. 그들은 즉각 대역 죄인으로 낙인찍혔다. 장군들이 소집되었고 허적의 집은 병사들에게 포위되었다. 참석했던 모든 남인 지도자들은 현장에서 체포되어 처형되거나 유배당했다. 죽임을 당한 사람들 가운데는 허적, 허견, 유혁연, 이원정, 오정창이 포함되어 있었다. 왕의 오촌인 복창군과 복선군, 복평군 및 8명은 유배되었다.

노론이 다시 득세하다 그 후 노론이 다시 권력을 잡았다. 왕은 유배지에 있던 대학자 송시열과 김수항金壽恒을 불러들였고, 김수항을 영의정에 앉혔다. 왕의 신임을 받았던 판서들과 당파가 24시간 이내에 완전히 실각하고 조정의 모든 직책이 반대파 인물들로 채워졌다. 그 다음 몇 달은 남인의 남은 지도자들을 색출하여 처형하는 사이에 지나갔다. 일부는 교수형을 당했고, 어떤 사람들은 사약을 받았으며, 또 일부는 참수형을 당했다.

다음 한 가지 예로 당시 상황이 충분하게 설명될 것이다. 남인의 유력 인사였던 허새와 허영은 용산에 살았다. 그런데 두 사람에게 적용할 마땅한 죄목이 없었다. 그러자 김석주金錫冑가 죄목을 찾아내겠다고 왕에게 말했다. 이 목적을 달성하기 위해 김석주는 김환金煥이라는 자에게 돈을 주고 용산에 보내 장차 희생될 사람들의 집 옆에 번듯한 집을 짓도록 지시했다. 오래지 않아 그는 두 사람을 역모에 끌어들였고, 충분한 증거가 수집되자마자 그 두 사람은 체포되어 처형되었다. 이때 두 사람의 여러 친구들도 함께 죽임을 당했다. 범인 색출은 공공의 필요성보다는 개인적인 여가 활용에 더 가까웠다.

새로 임명된 군대 최고 지휘관은 군대 내부에서 대대적인 악습을 발견했다. 오래전에 죽은 사람 수천 명의 이름이 군대 명단에 남아 있었던 것이다. 세금은 극히 불법적인 방식으로 징수되었다. 이런 악습은 제거되었지만, 아마 대등하거나 더 심한 악습이 다시 그 자리를 차지했을 것이다. 왜냐하면 권력을 잡는다는 것은, 득세한 파벌이 각종 특권을 전리품으로 챙기지 않고 지나갈 가능성이 희박하다는 것을 의미하기 때문이다.

이 시기에 왕이 풍작을 빌기 위해 천제단을 매년 찾는 풍습이 시작됐다는 사실은 백성들이 그만큼 악정에 시달렸다는 것을 의미한다고 우리는 추측할 수 있다. 왕은 수군에 상당한 관심을 기울여 평안도의 안주, 숙천, 순안, 영유, 증산, 평양, 용강, 강서, 삼화, 함종, 노강진과 황해도의 장련, 은율, 풍천, 안악 등을 수군 기지로 지정했다. 조선 왕조의 2대 왕에게 정종대왕이란 시호가 뒤늦게 붙여진 것도 이 시기였다.

조선 조정은 압록강 일대의 여러 국경 요새에 관심을 기울여 유지 비용을 줄이고 인근 지역에서 걷는 토지세로 수비군을 유지했다. 또한 이 시기에 다수의 심각한 재난이 일어났다. 평양에서 화재로 344채의 가옥이 파괴되었고, 함경도에서는 홍수로 906채의 가옥이 파손되고 많은 주민이 목숨을 잃었다.

송시열은 죽은 지 20여 년이 된 선왕을 잊지 않고 효종대왕을 세실世室에 모시자고 왕에게 건의했다. 세실에 모셔지면 4대가 지난 후에도 위패를 제거하는 풍속에 따를 필요가 없었다. 이 같은 건의가 조정에 큰 물의를 빚었으나 노老신하는 자기 뜻을 관철했다. 이처럼 효종대왕만큼 존경 받을 만한 임금이 조선 왕조에 많지 않은 것은 사실이다.

도적떼의 횡행 1684년은 '공포정치'가 횡행한 해였다. 사태는 다음과 같이 전개되었다. 일본의 대마도에서 파견한 사신이 대규모 중국 해적 무리가 조만간에 조선을 침공할 것이라고 긴급하게 알렸다. 한양은 공포에 휩싸였고, 수천 명의 주민들이 서둘러 지방으로 피난을 떠났다.

도적떼들이 이런 혼란을 이용하여 수많은 범법 행위를 저질렀다. 도적들은 일종의 비밀결사를 조직하고 무정부적인 신조를 내걸었다. 그들의 목표는 돈 많은 집들을 습격하는 것이었다. 그들은 길을 지나다가 가마에 탄 여인들을 보면 모조리 붙잡아 겁탈했다. 또 그들은 평소에 증오하던 관리들을 붙잡아 죽였다.

조정은 그자들이 갖고 있던 서책을 한 권 입수했는데, 거기에는 동지의 맹세 같은 것이 적혀 있었다. 그중 가장 중요한 세 가지는 다음과 같다. (1) 양반들을 최대한 많이 죽인다. (2) 최대한 많은 여자들을 겁탈한다. (3) 사유재산을 최대한 많이 훔친다.

공주에서 한 과부를 납치해 겁탈한 일곱 사내가 체포되어 참수되었다. 범인 중 하나는 피해 여인의 사촌으로서 이른바 '도적단'에 속해 있었다. 소요 사태는 얼마 후 진압되었다.

여기에서 특히 한국적인 성격을 띤 사건 하나를 언급하고자 한다. 송도 인근에 성이 있었는데, 누군가가 성안의 튼튼한 방에서 돈을 훔쳐갔다. 창고 관리자가 의심을 받았으나 증거가 없었다. 그래서 성의 책임자는 은밀하게 창고지기의 아들을 신문한 끝에 그들의 의심이 정확했다는 걸 알았다. 창고지기는 처벌 받았지만 성주 역시 어린아이를 꾀어 제 아비를 죄인으로 만들었다는 죄로 면직됐다.

가톨릭교가 최초로 조선에 들어온 기록 조선의 기록에는 숙종 재위 13년차에 접어든 1686년에 로마 가톨릭교가 최초로 조선에 들어온 것으로 돼 있다. 소수의 외국인들이 조선에 입국하여 새 종교의 교리를 설파했다. 우리는 이들의 국적에 대해서는 아무 얘기도 듣지 못했으나, 이때가 유럽인들이 조선 입국을 시도하기 훨씬 전이라는 것은 확실하다. 우리는 이 새로운 종교가 급속히 퍼져나갔으며, 일부 고위 관리들이 왕에게 이 외국인들을 국외로 추방하라고 건의했다는 말을 들었다. 현재로서는 이 건의가 그대로 시행됐는지 아닌지 알 수 없다. 조선에서의 로마 가톨릭 선교활동을 기록한 프랑스의 책에도 이 사건에 대한 이야기는 없다. 그러나 그런 주장의 근거가 조금이라도 있지 않으면, 이 사건에 대한 기록을 찾기란 아마 힘들 것이다.

장희빈의 득남이 파란을 몰고 오다

이듬해부터는 또다시 치열한 사화, 그리고 궁극적으로 노론의 실각과 남인의 권좌 복귀를 초래하는 몇 개의 사건이 일어났다. 이 모든 사건은 왕이 장희빈이라는 후궁을 취하고, 그녀가 곧 왕을 능가하는 권세를 누리면서 시작되었다. 왕이 궁인 장씨를 숙원淑媛으로 삼았을 때 한성우韓聖佑가 왕에게 이를 우려하는 상소를 올리자 장희빈은 격분하여 왕에게 그를 조정에서 내쫓으라고 했다.

이듬해 이 후궁은 왕에게 아들을 선사했는데, 이것은 일어날 수 있는 최악의 불행이었다. 왜냐하면 왕비(인현왕후)가 아직 후사를 낳지 못했기 때문에 이것을 계기로 왕은 더욱 철저하게 이 후궁의 영향력 아래로 들어갔기 때문이다. 즉시 분란이 뒤따랐다. 왕은 "과인이 벌써 서른 살이 다 됐는데 왕비가 아직 아들을 낳지 못했소. 백성들이 불안해 하고 있소. 비록 첩이 낳았지만, 나에게 아들이 생겼으므로 과인은 그 아이를 왕세자로 책봉하고자 하오. 반대하는 사람은 누구라도 용서치 않을 것이오."라고 말했다.

왕의 이런 처사는 화약에 불을 붙인 꼴이 되었다. 당시 권력을 쥐고 있던 노론은 즉시 전열을 가다듬었다. 반대파가 장희빈을 이용해 자신들의 세력을 약화시키고 있었기 때문이다. 왕은 아직 젊으며, 따라서 서둘러 어린 서자를 후계자로 임명할 필요가 없다고 호소하는 상소가 사방에서 빗발쳤다. 이런 상소에 왕은 상소문을 올린 자를 귀양 보내는 조치로서 대응했다. 온건하게 항의했던 송시열마저 관직을 박탈하고 한양 바깥으로 쫓아버렸다.

그래서 남인이 다시 권력을 잡았다. 영의정 이하 모든 관직이 남인 일파에게 다시 돌아갔다. 송시열은 제주도로 귀양 갔으나 남인 세력은 이에 만족하지 않고 그의 처형을 요구했다. 그래서 그는 다시 한양으로 소환되었다. 그리고 어명에 따라 허적이 축출되었을 때 죽은 많은 남인 사람들은 사후에야 명예를 회복하였다.

이 사건이 일어나고 얼마 되지 않았을 때 왕은 왕비의 폐위를 준비하기 시작했다. 이 목적을 위해 그는 다음과 같은 전교를 발표했다. "오래전부터 과인은 시기심 많고 사악한 왕비의 성품을 알아보았다. 그래도 과인은 인내심을 갖고 참아왔으나 이제는 더 견딜 수 없다. 과인이 후궁 장씨를 취한 이후 왕비의 질투심은 더욱 견딜 수 없는 지경에 이르렀다. 왕비와 김 상궁은 나를 겁주어 장희빈을 멀리하게 하려고 작당까지 했다. 하지만 과인은 이들의 속셈을 꿰뚫어 보았다. 이제 어찌하면 좋단 말인가?"

숙종, 왕비를 옹호한 박태보에게 고문을 가하다 신하들은 끊임없이 왕비를 변호했으나, 왕은 그들의 읍소에 철저히 귀를 막았다. 왕은 단 하나의 증거도 제시하지 않은 채 왕비에 대한 부당한 죄목들을 열거했다. 왕 앞에서 왕비를 변호했다는 이유로, 상당히 많은 사람들이 귀양 갔고, 가차 없이 처형된 이들도 꽤 되었다.

가장 악명 높은 탄압 사례는 나중에 속담에 이름이 오른 박태보朴泰輔의 경우였다. 그는 다른 두 사람과 함께 장희빈을 궐에서 쫓아내고 왕비의 지위를 보존시켜야 한다고 간청하는 상소문을 올렸다. 왕의 분노는 극에 달했다. 왕은 창덕궁의 인정문 앞에 놓은 의자에 앉아 그자를 자기 앞에 끌고오도록 명령했다. 그런 상소를 올린 까닭을 질문 받자 그는 "왕비가 받은 처우 때문입니다."라고 대답했다. 이어 왕은 불에 빨갛게 달군 철판으로 그의 팔과 다리를 지지라고 명령했다. 그래도 죄인은 뉘우치지 않았다. 그 다음에는 잘게 부순 사기그릇 조각을 죄인의 화상 입은 다리 위에 수북하게 쌓고 그 위에 널판을 가로질러 놓은 뒤 양쪽 끝에 형리들이 올라서서 널을 뛰듯 짓눌렀다. 사기 조각이 그의 다리 속으로 파고 들어간 것은 물론이다. 그자가 여전히 완강하게 버티자 밧줄로 묶어서 높은 기둥 위에 매달았다. 그 자세에서 죄인은 극심한 고통을 받았다. 그가 계속 뜻을 굽히지 않자 남쪽 지방으로 귀양을 보냈다.

그의 늙은 아버지는 자식을 갓까지 따라왔고 아들은 결국 부상이 도져 그곳에서 죽었다. 이 같은 조치는 홍수처럼 올라오는 상소를 막기는커녕 오히려 증가시켰다. 그 직후 정도경을 선두로 1만 6천 명이 상소문을 올렸다. 전국의 학자들과 향교의 선비들 역시 상소를 올렸다. 그러나 광기에 눈이 먼 왕은 모든 상소를 물리쳤다.

송시열이 사약을 받다

1689년 5월, 왕은 왕비를 폐위시켜 모든 지위를 박탈하고 서인으로 강등시킨 후 친정으로 보냈다. 죄인을 상징하는 흰색 가마에 태워, 대문이 아닌 옆문으로 궐에서 나가도록 했다.

우리는 소환 명령을 받은 고령의 송시열이 단죄를 받기 위해 제주도를 떠나 한양으로 오고 있던 사실을 기억할 필요가 있다. 왕은 그에게 한양에서 공개 처형되어 백성들의 동정을 받을 기회를 주지 않았다. 왕은 상경 중인 그에게 사약을 내려보냈고, 늙은 신하는 어느 이름 모를 농촌 마을에서 그 독약을 마시고 죽었다. 그 후 송시열에 관한 상소를 올린 일부 추종자들은 폐위된 왕비의 친척들과 함께 죽임을 당하거나 귀양을 갔다.

이듬해에 장희빈은 아들이 세자로 책봉되면서 왕비가 되었다.

당쟁과의 싸움

자식을 팔아 세금을 바치다 매년 대규모의 중국 사절단이 한양을 방문했는데, 사신들을 은 접시로 대접하는 것이 관습이었다. 조정에서는 사신들이 돌아갈 때 이 은 접시를 선물로 주었고, 그 비용은 송도의 주민들로부터 걷는 세금으로 충당되었다.

왕이 단기간 지방을 순행하던 도중 송도에 도착하여 이 세금에 관해 백성들의 생각을 물었다. 백성들은 벼 1,200가마, 엽전 90만 냥, 다른 곡식 3천 가마, 피륙 3천 필 및 기타 물품으로 세금으로 바치기 위해 자식을 팔아야 한다고 대답했다. 왕은 백성들의 청원을 듣고 세금을 줄여주었다.

재앙의 발단이 된 풍자소설, 「사씨남정기」 불과 5년이 지난 후 왕은 새 왕비, 즉 과거의 장희빈을 축출하고 폐위시켰던 왕비를 복위시킴으로써 왕실을 완전히 바꾸었다. 왕의 이처럼 갑작스러운 태도 변화는 다수의 무고한 사람들이 피를 흘리지 않았다면 재미있는 사건으로 끝났을 것이다.

왕은 새 왕비에게 싫증이 났다. 왕은 주기적으로 일종의 발작을 일으켜야 직성이 풀리는 남자들 가운데 한 명이었던 듯하다. 그러나 발작과 발작의 사이에는 아주 조용하게 지냈다. 그러다 다시 그런 발작을 일으킬 때가 되었고 김춘택金春澤이란 인물이 발작을 일으키는 도구가 되었다. 궁궐의 나인들을 매수한 김춘택은 자신의 계획을 달성하는 첫 단계로, 첩 때문에 본처를 버리는 남자의 악행을 낭만적으로 묘사한 소설을 썼다. 왕에게도 사본이 전달된 이 소설이 재앙을 실질적으로 촉진했다(김춘택은 김만중金萬重의 『사씨남정기』를 한문으로 번역하였다. 주인공 유연수가 사씨와 결혼하였지만 아이가 없어 첩 교씨를 맞았다. 하지만 교씨는 간통을 일삼고 재산까지 차지한다. 여기서 유연수는 숙종을, 사씨 부인은 인현왕후를, 교씨는 교활한 장희빈을 뜻한다. 교씨의 음해로 사씨가 추방당하는 장면은 장희빈의 음해로 인현왕후가 폐위된 사건을 빗대고 있다.─편집자 주).

남인들은 권력을 장악하고 있었으나 자기네에 대한 왕의 적대감이 커질 것을 걱정하여, 이런 소설을 써서 만용을 부린 자를 죽이라고 왕에게 강력히 요구했다. 신속하고 단호한 공격에 모든 것이 달려 있다는 사실을 알고 있던 노론은 밤에 단체로 왕을 알현하고 왕 자신의 확고한 소신에 따르라고 간청했다.

이에 따라 왕은 장씨의 오빠와 남인 지도자들을 귀양 보냈다. 그 후 노론은 다시 정치의 전면에 나서 호사를 누릴 태세를 갖추었다. 지난번 왕의 발작 때 죽은 송시열과 폐위되었던 왕비의 아버지 및 수많은 노론 인사들이 영예로운 추증을 받았다. 왕은 자신의 체면을 살리기 위해 폐비의 복권을 단계적으로 실시했다. 왕은 폐비를 우선 안동의 작은 별궁으로 데려온 다음 '뽕나무 궁전'이란 별명을 지닌 궁으로 거처를 옮기게 한 후 마침내 대궐의 중궁전에 들게 했다.

장씨는 과거의 빈으로 강등되었고, 앞으로는 빈을 승격시켜 왕비로 삼는 것을 금하는 엄한 법이 만들어졌다. 억울한 죽음을 당한 박태보는 영의정으로 추증되었다. 재집권한 노론은 장씨를 죽이라고 왕을 설득했지만 그녀는 세자의 어머니였으므로 왕은 동의할 수가 없었다.

장씨의 노비 한 사람이 노론에 역습을 가하기 위해 기발한 음모를 꾸몄다. 그 노비는 노론 지도자의 노비 한 사람을 꾀어 자기 집에 데려온 후 술을 먹여 취하게 한 다음 그의 호패를 훔쳤다. 호패란 남자들이 자기 이름을 적어 몸에 지니고 다니던 작은 나무 명패다.

장씨의 노비는 훔친 호패를 장씨의 아버지 무덤가에 떨어뜨려 놓았다. 얼마 후 무덤 속에서 남을 저주하는 물건들이 발견되었다. 이는 노론의 한 지도자가 다시 권력을 잡기 위해 주술을 사용한 것을 시사했다. 그러나 사건을 조사한 왕은 사기란 것을 발견했고 음모의 주모자인 남인 지도자 한 명을 처형했다. 그밖에 많은 사람들이 유배를 당했다.

장희빈, 왕비의 허수아비에 활을 쏘다 그 후 4년은 이렇다 할 사건이 일어나지 않은 가운데 지나갔다. 그러던 중 왕비가 종기가 도져 결국 사망했다. 기록에 이런 설명이 나온다. 그날 밤 왕은 꿈속에서 죽은 왕비를 보았다. 왕에게 다가온 왕비의 옷은 피로 뒤덮여 있었다. 왕비는 왕의 질문에 대답하지 않고 단지 장씨의 처소 쪽을 손으로 가리켰다. 잠에서 깨어나 장씨의 처소로 간 왕은 즐겁게 웃고 떠드는 소리를 듣게 되었다. 손가락에 침을 발라 문의 창호지에 구멍을 낸 왕은 장씨와 여러 명의 무당이 왕비의 허수아비에 활을 쏘는 광경을 봤다. 장씨 일행은 왕비의 침소 아래 주물을 묻어 저주한 일을 즐거워하고 있었다. 이 사건은 왕의 주기적 발작을 알리는 신호가 되었다.

장씨가 세자의 어머니였음에도 불구하고 왕은 그녀와 모든 무당들에게 사약을 내렸다. 이때 많은 남인들도 함께 처형되었는데, 이 저주 소동의 결과로 1,700명이라는 놀라운 수의 사람들이 처형된 것으로 전해진다. 그리고 이 사건과 관련하여 일종의 비밀 재판이 행해진 것이 확실시되며 많은 사람들이 비밀 법정에 끌려 들어간 후 살아 나오지 못했다. 이 사건이 일어나고 몇 년 뒤 대궐에 있던 비밀 감옥이 폐지되었다는 말을 들었다.

장희빈, "내가 죽으면 세자도 함께 죽어야 한다" 1711년은 한양 바로 뒤에 있는 북한산에 대규모 요새인 북한산성이 건축된 해였다. 그곳에는 고대의 백제 시대부터 산성이 있었다. 북한산성은 매우 가파른 산들로 둘러싸여 있기 때문에 피난하기에 이상적인 장소였다.

숙종이 1720년에 죽었을 때 죽은 왕을 애도하기 위해 모든 백성에게 상복을 입히고 3년 동안 벗지 않는 풍습이 처음 도입되었다.

시호가 경종대왕으로 알려진 새 왕은 폐위된 후 사사賜死된 장희빈의 아들이었다. 이 무렵 이른바 남인은 역사의 무대에서 사실상 사라졌다. 남인의 지도자들은 모두 피살되었고, 서로 반목하는 양대 파벌인 노론과 소론에게 권력을 내주었다. 앞서 지적한 바와 같이 노론이 압도적 우위를 차지하고 있었다.

경종은 지성이 모자라는 인물로 정사에는 관심이 없었다. 그는 단지 계속되는 당파 싸움의 중심 노릇만 했을 뿐이다. 그의 어머니인 장씨는 사사되기 직전 아들에게 이렇게 말한 것으로 전해진다. "내가 죽으면 세자도 함께 죽어야 한다." 그녀는 이 말과 함께 즉석에서 집어든 나무 토막을 무기 삼아 아들을 때렸다고 한다. 그녀는 아들을 죽이지는 못하고 부상만 입혔는데, 이 부상으로 인해 경종은 후사를 볼 수 없게 되었다고 한다.

극에 달한 노론과 소론의 당쟁

경종은 노론과 소론 사이를 시계추처럼 오가면서 누구의 말에나 동의했다. 이로 인해 불안을 느낀 노론은 더욱 책임감 있는 인물이 조정을 장악하기를 원하게 되었다. 노론은 다음 왕위 계승의 유력한 후보로 왕의 동생을 강력히 지지했다. 늘 병약했던 왕은 어머니가 입힌 부상에서 결국 회복하지 못해 조상에 대한 의무를 다할 수 없었다. 또한 그는 머리에 종기가 생겨 여러 달씩 상투를 틀지 못한 때가 많았다. 상투는 조선 사람 특유의 관습이다. 노론 지도자들은 한 사람을 설득하여 왕이 동생에게 양위하도록 청하는 상소를 올리도록 했다. 노론 지도자들도 같은 취지의 건의를 일제히 올려 마침내 왕이 이 문제를 놓고 대비와 상의하도록 유도했다.

대비가 양위 계획에 적극 개입하여 왕의 동생을 후계자로 삼는다는 전교가 발표되었다. 이 조치는 소론에게 청천벽력과도 같았다. 노론은 이 모든 과정을 소론에게 철저히 숨겼다. 이런 상황에서 노론과 돈독한 우호 관계를 유지하는 것밖에 달리 길이 없었던 사람은 왕위 계승자였다.

소론 전체에게 위험이 닥쳤다. 소론은 무리를 지어 격렬하게 항의를 하고 상소를 올렸으나 허사였다. 세제世弟 책봉은 요지부동의 사실로 굳어졌다. 그러나 왕의 약점을 알고 있었던 노론은 정적들이 왕을 설득하여 의외의 사태를 일으키지 않을까 걱정하여 더욱 대담한 계획을 추진했다. 노론은 세제에게 왕위를 양위하라고 왕을 압박했다. 왕은 양위하겠다고 약속했으나 노론이 우려했던 뜻밖의 사태가 벌어져 이 약속은 지켜지지 않았다.

그뿐만 아니라 누군가 노론이 왕위를 찬탈하려 한다고 왕에게 은밀히 고해바치자 노론이 우려했던 최악의 사태가 벌어졌다. 노론이 축출되고 소론이 미소를 지으며 실세로 떠올랐다. 그러나 조용한 안정을 좋아했던 왕은 잠시 맑은 정신이 돌아왔을 때 이렇게 말했다. "대신들이 나라를 사랑하는 마음이 없기 때문에 이 모든 사단이 벌어졌다. 단지 당파의 편견에 젖은 대신은 남을 죽이지 못해 안달이다."

이 당파 싸움에서 소론을 승리로 이끈 지도자들은 조태구趙泰耈와 최규서崔奎瑞 및 최석항崔錫恒이었다. 그들이 착수한 첫 번째 공식 업무는 세제를 죽이기 위해 나인들과 내시들에게 뇌물을 준 것이었다. 그리고 궁궐에 출몰한다는 소문이 돌고 있던 흰 여우를 활로 쏘는 척하며 세제를 '실수로' 살해한다는 것이 그들이 세운 계획이었다. 그러나 세제는 이 음모를 전해 들었고 신변 안전에 만전을 기했다. 세제는 나인 두 명과 내시 두 명을 죽일 것을 왕에게 요청했으나, 왕은 자신을 다시 권력에 앉힌 소론을 극도로 두려워했기 때문에 문제의 나인들과 내시들을 감히 죽이지 못했다. 사태가 이렇게 돌아가자 세제는 왕에게 말했다. "저는 세제의 자리를 내놓고, 대궐을 떠나 서인이 되겠습니다."

이런 와중에서 노론이 한가하게 지낸 것은 아니었다. 소론이 오래지 않아 자기네 목을 노릴 것을 알았던 노론은 반격에 나서 왕을 암살하려고 시도했다. 그러나 모든 음모가 흔히 그렇듯이, 노론 가운데서 배신자가 생겨 참혹한 보복이 뒤따랐다. 노론 지도자 12명이 참수형을 당했고 수백 명이 매를 맞아 죽거나 유배를 떠났다. 이 사건에 연루되어 1,800명이 목숨을 잃은 것으로 기록되어 있다.

왕의 재위 2년이 끝날 무렵 제주도에 심한 기근이 들어 왕은 곡식 7천 가마를 보내고, 오랜 옛날부터 칭송을 들어온 제주 말의 진상을 면제해주었다.

이 시기의 절박한 상태는 두 가지 사건에 잘 나타나 있다. 첫째, 왕은 소론을 매우 총애했기 때문에 어느 날 밤 소론의 영수인 목호룡睦虎龍을 성 밖으로 데리고 나가 흰말을 죽여서 제물로 바치고 그 피를 마시면서 목호룡의 자손을 대대손손 영원히 조정의 높은 자리에 앉히겠다고 맹세했다. 둘째, 소론 관리들은 송시열의 묘를 찾아가 비석을 쓰러뜨려 인분 거름더미 위로 끌고 다녔다. 한편, 우리는 백성과 나라에 관한 이야기를 조금도 듣지 못했다. 조정은 백성과 나라를 위해 존재하는 것이 아니었다. 조정이 백성과 나라에 무관심했던 것처럼 백성과 나라도 조정에 무관심했을 것이다.

경종이 독살되다 그러나 바로 이 시기에 외국의 시계와 청우계, 수총기(소화기)가 북경을 거쳐 조선에 도입된 사실을 보면, 피비린내 나는 당쟁도 개화의 진행을 완전히 막지는 못했던 것 같다. 이런 물품들은 외국인들이 북경에 들여온 것들이었다. 사신으로 갔다 북경에서 서양 선교사들을 만난 이이명이 이 물품들을 들여온 장본인이었다. 이이명은 선교사들과 종교에 관한 대화를 나누었고, 천주교 교리와 중국 고전의 가르침 사이에 커다란 유사점이 있는 것을 발견했다고 소감을 밝혔다.

비운의 왕 경종의 재위 4년이 되던 1724년은 개혁으로 한 해가 시작되었다. 이것은 물론 좋은 징조였다. 개혁 가운데는 4대문 밖에 있는 모든 불교 사찰을 허무는 조치도 포함돼 있었다. 특히 서대문 밖의 절을 허물었는데, 당시 서대문은 지금의 새 대문에서 대략 800미터 서쪽에 있었다. 구체적인 이유는 제시되지 않았으나, 이런 사찰들이 백성의 윤리 의식에 위험한 영향을 미치는 한편, 선동의 온상이 되었던 것은 분명하다. 그러나 왕이 그해 8월 독이 든 새우요리를 먹고 피살되자 개혁은 중단되었다.

왕의 음식에 누군가 독을 섞었다는 소문이 나돌았다. 독을 넣은 범인이 왕의 동생이라는 주장까지 나왔다. 이는 왕의 죽음으로 동생이 가장 큰 이익을 본다는 믿음에 따른 주장일 것이다. 그러나 다음과 같은 이유에서 우리는 그런 소문의 진실성에 의문을 가질 필요가 있다. 동생과 관련된 여러 가지 언급 가운데에는 그가 왕의 독살을 주도할 마음을 먹었다는 것을 보여주는 내용이 전혀 없다. 또 한여름에 얼음에 채우지 않은 채 바다에서 한양까지 대략 50킬로미터 거리를 운반된 새우를 먹은 것은 사실상 자살행위나 다름없었다. 물론 소론 사람들은 세제가 독살했다고 믿으려 했고, 그들 중 한 명은 실제로 왕의 시신을 은장도로 찔러볼 것을 조언했다. 그것은 몸속에 독이 있을 경우 은이 변색된다는 속설에 근거한 의견이었다. 그러나 그 건의는 실행되지 않았다. 소론은 세제가 등극하는 것을 막을 길은 없었다. 세제는 같은 해인 1724년에 왕위에 올랐다.

노론의 보복으로 1천 명이 살해되다 시호가 영조대왕으로 알려진 새 왕은 조선 왕조 역사에서 재위 기간이 가장 긴 통치를 시작했다. 또한 그는 가장 훌륭하게 통치한 왕들 가운데 속한다. 상황증거에 비추어볼 때 그가 형을 살해한 범인이 아니란 것을 그의 통치가 증명한다. 많은 사람들이 예상한 바와 같이, 왕의 불구대천의 적인 소론은 조정에서 축출되었고 노론이 다시 등용되었다.

노론이 정적들에게 가하는 보복을 왕도 막을 수 없었을 것이며, 왕도 그 사실을 알아차렸을 가능성이 있다. 우리는 그 후 몇 년 동안 해마다 1천 명이 살해당했다는 이야기를 들었다. 왕이 당파의 경계선을 허물기 위해 부단한 노력을 기울였음에도 불구하고 그런 사태를 막을 수는 없었던 것 같다.

영조, 탕평책을 선언하다 왕은 다음과 같은 발언으로 통치를 시작했다. 즉, 자신은 백성을 올바로 다스릴 능력이 없으며 백성이 기근과 역병으로 고통 받는 것이 자신의 책임이라고 했다. 그는 아들을 즉각 세자로 선포하여 처음부터 후계를 둘러싼 분쟁의 싹을 잘랐다. 왕은 대신들의 끈질긴 요구에 굴복하여 왕이 선왕을 독살했다고 비난한 김일경金一鏡을 참수형에 처했다.

그리고 왕은 모든 당쟁을 금지한다고 선포했다. 모든 백성들은 특정 파벌의 이익보다는 나라의 이익을 생각하고 계획을 세워야 한다고 선언했다. 왕이 어느 날 왕릉 행차에서 돌아올 때 한 남자가 이렇게 소리쳤다. "선왕을 새우로 독살한 자가 저기 간다." 이 발언에, 해묵은 당쟁의 상처를 건드리겠다는 의도밖에 없다는 것을 알게 된 왕은 이 남자를 엄하게 다스리는 한편, 그를 선동하여 무도한 발언을 하게 만든 일부 소론 사람들도 함께 처벌했다.

그때부터 지금까지 노론이 권력을 독점했다. 당쟁은 사실상 그쳤는데 이는 다른 당파가 해체되었기 때문이 아니라 한 당파가 압도적 우위를 차지하여 다른 당파가 굶어 죽게 되었기 때문이다. 몇 가지 사태가 이런 결과를 초래했다. 첫째, 소론이 기도한 일련의 음모가 실패로 돌아갔다. 소론은 실패할 때마다 세력이 약화되어 급기야는 탈진 상태에 이르렀다. 둘째, 극도로 긴 재위 기간 동안 왕은 한 차례를 제외하고 노론만을 확고하게 지지했다.

영조의 관대한 모습 왕은 나라가 운영하는 약국을 강제로 개혁하는 일로 즉위하던 해를 마무리했다. 그동안 약국은 비양심적인 관리들이 부를 축적하는 이권 기관이었으나, 왕은 약국 종사자 전원을 바꾸고 일반 백성의 치료를 위해 약을 제공하는 본연의 기능을 다시 발휘하도록 만들었다.

왕의 관대한 태도는 다음 사건에서 볼 수 있다. 궁궐에 침입했다가 체포된 도둑의 몸에서 밀서가 한 장 나왔다. 밀서에는 두 명의 나인들이 독약을 구해줄 것을 부탁하는 내용이 적혀 있었다. 왕은 도둑만 처형하고 나인들을 색출하여 처벌하는 조치는 취하지 않았다. 나인들이 왕의 죽음을 원할 만한 이유가 없다는 이유에서였다.

영조가 대마도 도주에게 옥새를 하사하다 우리는 지금까지 언급된 적이 없는 이상한 말을 듣게 된다. 즉, 오래전부터 대마도 도주가 조선의 왕으로부터 옥새를 하사받았다는 언급이 그것이다. 이 시기에 대마도를 다스리는 다이묘가 사신을 보내 옥새를 하사하는 풍습을 다시 시작해달라고 요청했는데, 그걸 보면 이 풍습은 아마 일시적으로 중단되었던 것 같다.

왕은 이 요청에 응해 옥새를 잘라서 보냈다. 조선의 다른 역사책에는 언급되어 있지 않기 때문에, 이 일만으로는 대마도의 도주가 자신을 조선의 신하로 간주했는지 단정 지을 수 없다.

우리는 이 사건을 설명할 수 있는 이론 한 가지를 가정할 수 있을 뿐이다. 이 옥새는 조선과 대마도 사이에 교환되었을 가능성이 있는 서찰이 진본이란 것을 보증하는 목적만 지녔을 수 있다. 이 일과 관련하여 아직 발견되지 않은 사실에 의해, 조선과 일본의 초기 관계가 밝혀질 때가 올지도 모르겠다.

소론의 반란이 확산되다 영조의 통치에서 눈에 띄는 점 가운데 하나는, 술의 생산과 사용을 금지하는 법을 선포하여 실시한 것이다. 우리는 영조가 역사상 유일한 사례는 아닐지 모르나, 술의 사용을 완전히 금지하는 법을 엄격하게 시행한 최초의 왕이었다고 과감히 단정한다. 왕이 내린 3가지 명령은 (1) 당쟁의 종식, (2) 사치의 축소, (3) 발효 혹은 증류된 술의 제조, 판매, 음주를 극형에 처한다는 내용이었다.

그러나 이를 비롯한 여타 개혁은 1727년의 대사변으로 빛이 바랬다. 우리는 이 대사변을 설명한 다음에 개혁 문제를 다시 다루고자 한다. 왕이 소론을 계속 박해하도록 하기 위한 노론의 필사적인 노력에 대해 염증을 느낀 왕은 많은 소론 인사들을 다시 조정에 불러들임으로써 노론을 징계했다.

이런 단기간의 박해 중단으로 소론의 잠들었던 야망이 되살아났을 가능성이 있다. 그래서 소론의 이 등용이 부분적이고 일시적인 조치란 사실을 알게 된 소론 인사들은 억울하고 분하게 생각하여 반란을 일으키게 되었다.

전라도의 남원에서 왕이 형을 죽였으며, 노론은 모두 대역 죄인이라고 주장하는 괘서掛書가 나붙었다. 괘서의 내용은 모든 양민들이 가능한 모든 수단을 동원하여 조정에 반기를 들어야 한다고 촉구했다. 전라감사가 괘서의 사본을 올렸으나 왕은 단지 태워버리라고만 하고 아무 조치도 취하지 않았다. 그러나 왕은 괘서가 나도는 배경에 깔린 백성들의 정서를 크게 오판했다. 적들은 왕이 의심하지 않는 것을 틈타 조정에 반대하는 광범위하고 강력한 역모를 추진하게 되었다. 음모의 주모자는 김영해金寧海였다.

주모자들 가운데는 김일경의 아들 김영해 외에 목호룡의 형인 목시룡睦時龍과 과거에 피살되었거나 유배당한 소론 지도자들의 아들과 친척이 포함되어 있었다. 이인좌李麟佐와 정희량鄭希亮이 지휘하는 대규모 반군 세력이 경상도에 집결했다. 평안도에서는 이사성李思晟이 반란군의 지휘를 맡는 한편, 한양에서는 남태징南泰徵 등이 반란에 동조했다는 기록이 있는 것으로 보아 이 음모는 전국적으로 확산되었던 것 같다.

역모가 새어 나가다 반군이 3월 20일에 한양에 입성하여 밀풍군을 왕으로 추대한다는 합의가 이루어졌다. 하지만 그런 모험이 모두 그렇듯이, 이 음모에는 약점이 있었다. 남도의 지도자 가운데 한 사람인 안박安泊은 한양으로 가는 방향에 있는 영주의 친구에게 곧 변고가 생길 터이니 피란 가라고 귀띔해주었다. 친구는 안박을 설득하여 자초지종을 털어놓게 한 다음 음모 내용을 바로 한양에 밀고했다. 그 밀고를 받은 최규서는 즉시 왕에게 알렸다.

이에 왕은 즉각 한강에 대규모 수비대를 보내는 한편, 수도 외곽의 성에 병력을 배치했다. 양성, 진위, 수원, 용인, 죽산, 춘천에 병력을 파견하는 한편, 조금이라도 난동을 부리는 사람은 모두 체포하라는 명령이 떨어졌다. 안박 형제가 체포되어 반란군 부대들의 위치와 다른 중요한 사항들을 상세히 자백했다.

왕은 남도 반란군을 토벌할 원정군 대원수에 소론인 오명항吳命恒을 임명했다. 2천 명의 병력을 거느리고 출정한 오명항은 남쪽으로 진군하면서 병력을 보강했다. 조정은 또 의주로 가는 길목과 동대문 밖 북바위에 대규모 군대를 보내 한양으로 들어오는 도로를 방어하도록 했다. 남쪽에서는 관군 일부가 조령 부근에 있는 문경성에 집결했다. 황해도 감사 역시 병력을 소집하여 평양 부근에 있는 황주에 포진했다. 관군의 일부 병력은 송도 바로 북쪽의 좁은 산길에 주둔했다. 이처럼 집중적인 방어 조치에 비추어볼 때 반란 음모가 매우 위험하고 광범위했으며 지방뿐만 아니라 한양에서도 영향력 있는 지도자들이 반란에 가담했다는 것을 분명히 알 수 있다.

남도에서는 반란군 총수인 이인좌가 깃발을 앞세운 강력한 군대를 이끌고 청주를 향해 북상했다. 당시 청주에는 관군이 쓸 보급품과 무기가 대량으로 비축되어 있었다. 반란군은 공격이 아닌 계략으로 청주를 함락시켰다. 반란군 병사들은 무기와 기타 장비를 들것에 싣고 야채로 덮어 짐꾼으로 가장한 채 청주로 들어갔다. 일단 진입한 반란군 병사들은 소규모 수비대를 제압하고 지휘관을 살해했다. 이인좌는 한양으로 계속 진격하면서 가는 도중에 있는 여러 지방에 수령을 임명하는 한편, 자신은 '대원수'를 자칭했다. 반란군은 죽은 왕을 위해 봉기했다고 주장했다. 모든 반란군 병사들이 선왕을 애도하는 한편, 진중에 사당을 지어 제사를 지냈다.

반군을 토벌하다 남도에서 한양으로 오는 길은 목천에서 한 갈래는 직산으로, 다른 한 갈래는 안성으로 갈라지지만 수원에서 다시 합쳐진다. 관군이 수원에 도착했을 때 반란군은 목천에 당도했다. 오명항이 이끄는 관군이 어느 길을 택할 것인지 알아내는 것이 반란군에게 매우 중요했다. 관군과 다른 길을 선택함으로써 전투를 피하기 위해서였다. 반란군의 이 같은 의도를 기민하게 간파한 오명항 장군은 반란군이 관군의 허를 찌르도록 내버려두지 않았다.

그래서 오명항은 소규모 부대를 직산 방면으로 진격시키고 주력부대는 안성으로 내려보냈다. 그의 판단은 정확했다. 관군이 안성 부근에 도달했을 때 오명항은 안전한 것으로 판단한 반란군이 안성에 야영하고 있는 것을 알아냈다. 오명항이 차출한 700명의 특공대는 길을 돌아서 반란군이 진지를 설치한 야산의 뒤편에 도착했다. 오명항은 밤에 산꼭대기에 있던 병력을 아래쪽의 적진으로 돌격시켰다. 효과는 즉각 나타났다.

잠시 후 모든 반란군이 목숨을 구하기 위해 제각기 도망치기 시작했다. 추격군은 도망치는 반란군 병사들을 마음대로 베어 쓰러뜨렸다. 이인좌는 붙잡혀서 한양으로 압송되었다. 한편 선산 부사 박필건朴弼健은 경상도에 남아 있던 반란군 잔당과 접전을 벌여 다수를 살해하거나 생포했는데, 그중에는 반란군 지도자 이웅보와 정희량도 포함되어 있었다. 이들의 참수된 목은 상자에 담겨 한양으로 보내졌다.

오명항 장군이 한양으로 개선했을 때 왕이 직접 이들을 환영했다. 대역 죄인들의 머리를 긴 장대 위에 꽂은 뒤 왕과 일행은 대궐로 들어가 큰 잔치를 열었다. 왕은 오명항에게 화려한 직함을 내렸고 반란 음모를 밀고한 최규서는 지금 영국 성공회 교회 부근에 있는 기념 사당이 딸린 집을 하사받았다. 왕은 소론의 악행을 상세히 기록한 책을 만들어 간행했다. 이 사건 이후 큰 당쟁은 일어나지 않았다. 반란군에게 살해당한 사람들을 위한 위령제가 치러졌다. 왕은 한 반역 죄인의 다섯 살 된 아들을 석방함으로써 관용을 베풀었다. 아이는 국법에 따라 15세까지 감옥에 갇힌 다음 처형을 당할 운명이었다.

암행어사 지침, '어떤 관아도 폐쇄할 수 있다' 왕은 암행어사 집단을 창설했다. 이들은 좀 더 은밀하게 임무를 수행하되 더 큰 권한을 행사한다는 점에서 기존의 어사들과는 달랐다. 암행어사들의 행동 지침은 다음과 같았는데, 이들은 당대의 암담한 현실에 한 줄기 서광을 비춰주는 존재들이었다.

(1) 어사는 사전에 면밀히 조사한 후에 비리가 있으면 어떤 지방관아도 폐쇄할 수 있고, 관아의 수령을 한양으로 압송하여 재판에 회부할 수 있다.
(2) 이 권한은 제사용 동물을 사육하는 지방관아는 해당되지 않는다.
(3) 은밀한 임무를 수행하는 과정에서 시골 여관에 묵을 때 음식이나 기타 물품을 요구하지 않으며, 필요 시 반드시 돈을 지불한다.
(4) 같은 이유로 한곳에 오래 머물지 않는다.

(5) 현지의 포졸들과 도둑 잡는 자들이 게으름을 피우지 않는지, 임무를 잘 수행하고 있는지를 면밀히 감시한다.

(6) 어사는 지방 수령의 수졸들이 농부들로부터 미리 돈을 받고 그 중 일부를 나중에 부과되는 국세를 감해주는 대가로 착복하는 사악한 관행을 반드시 종식시켜야 한다.

(7) 어사는 지방 농민들이 경작 가능한 농지의 면적을 허위로 중앙에 보고하지 못하도록 사전에 감시한다.

(8) 어사는 가을에 추수가 끝난 뒤 상환하는 조건으로 조정이 백성들에게 지급하는 농산물 종자에 대해 지방 수령들이 추가 이자를 징수하지 못하도록 감시한다.

(9) 어사는 지방 수령들이 불법 인삼 상인들로부터 압수한 인삼을 착복하지 못하도록 감시한다.

(10) 어사는 왕실 친족들과 지인들이 백성들의 토지를 강탈하지 못하도록 감시한다.

(11) 어사는 귀양 간 죄수들이 사면을 받았을 때 일정한 돈을 낼 때까지 석방 증명서를 발부하지 않는 지방 수령들의 못된 관행을 근절시켜야 한다.

(12) 어사는 지방 수령들이 장정들을 너무 많이 징집하여 이들을 조정이 국고로 먹여 살려야 하는 사태가 생기지 않도록 예방한다.

(13) 어사는 지방 수령들이 병사들의 군복으로 지급된 옷을 착복하고 병사들에게는 질 나쁜 옷을 지급하는 행위를 저지르지 못하게 감시한다.

(14) 어사는 채무자가 빚을 제 날짜에 갚지 못했을 때 채권자가 이자를 복리로 챙기지 못하도록 감시한다.

(15) 어사는 질 낮은 화약과 구경이 작은 조총을 만들지 못하도록

한다.
(16) 어사는 노비의 손자를 자유의 몸으로 풀어주도록 한 법률이 현지에서 잘 집행되도록 감시한다.
(17) 어사는 평안도의 지방 수령들이 법으로 정해진 액수를 초과하는 세금을 징수하지 못하도록 감시한다.

여기에 열거한 세부 항목들은 긴 조선 역사를 여러 장으로 나누어 다룰 때 각 장의 제목으로 삼을 만큼 중요한 것들이다. 우리는 여기에서 오늘날 조선을 요 모양으로 만든 원인들을 요약한 목록을 보고 있다고 봐도 무방할 것이다.

강원도 관찰사는 잦은 기근 때문에 울릉도에 매년 병사 세 사람을 파견하지 못했다고 보고했다. 하지만 왕은 일본이 그 섬을 노리고 있으므로 예전처럼 연중 감시 활동이 불가피할 것이라고 답변했다.

줄을 이은 개혁 왕은 술뿐 아니라 광업에 대해서도 유사한 편견을 갖고 있었다. 왕은 안변 광산의 은 채굴을 단호하게 금지했을 뿐만 아니라 같은 광산에서 구리가 채굴되고 있다는 소식을 듣자 관리를 파견하여 중단시켰다.

1728년에 세자가 죽자 효장세자란 시호를 내렸다. 종친을 왕으로 추대하려는 세력이 2년 후 남도에서 다시 역모를 꾸미기 시작했다. 이때 추대 받은 종친을 비롯해 소론 수백 명 이상이 죽은 것으로 알려졌다. 다음 32년 동안 각종 개혁이 줄을 이었는데, 개혁의 명칭을 열거하는 것만으로도 당대의 사회 및 경제 여건을 이해하는 데 큰 도움이 된다.

우선 북쪽 국경의 지도를 작성하고 운두에 성을 세웠다. 여자 노비의 손자는 해방하도록 규정한 법령을 공포했다. 가뭄에 대비하여 논에 공급할 물을 저장하는 저수지를 많이 만들라는 어명을 내리는 한편, 한양에 저수지 건설공사를 감독하는 관청을 두고 관리들을 배치했다. 또 임진왜란 때 파괴된 해시계를 대신할 새로운 모양의 해시계를 만들도록 했다. 중국이 자기네 역사책에 기록된, 광해군은 좋은 사람이며 인조대왕이 그의 왕위를 찬탈했다는 설명을 마침내 수정했다. 왕은 수정된 중국 역사책 한 권을 조상의 사당에 바쳤다. 양쪽 발목을 한데 묶고 두 다리 사이에 굵은 막대를 넣어 비트는 잔인한 고문 방법을 폐지했다. 북부 함경도에 기근이 발생할 경우를 대비하여 동해안에 거대한 곡물 창고를 지어 경상도에서 매년 거두어들이는 곡물을 저장하기 시작했다. 왕은 쌀이 부족한 것은 막걸리를 만드는 데 쌀을 너무 많이 쓰기 때문이라고 주장하며, 이 술을 만들거나 팔거나 먹는 자를 처형하겠다고 위협했다. 실제로 왕은 한양의 주요 도로를 따라 많은 염탐꾼을 배치했는데, 이들의 주 임무는 얼굴이나 걸음걸이로 보아 폭음이 의심되는 자들을 모조리 잡아 입 냄새를 맡는 것이었다!

멸망한 명나라 사람들이 배를 타고 남부 해안에 나타나 만주족(청나라)로부터 왕좌를 되찾는 투쟁에 지원을 요청했다. 하지만 조선인들은 정중히 그들의 요청을 거절했다. 왕은 죄수의 사지를 불에 달군 쇳덩이로 지지는 형벌을 금했다. 왕은 조선에서 흉조로 여겨지는 규봉窺峰, 즉 '엿보는 봉우리'로부터의 관측을 차단하기 위해 평양 내부에 청성이라는 또 하나의 성을 축성했다. 당시에는 어떤 장소가 바깥의 산봉우리에서 들여다보이면 묘라든지 집터로서 적합하지 않은 것으로 여겨졌다.

1733년 무렵 기근이 너무 자주 발생하자 왕은 각 도에 농업을 담당하는 관아를 만들고 관리를 파견하여 관개를 원활히 하도록 꾀했다. 이기하라는 사람이 양 바퀴의 축에 칼이나 창을 달아놓은 신형 화거火車를 개발했다. 왕은 그를 장군으로 승진시켰다.

1736년, 왕은 둘째 아들을 왕위 계승자로 책봉했다. 왕은 이 나라 수도의 도심인 종로에서 활동하는 기존의 상인 조합, 즉 독점 상인 단체와 경쟁하여 상품을 판 사람들을 처형했다. 왕실 사람들의 죽음이 너무 잦아 백성들은 흰옷을 입는 데 익숙해졌으나, 그 외의 모든 관습은 잊어버렸다. 하지만 왕은 흰색은 너무 때가 잘 타 모든 색 중에서 가장 나쁘다고 단언했다. 그는 푸른색, 붉은색, 검정색을 사용하라고 명했으나, 그중에서 동쪽이라는 의미와 부합하는 푸른색을 가장 선호했다.

세종대왕은 치세 초기에 몽둥이의 크기에 관해 기준을 만들었다. 이것은 총신처럼 생겼는데, 꽂을대(탄약을 총에 밀어넣는 도구—옮긴이)처럼 이 기준에 맞지 않는 몽둥이는 아무에게도 사용할 수 없었다. 왕은 이 법을 부활시켜 많은 기준품을 각 지방의 수령들에게 보냈다. 그는 또 적절한 권한이 있는 자 외에는 곤장형을 집행하지 못하도록 했으며, 도둑의 이마와 양 볼을 바늘 뭉치로 찌른 다음, 상처를 먹으로 낙인찍는 법률을 폐기했다.

그는 이어 허술하고 느리고 항해 능력이 떨어지는 삼층 갑판선을 폐기 처분하고, 양 옆구리에 노가 날개처럼 튀어나와 있고 속도와 안전성이 모두 뛰어난 '송골매선'이라는 함선으로 대치했다. 그는 이 배들을 전 해안에 골고루 배치했다.

왕은 어느 날, 송도로 가는 도중에 고려 왕조의 후손들이 살고 있는 동네를 인사차 방문했다. 이들은 현 조선 왕조를 인정하지 않고, 그들의 옛 왕조에 여전히 충성을 표하는 사람들이었다. 왕은 고려의 신하 정몽주의 핏자국이 지금도 남아 있는 유명한 선죽교에 처음으로 울타리를 치게 했다.

한국의 도량 제도를 정리한 세종 시대 이래로 이 유용한 제도는 약간 느슨해졌고 지방에 따라 기준 치수가 조금씩 달랐다. 따라서 왕은 다시 도량형을 엄격하게 정비하고, 전국의 모든 척도를 자신이 정한 규격에 부합하게 만들도록 지시했다. 명종 시대 이전까지만 해도 문신들은 붉은 옷을 입었으나 그 후 점차 흰옷이 그 자리를 차지했다. 이제 왕은 옛 관습으로 돌아갈 것을 명령했다. 한림翰林(조선 시대 예문관의 검열―옮긴이)이라 불리는 관리들에 대한 평가는 모든 관리들에게 분란의 대상이 되었으므로 왕은 부득이 이를 폐지했다. 하지만 이 제도는 나중에 부활되었다.

중국 송나라 황제 중 두 명의 무덤이 조선의 갑산 인근에 있었고, 이 묘를 관리하는 책임은 함경도 관찰사에게 있었다. 왕은 성균관에 기념비를 세우면 당쟁이 종식될 거라고 생각했으며, 다른 당파 사람들끼리 통혼하고 서로 사이좋게 지내라고 지시했다.

만주족(후금, 청)과 일본이 침략했을 때 모든 악기들이 파괴되었거나 도둑맞았는데, 이때까지 완전히 회수되지 못했다. 하지만 궁에 있는 한 우물에서 24개의 금속 장식이 매달려 있는 온전한 악기가 발견됐다. 이것을 쇠를 두드리면 4가지의 음조를 냈다. 여기에 조각된 글을 보니, 이 악기가 세종 시대부터 유래되었다는 걸 알 수 있었다. 왕은 흥미를 느껴 즉시 장인들에게 여러 가지의 악기를 만들도록 했다. 그중 가장 유명한 것은 종묘제례 때 사용하는 작은 편종이다.

3장

유교의 나라에서 꽃핀 천주교

영조의 치적들 1743년, 왕은 서대문과 혜화문에 지붕을 올리라고 명했다. 그전까지 이 성문들은 단지 아치 형태로만 돼 있었다. 그리고 그때부터는 비단으로 깃발을 만들지 못하도록 금지했다. 또 소론을 자칭하는 사람은 모두 대역 죄인이라고 선언한 전교를 내림으로써 소론의 잔당을 완전히 제거했다.

과거 시험에서 3등과 6등을 한 응시생은 오래지 않아 죽는다는 미신이 민간에 나돌았다. 그래서 응시생들이 다른 사람의 이름을 대신 썼기 때문에 친구나 친척이 곤혹스러운 처지에 빠지는 경우가 있었다. 이런 방식으로 이름을 바꿔치기하는 것을 우연히 목격한 왕이 관련자들을 문초한 결과, 송도 주민 두 명의 이름이 일부 응시생들의 이름 대신 사용된 사실이 밝혀졌다. 분노한 왕은 응시생들의 이름을 모두 다시 섞은 후, 누가 급사할 운명인지 제비뽑기로 정하도록 했다.

왕의 가장 유익한 개혁 가운데 하나는 무당제도의 폐지이다. 무당은 그 이전에나 당시에나 조선 사람들을 도덕적으로 부패시키고 예의범절을 타락시켰다. 이 시기에 바퀴 한 개짜리 수레가 발명되어 3품 이상 관직의 양반들만 사용했다. 관직이 9품을 넘는 사람이 범죄를 저질렀을 경우 곤장을 칠 수 없다는 법령이 공포되었는데, 이는 개혁에 역행하는 처사였다. 이런 조치는 양반과 상민 사이에 또 다른 장벽을 세우는 경향이 있었다. 하지만 공개 태형은 죄인이 지닌 관직의 위엄을 떨어뜨리는 것이 불가피했기 때문에 관리의 태형 금지가 완전히 나쁜 것만은 아니었다. 토지세와 인두세에 대한 백성들의 불평이 만연했기 때문에 왕은 1750년 한양에서 백성의 여론을 직접 들었을 때 백성들에게 이 문제에 대한 의견을 밝히게 했고, 백성들은 만장일치로 가옥세로 대체할 것을 지지했다. 왕은 백성의 건의에 따랐다.

1751년에 여러 지역에서 기근이 발생하여 수많은 백성이 한양으로 몰려들었기 때문에 조정은 이들에게 식량을 배급하지 않을 수 없었다. 이듬해에 세손이 태어났다. 이 세손이 장차 왕위를 계승하게 된다. 왕은 한양 주변에 있는 4대 산의 나무가 모두 베어지는 것을 막기 위해 순찰의 필요성을 깨달았다. 그는 처음으로 임진강에 성을 세웠다.

1753년에는 두 가지 중요한 사건이 일어났다. 황해도에서 부처를 자칭하는 한 여자가 나타나 각지의 여자들에게 조상의 사당을 불태우라고 선동하여 커다란 사회적 물의를 빚었다. 왕이 특별히 파견한 관리가 여자를 잡아 처형한 뒤에야 이 소동이 끝났다.

이 시기에 로마 가톨릭 교리에 관한 비밀 연구가 행해져 황해도와 강원도에 널리 퍼져나간 것으로 기록돼 있다. 가톨릭 교리를 연구한 사람들이 조상의 위패를 버린다는 소문이 나돌았기 때문에 조정은 심기가 불편했다. 그리하여 왕은 황해, 강원 감사들에게 커지는 이 비밀결사를 단속하라고 명령했다. 이 명령은 집행하기가 어려운 것이었고, 그 후 사망자가 나오지 않은 것을 보아도 감사들은 위협과 질책만 했을 가능성이 있다.

2년 후 중요한 공사가 완료되었다. 한양의 하수도는 발생하는 오수를 처리하기에 턱없이 부족했으며 폭우가 쏟아질 때마다 하수가 흘러

넘쳐 종각에서 동대문에 이르는 거리는 거센 물길로 변하기 일쑤였다. 하수도 정비를 위해 왕은 궁중 금고에서 200만 냥을 하사하여 공사비를 댔다. 또한 하수도 담당 관리를 임명하고 3년마다 체계적으로 정비하라고 명령했다.

그 뒤 왕의 어머니가 죽었다. 다음에 왕비가 죽었다. 왕은 이런 일련의 재앙에는 어떤 특별한 까닭이 있는 것이 분명하다고 말했다. 왕은 궁궐에서 비밀리에 술을 사용하는 것이 그 원인이라고 생각했다. 사람들이 그런 사실이 없다고 해명했으나 왕은 곧이듣지 않았고 조상의 제사에도 술 대신 물을 사용하라고 명령했다. 함경도 감사가 술을 사용한 죄로 벌을 받았을 때 왕은 숭례문 밖에 친히 나가 함경 감사의 처형을 지켜보았다. 모든 백성이 볼 수 있도록 죄인의 머리는 효수되었다. 무당제도를 폐지하는 현명한 조치에 뒤이어 맹인 무당들을 한양에서 모두 추방했다.

노쇠한 영조, 총기를 잃다 이제 왕이 재위 38년째를 맞은 1761년이 되었다. 이때까지 왕의 치적은 탁월했다. 군사적인 성공을 거두었기 때문이 아니라 사회, 경제 등 여러 분야에 개혁을 이루었기 때문이다. 그때까지 치적은, 유명한 송시열의 도움을 받아 광범위한 개혁을 단행한 숙종대왕의 업적에 비길 만했다. 영조의 나머지 재위기의 두드러진 특징을 이루는 노쇠의 기미는 아직 나타나지 않았다.

왕은 이제 70세가 다 되었고, 재위 초반에 지녔던 왕성한 의욕을 잃었다. 그러나 왕은 역시 성격적 특징인 전제적인 의지가 여전히 굳었다. 탁월한 판단력과 굳은 의지력은 함께 쇠퇴할 뿐만 아니라 그 결과로 재앙이 빚어진다는 사실을, 영조 재위의 남은 기간이 분명하게 보여준다.

노론이 세자를 경계하다 왕의 장자는 죽었고 둘째 아들이 세자에 책봉된 사실을 기억할 필요가 있다. 둘째 아들이 낳은 아들은 이제 열 살이 되었다. 지금부터 설명하는 일련의 재난은 세자가 노론과 강한 유대를 맺지 않은 결과로 일어났다. 노론 추종 세력은 세자가 등극하여 소론이 되살아나는 사태를 우려했기 때문이다.

세자는 왕의 지시에 따랐으나 성과를 거두지 못한 것이 화근이 되었다. 왕의 지시대로 당파의 경계를 없애는 데 실패했던 것이다. 늙은 왕은 항상 당파주의를 깨야 한다고 설교했으나 실제로는 죽는 날까지 노론의 충실한 지지자 노릇을 하면서 노론에게 온갖 유리한 조치를 취했다. 아마도 왕은 당파의 경계가 사라졌다고 생각했을지 모르나 사실은 노론이 압도적인 우위를 차지하여 비교가 무의미해졌을 뿐이었다.

왕은 당파의 경계를 깨는 대신 한 당파에게 모든 권력을 주는 정반대의 조치를 취했던 것이다. 집권한 당파가 세자를 의심한 것이 그 후 벌어진 정변의 주된 원인이었다.

세자를 폐위시킬 계획을 추진하다 그러나 직접적인 원인은 한 여인의 야심이었는데, 이는 이 나라의 진로에 종종 등장하는 장애물이다. 그 여인은 세자의 여동생으로, 자기 남편을 왕위에 올리고 싶어했다. 여인의 호칭은 화완옹주였다. 그리고 당시 궁중의 나인들 가운데 세자를 미워한 사람이 또 한 명 있었다. 이 모든 사람들은 각기 다른 이유로 세자가 제거되기를 원했다. 노론은 자기네 목숨을 부지하기를 원했고, 옹주는 왕비가 되기를 원했으며, 대궐의 나인은 복수를 원했다. 복수의 이유는 알려지지 않았다.

제거의 기회가 오래지 않아 찾아왔다. 홍계희, 홍봉한, 김상로 세 사람이 공모하여 세자를 폐위시킬 계획을 추진하기 시작했다. 그들은 세자 측근의 호위 병사들에게 여염집 여자들을 겁탈하고 재물을 훔친 다음 추궁을 당하면 세자가 시켜서 했다고 자백하도록 부추겼다.

세자에게 약을 먹여 정신착란을 일으키게 하다 어느 날 왕이 대궐 후원을 산책하고 있을 때 얕게 판 구덩이를 발견했다. 구덩이 위에는 볏짚이 덮여 있었다. 안을 들여다본 왕은 초상을 치르는 데 필요한 의복과 물건이 가득 묻혀 있는 것을 발견했다. 이런 물건들이 거기 묻혀 있는 까닭이 무엇이냐고 왕이 묻자 한 나인이, 세자가 왕이 죽기를 간절히 원하여 초상을 치르는 데 필요한 물품을 미리 준비한 것이라고 고했다. 이 말을 들은 왕은 대노했다. 왕은 그것이 세자를 모함하기 위한 술책일 가능성이 있다는 것을 조금도 생각하지 못했다. 한 번 의심을 품으면 모든 것이 의심스러워지기 마련이었다.

어느 날 왕은 앞에 언급한 나인이 매우 격하게 우는 모습을 다시 보게 되었다. 나인은 세자가 자기를 모욕했기 때문이라고 우는 이유를 댔다. 단계적으로 음모가 진행되는 가운데 여러 방면에서 결정적으로 보이는 증거가 제시됨에 따라 왕은 아들과 점점 멀어져 마침내 세자를 '구궁'이라고 불리는 다른 궁으로 보냈다. 이런 일련의 사태로 세자는 크게 상심하여 병이 났다. 설상가상으로 음모자들이 세자에게 정신착란을 일으키는 약을 먹여 주변 사람들에게 폭력을 휘두르게 만든 것으로 전해진다.

화완옹주, 세자에게 반역 혐의를 씌우다 그때 화완옹주는 세자가 평양으로 요양 여행에 오르도록 주선했다. 하지만 옹주가 세자를 평양에 보낸 데는 다른 뜻이 있었다. 즉, 세자가 왕을 몰아내고 왕위를 찬탈하기 위해 군사를 동원하는 음모를 꾸몄다고 모함하기 위해 세자를 평양으로 보낸 것이었다. 돌아온 세자가 밤에 한양에 당도하자 한 신하가 왕을 알현하고, 지금 성문 밖에 도착한 세자가 밤에 성안으로 들어와 왕위를 찬탈하려 한다고 주장했다. 이 보고를 들은 왕은 격노했다. 왕은 즉시 모든 성문의 경비를 두 배로 강화하고 사람을 보내 세자가 반역 행위를 하는 이유를 물었다.

세자는 반역 의도가 없다고 부인했으나 이미 때는 늦었다. 늙은 왕은 침착하게 이 문제를 합리적으로 생각할 능력이 없었다. 왕은 구궁으로 내려가 아들을 심문했다. 날씨가 몹시 더웠다. 세자가 나와 절을 하자 왕은 "네가 지은 죄를 잘 알렸다."라고 하며 다그쳤다. 세자는 부왕에게 어떤 역모도 꾸민 적이 없다고 대답했다. 세자의 유죄를 이미 확신하고 있었기 때문에 세자의 이 같은 부인은 왕의 분노를 더욱 부채질할 뿐이었다.

왕은 "네가 죽지 않으면 종묘사직이 결딴날 것이니 네가 죽어야겠다."라고 소리쳤다. 왕은 이어 주변에 모인 신하들에게 칼을 뽑으라고 명령했다. 세자의 결백을 아는 신하들은 망설였다. 왕이 자리를 박차고 일어나 칼을 뽑자 신하들도 따라 하는 수밖에 없었다.

세자는 침착하게 말했다. "소자는 죄인이 아닙니다. 그러나 제가 죽어야 한다면 아버지의 눈앞에서 죽을 수는 없습니다. 저의 거처로 돌아간 다음 아버지의 뜻대로 하십시오." 왕은 분노와 흥분이 극에 달해 지존의 체면을 돌볼 겨를이 없었다.

왕은 "안 된다. 내 눈앞에서 시행해야 한다."고 소리쳤다. 그리하여 왕자는 허리띠를 풀어 자신의 목을 묶어 조였다. 정신 상태가 온전하다고 볼 수 없는 왕을 제외하고 모든 궁중 사람들이 이 참혹한 광경에 경악했다.

왕이 죽게 내버려두라고 소리를 질렀으나 사람들이 달려가 허리띠를 풀고 세자의 얼굴에 물을 뿌려 의식을 회복시켰다. 사람들은 하나같이 왕의 관용을 청했으나 이미 제정신이 아닌 왕에게는 통하지 않았다. 사람들이 가로막을 경우 모두 처형하겠다고 왕은 위협했다.

세자가 뒤주 속으로 들어가다 왕은 무거운 뒤주를 가져오게 한 뒤 세자에게 들어가라고 명령했다. 그러나 이때 세자는 죽으려고 돌에 머리를 부딪치려 하고 있었기 때문에 왕의 명령을 듣지 못했다.

신하 한 사람이 달려가 목숨을 끊으려는 불행한 세자의 머리가 돌에 직접 부딪히지 않게 하려고 두 손을 돌 위에 댔다. 돌에 머리를 부딪쳐 자살하는 것을 단념한 세자는 왕 앞에 나가 이렇게 말했다.

"소자는 아버지의 하나밖에 없는 아들입니다. 제가 죄를 지었다고 하더라도 용서해주십시오. 지금 아버지는 평소의 아버지가 아닙니다. 화가 풀리면 후회하실 것입니다."

이 말에 분노가 극에 달한 왕은 세자에게 뒤주에 들어가라는 명령을 똑똑히 발음할 수가 없었다. 이때 신하들이 어린 세손을 데려와 아버지의 목숨을 살려줄 것을 간청하게 했으나, 왕이 세손을 발로 차버렸다. 차인 세손이 뒤로 넘어지려 하자 사람들이 받았다. 이제 달리 할 수 있는 일이 아무것도 없다는 사실이 분명해졌다. 세자는 뒤주 속으로 들어갔다.

날이 어두워졌다. 뒤주 위의 뚜껑에 못을 박을 때 뒤주의 한쪽 면에 난 커다란 옹이구멍이 하나 발견되었다. 관리 한 사람이 다가가 그 구멍을 통해 세자와 대화를 나누었다. 더위에 지친 세자가 물과 부채를 청하자, 관리가 즉시 그것들을 뒤주 안에 넣어주었다. 세자의 죽음을 바라고 있던 사람들 가운데 한 명이 이 사실을 왕에게 고했다. 이 말을 들은 왕은 서둘러 나와 구멍 위에 두꺼운 판자를 대고 못을 박으라고 지시했고 세자를 도와준 신하를 귀양 보냈다.

사람들이 해산한 뒤 세자는 여러 날 동안 좁은 뒤주 안에 굶주린 채 방치되었다. 매일 내시 한 사람이 돌로 뒤주를 두드렸다. 처음에는 돌로 뒤주를 치면 세자가 언성을 높여 화를 냈으나 나흘째 되던 날은 단지 "내가 어지럽구나. 제발 조용히 내버려다오."란 말만 했다.

8일째 되던 날 아무 반응이 없자 내시가 구멍을 뚫고 손을 집어넣었다. 죽은 세자의 차가운 몸이 만져질 뿐이었다. 수의를 입힌 세자의 시체는 장지로 운반되었다. 세자는 사도思悼란 시호를 받았다. 그날부터 14년 뒤 죽는 날까지 왕은 자신의 잔혹한 처사를 후회한다는 말을 한 번도 하지 않았다. 화완옹주가 자기 남편을 왕위에 올리려는 계획을 그후 다시는 추진하지 않은 점도 주목할 만하다. 세자가 참혹하게 처형당하는 광경을 보고 목적을 포기한 것으로 보인다. 어쨌든 옹주는 대부분의 책임이 자신에게 있는 끔찍한 죄를 뉘우칠 기회를 얻지 못한 채 역사의 주 무대에서 멀어져갔다.

그러나 왕은 세손을 자신의 후계자로 여전히 간주했다. 왕은 세손에게 죽은 아버지와 의절하고 큰아버지를 아버지로 모시도록 했다. 왕은 어린 세손에게 이와 관련하여 마음을 바꾸지 않겠다는 서약을 시켰다. 왕은 사도세자가 죄를 지었고 그 죄를 정당화할 수 없다는 것을 끝까지 믿었다는 것을 이 사실을 통해 알 수 있다.

노령의 영조, 개혁을 이어가다 1764년 왕은 71세가 되었다. 이때부터 왕은 극도로 쇠약해졌으나 놀라울 정도로 끈질기게 살아남아서 꼭 12년 동안 왕위 계승을 지연시켰다. 왕이 너무나 쇠약해졌기 때문에 어의들은 소량의 술을 처방할 필요가 있었다. 왕은 이를 묵인했고 이때부터 금주령은 다소 누그러졌다. 조상 제사와 관련하여 술의 사용이 다시 재개되었다. 이는 화완옹주가 강력하게 주장한 결과였다.

왕의 건강이 쇠약해지는 동안에도 흥미로운 사건들이 발생했다. 나라의 안녕을 위해 해마다 함경도 비박산에서 하늘에 제사를 지냈다. 그러나 나라의 머리가 되는 위치에 있는 백두산이 국토의 주산이므로 천제를 백두산이나 그 부근에서 지내야 한다는 건의가 왕에게 올라갔다. 그리하여 이때부터 천제를, 갑산에서 8리 거리에 있고 백두산의 전경이 보이는 망덕평의 운천에서 지내라는 전교가 발표되었다. 그뿐만 아니라 천제에 참석하는 사람들은 행사 4일 전부터 일반인들과 떨어져 지내며, 목욕재계하고 청결한 옷을 입으며 여자들과 관계하지 말라는 어명도 하달되었다.

1767년 왕은 전국적인 국세조사를 실시하도록 지시했다. 조선의 총 가구 수는 167만 9865호, 인구는 700만 6248명으로 밝혀졌다. 왕은 또한 새로운 측우기의 제작을 명했다. 최초의 측우기는 세종대왕이 제작한 것으로 알려졌다. 왕은 잔인하게 발등을 때리는 형벌을 폐지했는데 이 고문을 받다가 발가락이 떨어져 나가는 사례가 잦았다. 선박이 황해도의 옹진반도를 돌다가 난파하는 위험 때문에 장연에 정기적으로 정박하는 선박들을 제외한 다른 군함의 연례 수군 훈련을 폐지했다.

왕은 전라도 전주에 궁을 짓고 제사를 지냈다. 함경도가 왕실 조상이 태어난 곳으로 알려졌으나, 실제로는 왕실이 전주에 뿌리를 두고 있기 때문에 취해진 조치였다. 왕은 또한 성문에 신문고를 설치하여 민원이 있는 백성이 왕에게 알리도록 하는 오래된 제도를 부활시켰다.

노론은 1771년에 분열되었다. 두 파벌은 시파時派와 벽파僻派로 불리었다. 시파는 당시 세손의 아버지, 즉 사도세자가 무고하며 부당한 처벌을 받았다고 주장했고 벽파는 그 반대 주장을 했다. 사도세자의 무고를 주장하는 사람들은 장차 왕이 될 세자의 호감을 사겠다는 의도를 지닌 것이 분명했다.

이 무렵 하수도 주변의 버드나무 고목들이 길게 자라 있었다. 이 나무가 하수도에 방해가 된다는 사실이 드러나 베어진 후 오늘날 볼 수 있는 벽이 하수도에 설치되었다. 이즈음 두 개의 정치 파벌이 더 생겼다. 새 파벌들은 호파湖派와 낙파洛派로 불리었다. 두 파는 공자의 가르침을 해석하는 이론에 따라 갈리었다.

홍인한이 세손의 대리청정을 지연시키다 82세가 된 왕은 심신이 완전히 쇠약해졌다. 왕은 조상의 제사에 참석할 수 없었다. 정신이 혼미해져 목전의 현안에 집중하는 것도 어려웠다. 왕은 어전회의를 소집한 다음 그 사실을 잊거나 왜 회의를 소집했는지 기억하지 못했다.

홍인한은 어린 세손을 미워했다. 왕비가 되겠다는 꿈을 오래전에 접은 화완옹주의 아들을 왕위에 앉히는 것이 홍인한의 오래된 야망이었다. 홍인한은 세손이 옥새를 손에 넣는 운명의 날을 지연시키기 위해 온 힘을 다 쏟았다. 그는 세손의 작은 외조부였기 때문에 다루기가 어려워 더욱 위험한 인물이었다.

늙은 왕이 세손에게 대리청정을 시키겠다고 고집했을 때 홍인한은 이렇게 말했다. "아직 안 됩니다. 전하께서는 앞으로 여러 해 동안 다스릴 수 있습니다." 그는 자신이 우려하는 세손의 등극을 방해하는 어떤 사태가 생기기를 바라면서 대리청정을 지연시키는 데 성공했다. 한번은 왕이 승지를 불러, 그날부터 세손의 대리청정을 하라는 전교를 받아 적게 하려 하자 홍인한이 승지를 완력으로 밀어내서 막았다.

모든 신하들은 자신이 해를 입을까 두려워하여 양위 문제에 미온적인 태도를 취했으나, 세손에 대한 도움의 손길이 멀지 않은 곳에서 나타났다. 서명선徐命善이 상소를 올려 홍인한의 행적을 낱낱이 밝히자 왕이 마지막 힘을 내어 세손의 대리청정을 실현시켰다. 홍인한이 고집을 부려 말썽을 일으킬 경우 처벌될 수 있다는 것을 암시하기 위해 그의 친구 한 사람이 유배되었다.

이듬해 초 홍인한의 친구 몇 명이 더 귀양을 갔다. 늙은 왕은 새로 즉위한 세손을 양부인 효장세자의 사당으로 데리고 가 친부인 사도세자가 아닌 효장세자를 아버지로 모실 것을 맹세케 했다. 세손은 친부의 죽음에 관한 역사 기록을 뜯어내 창의문 밖 개울에 버리도록 해달라고 요청했다.

1776년 3월에 영조가 죽었다. 새 임금은 정조대왕이란 시호로 불리었다. 정조는 즉시 양부를 진종대왕으로, 생부는 장헌세자로 추존했다.

영조의 치세 기간 동안, 토착 열병 치료법, 소론의 악행, 도덕 교육, 공자 교훈서의 재간행, 역사 및 지리 서적 100권을 요약하는 등 많은 서적이 집필되었다. 5권으로 발간된 마지막 책은 『문헌비고』이다.

정조, 역모 사건을 단죄하다

젊은 왕 정조는 선왕에게 한 서약에도 불구하고 생부의 사당을 새로 짓고 다른 조상과 다름없는 제사를 올렸다. 왕은 생부의 실제 호칭 사용을 삼갔으므로 서약을 지킨 셈이었다. 또한 왕은 자기 생부가 뒤주에 갇혀 굶어 죽은 사실을 언급하는 사람은 사형에 처한다는 전교를 내림으로써 생부를 받들어 모셨다. 왕은 생부를 죽게 만든 장본인인 화완옹주의 아들을 귀양 보냈다. 왕의 즉위를 강력하게 막았던 홍인한은 여산으로 유배되어 가시나무 울타리에 둘러싸인 집에 연금된 후 왕이 내린 사약을 받고 죽었다.

정조의 즉위 첫해에 일어난 두드러진 사건은 왕을 암살하고 왕의 동생을 추대하려는 역모 사건이었다. 단도를 휴대한 채 붙잡힌 자객의 자백에 따라 홍상범과 그의 가족 전원이 체포되어 처형당했다. 왕은 자신을 보호하기 위해 마침내 동생을 사형에 처하지 않을 수 없었다. 그와 동시에 왕은 한양에 무당이 거주하는 것을 금지하고 생부의 죽음에 중요한 역할을 담당했던 다수의 신하들을 귀양 보냈다. 이 같은 조치로 미루어볼 때 한양에는 모든 수단을 동원하여 정조를 몰아내려는 세력이 조직한 강력한 비밀결사가 존재했던 것으로 보인다.

왕은 어머니의 권고에 따라, 총애하던 신하 홍국영洪國榮의 여동생을 빈으로 삼았다. 새로 들인 빈이 얼마 후 죽자 빈의 아버지가 역모에 연루되는 불행한 사태가 빚어졌다.

조선에서 유행하는 풍속 현재 조선에서 유행하는 풍속은 대체로 정조 치세에 유래한 것들이다. 왕이 가장 처음에 만든 법은 저녁에 성문을 닫은 후에는 왕의 특별허가 없이 열 수 없도록 규정한 것이었다.

학자인 권철신權哲身이 제자들을 모아 학문 연구를 위해 산속의 은거지로 들어간 시기는 정조가 즉위한 이듬해였다. 그들은 갖고 들어간 천주교 서적 한 권을 열심히 연구하여 책 속에 소개된 신앙의 가르침을 전원이 받아들이기로 결정했다. 권철신 일행은 이 신앙의 가르침을 비밀리에 실천했다.

즉위 5년째 되던 해 왕은 윤창윤尹昌胤의 딸을 두 번째 빈으로 맞았다. 이 시대까지는 북도 지방이나 송도 출신 사람들이 관리에 등용되는 경우가 매우 드물었으나 이제 왕은 북도 사람들도 관리에 등용될 자격이 있다는 어명을 발표하고 조정의 혜택을 받아야 한다고 말했다. 왕은 조정 회의 내용을 모두 기록하여 『일득록日得錄』이란 책을 만들어 보존하게 했다. 그 당시 조선 전역에 심각한 기근이 들어 왕은 온 힘을 다해 구제에 나섰으며 왕실 금고에서 조선의 귀중품인 은괴와 후추 및 염료용 목재를 대량으로 방출하여 하사했다.

이승훈이 북경에서 천주교 서적을 갖고 들어오다 1783년에는 이상한 소문이 나돌았다. 어느 외국이 조선에 선전포고를 하고 곧 대규모 병력을 조선에 보낼 것이란 소문이었다. 어느 나라가 공격할 것인지 아는 사람은 없었으나 대다수 사람들은 일본이라고 믿었다. 민심이 크게 흉흉해져 많은 백성들이 지방으로 피난을 떠났다. 남도 지방에 피난민이 대규모로 몰려들어 땅값이 급속히 올랐다. 유언비어에 속은 사람들이 서둘러 피난하는 과정에서 가족이 흩어지고 자녀를 잃어버리는 사태가 잦았다. 부모를 잃은 아이들을 불쌍히 여긴 왕이 한양에 고아 보호소를 만들었다.

경주의 이덕조李德操(이벽)는 로마 가톨릭교의 가르침을 받은 초창기 인물들 가운데 한 사람인데, 그해에 북경으로 가는 사신 일행과 동행하는 젊은이를 포섭하여 북경의 외국 선교사들을 찾아가서 가톨릭에 관한 깨우침을 배워 오라고 부탁했다. 이덕조의 부탁을 받은 이승훈李承薰이란 청년은 북경에서 프란체스코파의 포르투갈 신부 알렉산더 드 고베아를 만났다. 그리고 그는 천주교에 입교하여 바오로란 이름으로 세례를 받았다. 그는 많은 천주교 서적과 십자가 등 종교 관련 물품을 가지고 돌아왔다.

그는 이 가운데 일부를 이덕조에게 선물했고, 이덕조는 교리 연구에 배로 힘쓰는 한편 포교를 시작했다. 그가 입교시킨 가장 유명한 인물들은 한양에서 48킬로미터 떨어진 양근의 권철신과 권일신 형제였다. 이 지역은 조선의 가톨릭 탄생지로 불린다. 이덕조는 세례 요한이란 세례명을 받았고, 권일신은 프랑수아 자비에르란 세례명을 받았다. 얼마 후 한양에서 포교가 시작된 천주교는 남도 지방으로 급속히 퍼져나갔다.

1785년 형조판서는 새로운 신앙을 적극적으로 탄압하기 시작했고, 그해 3월 이 문제에 관한 조정의 상소가 왕에게 올라갔다. 이로 인해 많은 천주교 신자들이 신앙을 버렸다.

1786년 김이소는 중국에 간 사신의 수행자들이 돌아올 때 많은 가톨릭 서적들을 반입하여 나라에 큰 '물의'를 일으킨다고 왕에게 고하고 가톨릭이 사악한 종교라고 비난했다. 그는 가톨릭 서적이 나라 안에 범람한다고 지적하면서, 이를 막는 유일한 방법은 국경도시인 의주에 세관을 설치하여 모든 짐을 엄격하게 검시한 다음 통과시키는 것이라고 주장했다.

당시에 많은 중국인들이 의주 부근에 정착하여 살고 있었는데 주변의 조선인들이 이를 못마땅하게 생각했다. 상당한 수의 조선인들이 떼를 지어 중국인 거주지로 몰려가 그들의 집과 재산을 모두 불태웠다. 이 소식을 들은 왕은 잔인무도한 짓이라고 질책했다.

역병으로 한양 인구의 절반이 죽다 이 해의 두드러진 사건은 조선 역사상 유례를 보기 드문 파괴적인 역병이 발생한 것이다. 콜레라가 전국을 휩쓸었다. 이 역병으로 37만 979명이 사망한 것으로 전해지는데 사망자 가운데는 어린 세자도 포함되었다. 이것을 계기로 사망자들의 매장을 국가가 담당할 필요성이 제기되었다. 왕은 나라의 약국에서 만든 환약 2만 9천 개를 백성들에게 나누어주었고 한양에서만 8,149명이 회복되었다. 역병이 한창 기승을 부릴 때 엄청난 수의 환자가 발생했는데, 한양에서만 8천 명 이상이 회복됐다는 것은 거꾸로 적어도 6만 명이 죽었다는 것을 뜻한다. 아마도 이 수는 당시 한양 인구의 절반 이상이었을 것이다. 같은 해에 평안도의 강동에서 대형 무덤이 발견되었다. 무덤의 둘레는 200미터가 넘었다. 이 무덤은 처음부터 단군의 묘로 불리었으나 뒷받침할 만한 증거는 없었다.

또 다른 역모 사건　왕은 이복동생인 은언군을 대단히 총애했다. 동생을 왕의 첫 번째 빈으로 들여보냈던 홍국영은 두 번째 빈을 들이는 것을 완강하게 반대하여 은언군의 맏아들을 왕위에 올리려는 목적 아래 다른 두 명과 음모를 꾸몄다. 감시를 게을리 하지 않았던 대비가 음모를 적발하여 음모 가담자들은 모두 처형됐다. 모든 신하들이 은언군의 처형을 요구했으나, 왕은 듣지 않았다. 은언군은 제주도로 유배되었으나 왕은 얼마 후 유배지를 강화도로 옮기고 안락한 숙소를 마련해주었다.

사치를 금하다　왕은 고위 관리와 고령자를 제외한 일반 백성들의 비단 사용을 금지했다. 왕은 함경도에서 태조대왕의 증조부가 살았던 곳과 조부가 낚시를 했던 곳, 태조가 살았던 곳에 기념비를 세웠다. 함경도의 평창에서 태조대왕의 증조모의 무덤이 발견되어 왕이 수리한 다음 지키도록 지시했다.

그 시대까지 여자들은, 현재 조선의 여자 대곡代哭꾼들이 사용하는 일종의 대형 가발인 다리로 머리를 장식하는 풍습이 있었다. 다리를 만드는 데는 다량의 가짜 머리털이 사용되었고, 몇 개의 긴 비녀와 꽃으로 그것을 장식했다. 완전한 장식을 갖춘 다리는 집안의 가구 일습과 맞먹는 돈이 들어간다는 말이 나올 정도였다. 왕은 이 사치스러운 풍습을 바꾸도록 명하고 그날부터 대곡꾼들과 궁중의 여자들만 다리를 착용할 수 있도록 허용했다.

왕이 아버지인 사도제사의 묘를 이장해놓고 여러 차례 제사를 지내러 갔던 해인 1789년부터 수원은 중요한 도시로 인정받게 되었다. 왕은 강화도에 유배 중인 동생을 비밀리에 불러올렸는데, 이 사실을 알게 된 왕의 어머니가 요란하게 이의를 제기하여 어쩔 수 없이 어머니의 요구에 따라 돌려보낼 수밖에 없었다.

　조선 왕족 조상들의 거주지에서 가까운 함흥에는 거대한 나무가 있었는데, 어찌나 큰지 장정 10명이 손을 잡아야 간신히 둘러쌀 정도였다. 나무 그림자의 너비는 밭고랑 100개와 맞먹었다. 왕은 위대한 선조가 활쏘기 연습을 했다는 이 나무 둘레에 담을 쌓도록 했다는 전설이 전해 내려온다.

최초의 천주교 박해 사건　1791년은 가톨릭 신도들을 박해한 해로 항상 기억될 것이다. 가톨릭에 입교한 사람들이 그 전해에 북경에 사람을 파견하여 조선인들을 위해 성체의식을 집행할 사제를 조선으로 보내줄 것을 요청했다. 중국 주재 가톨릭 당국이 정기적인 축성을 받은 사제의 예배 인도 없이 조선인들이 자체적으로 성사를 집행하는 것을 엄격히 금지했기 때문이다. 그와 동시에 조상에 대한 제사 문제도 물어보도록 했다.

　북경의 선교사들은 사제 1명을 조선에 보내겠다고 약속했으나 조상에 대한 제사 문제에 대한 답변은 조선 신도들에게 매우 불만스러웠고 그 결과 많은 신도들이 배교했다. 북경의 선교사들이 조선인들의 조상에 대한 제사를 처음부터 반대한 것은 주로 로마의 선교 방침 때문이었다.

　그해 5월 "로마 가톨릭의 불길이 높이 타올랐다."는 말이 나돌았다. 다시 말해서, 가톨릭 교리가 여러 해 동안 조용히 전파된 사실이 이때 발각되었던 것이다. 전라도의 진산에 사는 두 명의 신도가 조상의 위패를 불에 태웠다는 이유로 붙잡혀 처형당했다. 관리들이 장시간 토의를 하고 망설인 끝에 두 신도를 참수하라는 명령이 내려졌다.

　마지막 순간에 왕이 마음을 바꾸어 감형을 명했으나 때가 늦어 죄수들이 이미 형장으로 끌려간 뒤였다. 왕은 새 종교를 하느님의 종교를 뜻하는 천주교라고 부르지 않고 사이비 종교를 의미하는 사학邪學이라고 불렀다. 판서인 채제공蔡濟恭은 로마 가톨릭교를 근절시켜야 한다고 왕에게 건의했으나 왕은 '우리는 공자의 가르침을 선양함으로써 그리 해야 할 것'이라고 대답했다.

왕은 종교적 이견에 대처하는 합리적인 방법을 알아차렸던 것이다. 왕의 참뜻은 적자생존에 맡기란 것이었다. 이는 모든 천주교도들이 모든 땅에서 제시하는 유일한 요구이며 이런 요구에 힘으로 맞서는 것은, 과거에나 미래에나 압제자의 열등함을 자인하는 것이었다.

왕은 각종 새로운 영향의 발원지가 중국이란 사실을 잘 알았고 천주교 서적의 국경 반입을 막는 매우 엄격한 법을 만들었다. 그리고 천주교 서적을 손에 넣고 20일 이내에 신고하지 않는 사람은 모두 처벌한다는 전교를 내렸다. 앞서 언급한 두 명의 교도가 선교활동을 벌인 진산의 수령은 파직되었고 관내에 가톨릭 신도가 많다는 이유로 45개 지방의 수령들이 한두 등급씩 강등되었다. 가톨릭 서적의 저자들은, 이 시기에 조선에서 배교자가 많이 나온 것은 성사가 행해지지 않은 데다가 천주교 서적이 부족했기 때문이라고 지적한다.

왕은 천주교에 대항하는 데 물리적인 힘을 사용하는 것과 관련된 자신의 진보적인 사상을 실천에 옮기지는 못했다. 왜냐하면 이 해의 11월에 천주교에 입교한 4명의 고위 관리가 체포되어 처형되었기 때문이다. 이들과 함께 상당수의 평민이 함께 처형되었다.

1792년 교황은 조선 교회를 북경 주교 관할구역에 공식 편입시켰다. 그즈음 조선에서는 단군, 기자, 수로왕(가락국 시조), 태조대왕의 무덤에 제사를 지냈다. 이런 제사가 천주교 퇴치를 돕는 데 목적이 있었는지 여부를 우리는 듣지 못했으나 그럴 가능성이 없는 것도 아니었다.

중국인 사제 주문모가 조선에 들어오다 이 시대는 일반 백성들이 번영을 누리던 때였으며 조선의 인구가 급속도로 불어났다. 조선인들 사이에 고조되었던 식민지 개척 정신이 이런 사실을 뒷받침하는 강력한 증거다. 수천 명의 조선인들이 압록강 일대와 해안 섬으로 이주하여 경작 가능한 토지가 대규모로 증가했다. 2년 후 남부와 중부 지방에 심한 가뭄이 들면서 번영기는 끝났고 조정은 굶주린 백성을 구하기 위해 벼 28만 가마를 방출하지 않을 수 없었다.

같은 해인 1794년에 류큐 왕국 사신을 정중하게 맞았다. 왕은 200년 전에 류큐 왕국 관리들이 조선 국왕으로부터 명예 관직을 받았다고 설명했다. 조선과 류큐 열도 사이에 항상 존재했던 돈독한 우호 관계에 비추어, 류큐 왕국 사신들은 융숭한 대접을 받은 후 성대한 환송을 받으며 떠났다.

그해 말에 로마 가톨릭교회의 중국인 사제인 주문모周文謨가 압록강을 건너 조선에 들어왔다. 조정은 이 사실을 알고 체포령을 내렸으나 주문모는 변장을 하고 한양을 탈출했다. 일행 2명이 붙잡혔으나 주문모 신부의 소재를 알리기를 거부하여 즉각 처형되었다. 주문모가 조선에 입국할 당시 조선의 신도 수가 400명인 것으로 가톨릭교회 측은 추산했으나 불과 몇 년 후 6천 명으로 늘어났다.

문화 사업 1796년에는 문화 분야에 아주 중요한 작업이 이루어졌다. 조선 왕조 초기에 동활자 10만 개가 제작되었는데 얼마 후 20만 개가 추가되었다. 정조는 이를 다시 보완하기 시작했다. 우선 5만 개를 추가시키고 1년 뒤에 15만 개를 더 보탰다. 그러고 나서 8만 개를 더 만드는 한편 나무활자 32만 개를 만들었다.

정조 재위 때 이미 다음과 같은 내용의 서적이 나왔다. 형벌의 단계,

중국 고전 비평, 군주의 합당한 통치법, 조정의 의사 결정 기록, 조선의 의복, 군사전술, 공문서식, 행정학 등이다. 이런 서적에 이어 군사 및 유교 서적이 몇 권 간행되었는데, 이 가운데 하나는 모든 유교의 고전을 99권으로 요약한 것이다. 왕은 독서를 매우 좋아하여 좋은 책을 수집하는 데 많은 노력을 기울였다. 왕이 간행을 직접 감독한 전집은 191권으로 이루어졌다.

호조판서는 다섯 냥짜리 엽전의 제작을 건의했으나 모든 신료들이 일제히 반대하고 대안으로 예산의 축소를 내놓았다. 나라의 예산 적자를 화폐 발행으로 메우려는 정책은 경제적 재앙을 초래할 수 있기 때문에 대신들의 견해가 옳았다.

천주교 박해와
잇단 재난

순조의 즉위와 정순왕후의 수렴청정 1799년에 평양에서 괴질이 발생하여 엄청나게 빠른 속도로 퍼졌다. 괴질은 열과 오한으로 시작되어 기침이 뒤따랐는데, 한 번 걸린 사람들은 급사했다. 왕은 그런 증세를 보이는 환자들의 회복을 위해 쇠고기를 먹이기로 결정했다. 왕의 명령에 따라 조정은 소를 잡아, 고기를 백성들에게 나누어주었다. 괴질이 갑자기 사라지자 백성들은 치료법을 찾아내 질병의 창궐을 막은 것은 왕의 놀라운 통찰력 때문이라고 믿었다.

왕은 1800년 초 아들을 세자로 책봉했다. 왕이 6월에 병사했기 때문에 이 책봉은 지나치게 빠른 것이 아니었다. 아버지의 참혹한 운명에 대한 슬픔이 왕이 사망한 이유라는 말이 나돌았다. 아버지의 갑작스럽고 비참한 죽음 때문에 왕의 상심이 깊었다는 것이다. 그런가 하면 왕의 사망 원인이 악성 종기 때문이라고 말하는 사람들도 있었다.

시호가 순조대왕인 새 왕은 국정을 수행하기에 나이가 너무 어려서, 증조모이자 아버지에게 많은 영향력을 행사했던 정순왕후가 왕이 성년이 될 때까지 수렴청정을 했다. 정순왕후는 여러 가지 개혁을 시도했다. 새로 건축된 현재의 자리에서 약간 서쪽에 위치했던 옛 서대문 밖에는 무당들과 점쟁이들이 모이는 절이 있었다. 정순황후는 절을 철거하고 이들을 모두 쫓아냈다. 또 대궐 경호 부대의 운영비에 사용되었던 세금에 대해 백성들의 불만이 매우 컸으므로 이를 면제해주었다. 이때까지 나라의 약국은 지방에서 세금으로 올라오는 돈이나 약초로 운영되었으나, 이 세금도 면제되었다. 정순왕후가 조정의 노비를 모두 해방시켰다는 기록을 믿는다면 그녀는 부분적이나마 매우 진보적인 정신의 소유자란 것을 인정하지 않을 수 없다.

1801년의 신유박해 조정이 로마 가톨릭교의 한반도 포교를 단호하고 체계적으로 탄압하기 시작한 것은 1801년부터였다. 한양에서는 두 정치 파벌이 성장했다. 시파와 벽파가 그것이다. 후자는 이 신흥 종교에 맹렬히 반대했으나, 중립적인 태도를 지킨 선왕의 견제를 받았다. 그러나 선왕이 죽고 난 그때, 섭정으로서 벽파를 지지했던 정순왕후는 자기 파벌의 반천주교적 편견을 적극 지원하기로 결심했다.

우리는 조선 사람들이 외세의 영향에 극도로 민감하다는 점을 명심해야 한다. 일본인들과 만주족의 무시무시한 침공을 경험한 조선인들은 외부 세계와 교류하자는 제안을 극도로 싫어했으며, 외국인들과 접촉할 수 있는 모든 기회를 용의주도하게 기피했다. 이것이 조선인들이 천주교에 반대한 이유 가운데 하나였다.

그러나 이밖에도 조선인들은 로마 가톨릭교회가 국가의 존립 기반에 타격을 가하고 정치를 장악할 가능성이 높다는 말을 들은 바 있었다. 가톨릭이 영혼의 지배뿐 아니라 세속의 권세까지 추구하는 사실에 비추어볼 때 이와 같은 비판은 사실 반박하기 어렵다.

조선인들이 가톨릭에 맹렬히 반대한 것은 별로 놀랄 만한 일이 못 된다. 가톨릭은 나라를 위협하는 위험한 종교로 간주되었다. 로마 가톨릭교가 조선 인구의 큰 부분을 차지한 것으로 알려졌다. 이에 많은 사람들이 붙잡혀 처형당했다. 그 가운데는 고위 관리 11명이 포함되었다. 그러나 죄인이 그리스도를 저주하는 데 동의하면 석방되었다. 박해에 앞장선 사람들이 전국을 돌아다니면서 도시와 농촌에서 신자들을 닥치는 대로 잡아들이는 바람에 오래지 않아 감옥이 만원을 이루었다. 4월에 11명이 처형되었고 그 다음 달에는 14명이 죽었다. 외국 신앙을 받아들인 종친 여자 2명이 사형당한 것으로 전해졌다.

이때 중국인 선교사 주문모 신부도 체포되어 서소문 밖에서 처형당했다. 주 신부는 북쪽의 압록강을 향해 도피했으나 강을 건너기 직전 갑자기 생각을 바꾸고 돌아서서 자수함으로써 영웅적인 죽음을 당했다.

천주교 교회들이 초토화되다 황사영이란 조선인이 동포 신자들에게 신앙을 설교하도록 중국인 신부를 데려오는 데 핵심 역할을 했다. 중국인 선교사가 처형되자 황사영은 청나라에 거주하는 유럽인들에게 편지를 보내, 군대를 조선 땅에 파견하여 왕실을 전복시키고 천주교 신앙에 동정적인 새 왕조를 세워달라고 요청했다. 이 편지는 중도에 가로채였고 운반자는 붙잡혀 모진 고문을 받아 만신창이가 되었다.

하지만 이것이 정확하다고 장담하기에는 다소 성급할 수 있다. 이 편지의 내용은 일반적으로 조선인들이 지녔던 신념일 수도 있고, 아닐 수도 있다. 그러나 유럽의 몇몇 나라가 자국 선교사들에게 기울인 적절하고도 적극적인 관심으로 판단할 때, 이런 내용의 상당 부분이 편지 속에 포함되었을 가능성이 있다.

이미 체포된 천주교 신자들을 처형하되 더 이상 잡아들이지 말라는 조정의 명령이 내려진 이듬해부터 박해가 중단되었다. 이때 300~400명의 신자들이 처형되었으며, 거의 모든 교회들이 초토화되었다.

상소문, '뇌물이 법처럼 통하고 있다' 엄청난 화재가 평양 시내를 휩쓸어 약 1천 채의 가옥이 파괴된 것이 바로 1803년의 일이었다. 화재는 이듬해에도 발생함으로써, 사실상 도시가 모두 파괴됐다고 한다.

1805년, 섭정을 펼치던 정순왕후가 죽자 천주교 박해 움직임은 완전히 사라졌고, 서적의 수입을 금한 법도 사실상 사문화되었다. 조정 전체에 부패가 만연했다. 이 시기에 조정에 올라온 상소문에는 당시의 참담한 사정이 잘 요약돼 있다. (1) 대신들은 책을 읽는 데 시간을 모두 쓰고 있다. (2) 정실주의와 뇌물이 예외적인 사건이 아니라 법처럼 통용되고 있다. (3) 사법 관리들은 가만히 앉아 뇌물을 기다리고 있다. (4) 과거 시험 답안지 채점관들이 응시자들로부터 미리 돈을 받으며, 이들의 탐욕을 고발해도 조사가 이루어지지 않는다. (5) 검열관들도 침묵하고 있다. (6) 지방 수령들은 백성들로부터 돈을 갈취하는 것 외에 아무 일도 하지 않는다. (7) 사치와 방탕이 이 나라의 원기와 부를 좀먹고 있다. (8) 나라 전체가 병들어 있으며, 핵심까지 썩었다.

왕을 꿈꾼 사나이, 홍경래 1811년(순조 11)은 홍경래洪景來라는 자가 북부 지방에 독자적인 왕권 국가의 창설을 시도한 반란이 일어난 해이다. 그는 평안도 사람으로 엄청난 부호였다. 그는 평안도 사람들이 관직 배분에서 차별을 받고 있다는 이유로 조정에 불만을 품고 있었다. 그래서 그는 북부의 여러 지역에서 채금 작업에 종사하는 광산 노동자들을 모아놓고 자신들이 중앙정부에 의해 심하게 차별 받고 있다는 이야기를 과장하여 말했다. 그는 자신에게 이 모든 사람들을 먹여 살릴 돈이 충분히 있으므로 함께 독자적인 왕조 국가를 창설하자고 제의하는 것으로 회합을 마무리했다.

총 5천 명에 달하는 거친 광부들은 순순히 그의 제안에 찬성했고, 반란을 일으켰다. 정식 군사훈련을 받지는 않았지만 거칠기 짝이 없는 이 부대는 상당히 위협적인 존재로 부각되었다. 그들은 처음에는 파죽지세로 진격했다. 그들은 가장 먼저 정주성을 장악하여 성주와 그의 가족을 몰살했다. 반란 소식이 한양에 도달하자 왕은 이요헌李堯憲을 진압군 총사령관 격인 순무사에 임명했다. 그에게는 진압 작전에 동원할 5천 명의 병사가 배속되었다. 그는 특이한 작전을 펼쳤다. 성문 밖의 관찰사의 집에 편안히 머무르며 그곳을 본부라고 불렀다. 그곳에서 그는 서능보, 김계온, 박기풍 같은 지휘관들을 현장으로 보냈다.

한편 반란군은 파죽지세로 밀고 내려왔다. 철산, 가산, 선천, 용천, 박천, 태천 등이 반란군에게 함락됐다. 관군 비축미와 병기도 모두 이들의 수중에 떨어졌다. 안주 부근에 포진한 반란군 본진은 안주를 점령하고자 했다. 그들은 이곳에서 관군의 저항에 부딪혀 격렬한 전투 끝에 간신히 안주를 점령했다. 안주를 점령하는 데 10일이 걸렸다. 하지만 한양에서 올라온 관군이 현장에 도착했을 때 반란군의 기세는 크게 꺾여 있었다. 현지의 많은 지휘관들과 병사들이 관군에 합세했다. 관군이 평양에 집결할 즈음, 반란군은 마지막 보루인 정주로 쫓겨 관군에 포위된 채 옹성 중이었다.

반란군이 퇴각하는 과정에서 홍경래 휘하의 장수 4명이 포로로 잡혀 한양으로 압송되었고, 그중 세 명은 즉결 처분되었다. 포위만으로 정주를 탈환하는 작전은 상당히 시간을 요하는 일이었다. 점점 초조해진 왕은 현장 지휘관인 박기풍을 파직하고 그 자리에 유효원을 앉혔다. 유효원은 즉시 정주성을 통째로 폭파시키기로 결정했다. 그는 성문에서 150보 정도 떨어진 곳에 울타리, 즉 일종의 방벽을 성을 따라 둘러친 뒤 그것을 은폐물로 삼아 성 밑에 땅굴을 팠고, 땅굴의 통로는 나무막

대로 받쳤다. 그는 성문 밑까지 땅굴을 판 뒤 엄청난 양의 화약을 설치하고 여기에 긴 도화선을 연결했다. 병사들은 도화선에 불을 붙인 뒤 재빨리 땅굴 밖으로 뛰어나왔다. 하지만 화약은 폭발되지 않았다. 아무도 땅굴 속으로 다시 들어가려 하지 않았다. 도화선이 천천히 타고 있을지 모르며, 땅굴 속에 들어가 있을 때 화약이 터질지도 모른다는 두려움 때문이었다. 이틀을 더 기다렸지만 용감하게 성에 다시 접근하려는 자는 나오지 않았다. 유 장군이 직접 땅굴에 들어가 보니 도화선이 이미 축축해진 상태였다. 그는 문제를 해결했고, 곧 엄청난 폭발이 일어났다. 폭발과 함께 긴 성벽이 무너지면서, 수많은 반란군 경비병들의 시체가 잔해 속에 묻혔다. 관군은 정주를 곧 점령했다. 홍경래는 체포되었고, '왕을 꿈꾼 사나이'의 목은 한양으로 보내졌다.

제주도까지 번진 사상 최악의 콜레라 이때부터 순조의 나머지 재위 기간은 끊임없이 계속된 재앙으로 점철돼 있다. 우선 1813년에 제주도에서 대규모 반란이 일어났다. 1814년에는 무시무시한 기근이 발생했는데 이런 기근은 남도 쪽에서 종종 일어났던 것이다. 이 기근에 이어 경상도에서 홍수가 발생하여 수천 채의 가옥이 파괴되고 많은 사람들이 죽었다. 한양에는 쌀이 동이 났고 조정은 곡식 창고를 열어 아사자 구제를 위해 최저가로 식량을 판매했다.

전국에 기아 구제를 위해 41만 4천 가마의 곡식을 배급하고 1,500만 냥의 돈과 2,300킬로그램의 염료용 목재, 230킬로그램의 후추를 구호용으로 풀었다. 기근으로 발생한 수많은 빈민들이 이듬해 한양으로 집단 이주하는 바람에 조정은 다음 보리 수확 때까지 이들에게 식량을 배급해주어야 했다. 이어 장티푸스의 일종인 토착 열병이 창궐하여 많은 사람들이 이 병에 걸리자 조정은 환자들을 수용하기 위해 보호소를 세웠다. 1816년에는 충청도에서 홍수가 발생하여 2천 채의 가옥이 무너졌고, 조정은 수재민들의 가옥 재건을 돕기 위해 목재를 지원했다.

1821년에는 조선 역사상 최악의 콜레라가 창궐했다. 맨 처음 북부 지방에서 시작된 이 역병은 남쪽으로 휩쓸고 내려와 곧 한양까지 번졌다. 한양에서 열흘 동안 무려 1만 명이 죽었다. 파괴적인 이 역병은 남부 지방에서도 맹위를 떨쳤다. 조정은 도로에 버려진 시체를 매장하기 위해 담당 관리를 임명하지 않을 수 없었다. 콜레라는 조금도 기세가 꺾이지 않은 채 이듬해에도 발생했다. 조정은 여행하다 발병하는 사람들을 위해 도로 가에 일정한 간격으로 가옥을 지었고 인부들이 주요 도로를 바쁘게 오가며 시체를 매장했다. 콜레라는 바다를 건너 제주도까지 번져 섬 주민 2천 명이 죽었다. 덩달아 수많은 강도떼의 노략질이 심해지자, 1824년 조정은 북부 지방에서 걷던 6만 9300가마의 세곡을 면제했다.

1827년에 효명세자가 대리청정에 임명되었고 같은 해 세손이 태어났다. 그러나 환란은 계속되었다. 조정은 어쩔 수 없이 강원도의 해초, 소금, 인삼, 어류의 현물 세금을 면제했다. 이듬해에 대규모 물난리가 나서 함경도의 수많은 마을이 피해를 입자, 왕은 수재민들을 구호하기 위해 많은 식량을 보냈다.

고종의 할아버지, 효명세자가 죽다 여전히 환란이 계속되는 가운데 1830년 효명세자가 죽었다. 세자는 대한제국 황제(고종)의 할아버지다. 그의 아들은 대원군이란 호칭으로 불렸는데, 1898년 봄에 죽었다. 세자의 시체가 안치되어 있던 건물이 화재로 전소되어 세자의 유골만 남았다.

2년 뒤인 1832년, 영국의 선박이 충청도 홍주에 나타나 교역을 위해 찾아왔다는 편지를 조선 왕에게 올렸다. 하지만 왕은 입국을 불허했다. 배의 깃발에 '예수 그리스도교'의 도안이 그려져 있었기 때문에 로마 가톨릭교에 입교한 조선인 몇 명이 배에 올라갔다. 그러나 그들은 영국 선원들이 프로테스탄트(개신교) 교도란 사실을 알게 되자 서둘러 배에서 내렸다. 영국 배에서 여러 상자의 서적이 내려졌고 그중 일부가 왕에게 전달되었으나, 왕은 책을 돌려보냈다. 이때 조선에 입국을 시도한 외국인들은 구츨라프Gützlaff와 린제이Lindsay였다.

9년 동안 계속된 기근   이 해에 파괴적인 화재와 홍수가 일어났으나, 그중 가장 큰 재난은 이때 시작되어 9년 동안 계속된 기근이었다. 기근과 더불어 해마다 콜레라도 발생했다. 숭례문 안에 시체를 겹겹이 쌓아올렸다는 말이 전해진다.

이듬해에는 기근과 역병이 기승을 부렸고, 궁궐이 화재로 전소되었다. 그 이듬해에는 한양에 파괴적인 토착 열병이 창궐했고, 의주에서 발생한 홍수로 가옥 2천 채가 파괴됐다. 그해 여름 굶주린 백성들이 떼를 지어 나라의 곡식 창고 여러 곳을 습격했으나, 창고 안에는 아무것도 없었다. 굶주린 백성들은 영의정에게 책임을 돌리고 죽이겠다고 협박했다. 영의정은 서둘러 지방으로 피신했다.

8살 된 세손이 왕이 되다   1834년 11월에 왕이 죽고 여덟 살 된 세손이 왕위에 올랐다. 새 왕의 시호는 헌종대왕이다. 왕의 할머니인 순원왕후 김씨가 수렴청정을 했다. 순원왕후는 즉각 개혁에 착수했다.

지방관아의 하급 관리들이 범죄를 저지를 경우, 그들의 친척을 처벌하도록 규정한 법이 이때 폐지되었다. 또 여러 가지 무거운 세금이 경감되었으며, 조정의 세금을 걷는 관리들은 자신이 취급한 돈에 대해 철저히 책임을 지게 되었다. 남응중南膺中이란 사람이 역모를 주도했으나, 가혹하게 진압되었다. 농토를 경작하는 데 없어서는 안 되는 소는 장래 농사의 희망이기 때문에 조정은 백성들에게 식용으로 소를 도축하지 말라고 명령했다. 모든 지방 수령들은 정해진 근무시간을 지키고 근무시간에는 오로지 정사만을 돌보라는 명을 받았다.

1839년의 기해박해

1831년 교황 그레고리오 16세는 조선을 주교 관구로 만들고 브뤼기에르를 주교에 임명했다. 유씨 성을 가진 중국인이 당시 유럽에 머물고 있던 중 조선으로 가는 여행에 브뤼기에르와 동행하라는 지시를 받았다. 유씨가 먼저 가서 조선에 들어갈 방법을 비밀리에 찾게 되었다. 브뤼기에르는 북쪽에서 압록강을 건너 조선에 들어오려고 3년 동안 노력했으나 국경에서 죽고 말았다. 브뤼기에르보다 조선 국경에 먼저 도착한 유씨는 조선 교회에 대한 통솔권을 원했기 때문에 브뤼기에르 주교의 조선 입국을 은밀히 방해했다.

그러나 이듬해에 피에르 필리베르 모방 신부가 조선 교구의 사제로 임명되어 입국에 성공하였고, 곧 한양에서 선교활동을 시작했다. 선교는 물론 비밀리에 진행되었다. 1837년에 앵베르 주교와 또 다른 프랑스 성직자 1명이 도착했다. 앵베르가 도착할 당시 조선에는 가톨릭교도가 9천 명에 달했던 것으로 전해진다.

왕의 나이는 13세에 불과했으나 1839년 가톨릭 신자들을 잔인하게 박해하는 사건이 일어났다. 앞서 본 바와 같이 조선에는 3명의 외국인이 들어와 있었다. 그들은 각각 조선 이름으로 앵베르 주교는 범세형, 샤스탕 신부는 정아각백, 모방 신부는 나백다록이라고 불리었다.

박해는 평소처럼 조정 대신들의 교체와 더불어 시작되었다. 이즈음 이지연李止淵이 영의정에 올랐다. 천주교를 미워했던 그는 조선에 천주교도가 그처럼 많은 까닭은 1801년에 철저히 뿌리 뽑지 못했기 때문이라고 주장했다. 그는 가가호호 수색을 요구했다. 그의 주장대로 수색이 이루어졌고 오래지 않아 감옥은 죄수들로 넘쳐났다. 수백 명의 신자들이 잔인하게 구타당했으나 일선 관리들이 죄수들의 가옥을 약탈하는 것은 허용되지 않았다. 그럼에도 불구하고 체포 열기는 조금도 수그러들지 않았다. 결국 외국인 신부 3명은 모두 체포되었다. 이들은 출국 명령을 받았으나 단호하게 거부했다. 결국, 그 외국인들은 중죄 판결을 받고 1839년 8월 14일 처형되었다. 그 뒤에도 박해는 더욱 심해져서 조선인들조차 박해에 따른 참상에 신물을 낼 정도가 되었다. 전해지는 말에 따르면 이즈음 70명이 참수를 당했고, 60명이 곤장을 맞거나 교수형을 당했다고 한다. 이들은 당시 조선 정부의 박해로 죽은 총 사망자 중 극히 일부에 불과했다.

프랑스 함대, 항의 서한을 전달하다 헌종 재위 기간 중 마지막 10년은 주로 로마 가톨릭교 포교와 관련된 일련의 사건이 특징을 이루었다. 1844년에 중국을 떠난 2명의 프랑스 신부들이 조선의 배를 타고 가장 험하고 위험한 뱃길을 이용하여 제주도를 통해 조선에 들어왔다. 2년 뒤 프랑스 정부는 조선에 군함을 파견하여 서신을 전달했다. 서신은 프랑스인 3명의 사망 사건에 항의하고, 이 같은 잔인한 행위가 계속될 경우 조선에 응징을 가하겠다고 위협하는 내용이었다.

하지만 이런 항의는 천주교에 대한 조선 사람들의 반감을 부채질했을 뿐이었다. 로마 가톨릭교의 배후에는 속세의 권력이 버티고 있고, 따라서 편지에는 정치적 의미가 담긴 것으로 보였기 때문이다. 이 새로운 사건의 결과로 몇 명의 조선인 신자들이 목숨을 잃었고 2명의 프랑스 신부는 지방에 더욱 은밀히 몸을 숨기게 되었다.

프랑스의 항의 서한에 대한 조선의 답장 1847년 여름에 프랑스의 프리깃함 글로아르 호와 코르벳함 빅토리외즈 호가 조선을 방문하여 앞서 서신을 보낸 결과를 확인하기 위해 중국 하북성의 직예만을 출발했다. 두 전함은 썰물 때 모두 갯벌에 좌초되어 두 동강이 났다. 600명의 수병들은 전라도 해안의 섬인 고금도로 피신했고, 구원을 청하기 위해 함재정이 상해로 급파되었다.

조선인들은 힘이 닿는 한 모든 지원을 아끼지 않았고 프랑스인들에게 식량과 기타 필수품을 제공하는 한편, 중국으로 타고 돌아갈 선박까지 내주겠다고 제안했다. 실제로 조선 조정이 취한 이러한 조치는 매우 훌륭했다. 우연히 고금도 부근을 지나던 영국 배가 프랑스인 생존자들을 모두 중국으로 데려갔다. 조선 정부는 프랑스인들이 다시 찾아올 것을 두려워하여 앞서 전달받은 서신에 답장을 보내기로 결정했다.

지난해에 우리는 외국인들로부터 서신을 한 통 받았다. 서신은 우리나라의 대신들 앞으로 전달되었다. 그 내용은 다음과 같다. '본국 국민인 앵베르, 샤스탕, 모방 3인을 귀국이 처형했다. 우리는 귀국이 그들을 처형한 이유를 해명할 것을 요구한다. 귀국은 외국인의 입국을 허가하지 않는다고 말할지 모른다. 그러나 중국이나 만주 사람이 귀국에 들어갈 경우 죽이지 않고 자기 나라로 돌려보낼 것이다. 그렇다면 귀국은 어째서 이 세 사람을 동등하게 대우하지 않았는가? 만약 그들이 살인 및 선동과 같은 죄로 유죄판결을 받았다면 우리는 할 말이 없으나 그들은 그런 죄인들과 달랐다. 귀국은 그들에게 부당하게 유죄를 선고함으로써 프랑스 정부에 중대한 손실을 끼쳤다.'

이런 내용의 서신에 대해 우리는 다음과 같이 답변하고자 한다. 우리가 알지 못하는 시기에 입국한 3명의 외국인이 1839년 이 땅에서 발견되었다. 그들은 조선 옷을 입었고 조선말을 썼으며 밤낮을 가리지 않고 거처를 옮겼다. 그들은 얼굴에 복면을 썼고 주거지를 숨겼으며 우리가 역도나 적으로 간주하는 자들과 어울렸다.

재판장에 끌려나왔을 때 그들은 자기네 이름이 피에르 및 일본인 캉이라고 주장했다. 이 자들이 귀국이 언급한 사람들인가? 심문 당시 그들은 자기네가 프랑스인이란 사실을 전혀 밝히지 않았다. 그들이 신분을 밝혔다 해도 우리는 귀국이 어디 위치해 있는지 알지 못하므로 그들을 돌려보낼 수 없었을 것이다. 우리는 비밀 입국을 금지하는 법을 적용하는 것 외에 달리 취할 방도가 없었다.

반면에 그들이 변장을 하고 조선 옷을 입은 것은 무언가 불순한 동기를 숨기려 했다는 뜻이다. 따라서 그들은 본국 해안에 난파한 외국 사람들과 비교될 수가 없다. 우리는 난파한 외국인들을 가능한 한 구조하여 본국으로 돌려보낸다. 조선의 법도가 그렇다. 귀국의 국민들이 우리나라 해안에 난파하여 표류했다면 중국인, 일본인 혹은 그 같은 환경에 처한 다른 나라 사람들과 정확하게 동등한 대우를 받았을 것이다.

귀국은 그들이 아무 이유 없이 살해당했고, 따라서 조선이 프랑스 정부에 범죄행위를 저질렀다고 말한다. 이런 발언은 참으로 근거 없는 주장이다. 우리는 귀국과 서로 왕래한 일이 전혀 없다. 귀국이 조선에서 얼마나 멀리 떨어져 있는지조차 우리는 모른다. 무슨 까닭으로 조선이 귀국에 손실을 가하겠는가? 외국인이 귀국에 들어가 변장을 하고 귀국이 범죄로 간주하는 행위를 할 경우 귀국은 어떤 조치를 취하겠는가? 귀국은 그런 자를 방치하겠는가? 중국인과 만주인이 조선에 들어와 귀국 국민들과 똑같은 행동을 했다면 그들도 귀국 국민들에게 취한 것과 동일한 대우를 받았을 것이다.

실제로 우리는 조선에 들어와 변장을 하고 복장을 바꿔 입었다는 이유로 중국인 한 명을 처형했다. 중국 정부는 그렇게 하는 것이 조선의 법이란 것을 알기 때문에 그 사건에 관해 일언반구 따지지 않았다. 우리가 그들의 국적을 파악했다 할지라도 그들의 행동이 우리의 법에 너무나 어긋났기 때문에 국적에 관한 지식과 상관없이 그들을 살려두지 않았을 것이다. 이 문제는 더 이상의 설명이 필요하지 않다. 귀국의 서신은 적절한 격식을 갖추지 않은 채 발송되었으므로 우리는 답변할 의무가 없다. 이 문제는 속국의 통치자가 처리할 수 있는 사안이 아니다. 조선은 중국의 속국이므로 모든 외교 문제를 북경의 조정과 협의할 의무를 지고 있다. 이 점을 귀국의 원수에게 알리고, 사건의 진상을 밝히기 위해 조선이 이상과 같이 명백한 발언을 하게 된 것에 놀라지 않기를 바란다.

"프랑스인 처벌은 중대한 범죄다" 조선의 주장에 논박의 여지가 없다는 것을 이해하기 위해 이 답서를 읽을 필요가 있다. 인도주의적 견지에서 볼 때는 잘못되었을지 모르나, 단지 정치적·법적 관점에서 볼 때는 조선 정부가 모든 유리한 사실을 증거로 확보한 셈이었다. 조선 정부가 자기네 주장을 뒷받침하는 가장 강력한 근거, 즉 프랑스인들에게 출국할 것을 요구했으나 그들이 거부했다는 사실을 언급하지 않은 것은 다소 이상하다.

프랑스인들은 자기네 선택에 따라 조선 법의 적용을 받았고, 좋든 싫든 그 결과를 감수했던 것이 분명하다. 프랑스인들이 조선의 신도들과 함께 고통을 당하기 위해 남기로 한 영웅적 용기는 가상하지만, 그들이 출국하여 목숨을 구할 수 있는 기회는 분명히 있었다.

조선에서 가톨릭의 교세가 급속히 불어난 것은 주로 이 프랑스인들과 같은 사람들의 영웅적인 자기희생 덕분이라는 데 의문의 여지가 없다. 그들은 글자 그대로 선교를 위해 목숨을 바쳤다. 그러나 프랑스 성직자들의 처형과 관련하여, 조선 정부에게 어떤 변명의 여지도 없다고 말하는 것은 틀린 주장이 될 것이다. 아주 옛날부터 조선인들은, 이단 신앙의 포교보다 죄질이 훨씬 약한 범죄도 사형으로 다스렸다. 이런 조선의 관점과 외부의 도발에 비추어볼 때 조선인들은 비난을 받기보다 계몽이 필요했다고 말하는 것이 온당할 것이다.

이 답변서에 만족하지 않은 프랑스 정부는 앞으로 조선 땅에서 체포되는 프랑스 국민은 모두 북경으로 보내야 하며, 그렇지 않을 경우 조선 정부가 중대한 죄를 범하게 될 것이라고 주장하는 답신을 보냈다. 그러나 이 사건이 있고 오래 되지 않은 1848년에 프랑스에서 혁명이 일어나는 바람에 이 동양권의 문제는 당분간 잊혀졌다.

왕이 된 강화 도령 1849년 왕이 후사를 남기지 않은 채 죽자, 그의 할머니인 순원왕후 김씨는 강화도에서 귀양살이를 하던, 정조의 이복동생인 은언군의 손자를 왕위에 올린다. 이 젊은이는 19세에 왕의 중책을 떠맡았다. 그는 사후에 철종대왕으로 추존된다. 철종은 전계대원군의 아들로, 아버지에 의해 뒤주 속에 갇혀 죽은 사도세자의 증손자였다.

철종이 재위한 14년간은 조선에서 중요한 개혁이 많이 이루어졌다. 죄인의 가족들도 죄인을 따라 귀양지에 같이 갈 수 있다는 법이 재확인되었다. 도박은 엄격하게 금지되었고, 상인들의 독점 상거래 행위가 철폐되었다. 고위직 관리들의 뇌물과 공금횡령 관행을 박멸하려는 운동이 강력하게 추진되었으며, 양반들이 하층민들을 구금하고 구타하는 행위도 금지되었다.

천주교의 급속한 교세 확장 철종의 재위 기간은 두 가지 측면에서 중요했다. 첫째는 로마 가톨릭교의 급속한 확산이고, 둘째는 모든 외국 세력에 대한 안정된 정책이었다. 철종이 즉위했을 때 조선에는 약 1만 1천 명의 천주교도가 있었는데, 그의 재위 기간이 끝나는 1863년에 그 숫자는 거의 배로 늘어 2만여 명에 달했다. 누구나 이런 사태를 해결하려면 철종과는 성품이 다른 왕이 필요할 것이라고 생각할 정도였다. 그래서 이 기간에 이 새로운 신앙을 선교하는 일은 꾸준히, 큰 후퇴 없이 진행되었다.

프랑스 사람들이 묘사한 이 나라의 모습은 정말 참담했다. 그들은 왕이 매우 무능하고, 단순한 방탕꾼에 불과하다고 보았다. 고위 관리들은 백성들을 착취해 제 배만 불리고 있었고, 백성들은 허구한 날 이 왕조의 종식을 예언하는 예언서에 의지해 살고 있다고 묘사했다. 그리고 이제 훨씬 더 많은 외국인들이 조선에 입국하기 시작했다. 1850년대 초에 메스트르Maistre 신부와 베르뇌Berneux(한국명은 장경일) 신부 등이 앞다투어 입국했다. 베르뇌 주교는 조선 교구의 주교가 되었다.

북경 함락 소식에 떠는 조선 정부 1860년 말쯤 북경이 영불 연합군에 함락되었다는 소식과 청 황제의 투쟁, 이화원이 불에 타고 약탈당했다는 소식 등이 전해졌다. 수천 명의 외국인이 청 제국을 전복시키기 위해 왔다는 소식도 들어왔다. 한양은 경악했다. 한 신하가 이 사태를 우려하는 세 가지 이유를 제시하는 상소를 왕에게 올렸다.

(1) 적 앞에서 도망친 황제는 조선 땅, 아니면 적어도 조선과 중국 국경 바로 위에 있는 어떤 군 진지에 피신하기를 바랐는지도 모른다. 청 황제가 조선 땅에 강제로 들어올지도 모르므로 접근 가능한 모든 진입로에 대한 경비를 철저히 해야 한다(이 부분은 중

국에 대한 조선의 깊은 충성심을 잘 보여주고 있다).

(2) 조선과 중국 국경의 중립 지대에 들끓고 있는 도적단들이 조선 땅에 진출할지 모르므로 그런 시도를 예방하기 위해 이 지역에 군 진지를 구축해야 한다.

(3) 최악의 경우, 외국인들이 조선을 침략할 가능성이 있다. 그러면 조선의 도시들은 황폐화될 것이고, 백성들의 사기는 저하될 것이며, 타락한 종교가 백성들 사이에 자리 잡을 것이다. 외국인들은 바다나 평지의 전투에서만 강하므로, 산지가 많은 조선의 지형은 우리에게 실질적으로 유리할 것이다. 우리는 군대를 재정비하고, 한양으로 향하는 주요 접근로, 또 동래, 남양, 부평, 인주 등에 진지를 구축해야 한다. 강화의 하협이 내려다보이는 고지대에도 진지를 구축해야 한다. 그러면 서양 배들이 한강으로 올라올 수 없을 것이다. 각 지방에 외래 종교가 급속히 퍼지고 있으므로 이 땅에 이미 들어와 있는 외국인 신부들이 조선에 들어오려는 자기 동포들과 연락하지 못하도록 사전에 조치를 취해야 한다.

조정과 백성들은 모두 이 계획을 지지했고, 이 상소를 올린 사람은 판서가 되어 자기 계획을 실행할 수 있는 권한을 부여 받았다. 하지만 수천 명의 청나라 병사들이 살해되었으며, 1861년 2월에 이루어진 대사관 반환 같은 소식들이 계속 쇄도하다가 마침내 황제가 도주했고 위대한 청 제국이 마지못해 서양과 조약을 체결했다는 결정적인 소식이 전해졌다.

이 소식에 모든 조선 백성들은 전율을 느꼈다. 부유한 사람들은 죄다 산속으로 도망쳤는데, 그중 앞의 상소를 용감하게 올렸던 자가 가장 빨랐다. 대신들은 자기 식솔들과 재산을 멀리 빼돌렸다. 많은 고관들이 로마 가톨릭교회 측에 보호를 요청했다. 그들은 로마 가톨릭의 성서나 배지 같은 걸 얻으려고 애썼으며, 상당수는 그것들을 대낮에도 허리띠에 차고 다녔다. 관아의 졸개들은 자신들은 가톨릭교도 박해와 아무 관계가 없다고 소리 높여 주장했다. 당시 조선에 들어와 있던 프랑스인들은 바로 그때 가장 유리한 조약이 체결될 수 있었다고 믿었다. 그러나 프랑스는 그런 방향으로 노력하지 않았다.

점차 흥분이 가라앉는 가운데 전쟁 준비가 추진되었다. 부자들은 전쟁 비용을 헌금했다. 구식 무기를 다시 꺼내는 한편 난파한 프랑스 전함에서 노획한 대포를 본떠 신무기를 주조했다. 이 시기에 조선에는 9명의 프랑스인이 머물고 있었다.

1861년은 백성들에게 힘든 한 해였다. 백성들은 있는 돈을 모두 세금으로 바쳤고 지방에서는 민란이 더욱 빈번하게 일어났다. 프랑스인들은 다음과 같은 재미있는 일화를 소개한다. 일화에 따르면 과부들이 집단적으로 들고일어나 관아로 쳐들어가 고을 수령의 어머니를 붙잡아 옷을 모두 찢어서 벗긴 다음, 완전히 알몸으로 버려두었다. 이런 행위는 말할 것도 없이 수령에게 평생 씻을 수 없는 모욕을 준 것이었다.

5장

외세가 손을 뻗치다

옥새를 거머쥔 조 대비, 흥선군 의 둘째 아들을 왕위에 올리다

1863년에 즉위한 왕(고종)의 재위 기간 중 일어난 사건들은 현재 살아 있는 많은 사람들의 기억에 생생하게 남아 있다. 따라서 이 책에 쓰인 내용들은 대체로 현장의 목격자들의 진술을 토대로 한 것이다. 자세히 쓰면, 현 왕권의 역사만으로도 족히 한 권 분량은 될 것이므로 우리는 주요 사건들만 간략히 설명하고 넘어갈 수밖에 없을 것 같다.

달레Dallet는 현 왕권 초기의 정세를 다음과 같이 생생하고, 구체적으로 묘사했다. 철종은 오래전부터 폐병을 앓고 있었다. 1863년 11월, 병세가 호전되자 조금씩 거동하기 시작했다. 평소 때보다 훨씬 심기가 편해진 그는 정원에 나가 산책했다. 하지만 거기서 갑자기 현기증을 느꼈고, 기다시피해서 거처로 간신히 돌아왔으나, 그때부터 죽음에 임박한 증세를 나타내기 시작했다. 대신 김좌근과 그의 아들인 김병기, 그리고 세 명의 왕가 친척들이 즉각 달려와 철종의 임종을 지켜봤다.

이 장면을 목격한 익종 비인 조 대비의 한 친척이 급히 조 대비의 처소로 달려가 외쳤다. "마마, 여기서 뭘 하고 계십니까? 전하께서 승하하려 하십니다." 그는 대비에게 어서 왕의 처소로 가 옥새를 손에 넣고,

왕실 가문에서 권좌에 앉을 자를 택한 다음, 그를 대비의 죽은 남편인 익종의 아들이자, 후계자로 선언하라고 촉구했다. 이에 따라 대비는 죽어가는 왕 곁으로 급히 달려갔다. 왕의 처소에 도착한 대비는 앞에서 말한 사람들 외에 옥새를 이미 치맛자락에 챙겨둔 왕비가 와 있는 것을 발견했다. 조 대비는 단도직입적으로 옥새를 달라고 했다. 왕비가 말을 듣지 않자 대비는 옥새를 거칠게 빼앗았다. 아무도 이 강인한 여인에게 대항하지 못했다. 대비는 이렇게 절대절명의 기회를 놓치지 않았고, 한순간의 결단으로 한 왕국의 진로를 바꿔놓았다.

대비는 왕의 이름으로 전국에 다음과 같은 포고를 내렸다. "전하는 조 대비가 옥새를 관장하도록 명하셨다. 왕좌는 홍선군(실제 이름은 이하응이다)의 둘째 아들인 명복命福에게 돌아갈 것이다. 어명의 집행자는 영의정 김좌근이며, 도승지 민치상이 새 왕을 찾아 모셔올 것이다." 조 대비는 섭정이 되었고, 왕비의 외척 세력인 김씨 가문은 실각했다.

동학, '만사를 통하는 경지에 간다' 동학東學이라는 독특한 종파가 남쪽 지방에서 부흥하기 시작한 것은 바로 새 왕이 즉위한 초기였다. 동학의 설립자는 경상도 경주 출신의 최제우(호는 복술)였다. 이 종파가 가장 중시하는 주문은 '시천주조화정 영세부망 만사지侍天主造化定 永世不忘 萬事知'라는 수수께끼 같은 문장이었다. 이 문장은 "천지의 주인이신 상제님을 모시는 참신앙의 마음을 영원히 한순간도 잊지 않으면 만사를 통하는 경지에 이른다."는 뜻이다.

이 종파의 신도들은 한자리에 앉아 이 주문을 몇 시간씩 왼다. 또 그들은 춤을 추고, 일종의 광란 상태에서 검을 휘두르면서 하늘로 올라가는 시늉을 한다. 동학, 즉 '동쪽의 종파'라는 이름은 자신들을 서학, 즉 '서양의 종파', 다시 말해 로마 가톨릭과 구별하기 위해 스스로 붙인 것이다. 따라서 적어도 일부는 맞는 말이다. 이 종파의 교세는 급속도로 확장되어 곧 엄청난 신도 수를 거느리게 되었다. 이 종파의 세력을 견제하지 않을 수 없었던 조선 조정은 마침내 관군을 남부 지방에 파견하였다. 관군은 이 종파의 창시자를 체포하여 처형했다. 이로써 한동안 이 종파의 적극적인 포교 활동은 중지되었으나, 나중에 알게 되듯이 이 종교 자체가 사라진 것은 아니었다.

대원군은 조선의 독인가, 약인가 조 대비는 천주교를 격렬하게 반대한 인물이었기 때문에 조정의 모든 관직을 로마 가톨릭의 적들로 채웠다. 하지만 조 대비는 권력을 오래 유지할 운명이 아니었다. 왕의 아버지는 그의 아들이 왕위에 올랐다는 점에서 대원, 또는 대원군이라는 호칭으로 불리었다. 그는 모든 걸 좌지우지하려는 성품에, 굽히지 않는 의지의 소유자였다.

근대 한국사를 통틀어 가장 특출한 성격을 지닌 인물이었다고 해도 과언이 아니다. 그에 대한 평가는 다양하다. 어떤 사람은 그를 한국에서 가장 위대한 정치가로 꼽는 반면, 그를 단순한 선동 정치꾼으로 평가절하하는 사람들도 있다. 그의 성격에서 가장 뚜렷한 점은 도덕적, 정치적, 경제적, 심지어 혈족 관계에 따른 어떤 난관에 부딪혀도 이에 굴하지 않고 목표를 향해 매진하는 강인한 의지였다.

그는 시대의 흐름을 읽는 능력도 없었다. 그가 저지른 가장 큰 두 가지 실수는 첫째, 로마 가톨릭 세력을 무력으로 제거할 수 있다고 믿은 것이고, 둘째는 조선의 개국을 저지할 수 있을 것이라고 믿은 것이다. 대원군은 당연히 자신을 권좌에 앉혀준 보수파와 손잡은 다음, 전략적인 판단으로 보수파의 원칙을 지키기로 약속했다.

그가 취한 첫 번째 행동은 세수 증대를 위해 이 나라의 경작지를 전면 재측량하는 것이었다. 당시 국고는 바닥난 상태였는데, 그는 돈이 많이 필요한 여러 계획들을 세워놓고 있었다. 그중 하나가 경복궁 터에 새로운 대궐을 짓는 것이었다. 이것은 당시의 재정으로는 도저히 충당할 수 없는 대사업이었다. 그가 다음으로 취한 조치는 왕인 자기 아들을 자기 아내의 친척과 정혼시키는 것이었다. 그의 아내의 일족 가운데 딸을 하나 남기고 죽은 민치록이라는 이가 있었다. 나중에 왕비가 된 여인은 바로 이 민치록의 딸이었다. 그녀는 왕보다 한 살 위였다. 세상 사람들이 다 알고 있듯이, 대원군은 이런 혈족 동맹 관계를 통해 자신의 권력 기반을 공고히 하려 했다. 하지만 역시 세상이 다 알고 있듯이 그는 큰 실수를 저질렀다.

대원군, 가톨릭교 탄압 압력을 받다 전해지는 말에 따르면, 조선의 로마 가톨릭 신도들은 러시아에 답신을 보내는 문제를 놓고 조선 정가가 혼란에 빠진 틈을 이용하여, 러시아를 쫓아낼 수 있는 유일한 방법은 프랑스나 영국과 동맹을 맺는 것뿐이라고 강력히 주장했다. 대원군도 이에 대한 소식을 듣고 특별한, 그리고 일부 사람들이 생각하듯이 호의적인 반응을 보였다고 한다.

당시 로마 가톨릭 측은 매우 희망에 부풀어 있었으며, 이제 조선도 세상에 눈을 뜰 때가 되었다고 철석같이 믿었다고 한다. 그 후 벌어진 사건들을 보면, 대원군이 이 계획에 표명한 관심이 진심이었는지, 아니면 나중에 더욱 효과적인 최후의 일격을 가하기 위한 계략이 불과했는지 판단하기가 어렵다. 모든 것을 종합해보면, 두 번째 설이 사실에 더욱 잘 들어맞는다.

프랑스인들은 대원군이 자신을 권좌에 올려준 극렬한 반천주교 당파의 사주를 받아 1866년의 대탄압을 자행했다고 믿었는데, 그것은 단지

"그대가 이 짓을 한다면 그대는 시저의 친구가 아니다." 식의 자의적인 해석에 불과했다. 반천주교파는 외세와 제휴를 원하는 듯한 대원군의 태도를 비난하면서 외국인 신부를 죽이고 대대적인 탄압을 하라고 요구했다.

9명의 프랑스 신부가 순교하다 대원군이 그들의 압력을 어떻게 받아들였는지 몰라도, 그는 결국 이 나라에 와 있던 모든 외국 신부들에 대한 사형 집행장에 서명했다. 베르뇌 주교가 체포되어 일반 감옥에 투옥됐다. 하지만 이틀 뒤 그는 귀족 죄수들이 감금돼 있는 다른 감옥으로 이송됐다.

그는 법정에 출두하여 자신을 장長이라고 밝혔다. 그는 자신은 조선인들의 영혼을 구원하기 위해 왔으며, 조선에 10년째 머물러 왔다고 말했다. 그는 강제 출국이 아닌 한, 제 발로 출국하기를 거부했다. 조선 정부가 예정대로 처형 결심을 굳히면서 그에 대한 다음과 같은 사형 집행장이 작성되었다.

"피고 장경일은 어명을 따르지 않는다. 그는 신앙을 포기할 자가 아니다. 그는 우리가 요구하는 정보를 주지도 않을 것이다. 그는 자기 조국으로 돌아가라는 우리의 명령을 거부한다. 따라서 일반 형법에 따라 참수형에 처한다."

그가 죽음을 기다리는 동안, 브르트니에르BreteniAre, 볼리외Beaulieu, 도리Dorie 신부가 추가로 체포되었고, 모두 비슷한 재판을 거쳐 사형을 언도받았다. 베르뇌 신부를 포함한 이 4인의 영웅은 3월 7일 한강변에 있는 공개 처형장에서 참수되었다.

그들의 시신은 인근의 도랑에 함께 묻혔다가 6개월 후 가톨릭 신자들이 수습하여 정식으로 매장하였다. 이들이 처형된 지 나흘 뒤, 프티

니콜라Petitnicolas 신부와 푸르티에Pourthie 신부가 같은 장소에서 처형됐다. 이때 프티니콜라는 자신의 목숨뿐 아니라 자신이 10년 전부터 집필해온 귀중한 한국어 문법책과 라틴-한국어-중국어 사전의 원고까지 잃었다.

이 사건 직후에 또 3명의 신부들, 즉 다블뤼Daveluy, 오메트르Aumaitre, 위앵Huin이 추가로 체포되어 사형에 처해졌다. 그러나 위앵은 처형되기 전에 중국으로 편지를 급히 보냈고, 이 편지는 오랜 세월이 흐른 뒤 공개된다.

프랑스 로즈 제독, 순교 소식을 듣다 이제 조선 땅에는 칼레Calais, 페롱Perong, 리델Ridel 등 세 명의 신부들만 남았다. 세 신부 중 리델은 결국 중국으로 탈출하는 길을 선택했고, 중국에 가서 이 끔찍한 사건에 대한 정보를 공개했다. 리델은 천신만고 끝에 열한 명의 조선인 신자들과 함께 낡은 배를 타고 중국 지부(중국 산동성 북부 해안의 항구도시. 지금의 옌타이—옮긴이)를 향해 황해도 해안을 떠났다. 지부에 도착한 리델은 급히 천진으로 가 로즈Roze 제독에게 프랑스인 동료들이 조선에서 학살당한 사실을 알렸다.

로즈 제독은 남아 있는 두 신부를 구하고 이미 살해된 동포들의 원수를 갚기 위해 급히 조선으로 갈 것이라고 약속했다. 하지만 코친차이나Cochin-China(베트남 최남단 지역의 프랑스 식민지 때의 명칭—옮긴이) 지역에서 발생한 폭동 때문에 그는 9월이 되어서야 자신의 약속을 지킬 수 있었다.

중국 정부는 연례 사신을 통해 조선의 왕에게 외국인들을 살해하는 행위는 지극히 우둔한 행위이며, 프랑스와 가능한 한 좋은 조건에서 화평을 도모하는 게 좋겠다고 말했다. 중국이 프랑스의 힘에 당하지 못하면 조선 역시 프랑스를 못 당할 것이기 때문이었다. 그러나 대원군은 조선이 아무런 보복 없이 프랑스인들이 처형한 것은 이번이 처음이 아니라고 대답했다.

대접받은 서프라이즈 호, 공격받은 제너럴 셔먼 호

그해 6월 '서프라이즈 호'라는 미국 범선이 황해도 해안에 좌초하는 사건이 일어났다. 조선인들은 대원군의 명령에 따라 그 배의 선장과 선원들을 융숭하게 대접했고, 매우 세심하게 중국 해안까지 안내해주었다. 대원군은 조선이 조선 해안에 좌초된 배의 선원들을 결코 해치지 않는다는 주장의 신빙성을 이런 식으로 확실하게 보여준 셈이었다. 이 선원들은 조선에서 매우 거친 반외국인 시위가 벌어지는 와중에서도 인도적 대우를 받았고, 제 길을 갈 수 있도록 석방되었다.

7월 초 '제너럴 셔먼 호'라는 대형 범선이 대동강 어귀에 진입했다. 이 배에는 5명의 백인들과 19명의 동양인들이 타고 있었다. 이 배가 조선에 들어온 표면상의 목적은 교역이었다. 평안도 관찰사가 셔먼 호에 사람을 보내 입국 목적을 묻자 그들은 조선과 무역을 개시하고 싶다고 답했다. 이 외국 배는 교역이 불가능하다는 말을 들었음에도 불구하고 출항하지 않았을 뿐 아니라, 반대로 상류 쪽으로 더 올라와 평양에서 멀지 않은 양각도의 반대편까지 진출했다. 이 배가 정지선을 넘어 강기슭의 모래톱에 좌초된 것은 순전히 이 지역에 쏟아진 폭우와 이례적으로 높게 친 파도 때문이었다. 배가 무사히 살아 돌아갈 희망은 사라졌다. 이들의 대담한 행동에 조선인들은 경악했다. 선원들은 배를 움직여보려고 필사적으로 노력했지만 배에 손상만 가했을 뿐이었다.

얼마 후 배가 즉시 떠나지 않으면 공격하라는 대원군의 명령이 떨어졌다. 전투가 시작되었다. 하지만 양측 모두 상대방에 큰 피해를 주지

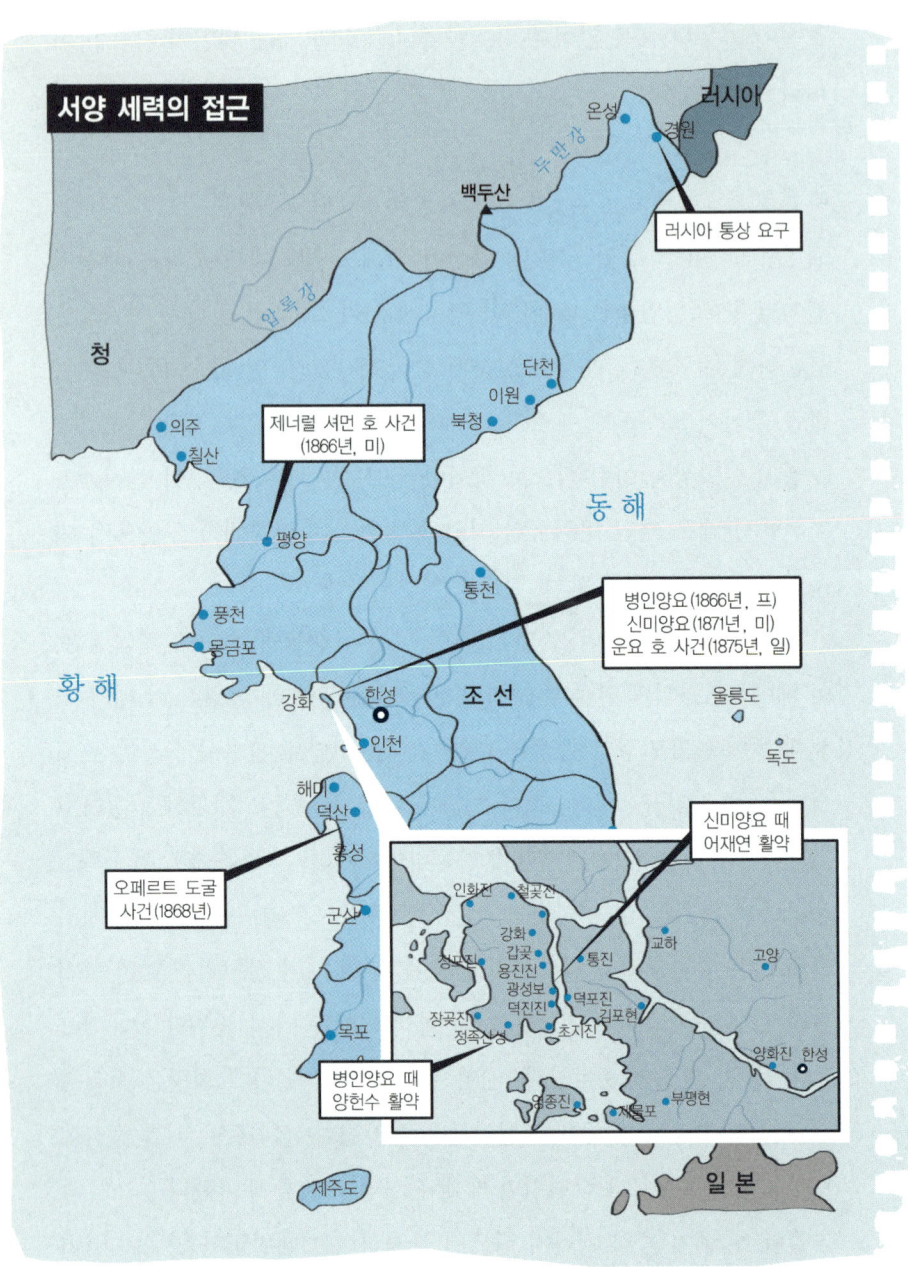

못하다가 조선인들은 불붙은 뗏목을 이용하여 셔먼 호에 불을 붙이는 데 성공했다. 그러자 배 안의 장교들과 선원들은 물에 뛰어내리지 않을 수 없었고, 그중 상당수가 익사했다. 강변으로 간신히 기어 나온 사람들은 분노한 군중의 칼에 쓰러졌다. 지금도 이 불운한 배의 닻이 승전의 전리품으로 평양성의 문 중 하나에 걸려 있다.

이 문제에 관한 한 공정한 사람들이라면 조선 사람들이 대단히 비난 받을 짓을 했다고 주장할 수 없을 것이다. 이 배는 떠나라는 경고를 받았으나 이를 무시한 것도 모자라, 아무리 상황이 좋아도 배가 좌초될 수밖에 없는 지역까지 무모하게 들어갔다. 그것이 단순한 실수였다는 걸 조선인들이 알 도리가 없었다. 그들은 이 범선을, 당연히 적국의 배라고 여겼고, 교전 원칙에 따라 처리한 것뿐이었다.

리델 신부, 정찰 탐사에 동행하다   가톨릭 신자들에 대한 탄압이 재개되었다. 이번 사건은 프랑스와 조선 사이에 평화조약의 체결을 촉구하는 한 천주교인의 편지가 발단이 되었다고 한다. 하지만 이즈음 로즈 제독은 자신이 이전에 한 약속을 지킬 준비가 돼 있었고, 리델은 중국의 지부에서 이 함대의 기함에 승선했다. 프랑스 정부는 이미 북경의 중국 정부에 프랑스는 조선에 대한 중국의 종주권을 인정하지 않는다는 점을 통보했으며, 프랑스가 곧 정복할 이 나라는 북경 측과 상의 없이 프랑스의 뜻대로 처분할 것이라는 점을 확실히 했다.

프랑스는 군함 프리모게 호와 쾌속선인 데룰레드 호, 포함인 타르디프 호를 파견하여 한양을 향한 접근로를 사전에 정찰하기로 결정했다. 리델 주교는 통역관의 자격으로 이 정찰에 동행했다. 물치도 앞바다에 당도한 이 작은 함대는 아산만 어귀에 들어갔고, 이튿날 한강 입구의 수로를 탐사하기 위해 데룰레드 호를 파견했다. 강화도와 육지 사이의 협로가 배의 운항이 가능한 것을 파악한 그 배는 정박지로 복귀했고, 이제 전 함대는 한강을 거슬러 올라가기 시작했다. 이 과정에서 프리모게 호의 용골龍骨이 떨어진 것만 빼놓고는 아무런 피해도 입지 않았다. 이 함대는 한양 건너편에 위치한 마을들이 보이는 곳까지 올라갔다. 리델 주교는 한 척만 이곳에 남기고 두 척은 중국으로 복귀하여 본국에 보고하자고 로즈 제독을 설득했으나 무위에 그쳤다. 세 척이 함께 한강을 거슬러 올라갔다.

한편 한양은 공황 상태에 빠졌다. 많은 사람들은 말세가 왔다고 생각했다. 대탈주 사태가 이어졌다. 이때 전 한양 주민 중 4분의 1이 집과 가재도구를 남기고 피난을 떠났다. 리델 주교가 조선에서 탈출했을 때 동료 신부 두 명이 남아 있던 것이 생각날 것이다. 이들은 한강에 있는 함대와 필사적으로 연락하려고 시도했으나, 탄압이 너무 거셌고 조선 당국의 감시가 너무 엄중하여 연락은 이루어지지 않았다. 하지만 그들은 결국 낡은 배를 타고 황해로 나가는 데 성공했고, 황해에서 만난 중국 배가 그들을 중국으로 데리고 갔다.

정찰 탐사선이 중국으로 돌아가기 전에 리델 주교는 조선의 천주교 신자들을 통해 셔먼 호가 불에 탄 사실, 그 선원들의 불행한 운명, 천주교에 대한 탄압의 재개, 그리고 모든 천주교인들을 기초 재판만 거친 뒤 처형하라는 조정의 명령이 있었다는 등의 소식을 들었다. 그는 로즈 제독에게 조선에 더 머물 것을 간청했지만, 프랑스 함대는 곧바로 중국에 가서 전황을 보고했다. 그리고 중국에서 정말 가혹하고 보복적인 탐사 계획을 준비하였다.

병인양요 프랑스 함대는 한강 봉쇄라는 군사 목적을 중국 정부 및 북경에 주재하는 열강들의 대사관에 통보한 뒤 조선을 정복하기 위해 출항했다. 이 소규모 함대는 게리에르, 라플라스, 프리모게, 데룰레드, 킨샹, 타르디프, 레브르돈 등 7척의 전함으로 구성되었다.

하지만 이 군사 행동이 준비되는 동안, 조선에서도 모종의 준비가 진행되고 있었다. 전국에서 모든 병력이 소집되었다. 조정은 무기를 제조하였고 병사들을 훈련시켰다. 일본 정부도 임박한 이 전투에 힘을 보태달라는 요청을 받았으나 응답하지 않았다. 일본은 대규모 내전에 돌입해야 하는 형편이었기 때문에, 이 전투에 개입하고 싶은 욕심이 있었더라도 외부 일에 나설 여력이 없었다.

조선 땅에 도달한 프랑스 함대가 강화도에 공격을 개시했다. 프랑스군은 1시간 안에 이 지역을 장악했고, 보물들과 예술품, 서적과 도기 같은 귀중한 문화유산 외에 많은 무기와 탄약, 보급품을 노획했다.

조선인들은 이 전투의 패배에 크게 상심했다. 조정은 이 '침략자'들을 격퇴하는 임무를 이경하李景夏 장군에게 맡겼다. 이 군대를 직접 지휘한 이용희 장군은 프랑스군이 이미 강화성을 장악했다는 걸 알았다. 조선인들은 강화도 건너편에 위치한 통진通津에 진지를 치고, 적 함대가 한강에 상륙할 것을 우려하여 짐을 실은 작은 배들을 침몰시켜 수로 입구를 봉쇄했다. 당시 이곳의 수로는 지금보다 훨씬 깊었다.

대원군은 프랑스와 화평을 건의하는 자는 즉결 처분하겠다고 공언했다. 조선은 프랑스 함대에 편지를 보내 프랑스 신부들이 변장을 하고, 조선인 이름으로 위장한 채 조선에 밀입국하여 이 나라의 귀중한 유산을 가져가려 했다며, 그들이 죽을 짓을 했다고 말했다. 프랑스 측은 답장에서 자신들은 위대한 프랑스 제국의 통치자로서 프랑스 신민의 안전을 원하는 나폴레옹의 명으로 조선에 왔으며, 프랑스 신민 아홉 명이 죽었기 때문에 조선은 이것을 해명해야 한다고 말했다. 그들은 또 가톨릭 탄압과 신부들의 처형에 앞장선 세 명의 각료를 자신들에게 인도하고, 조불朝佛 조약을 체결할 전권대사를 임명하라고 요구했다. 조선은 이 편지에 응답하지 않았다.

양헌수, 정족산성에서 프랑스군 160명을 물리치다 한편 양헌수梁憲洙 장군은 5천 명의 병사를 강화도의 유명한 사찰인 전등사를 곁에 두고 있는 정족산성에 배치했다. 이 병사들은 대부분 먼 북부 지방인 강계의 산사람 또는 호랑이 사냥꾼 출신으로, 오래전 고구려 시대에 중국 수나라의 30만 대군을 700명만 남기고 모조리 격파한 용맹한 사람들의 후예들이었다. 이 산성은 주위 산들이 반원형으로 둘러싸고 있고, 접근할 수 있는 유일한 진입로에는 총안銃眼을 갖춘 성벽과 두꺼운 돌문으로 방어벽을 쌓아 놓은 천혜의 요새였다.

프랑스군이 저지른 가장 큰 실수는 이 진지를 160명의 소규모 병력으로 무너뜨릴 수 있다고 속단한 데 있었다. 전 프랑스군이 덤벼들었어도 성공하지 못했을 것이다. 조선군 특공대는 매복해 있다가 이 작은 부대가 사정권에 들어오자 즉시 혼을 빼놓는 집중 사격을 가해 적군의 절반을 전투 불능 상태에 빠뜨렸다.

프랑스 병사들은 헛간, 바위 등 기타 엄폐물에 의지하여 약간의 저항을 시도했지만 결국 후퇴 명령이 떨어지면서 전사자와 부상자들을 데리고 천천히 퇴각했다. 조선군이 가까운 거리에서 추격하는 바람에 그들은 매우 힘들게 본대가 있는 곳까지 후퇴했다. 후퇴하는 병사들이 본진에서 파견한 증원군을 만나지 못했더라면 프랑스군은 더욱 참담한 결과를 당했을 것이다.

프랑스 병사 600명으로는 어림도 없었다 이튿날 프랑스군에 마을을 포격하고 다시 공격하라는 명령이 하달됐다. 프랑스 병사들은 이 명령에 놀라면서 불만을 터뜨렸다. 하지만 우리는 그것이 프랑스가 취할 수 있는 유일한 조치였으리라고 믿는다. 조선을 굴복시키기 위해 소집된 프랑스 병력의 수가 턱없이 부족했기 때문이다. 6천 명 정도 됐다면 가능할 수도 있었으리라. 하지만 600명으로는 어림도 없었다. 우리는 이 작전을 포기할 수밖에 없었던 이유를 밝히는 데 이 이상의 근거를 찾을 필요가 없다. 프랑스의 처지에서 작전은 확실히 득보다 실이 많았으며, 만일 큰 인명 피해를 감수하고라도 성공할 수 있었다면, 전투를 계속하는 게 나았을 것이다. 하지만 그것은 불가능했다.

프랑스의 패퇴가 대원군과 조선 조정에 어떤 영향을 주었는지는 충분히 상상이 된다. 중국은 이 '야만인들' 앞에 무릎을 꿇었지만, 조선은 북부 지방에서 차출한 호랑이 사냥꾼들을 이용하여 이들을 혼비백산하게 했던 것이다. 만일 독자들이 이 사건을 조선 조정의 편협한 관점에서 검토해본다면, 조선 당국이 환호한 것은 충분히 일리가 있고 당연하다는 것을 금방 알 수 있을 것이다.

종교재판을 능가한 8천 명의 천주교 신도 학살 천주교에 대한 대탄압에 반대하는 주장은 이제 사라졌고, 그것을 지지하는 더 강력한 주장이 새로이 등장했다. 외래 신앙의 역병을 이 땅에서 몰아내라는 엄명이 전국에 하달되었다. 나이와 성별, 신분 등, 아무것도 고려되지 않았다. 이때부터 1870년까지 천주교에 대한 대탄압의 광풍이 노도와 같이 전국을 휩쓸었다. 프랑스 당국의 추산에 따르면 이 기간에 8천 명의 신도들이 살해됐다.

이 시기의 고난과 고통은 종교 탄압의 역사에서 그 어떤 사건에도 뒤지지 않는다. 산속으로 피신한 수백 명의 신도들이 굶어 죽거나 얼어 죽었다. 이 참혹한 시대에 대한 이야기들은 로마 황제 치하에 자행됐던 종교 탄압을 연상시키며, 스페인 종교재판소에서 펼쳐졌던 끔찍한 장면에도 뒤지지 않는다.

경복궁 건축을 위해 당백전을 발행하다 다시 1866년으로 돌아가자. 이 시기에는 흥미를 자아내는 다른 사건들이 많았다. 아들에게 새 대궐을 지어주고자 하는 대원군의 오랜 계획이 마침내 추진되고 있었다. 기초 공사가 끝나고 대궐이 건설되는 단계에 있을 즈음, 갑자기 자금이 바닥났다. 이 대목에서 대원군은 또 큰 실수를 범한다. 이번에는 재정 부문에서의 실패였다. 그는 돈을 마구 찍어내면 적자를 메울 수 있다는 그릇된 생각을 갖고 있었다. 물론 이런 식으로 적자를 메우려면 화폐를 변조하는 방법밖에 없었다. 그는 일단 결심한 뒤, 엄청난 규모로 계획을 밀어붙였다. 백성들은 아주 옛날부터 한 냥짜리 화폐를 사용해왔는데, 대원군은 백 냥짜리 화폐를 주조하기 시작했다. 하지만 이 화폐의 본원 가치는 오십 냥도 안 되었다.

이 돈은 궁궐 건축에 동원된 인부들에게 한 사람당 하나씩 지급되었다. 이 동전의 겉에는 '당백전當百錢'이라는 글자가 새겨져 있었으나, 화폐가치는 턱없이 부족했음이 곧 드러났다. 물론 이 화폐가 발행되자 즉시 생필품 가격의 폭등이 뒤따랐고 쌀값은 두 배나 올랐다. 그러자 조정은 더 깊은 수렁에 빠졌다. 하지만 대원군은 이 문제에 관한 한 의지가 확고했으며, 어떤 희생을 치르고라도 그 계획을 밀어붙이기로 결심했다. 그가 이듬해에 추가로 취한 조치는 이미 폐기된 옛 중국 화폐를 문자 그대로 수레에 가득 담아 국경을 넘어 도입키로 한 것이었다. 그는 이 돈을 중국에서 경매 가격으로 구매하여 백성들에게 법정화폐로서 강제로 유통시켰다. 동시에 그는 백성들을 강제로 한 번에 300명씩 궁궐 건설공사에 무보수로 동원했다. 이런 식으로 추진한 끝에 공사는 끝났다. 하지만 이 나라는 도리에 어긋나는 이런 자금 조달 방식의 후유증에서 지금까지 벗어나지 못하고 있다고 봐야 할 것이다. 부유한 백성들은 조정에 소환되어 건축 자금의 기부를 요청받았는데, 이 행위에는 '자발적 납부'라는 이름이 붙었다.

1868년은 일본에게도 큰 의미가 있는 해였지만, 조선에서는 조선 국경을 넘어 러시아 지역에 가 있던 조선 난민들을 모두 데려가라는 러시아의 요구가 거세진 한 해였다. 이 해에는 또 『6조와 6조의 업무』라는 책이 출판되기도 했다. 9월에만 2천 명의 천주교 신자들이 처형됐는데, 그중 수백 명은 한양 주민이었다.

신미양요 미국은 '제너럴 셔먼 호'의 불운한 최후를 잊지 않았다. 미국은 이 문제를 덮어버릴 생각이 없었던 것이다. 1871년 초봄, 북경에 주재하고 있던 주청 특명전권공사 프레데릭 F. 로Low에게 본국으로부터 로저스Rodgers 해군 소장과 함께 조선 해안에 접근하여 이 나라의 해변에 버려졌을지도 모르는 미국 수병들의 처리 문제와 관련하여 조약의 체결을 시도하라는 지시가 떨어졌다. 그는 또 조선을 외국과의 교역에 개방하기 위한 무역협정의 체결을 조선 정부와 교섭하라는 지시도 받았다.

미 함대는 콜로라도 호, 알래스카 호, 베르니시아 호, 모나커시 호, 그리고 팔로스 호 등의 전함으로 구성되었다. 이 전함들은 나가사키 항에 집결한 뒤, 조선을 향해 출항했다. 로 공사와 미국 본국의 교신 내용을 살펴보면 그가 상황을 정확하게 파악하고 있었다는 것을 알 수 있다. 조선을 아무리 오래전부터 알고 있던 사람이라도 그보다 더 정확한 정세 보고서를 제시하지 못했을 것이다.

로 공사는 처음부터 이 임무를 달성하기 힘들 것으로 보았는데, 그의 생각이 옳았다. 그러나 이런 부정적인 생각 때문에 자기의 힘이 닿는 한, 모든 수단을 강구하여 이 탐사 목적을 성공으로 이끌려는 그의 의지가 약해지지는 않았다. 짙은 안개와 구불구불한 수로, 급변하는 조수 등으로 14일간이나 고생한 끝에 그의 함대는 입파도 인근 해역에 닻을 내렸다.

그들이 그곳에 머문 지 며칠 되지 않아 몇 명의 조선 관리들이 배에 승선했다. 로저스 소장은 그들을 환대할 수 없었으나, 그 사람들을 통해 조선 정부에 자신과 중요한 문제들을 논의할 수 있는 동급의 관리를 보내달라고 요청하는 정중한 메시지를 보낼 수 있었다. 조선인들은 이미 중국을 통해 미국이 무엇을 원하는지를 알고 있었지만, 난파된 선원들을 국경 밖으로 안전하게 송환한다는 것이 조선의 정책이며, 또 조선은 외국과 외교 관계를 개설할 의도가 없으므로 미국인들을 접대하는 사절을 보내는 일은 없을 것이라고 주장했다.

대원군은 나중에 실수로 드러났지만, 프랑스 신부들에 대한 처형이 프랑스 함대의 침략을 유발한 것처럼 이들의 입국은 '제너럴 셔먼 호 사건'과 관련돼 있을 것이라고 나름대로 기민하게 판단했다. 그는 프랑스군을 처리한 것처럼, 이번에도 군대를 강화도로 보내 미국 함대를 처리하려고 마음먹었다.

미 함대가 강화도 점령 후 스스로 물러나다 조정은 어재연魚在淵 장군에게 3천 명의 군사를 주어 강화도의 강화성으로 파견했다. 병사들 중 일부는 강화와 육지 사이의 하구에 위치한 통진이라는 작은 항구에 배치되었다. 이곳은 조수가 매우 빠른 속도로 흐르고 사방에 위험한 암초가 도사리고 있어 항해하기가 무척 힘든 곳이다.

모나커시 호와 팔로스 호가 정찰 활동의 일환으로 수로를 느린 속도로 거슬러 올라갔을 때 이 작은 진지에서 퍼붓는 화포의 공격을 받았다. 별다른 피해는 없었다. 미 전함들은 이 불의의 습격에 응전 태세를 마치자마자 이 작은 항구를 향해 포탄을 퍼부어 그곳에 있던 작은 부대를 쫓아냈다.

조선인들은 이 전함들이 공격 목적으로 접근 중일 것이라고 생각했다. 조선 정부는 그런 정찰 활동이 수행될 거라는 통보를 받지 못했다. 또 이 좁은 수로가 수도인 한양으로 통하는 주요 관문이므로 조선인들은 규정에 따라 엄격하게 행동했을 뿐이며, 도발하지도 않았는데 공격을 받았다는 미국 측의 주장은 사실 근거 없는 것이었다. 조선인들 눈에는 이 진지에 접근한다는 것 자체가 큰 도발이었기 때문이다.

항구가 조용해지자, 두 포함은 본대로 귀환하여 상황을 보고했다. 미 함대는 그 자리에서 조선 정부로부터 사과를 받아야 한다고 결정했다. 하지만 조선으로부터 아무런 사과의 표시가 없어서 상처받은 미국의 체면을 되살릴 수 있는 방법은 군사적 보복밖에 없었다. 곧 강력한 군대가 출동하였고, 이들은 항구에 접근한 함포의 지원을 받아 초지진에 상륙했다. 곧이어 치열한 육박전이 전개되었고, 미군은 현장에서 조선군 병사들을 모두 죽인 뒤, 덕진진과 광성진을 차례로 점령했다.

미국의 더럽혀진 영광은 이렇게 예전의 광채를 되찾았다. 하지만 우리는 결과를 주목해야 한다. 미국 장군은 이 문제를 한양의 관문까지 끌고 가야 한다는 임무를 이행하지 않은 채, 프랑스 함대와 똑같이 함대를 이끌고 중국으로 되돌아가 버렸다. 이때 미국이 저지른 가장 큰 실수는 조선인들의 성격을 전혀 몰랐다는 것이다.

강화도의 군사 요충지를 약간 빼앗긴 것에 대해 조선 정부는 별로 개의치 않았다. 사실 미국인들이 더 깊숙이 침략하여 전 국토의 절반을 유린했더라도 한양에 있는 왕을 권좌에서 끌어내리거나 그에게 직접 위해를 가하지 않는 이상, 그들이 철수했다는 사실은 그들이 격퇴되었다는 생각만 조선인들에게 깊이 심어주었을 뿐이다.

척화비를 세우다   14세기의 마지막 약 10년 동안 일본군은 이 나라를 침략하여, 왕을 압록강 언저리까지 도망치게 만들었고, 수십만 명의 양민을 학살했으며, 7년 동안 조선에서 호각의 전쟁을 벌였다. 그러나 막상 히데요시가 죽은 뒤 일본군이 조선에서 떠나자 조선인들은 일본이 패했다고 주장했다. 그리고 그것은 사실이었다. 미국 전함들이 조선판 '지브롤터 해협'의 코앞까지 접근했다는 것은 사실상 전쟁 선포였으며, 조선의 입장에서 볼 때 작은 부대를 잃었다는 것은 황해로 '아득히' 사라진 미국 함대의 모습에서 확인된 그들의 궁극적인 승리에 비하면 작은 대가에 불과했던 것이다.

이 기쁜 소식이 한양에 전해지자 이미 높은 대원군의 자부심은 터질 정도로 부풀어 올랐다. 빛나는 승리를 또 한 번 거두었기 때문이다.

서방의 또 다른 열강이 이렇게 굴복했다. 조선은 위대한 후원자인 중국에 '서양의 오랑캐들'을 요리하는 법을 가르쳐주었던 셈이다. 대원군은 즉시 한양 한복판에 1866년부터 준비해온 척화비斥和碑를 세우라고 명령했다. 비에는 다음과 같은 비문이 쓰여졌다. "서양의 오랑캐들은 조선과 전쟁을 하거나 조약 체결을 강요하기 위한 목적으로 우리를 공격하고 피해를 줬다. 만일 우리가 조약 체결에 동의했다면, 그것은 나라에 대한 배신을 뜻한다. 수천 대의 후손들에게 명심하게 하라. 병인년에 만들어 신미년에 건립함."

모든 신료들과 귀족들은 대원군이 이 과업을 완성한 것을 다투어 축하했고, 백성들도 모든 외국인들을 이 땅에서 내몰고 이 나라의 유서 깊은 쇄국정책을 보존한 것에 기뻐할 것이라고 선언했다.

4부

개화의 물결

1장······ 빗장을 열기 시작하다

2장······ 개화의 물결, 혼란의 파도

3장······ 청일전쟁

4장······ 일본에 의한 갑오개혁

5장······ 혁명의 불은 꺼지고

6장······ 을미사변의 주역을 밝힌다

7장······ 을미사변을 재구성하다

민비가 시해된 경복궁의 곤령각 1884년 갑신정변으로 민씨 일파가 실각되자 민비는 청나라를 개입시켜 개화당 정권을 무너뜨렸다. 그러나 친일내각이 득세하고 1894년 대원군이 재등장하면서 갑오경장이 시작되자 민비 일파는 러시아와 결탁하여 일본 세력의 추방을 기도하였다. 이에 반발한 일본공사 미우라 고로는 1895년 8월 20일 새벽, 자객을 보내 민비를 경복궁의 곤령각에서 난자한 후 시체를 궁궐 밖 뒷산으로 운반한 다음 거적에 싼 채 석유를 부어 소각하였다고 한다.

빗장을
열기 시작하다

대원군, 일본의 통상 요구를 거부하다 1873년에 일어난 일련의 흥미로운 사건들을 이해하기 위해서는 과거로 되돌아가서 조선과 일본의 관계를 재검토할 필요가 있다.

일본의 조선 침공이 끝남과 더불어 조선과 일본 간에 조약이 체결되고, 이 조약에 따라 일본은 많은 무역상들을 부산에 상주시켰다. 많은 조선 백성들이 조정이 300명의 일본 여자의 가죽 대신에 인질을 부산에 받아들였다고 믿은 것은, 교토의 귀와 코 무덤의 굴욕을 상쇄할 목적으로 지어낸 헛소문이었다.

이 거류지, 즉 왜관은 '국경 수비대'를 뜻하는 '수자리'라는 이름으로 불리었다. 조선 정부는 이 거류지 유지비로 매년 1천만 냥을 지출했다. 일본은 거류지의 자국민들이 인질이 아니라 상인들이며 양국 간의 교역 근거지를 만들기 위해 파견했다고 주장했다. 거류지 유지비가 조공의 성격을 띠었다는 것을 일본 정부 측에서 주장하지 않았고 조선 정부에서도 인정하지 않았다. 사실 이런 비용을 설명하는 데 사용되는 용어는 항상 수혜자의 대등한 지위를 암시한다.

부산의 일본 거류지는 1869년까지 계속 유지되었으나 우여곡절이 없었던 것은 아니었다. 일본에 제국 정부가 수립되자마자 일본 왕은 오랜 교섭 창구인 부산과 동래의 부사를 통해 조선 정부와 접촉을 시도하기 위해 사절을 임명하여 외교 및 통상 관계 수립을 추진했다. 일본 사신은 대마도주를 통해 교섭을 시도했고 대마도주가 일본 정부의 편지를 동래 부사에게 전달하여 조선 조정에 올려줄 것을 요청했다.

동래 부사는 편지를 읽은 후 다음과 같은 구실로 조정에 보고하는 것을 거절했다. 즉, 과거에 일본은 항상 조선을 존대하는 입장을 취했는데, 이제는 제국을 자칭하며 우월한 자세를 보인다는 것이었다. 일본 사신은 자국이 최근 완전한 제도 개혁을 실시하여 서양식 제도를 도입하고 중앙집권식의 정부를 수립했다고 주장하며 자기네 편지를 한양에 전달해줄 것을 촉구했다.

설득을 당한 동래 부사는 편지를 베껴 대원군에게 보냈는데 즉시 돌아온 답장에는 "우리는 일본의 편지를 받지 않겠다. 일본 사신을 즉시 추방하라."고 적혀 있었다. 이듬해에 예고도 없이 쌀 공급이 중단되자 부산의 일본인들은 큰 타격을 받았다. 일본인들은 거세게 항의했고, 일본 정부는 조선 정부와 대화를 시도했으나 성공하지 못했다.

일본 사신 하나부사, 민비의 환심을 사다 조선인들이 화방의 질花房義質이라고 부른 일본 사신 하나부사가 1870년에 통상조약을 체결하자는 긴급 요청을 하기 위해 조선을 찾았으나 역시 실패했다.

왕이 성년에 가까워져 대원군은 권력을 왕에게 넘기지 않을 수 없었다. 타고난 재능과 위엄을 갖춘 왕비는 대원군의 계획과 술수에 철저히 적대적인 세력을 자기 주변에 모으고 있었다. 자신의 권력을 다지기 위해서 아들과 짝을 지어 왕비 자리에 앉힌 여인이 자신을 몰락시키는 유력한 세력이 된 것은 대원군에게 원통한 일이었다.

대원군이 일본에 적대감을 드러냈음에도 불구하고 앞서 언급된 하나

부사가 1871년 혹은 1872년 말에 비공식적으로 한양을 방문했고, 조정에서 내준 궁궐 내에 숙소에 머물면서 왕비 및 측근 세력과 지속적으로 접촉했다. 그는 장난감 전화와 같은 진기한 서양 물건들을 보여줌으로써 왕비를 즐겁게 했고, 이로써 대원군의 퇴진으로 생긴 권력의 빈자리를 곧 채우게 될 왕비 측근 세력의 환심을 샀다.

왕비 측근 세력의 생각은 대원군의 여러 가지 편견과 정반대였다. 그들은 로마 가톨릭 교세가 커지는 것을 호의적 내지는 대범하게 보았다. 외교에서는 청나라의 조언에 따르는 정책을 지지했다. 그들이 이런 방향으로 나간 것은 부분적으로 순전히 대원군에 대한 반대 때문이었고, 한편으로는 일본 사신의 설득에 귀를 기울였기 때문이다.

왕비의 오빠와 왕의 형이 대원군을 밀어내다 조선 조정에서는 이 두 파벌의 영수들 간에 격렬한 언쟁이 자주 벌어졌다. 그러나 최익현崔益鉉이란 관리가 일본인의 궁궐 체류를 비난하고 대원군의 부정한 공금 사용을 비판한 상소를 왕에게 올린 1873년 말까지 노골적인 충돌은 일어나지 않았다.

대원군 통치에 다소 반감을 품기 시작한 왕은 자연스럽게 왕비가 후원하는 새 파벌의 주장에 어느 정도 따르게 되었다. 새 파벌의 우두머리는 왕비의 오빠인 민승호閔升鎬였다. 왕은 최익현의 상소를 인정하여 즉각 대원군의 수입을 대폭 삭감했다. 동시에 민승호는 대원군의 아들이자 왕의 형인 이재면李載冕에게 접근하여 대원군이 제거될 경우 자신과 권력을 양분하자고 제안했다. 젊은 이재면은 이 제안을 받아들여 아버지의 반대편에 섰다. 이제 대원군은 큰 곤경에 몰렸다. 그에게 반대하는 세력은 아주 강력하게 결탁했다.

1873년 12월에 대원군은 한양을 떠나 동쪽으로 56킬로미터 떨어진 가평으로 은퇴했다. 가평에 5개월 동안 머문 뒤, 대원군은 한양에서 북동쪽으로 16킬로미터 떨어진 마을까지 돌아왔다.

하지만 대원군을 지지하는 세력 역시 여전히 강력했다. 그들은 강력한 개성으로 국정을 이끌었던 대원군을 그리워했다. 왜냐하면 조선인들은 전제적일지라도 강력한 지도력을 항상 선호했기 때문이다. 이런 정서를 알아차린 집권 세력은 대원군의 형을 영의정 자리에 앉히는 것이 현명한 처사라고 판단했다. 이것은 중요한 역할을 맡기기 위해서가 아니라 과시용 인사였다.

대원군은 집권 기간 동안 자신의 형이 정치의 전면에 나서는 것을 항상 엄중히 억제했다. 새 영의정은 이 무렵 조정의 권력을 완전히 장악한 민씨 일파가 허수아비로 내세운 인물이었다. 그는 허수아비 노릇을 하는 대가로 관직을 팔아 배를 채우는 것이 허용되었으나 집권 세력의 엄중한 감시를 항상 받았다.

민승호, 폭탄 상자를 선물 받다 이제 조선은 새로운 변화의 시대에 접어들었다. 조선의 정책은 새로운 방향을 잡았다. 민승호는 조정에서 총애 받는 신하로 부상했고, 정세는 예전의 평온한 상태로 되돌아가는 듯했다. 그러나 그해 후반에 새 파벌의 지도자들은 매우 충격적인 사건을 겪게 되었다.

어느 날 민승호는 잘 아는 사람이 보낸 편지와 비단으로 싼 선물 상자를 받았다. 그와 어머니, 아들 세 식구만 있는 자리에서 상자를 열어 보라는 부탁도 받았다. 그날 밤늦게 내실에서 가족들이 보는 가운데 상자를 열었다. 그가 뚜껑을 열자마자 상자가 엄청난 힘으로 폭발하여 그와 일가족은 즉사했고 집은 불탔다. 민승호에게 그런 대담한 짓을 할 만한 적은 한 사람뿐이었다. 사람들은 그의 최대 정적이 범인일 것으로 생각했으나 직접적인 증거는 없었을 것이다.

총애 받던 대신의 참혹한 죽음으로 생긴 빈자리에 민태호閔台鎬가 즉시 들어앉았다. 이 사건 직후 정부는 당백전의 사용을 중지시켰다. 대원군이 발행한 당백전은 조선의 화폐가치를 떨어뜨렸다.

1874년 2월에 왕세자가 태어났다. 또한 그해에는 한양과 주변 지역의 부동산에 대한 고정적인 납세 제도를 도입한 것으로 잘 알려졌다.

1875년에 대원군의 지지자 세 명이 유생 조충식의 주도하에 대원군의 재집권을 요구하는 상소를 왕에게 올렸다. 이 무모한 행동에 가담한 사람들은 모두 사형을 언도를 받았으나, 대원군이 직접 간청한 덕분에 종신형으로 감형되었다. 그럼에도 불구하고 조충식은 유배지에서 살해당했다.

운요 호 사건 9월에 일본 전함 운요 호가 조선 해안의 탐측과 연구를 구실로, 남해안을 거쳐 서해안을 거슬러 강화도에 접근했다. 강화도 인근 섬에 정박한 운요 호는 식수를 구하기 위해 작은 보트를 초지진 해안으로 보냈다. 보트가 접근했을 때 초지진에 주둔하고 있던 조선 병사들이 갑자기 발포했다. 조선군은 일본 수병들을 프랑스나 미국 병사들로 오인한 것이 분명했다. 상륙하려던 보트는 즉시 뱃머리를 돌려 전함으로 돌아갔다. 함장은 자신들이 도발을 하지 않은 상태에서 감행된 조선군의 공격을 응징하기 위해 발포 명령을 내렸다. 포격이 가해졌고 진지는 곧 일본군에 의해 제압됐다. 강력한 해병 부대가 영종진(영종도)에 상륙하여 수비대를 몰아내고 무기와 보급품을 노획한 다음, 마을에 불을 질렀다. 전함은 나가사키로 돌아가 사건의 전모를 보고했다.

이때 일본에는 두 개의 정치 파벌이 조선 문제에 관해 상반된 견해를 주장하고 있었다. 사쓰마의 사이고가 이끄는 파벌은 일본의 외교교섭 제안을 무례하게 거부한 조선의 조치에 분개하여 즉각적인 개전 이외의 방법에는 귀를 기울이려 하지 않았다. 현안의 중요성을 더욱 명확하게 파악하고 있던 반대파는 평화적 조치를 촉구했다. 후자의 정책이 우세하여 조약 체결을 목적으로 한 사신의 파견이 결정되었다. 전쟁은 실패할 경우의 대안으로 남겨두었다. 이로써 주전파는 평화 정책에 큰 불만을 품었고, 사쓰마로 돌아간 사이고는 현지의 지지 세력을 끌어 모아 피비린내 나는 사쓰마 내란을 일으켰다.

이홍장, 압록강 국경을 폐쇄하다

여러 세기 동안 조선과 중국 사이에는 압록강이란 천연적인 국경 지대가 유지돼 왔다. 국경선은 나무 기둥을 일렬로 세워서 표시했다. 이 국경 지대는 양국의 치안이 미치지 않는 공백 지대였기 때문에 자연히 청과 조선의 피난민들과 범죄자들에게 피난처가 되었다. 청의 정치가 이홍장李鴻章은 이 지역이 양국에 위협이 된다는 것을 알아차리고 강력한 군대를 보내 이 지역을 폐쇄하는 조치에 착수했다. 포함의 지원을 받은 청군은 무법자들의 소굴을 파괴하고 이곳을 주민 이주에 적합한 곳으로 만들었다. 2년 뒤 이 국경 지대는 완전히 청나라 영토로 편입되어 양국은 압록강을 사이에 두고 다시 대립하게 되었다.

강화도조약을 체결하다

조선이 강화도에서 운요 호를 공격한 사건은 결과적으로 조선 개항과 관련하여 일본이 적극적인 조치를 취하도록 자극한 지렛대가 되었다. 일본의 주전파는 운요 호 사건을 황금의 기회로 생각한 반면, 주화파는 자기네 목적을 평화적으로 이루는 길을 열 것으로 생각했다.

청 정부의 정책을 타진하기 위해 일본은 북경에 사신을 파견했다. 청

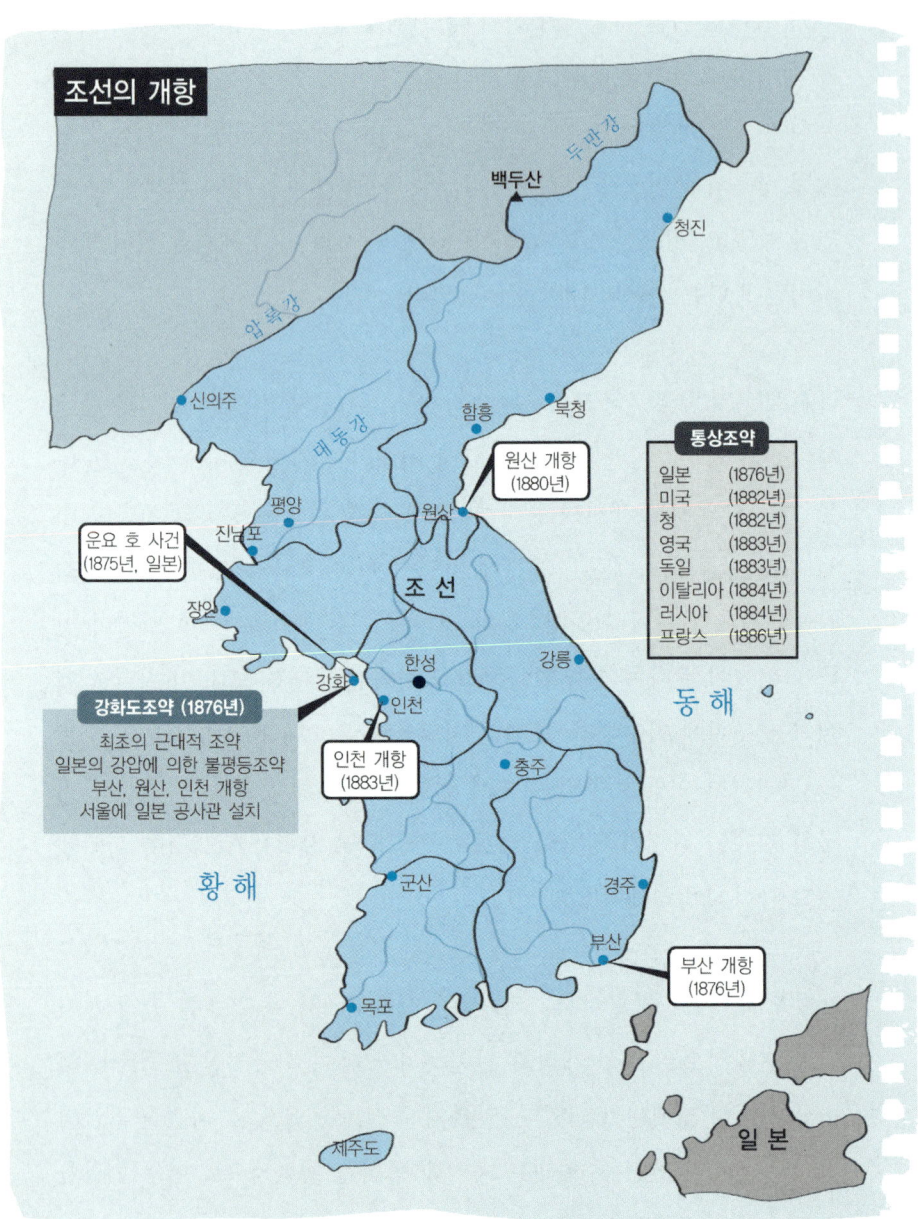

은 조선의 실책에 대한 책임을 떠안을 것을 우려하여 사실상 조선의 독립을 인정하고 있었다. 동시에 구로다 기요다카와 부관 이노우에 분다가 이끄는 일본 육군 및 해군 원정대가 800명의 병력과 수척의 포함으로 구성된 함대를 거느리고 강화도를 향해 출발했다. 청은 앞서 조선 조정에 일본과 화해할 것을 권고했는데, 이는 당시 조선 조정의 집권파가 원하던 바였다. 따라서 일본의 요구가 한양에 전달되었을 때 조선은 신속하게 대응하여 강화에 사신을 파견하여 방문자들을 맞았다. 강화에 두 명의 고관, 즉 신헌申櫶과 윤자승尹滋承이 파견되었고, 대원군이 그토록 집착한 구시대적 고립정책을 벗어던지는 첫 번째 확실한 조치가 취해졌다.

일본 사절단은 평화 우호 조약을 체결하자는 일본의 거듭된 요구에 조선이 대답하지 않는 이유를 묻는 것으로 회담을 개시했다. 조선 측 대표는 일본이 아주 오래전부터 조선에 존칭을 써왔으나 지금은 스스로 '대일본'을 사칭하고 지배자를 천황이라고 부르기 때문이라고 대답했다. 이런 일본의 태도는 조선이 일본에게 완전히 새로운 역할, 즉 일본의 속국 노릇을 해야 한다는 뜻을 암시하는 것으로 보였다. 일본 측은 자국의 제국 칭호 채택이 조선과 아무 관계가 없다고 대답했다. 이 대답에 조선 측은 만족했다.

이어 일본 사절은 강화 포대에서 발포한 이유를 물었다. 조선은 일본군이 유럽 복장을 입고 있어 유럽인으로 오인했다고 대답했다. 일본 측은 자국 정부가 일본 국기를 조선에 보내 8도의 지방 수령들에게 보여주도록 요청하는 등 세심한 배려를 했는 데도 불구하고 조선군이 일본 국기를 알아보지 못한 연유가 무엇인지를 따졌다. 대답할 말을 찾지 못한 조선 대표단은 실수를 범했다고 시인했다.

회담 결과는 즉각 한양에 보고되었다. 한양에서는 이 중요한 문제를 논의하기 위해 조정 회의를 열고 있었다. 대원군은 조약 체결을 하지 말라는 탄원서를 내각 대신들에게 보냈으나 대세는 바뀌었다. 조약문에 넣을 양국의 호칭 문제를 놓고 열띤 토론이 벌어진 다음 1876년 2월 27일 마침내 조약이 체결됨으로써 조선은 더 이상 은자의 왕국이 아니었다. 그 뒤 김기수金綺秀가 수신사에 임명되어 일본에 파견되었다.

새 조약에 따라 일본 공사 하나부사가 일본 정부를 대표하여 1879년 6월에 한양에 파견됐다. 우리는 하나부사가 그전에 개인 자격으로 한양에 들어와 자국 정부를 위해 공을 세운 사실을 기억한다. 새 공사관은 서대문 밖 연꽃 연못 부근에 있는 천연정에 위치했다.

이와 거의 동시에 2명의 프랑스 사제가 한양에 도착하여 서대문 밖에 거처를 정하고 포교를 시작했다. 프랑스 사제들은 당국에 즉각 체포되었고 일시적으로 위험에 처했다. 그러나 조정 내부에서는 외국인 사제 체포가 새로 채택한 조선 정부의 노선에 어울리지 않으며, 분명히 위험한 조치라는 생각이 강했다.

처벌 중지 명령이 내려졌고 일본 공사는 이 기회를 이용하여, 도쿄 주재 프랑스 공사가 위험에 처한 자국인들을 위해 나서 달라는 요청을 자신에게 했다는 사실을 조선 당국에 통보했다. 일본 공사는 옥중의 외국인들을 즉각 석방하라는 조언도 덧붙였다. 조선 당국은 프랑스 사제들을 석방했고 일본 공사는 두 사람을 일본으로 보냈다.

기독교 탄압 정책 폐기 1년 뒤인 1880년, 진보 성향을 지닌 김홍집金弘集이 일본을 방문했다. 그는 도착 직후 한 중국인을 만났는데, 그 사람으로부터 깊은 영향을 받았던 것으로 보인다. 이 중국인은 김홍집과 많은 대화를 나누었고 조선 외교의 각종 주제를 다룬 장문의 원고(황준헌의 『조선책략』—옮긴이)를 선물했다. 중국인은 이 원고를 조선 왕에게 전달해달라고 부탁했다.

중국인은 자기 원고에서 미국, 중국, 일본과의 관계를 강화할 것을 조언하는 한편, 러시아에 관해서는 비판적으로 언급했다. 원고는 개신교가 서양이 위대해진 기반이라고 언급하고 선교활동을 장려하라고 권유했다. 개신교와 가톨릭의 분열을 공자 사상이 주자와 육상산으로 갈린 것에 비유하기도 했다. 김홍집이 원고를 들고 귀국하여 왕에게 전달하자, 큰 물의와 함께 격렬한 반대가 일어났다. 많은 사람들이 김홍집을 죽이라고 조언했다.

가장 격렬하게 반대한 사람들은 이만손李晚孫과 홍재학洪在鶴, 백낙관白樂寬 등이었다. 이들은 김홍집을 처형하고 조선의 모든 기독교 사업을 철폐할 것을 촉구하는 상소문을 왕에게 올렸다. 하지만 왕은 이들을 심하게 질책했다. 선동적인 상소를 올렸기 때문이 아니라, 대원군의 정책을 되살리려고 기도했기 때문이다. 이만손은 유배되었고 홍재학은 처형되었으며, 백낙관은 투옥되었다. 이 조치를 계기로 당분간 기독교 반대 논란은 잠잠해졌으며 그 후에도 기독교 반대 주장이 강력하게 거론되지 않았다.

신사유람단과 영선사 파견 1881년 4월에 개화 성향을 띤 새 조정이 출범하면서 왕은 조선과 그처럼 철저하게 단절되었던 외부 세계를 살펴보기 위해 사절단을 일본에 파견했다. 왕은 이런 목적을 위해 조준영, 박정양, 심상학, 조병직, 민종묵, 어윤중, 엄세영, 강문형, 홍영식, 이원회, 이헌영 등을 선발했다. 이들은 즉각 일본으로 출발했다. 동시에 한 무리의 청년들이 비슷한 임무를 띠고 김윤식金允植의 인솔 아래 천진에 파견되었다.

역모가 발각되다 1881년 대원군의 추종자 4명이 조정을 전복시키고 왕을 몰아낸 다음 대원군의 서자 이재선李載先을 왕위에 앉히려는 음모를 꾸몄다. 성공할 경우 대원군을 재집권시킬 계획이었다. 8월 마지막 날이 거사일로 정해졌다. 그러나 거사 전날 남명선과 이풍래가 이 음모를 총애 받는 대신 민태호에게 밀고했고, 4명의 주모자들은 거사 예정일 아침에 체포되었다. 며칠 뒤 11명이 추가로 붙잡혔다. 그들은 모두 참수형을 당했다. 그와 동시에 이재선은 사약을 받고 죽었다.

민씨 파벌과 개화당 이 무렵 진정한 개화당이 조직되기 시작했다. 지도자는 김옥균, 박영효, 서광범, 홍영식, 박영교 등이었다. 이들은 모두 최고 명문 집안 출신들이었고 조정의 요직을 맡고 있었다. 이들은 외국 열강들과 교류하기 위해 즉각적인 조선의 개항과 일본에서 실시된 것과 같은 개혁의 실시를 원했다. 왕은 이들이 구상한 개화 정책의 영향을 크게 받았고, 신속한 발전의 시대가 열리는 것으로 보였다. 기계 부서를 뜻하는 '기무機務'란 명칭의 특별 정부 기관이 신설되었다. 이 부처는 외국의 기계와 모든 종류의 산업용 기구를 도입하는 임무를 맡았다.

이 시점에서 민씨 일파의 위치에 주목할 필요가 있다. 민씨 일파가 살아난 것은 대원군의 몰락과 왕비의 영향력 덕분이었다. 정부의 모든 직책을 재빨리 자기네 동조자들로 채운 민씨 일파는 오래 집권할 것처럼 보였다. 대원군이 모든 개혁과 외국과의 교섭에 극구 반대한 탓에 그의 정적들은 자연히 개혁과 개방 쪽으로 기울었고, 문호 개방 정책을 추진하기 시작한 것은 바로 민씨 일파였다.

따라서 왕비는 나라를 서양 문명의 영향에 개방하는 데 찬성했다. 그러나 전반적으로 민씨 일파는 자기네가 확보한 지배권을 유지하는 데

치중하였고, 국가 정책은 완전히 2차적인 문제로 취급했다. 다음에 일어난 모든 사태의 열쇠가 여기에 있다. 당시 민씨 일파는 청나라에 의지하지 않았다. 사람들이 부러워하는 자신들의 지위를 유지할 필요가 생기지 않았다면 결코 청에 기대는 일은 없었을 것이다.

이미 본 바와 같이, 일본과 비슷한 개혁 정신을 갖고 있는 많은 고위 관리들이 왕과 왕비에게 개혁 정책을 올리고 있었다. 왕실은 그들의 권고를 긍정적으로 받아들였고 그들이 성공을 거둘수록 민씨의 세력은 줄었다. 민씨 일파는 조선을 개방한다는 발상에 반대한 것이 아니라, 다른 파벌이 개방 작업을 추진하여 성공을 거두고 자연히 권력 기반을 강화하는 것을 싫어했다. 문제는 여기서 시작되었다. 만약 개화파 지도자들이 계획의 실천 책임을 민씨 일파에게 기꺼이 넘겼다면 만사가 순조롭게 진행되어, 조선은 개혁 추진자들이 희망한 것을 일부나마 실현했을 것이다. 그러나 자신들의 탁월한 계획을 추진하여 나라의 발전은 물론, 개인적 보상을 꿈꾸고 있는 사람들에게 그런 자제심의 발휘를 기대하기는 어렵다.

만연한 이기심이 조선의 개혁 세력을 분열시켰다. 우리는 민씨 세력이 바로 청나라의 품 안으로 들어가도록 만든 정책을 결정한 것이 바로 이 시점이었다고 생각한다. 이 시점부터 민씨 세력은 개화당이 아니라 수구당이 되었다. 이 세력의 구성원들은 민태호, 민영목, 민두호, 한규직, 조영하 등이었다.

그러나 적어도 일시적으로 개화당에 동조한 민씨가 한 사람 있었다. 그 사람은 왕비의 조카인 민영익이었다. 그는 앞서 언급한 1874년의 소포 폭탄 테러에 의해 살해된 민승호의 양자였다. 그가 처음에 개화당을 지지한 사실은, 1882년 봄에 그가 김홍집, 김옥균, 홍영식 등 개화당 지도자들과 합세하여 200명의 청년들을 선발하고 일본인 교관들을 초빙하여 군사훈련을 시키자고 왕에게 권고한 데에서 드러난다.

왕은 이 권고에 따랐고 이소바야시 대위가 교관으로 고용되었다. 그는 동대문 밖에 있는 하도감에서 즉각 군사훈련을 시작했다. 아울러 많은 조선 청년들이 군사훈련을 받기 위해 일본에 파견되었다. 이들 가운데 가장 유명한 사람이 서재필이었다. 그는 개화운동과 밀접한 관계를 맺었으나 당시에는 너무 어려 중요한 역할을 맡지 못했다.

처음으로 조선 수신사에 정식으로 임명되어 일본에 파견된 사람은 개화당 지도자인 박영효였다. 그는 1882년 전반기에 부임했다. 조선의 국기가 처음 디자인된 것은 제물포에 정박해 있던 일본의 소형 기선 위에서였다. 초대 주일 수신사를 기리기 위해 조선 국기가 게양될 때 박영효, 김옥균, 서광범, 서재필이 참석했다.

무시당한 구식 군대 한편 하도감에서 군사훈련을 받고 있던 200명의 청년들은 정부로부터 식량과 의복을 넉넉히 지급받았으나 훈련도감이라 불린 과거 궁궐 경비병 출신의 구식 군인 3,700명은 심한 홀대를 받고 있었다. 구식 군인들의 급료는 3개월치가 밀렸고 비슷한 기간 동안 쌀을 지급받지 못했다. 그들은 당연히 분노했다. 아울러 자기네보다 월등히 좋은 대우를 받는 200명의 신식 군인들에 대한 불평도 분노로 비화되었다.

이 사실을 알게 된 왕은 한 달분 급료에 해당하는 쌀을 분노한 군인들에게 지급하라는 명령을 내렸다. 급료를 지급하는 업무는 나라의 재정을 감독하고 있던 민겸호가 담당하고 있었다. 그는 다시 자기 집 관리인에게 이 일을 넘겼다. 관리인은 좋은 쌀을 팔아 생긴 돈으로 질이 낮은 쌀을 다량 구입하여 모래를 섞어서 굶주린 군인들에게 나누어주었던 것으로 보인다.

그 결과는 상상이 될 것이다. 군인들은 여러 장소에 모여서 자기네가 어떻게 되든 죽을 것이므로 굶어 죽느니 싸우다 죽겠다고 결심했다. 그들은 나약하고 용기 없는 동료들에게 신의를 지키지 않거나 힘을 모으는 데 협력하지 않을 경우 죽이겠다고 협박하며 독려했다.

1882년의 임오군란 6월 9일, 장대비가 내리는 가운데 군인들은 집단 봉기를 일으켜 소속 장군의 집으로 찾아가 자신들에게 부당한 짓을 한 사람들에게 보복을 하겠다고 선언했다. 군인들이 자기네 장군을 공격하지 않고 그 집으로 찾아가 앞으로의 행동 계획을 밝히는 예의를 갖춘 것은, 장군이 군인들에 대한 부당한 대우에 아무런 책임이 없음을 확실히 보여주는 것이었다. 또한 군인들은 대원군에게 전갈을 보냈는데 그 내용은 알려지지 않았다.

군인들은 이어 민겸호의 집으로 급히 쳐들어갔으나 그는 봉기 소식을 듣고 이미 궁궐로 달아난 뒤였다. 군인들은 그의 집을 부수고 가구를 파괴하며 분노를 쏟아냈다. 그들은 부정직한 관리인을 붙잡아 즉석에서 때려죽였다. 이런 광경을 보고 더욱 흥분한 군인들은 200명 내지 300명씩 나뉘어 이미 시작한 일을 끝장내기 위해 한양의 여러 곳으로 급히 달려갔다. 일부는 감옥으로 달려가 죄수들을 풀어주었고, 죄수들은 자연히 폭동 군인들에게 합세했다.

죄수들 가운데 한 사람이 대원군의 복권을 청한 상소문을 올렸던 백낙관이었다. 군인들은 그를 자기네 어깨에 태우고 거리를 행진하면서 '백충신'이라고 외쳤다. 그 뒤 이 일로 인해 백낙관은 제주도로 유배되었다. 군인의 일부는 하도감으로 갔다. 몰려오는 군인들을 본 일본인 교관은 일본 공사관 쪽으로 달아났다. 그러나 교관은 뒤쫓아온 군인들에게 붙잡혀 길 위에서 칼에 찔려 죽었다.

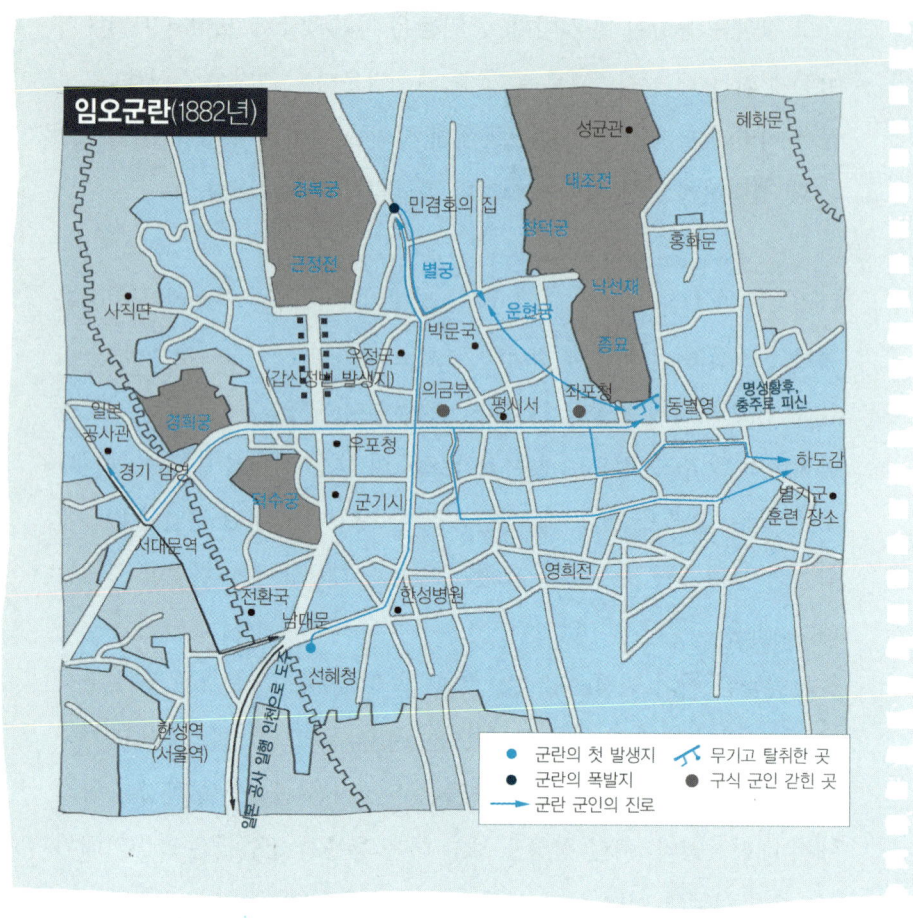

일본 공사관 피습 다른 폭도들은 일본 공사관으로 쳐들어갔으나 대문이 굳게 닫혀 있었다. 구내에는 일본인 아홉 명이 머물고 있었다. 밤이 어두웠기 때문에 폭도들은 공격에 앞서 불을 밝히려고 담 너머로 횃불을 던졌다. 소수의 일본인들은 자기네가 포위 공격을 견딜 가망이 없으며 유일한 희망은 용감하게 돌진해 나가는 것뿐이란 것을 깨달았다. 각오를 다진 9명의 일본인들은 대문을 활짝 열어젖힌 뒤 칼을 휘두르고 권총을 쏘면서 군중 속으로 돌격했다. 폭동 군인들은 완전히 허를 찔려 급히 물러났다. 급히 달아나던 조선인들 가운데 다수가 부근에 있던 연꽃 연못에 빠졌다. 일본인들은 멀지 않은 경기 감영으로 뛰어가면서 조선인 몇 사람을 칼로 베어 쓰러뜨렸다. 경기 감사가 궁궐에 들어간 사실을 알게 된 일본인들은 제물포 쪽으로 방향을 돌려 서둘러 떠났다.

민씨 일가의 소탕에 나서다 반란군의 또 다른 일부는 성 밖에 있는 여러 개의 절을 찾아가서 불을 질렀다. 절 가운데서 가장 중요한 사찰은 북동문 밖에 있는 신흥사였다. 군인들은 민씨 일파에 대한 증오 때문에 이 절을 파괴했다. 민씨 일파를 후원하는 왕비가 불교에 심취하여 승려들을 가까이하는 것으로 알려져 있었다.

다른 폭도들은 횃불을 들고 한양 전역으로 흩어져서 민씨 세력 사람들의 집을 모조리 찾아다녔다. 민겸호, 민태호, 민영익, 민영소, 민영준, 민영주, 민창식, 홍인군, 김보현, 윤자덕의 집을 찾아간 폭도들은 긴 밧줄을 사용하여 집을 허물고, 가구를 꺼내 거리에 높이 쌓아놓고 불을 질렀다.

그러나 민씨 사람들 가운데 그날 밤 붙잡힌 유일한 인물은 곤당골에 사는 민창식뿐이었다. 그는 부정한 방법으로 백성의 재물을 많이 빼앗았다는 불명예스러운 평판이 널리 나 있던 사람이었다. 그는 붙잡혔을 때 "나는 민가가 아니라 박가다."라고 소리쳤다. 폭도들은 그를 결박하여 이 거리 저 거리로 끌고 다니면서 큰소리로 물었다. "이 자가 민가인가 박가인가?" 구경하던 사람들은 "민가다."라고 대답했다. 폭도들은 그의 몸을 칼로 수없이 찌른 다음 입을 양쪽 귀까지 베어서 죽였다.

대궐 난입 10일, 아침이 밝았고 한양의 참혹한 상태는 계속됐다. 미친 듯이 흥분한 군인 폭도들이 거리를 휩쓸고 다녔다. 백성들은 문을 잠그고 집 안에 숨어 있거나 도시 바깥으로 피난을 떠났다. 폭도들은 대궐 문 앞에 집결했다. 그들은 제지하는 사람이 없었으므로 대담하게 안으로 들어갔다. 그들은 궁궐 안에 있는 왕의 처소로 쳐들어가 마침내 왕과 직접 대면하게 되었다. 왕의 측근에는 도망치지 않은 신하 몇 명이 서 있었다. 그 가운데는 민겸호, 김보현, 조영하, 홍인군이 있었다. 뛰어 들어간 군인들은 칼로 마룻바닥과 문설주를 찍으면서 주위의 신하들을 넘겨달라고 왕에게 요구했다. 빠져나갈 길이나 거절할 도리가 없다는 것이 명백해졌다. 폭도들이 왕의 생명을 위협할 가능성이 농후했다. 그리하여 측근에 서 있던 신하들은 왕에게 절을 올린 후 계단을 내려가 군인들 앞으로 나갔다. 민겸호와 김보현은 그 자리에서 칼에 맞아 쓰러졌고 왕이 보는 앞에서 여러 토막으로 난도질당했다. 김보현의 몸은 상반신만 남았다. 조영하는 목숨을 구했으나 흥인군은 군인들이 총의 개머리판으로 짓이겨 그날 죽었다.

왕비가 급히 피난하다 이어 군인들은 왕비를 내놓으라고 요구했다. 왕은 어찌 감히 왕비를 내놓으라 하느냐고 군인들을 엄히 질책했다. 그들은 왕의 질책에 대꾸도 하지 않고 내전으로 난입했다. 궁녀들의 머리채를 움켜잡고 끌고 다니면서 왕비의 행방을 물었다.

이런 일이 벌어지고 있는 동안 궁궐의 호위 군사 가운데 한 사람인 홍재희가 왕비의 거처로 들어가 위험을 알렸다. 그는 자신이 왕비를 업고 탈출하는 길밖에는 희망이 없다고 말했다. 왕비는 즉시 그의 등에 업혀 피신 길에 나섰다. 영웅적인 모험을 감행한 홍재희는 치마로 급히 머리를 가린 왕비를 업고 성난 군인들 한가운데로 들어갔다. 몇 명의 군인들이 그를 잡고 누구를 업고 가느냐고 물었다. 그는 궁녀로 일하는 자기 누이를 안전한 곳으로 데려가는 중이라고 대답했다. 그의 영웅적인 노력 덕분에 왕비는 무사히 궁궐을 빠져나가 궁궐 서쪽에 있던 윤태준의 집에서 안정을 취할 수 있었다.

이튿날 왕비는 가마를 타고 충청도 충주 지역에 있는 장호원으로 출발하여 며칠 뒤에 도착했다. 그곳에서 왕비는 민응식의 집에 숨었다. 왕비 일행은 큰 길로 이동하지 않고 산길을 이용했다. 홍재희는 혹독한 행군 도중 짚신을 구할 수가 없어 발가락 몇 개를 잃은 것으로 전해진다.

시신 없는 왕비의 장례식 궁궐로 다시 돌아가자. 폭동을 일으킨 군인들이 왕비를 찾으러 다니는 동안 대원군이 정치 무대에 다시 등장했다. 그는 난동을 중지하라는 명령을 내렸고 군인들은 즉시 그의 말에 복종하여 조용히 궁궐을 떠났다. 미친 듯이 흥분했던 군인들이 대원군의 지시에 그처럼 군말 없이 신속하게 따른 것은 대원군이 군인 폭동과 밀접한 관계가 있다는 주장을 입증하는 것으로 보인다.

대원군은 다시 권력을 장악했다. 그는 왕비가 살해된 것으로 추측했고, 이튿날 관리들을 불러 시신은 아직 발견되지 않았으나 왕비가 사망했다고 발표했다. 그리하여 관리들은 시신 대신 왕비의 옷가지 몇 점을 관에 넣어 장례식을 치러야 했다. 6월 중순에 왕비의 국장이 선포되자 백성들은 왕비를 애도하여 상복을 입었다.

2장

개화의 물결, 혼란의 파도

고종도 피신하다 왕비가 한양에서 피신한 며칠 뒤, 보부상 소속 상인들이 대규모로 동대문 밖에 집결하여 한양으로 들어와 약탈을 시작할 것이라는 소문이 나돌았다. 백성들은 공포에 사로잡혔고 남녀노소 할 것 같이 많은 시민들이 급히 사방으로 피난길에 올랐다. 일부는 한양 부근의 시골로 내려갔고 일부는 변두리의 험한 산속으로 피신했다. 모든 성문이 굳게 닫혀 있었으므로, 사람들은 숭례문과 서대문을 부수고 밖으로 탈출했다.

왕 역시 이 소문을 듣고 궁궐을 빠져나와 이재완의 집으로 피신했다. 그러나 공포는 시작될 때처럼 금방 수그러들어 백성들은 3시간 뒤 집으로 돌아가기 시작했다. 사람들의 다급한 피신 상황을 다음 일화가 잘 보여준다. 어린 손자를 데리고 피난길에 나선 한 노인은 아이의 손을 잡았다고 생각하고 산속으로 급히 달아났다. 노인은 나중에 아이의 손을 잡은 것이 아니라 발을 잡은 것을 알아차리고 깜짝 놀랐다. 아이는 이미 죽은 뒤였다.

일본이 배상을 요구하다 일본 공사 하나부사가 군사를 대동하고 제물포를 거쳐 한양에 들어와 상황을 논의할 것을 통보했다. 일본 측은 협의에 나선 김홍집을 통해 살해된 일본인들에 대한 배상을 조선 정부에 요구했다. 일본인 군사교관 외에도 5~6명의 일본인이 살해당했고, 일본군 본부에 있던 상당액의 일본 화폐가 약탈되어 파손되었던 것으로 보인다. 배상금은 사망한 일본인 한 사람당 100만 냥으로 책정됐다. 이 액수는 미화 2,500달러에 해당되는 터무니없이 약소한 금액이었지만, 일본인들은 받아들일 수 있다고 생각했던 모양이다. 대원군은 일본이 이 배상금을 요구하면 조선 정부가 조선에서 영업하는 모든 일본 상인들에 대한 세금 부과를 고려하지 않을 수 없다고 대답했다. 이는 사실상 배상금 지불을 거절한 것이었다. 일본 공사는 돌아갔다.

대원군이 청에 끌려가다 일본 공사가 조선에 왔을 즈음, 3천 명이 넘는 청군 병력이 수원 부근의 남양에 도착했다. 청군은 오장경, 마건충, 정여창 장군의 지휘를 받고 있었다. 장군들을 따라온 사람들 가운데는 이때부터 중요한 역할을 담당하게 되는 원세개袁世凱가 있었다. 청군 부대가 수구당의 요청으로 왔다는 것은 의심의 여지가 없었다. 이 시간부터 수구당은 노골적으로 청에 의존하여 청이 조선의 독립을 실질적으로 침해하도록 허용했다. 이런 상황은 청일전쟁으로 끝났다. 청군은 수도 주변에 군영을 설치했다. 일부는 서대문 밖 배오개에 주둔했으며, 일부는 동대문 바로 안에 있는 하도감에 머물렀다.

봉기를 적극적으로 주동한 병사들 가운데 몇 명은 동대문에서 대략 5킬로미터 떨어진 왕십리에 살고 있었다. 청의 병사들은 폭동을 일으킨 조선 군인들을 밤에 붙잡는 일부터 시작했다. 체포된 조선 군인 10명이 군법회의에서 재판을 받고 능지처참을 당했다.

청의 장군 오장경은 대원군이 군인 봉기의 배후에 있다는 보고를 받고 황제에게 이 사실을 알리는 편지를 보냈다. 황제는 용의자를 체포하여 청으로 압송하라고 지시했다.

　황제의 명령을 받은 청나라 장군은 대원군이 완전히 장악하고 있던 조선의 궁궐을 방문하여 뭔가 중요한 것을 보여줄 것이 있다면서 대원군을 한강 가의 용산으로 초대했다. 속임수에 넘어간 대원군이 그곳에 정박한 배에 오르자마자 선원들은 급히 닻을 올렸다. 당황한 대원군은 청으로 끌려가는 도리밖에 없었다. 천진에 도착한 그는 이홍장과 만나기를 거절했으나 황제의 명령으로 천진에서 멀리 떨어진 곳에 유배되었다. 대원군은 3년 뒤 귀국할 때까지 유배지에서 융숭한 대접을 받았다.

죽었던 왕비가 살아 돌아오다　구원의 신 같은 청이 대원군을 납치한 후 서상조란 관리가 왕에게 상소를 올려 왕비가 아직 살아 있으며 환궁시켜야 한다고 보고했다. 왕비의 거처와 수도 사이의 100킬로미터가 넘는 거리를 이용익이 단 하루 만에 이동하여 환궁 소식을 전달했던 것으로 전해진다. 많은 관리와 군인이 남으로 파견되어 왕비를 한양으로 데리고 왔다. 왕비는 8월 1일 한양에 도착했다. 백성들은 즉시 상복을 벗었다.

　1882년이 끝날 무렵 수도에 외부아문이 설치되어 김윤식이 외부대신에 임명되었다. 그는 청나라 세관의 직원인 P. G. 폰 묄렌도르프를 초빙하여 고문에 임명했고, 청나라 장군들인 왕석창과 마건상은 신설된 외부아문의 무관에 취임했다.

제분소와 조폐소가 세워지다　1883년은 과거 어느 해보다 많은 발전이 이루어진 해였다. 5월에 미국의 초대 조선 주재 공사인 푸트Foot 장군이 도착하여, 1882년에 슈펠트shufeldt 제독과 조선 대표가 제물포에서 맺은 조미수호통상조약의 조약문을 서로 교환했다. 푸트는 한양 주재 공사관의 개설을 준비하기 위해 조선을 떠났다.

개화당 지도자 중 한 사람인 김옥균은 당시 동남제도개척사라는 직책으로 근무하면서 포경사업 업무를 담당했다. 그는 조선 연안의 수익성 높은 정부 독점사업인 포경업을 촉진하는 준비 작업을 하기 위해 일본으로 떠났다. 그는 일본인들과 친분이 깊었기 때문에 이 업무에 발탁되었다. 이는 조선의 자원 개발을 모색하는 조치였고, 따라서 개화당의 희망 및 계획과 직결된 사업이었다.

이와 동시에 북서문 밖에 제분소가 건설되었으며 서소문 안에 외국인 조폐소가 세워졌다. 이는 대부분 일본 기술자들의 지원으로 추진되었는데 나중에 정부의 자금만 낭비한 것으로 드러났다. 농업, 임업, 낙농 등 산업에 관한 유용한 서적을 인쇄하여 보급하는 관아가 신설되었다. 일본 및 미국과 맺은 조약에 따라 제물포와 원산의 일부가 외국 무역에 개방되었다. 이런 진보적인 조치와 반대로, 전년에 대원군과 공모하여 군인 폭동을 일으킨 혐의를 받은 8명이 사약을 받고 처형되었다. 왕비의 후원을 받았던 무당들을 위해 지어진 절인 관왕사도 폭동 세력과 비슷한 운명을 맞았다.

1883년 여름 민영익이 특별 사신인 보빙사에 임명되어 미국에 파견되었다. 그를 보좌한 사람은 홍영식이었다. 그의 일행 가운데는 서광범과 유길준 등이 포함되었는데, 이들은 모두 개화당 소속이거나 적어도 개화당에 동조하는 사람들이었다. 같은 해 여름, 왕은 한양 동쪽 16킬로미터 되는 곳에 미국 농장을 세우고 외국의 곡식 종자와 소를 키웠다. 이는 조선 농부들에게 농사법을 가르치고 농민들에게 곡물 씨앗을 제공하는 데 목적이 있었다. 미 농무부는 전권특사 민영익이 이끄는 사절단에게 다량의 곡물 종자를 주어 보냈다.

그해 가을 영국과의 조약이 체결되었고 영국 총영사관이 한양에 설치되었다. 같은 시기 독일 대표가 도착해 자국 정부를 대리하여 조약을 체결했다.

개화당과 수구당의 대립 1884년이 시작되면서 조선에서는 다음과 같은 일이 벌어졌다. 우선 개화당과 수구당 관리들이 확연히 갈리었다. 개화파가 추진한 각종 개혁은 외국 제도를 바탕으로 정부를 신속하게 재조직할 수 있다는 희망을 불러일으켰다. 개화당이 성공을 거둘수록 수구당의 의심과 반대 또한 커졌다.

수구당은 청나라 장군들 및 군대의 주둔에 힘입어 입지를 점차 강화했으며 고문인 폰 묄렌도르프는 항상 청의 이익을 지지했다. 대원군은 이런 갈등의 틈바구니에서 잠시 떠나 있었으므로 민씨 일파의 입장에서는 최대 장애물이 제거된 셈이었다.

왕과 왕비는 둘 다 진보 정책에 호의적인 태도를 보였으나, 왕비는 민씨 일족이 주도하는 수구당의 노선으로 점차 기울어졌다. 민영익은 직관적으로 여전히 올바른 판단에 따라 개화당의 견해를 지지했으나, 그가 미국에서 귀국한 것을 신호로 자기 가문 사람들이 그의 계몽적 시각을 맹렬히 공격하여, 그는 개화당으로부터 급속하게 멀어지게 되었다. 그러나 민영익이 개화당에서 완전히 탈퇴한 것은 그해 말이 되어서였다.

일본은 조선의 독립을 인정했다 1884년 7월에 조선은 러시아와 조약을 체결했고, 조약에 따라 러시아 공사관이 한양에 설치되었다.

그리고 그해 가을, 군사교육을 받으러 일본에 유학했던 12명의 청년들이 한양에 돌아왔다. 그 가운데 한 사람인 서재필은 나중에 필립 제이슨 박사로 알려지게 된다. 이때 그는 21세의 젊은 나이에도 불구하고 개화당의 각종 계획을 입안하는 데 적극적인 역할을 담당했다. 이 무렵 민영익은 사실상 수구당에 가담하여 개화당에 대한 왕비의 동정과 지지를 상당 부분 가로챘다. 개화당의 희망이 완전히 좌절되리란 것이 명백해졌다.

청나라 사신인 원세개는 궁궐 밖의 군영에서 지내면서 자국 정부의 이익을 열심히 대변했다. 이는 원세개가 수구당을 부추겨 개화당에 반대하도록 만들었다는 것을 의미한다. 따라서 개화사상을 심어준 일본에 대한 개화당의 기대가 점점 높아진 것은 당연하다. 일본은 조선의 독립을 인정했다. 또한 일본을 과거의 중세 국가에서 만족스럽고 계몽된 현대 국가로 탈바꿈시킨 명치유신과 동일한 노선에 따라 조선이 개혁되기를 일본이 바란 것은 인지상정이었다.

우정국 개국 축하연을 이용한 갑신정변 자기네 진로에 강력한 난관을 조성한 대세의 흐름을 어떻게 저지하느냐가 개화당 지도자들이 풀어야 할 숙제였다. 아득한 과거부터 조선 정부에서 변화를 실현하는 방법은, 반란을 일으켜 왕을 자기편 수중에 확보한 다음 반대파의 지도자들을 귀양 보내거나 처형하는 것이었다. 우리는 당시 일반 국민 차원에서 볼 때 개화당의 지지 기반은 미약했거나 전혀 없었다는 사실을 염두에 둘 필요가 있다. 반면에 왕은 수구당의 말에 귀를 기울였고 또 청의 군대가 수구당을 지원했다. 군사적 지원을 확보하는 것이 분명히 필요했으며 일본은 군사 지원이 가능했다.

그러나 일본이 독자적으로 군대를 들여보내 변화를 추진하는 것은 명백하게 불가능했다. 조선 정부나 적어도 왕의 요청이 필요했다. 유일하게 할 수 있는 일은 개화당이 위기 사태를 도발하여 왕을 자기네 보호하에 끌어들인 다음, 일본이 조선 왕의 요청에 따라 군대를 파견하여 새 집권 세력의 지위를 유지시키는 길밖에 없어 보였다.

개화당 지도자들은 최후의 성공을 거둘 수 있다는 희망 아래 인내심을 가지고 기다리며 일시적인 패배를 감수하는 대신 옛날 방식에 의존하기로 결정했다. 그들은 이 과정에서 치명적인 실수를 범했다. 그들이 성공을 거두었다 해도 개화된 사람들의 눈으로 볼 때 그들은 자기네가 채택한 방법으로 인해 신뢰를 완전히 상실했을 것이다.

개화당 지도자들이 분명히 일본의 양해를 얻었다는 것은 널리 인정받는 사실이다. 제물포를 향해 항해하고 있던 일본 군함 한 척이 12월 6일에 도착할 것으로 예상되었고 봉기는 12월 7일로 예정되었다. 봉기를 주도한 지도자들 중 일부가 흥분하여 미국 공사관 해군 무관에게 봉기 계획을 밝혔기 때문에 비밀을 완벽하게 유지하는 것은 불가능했다.

이 소식을 들은 영국 총영사가 12월 4일 윤태준을 만났을 때 떠도는 음모 소문을 들었느냐고 물었다. 자신이 강력한 수구파이며 민태호와 매우 친했던 윤태준은 서둘러 민태호의 집을 찾아가 자신이 들은 이야기를 전했다. 민태호는 윤태준에게 개화당 인사 가운데 한 사람을 급히 찾아가 그 정보의 진위를 확인하라고 부탁했다.

그 말에 따라 윤태준은 개화당 지도자 한 사람을 찾아가서 거사 계획이 진행 중이라는 소문을 들었는데 사실이냐고 물었다. 개화당 지도자는 거사에 관해 아는 바가 없다고 잡아뗀 후, 윤태준이 가자마자 다른 개화당 지도자들을 서둘러 찾아가 즉시 행동에 나서지 않을 경우 거사가 완전히 실패할 것이라고 말했다. 그때 그들이 제물포에 도착하기를 기다리고 있던 일본 전함이 고장으로 올 수 없다는 소식이 왔다. 당시 한양에 주둔한 일본군은 수백 명에 불과했다. 그러나 소극적으로 기다리다 자기네 희망과 계획이 모두 좌절되는 것을 지켜보는 것보다, 단 한 번의 모험에 모든 것을 거는 것이 더 나을 것으로 개화당 지도자들은 생각했다.

　12월 7일이 예정일이었으나 피차의 사활이 걸린 문제였으므로 즉각 거사를 일으키기로 결정되었다. 우정국 총판에 임명된 홍영식이 그날 밤 시내의 교동이라 불린 곳에 위치한 새 우정국 건물에서 개국 축하연을 열 예정이었다. 우정국에서 거사를 시작하기로 결정되었다. 그날 저녁이 되자 하객들이 축하연에 모여들었다. 참석자들 가운데는 원세개를 포함한 청나라 쪽 인사 3명과 미국 공사 푸트 및 그의 비서 스커더, 영국 총영사 애스턴, 외부아문 고문 폰 묄렌도르프, 조선 측의 홍영식, 김옥균, 민영식, 박연호, 서광범, 김홍집, 한규직, 박정양과 그밖에 몇 사람이 더 있었다.

　일본 공사는 건강이 나쁘다는 핑계로 빠졌다. 김옥균이 몇 차례 자리에서 일어나 마당으로 나가는 모습이 목격되었으나 그의 행동에 특별한 의미를 부여하는 사람은 없었다. 6시도 채 안 된 이른 시각에 축하연이 시작되었고 7시경에 화재 경보가 울렸다. 우정국 바로 앞집에서 불길이 치솟았다. 화재를 진압하는 부서의 감독 책임을 맡고 있던 관리 중 한 사람이었던 민영익이 자리에서 일어나 하인들에게 따르란 지시를 내리고 서둘러 밖으로 나갔다. 그가 안쪽 문을 지날 때 일본 옷을 입은 한 남자가 대문 뒤에서 뛰어나와 긴 칼로 잔인하게 그를 내리쳐 머리와 신체의 몇몇 부위에 심한 상처를 입혔다. 그는 땅바닥에 쓰러졌고 자객은 혼란을 틈타 도망쳤다.

　약간 뒤쳐져서 따라오던 폰 묄렌도르프가 피격 현장을 목격하고 서둘러 달려가 부상당한 민영익을 두 팔로 안고 연회장으로 돌아왔다. 조선인 참석자들은 앞문이 아닌 뒤의 담으로 다급하게 피신했다. 부상당한 민영익은 부근에 있던 폰 묄렌도르프의 저택으로 옮겨졌고, 얼마 후 그곳에서 미국 장로교회 선교단의 H. N. 알렌 박사가 치료를 했다.

죽음을 알고도 억류된 왕의 부름을 받다

이제 주사위는 던져졌고 물러날 길은 없었다. 거사를 주도한 김옥균, 서광범, 박영효, 홍영식, 서재필은 즉시 '구궁'이라는 곳으로 급히 출발했다. 구궁은 1882년의 임오군란 이후 왕이 거처한 곳이었다. 왕 앞에 나선 그들은 청나라 사람들이 왕을 납치하러 오고 있기 때문에 서둘러 안전한 곳으로 피해야 한다고 말했다. 왕은 그들의 보고를 믿지 않았으나 그들의 강권에 못 이겨 어쩔 수 없이 따랐다. 왕을 모신 소수의 일행은 궁의 서쪽 담을 끼고 급히 걸어 '구궁'의 서쪽에 인접한 경우궁 안으로 들어가는 소문 앞에 당도했다.

일행이 이동하는 동안 김옥균은 사람을 보내 일본 공사에게 호위병 파견을 요청하라고 왕에게 청했으나 왕은 거절했다. 그래서 서광범이 외제 메모장과 연필을 꺼내 한자로 "일본 공사를 불러와 나를 돕게 하라."고 썼다. 이 메모지를 즉시 하인 편에 보냈다. 그 같은 조치는 단지 형식적인 절차에 불과했다는 것이 분명해졌다. 왜냐하면 일행이 경우궁에 들어갔을 때 일본 공사와 통역관이 이미 대기 중이었고 대략 200명의 병력이 줄지어 서 있는 것을 발견했기 때문이다.

왕이 나타나자 일본인들이 일제히 경례를 했다. 일본에 유학했던 학생 12명도 와 있었다. 다시 구성된 정부의 새 직책 임명식에 참석하라는 전갈이 신기선, 박영효, 어윤중에게 즉각 내려갔다. 30분 뒤 어윤중을 제외한 나머지 사람들이 불려와 직책에 임명되었다. 어윤중은 그때 지방에 내려가 있었다.

새벽에 왕의 전령이 민태호, 민영목, 조영하의 집을 찾아가 바로 입궐하라는 소환 명령서를 전했다. 그들은 왕명에 따라 서둘러 입궐했으나 궁문을 들어서자마자 붙잡혀 칼로 참혹하게 처형당했다. 그 다음에는 한규직, 이조연, 윤태준에게 입궐하라는 명령이 떨어졌다. 그들 역시 대궐에 들어오자마자 피살되었다. 유재현이란 이름의 내시도 죽임을 당했다. 누가 이들을 처단했는지 묻는 것은 소용없는 짓이다. 누가 야만적인 칼을 휘둘렀던지 간에 소위 개화당 지도자들에게 전적인 책임이 있었다. 일본에서 귀국한 12명의 청년들은 완전무장을 하고 있었으므로 그들이 유혈극에 적극 가담했을 가능성이 농후하다. 이 처형을 왕에게 상의하지 않은 것은 물론이지만, 내시의 경우 왕이 반대하며 만류했음에도 불구하고 살해했다.

죽음의 길로 간 이 7명 전원이 자신을 기다리는 운명을 전혀 몰랐던 것은 아니었다. 조영하가 왕의 부름을 받았을 때 식구 가운데 한 사람이 가지 말라고 간청했으나, 자신의 죽음을 의미한다는 것을 알면서도 어명이었으므로 따르지 않을 수 없었다.

3일 천하로 끝나다 낮이 되자, 네 겹으로 둘러싼 일본군 병사들의 호위를 받으며 왕은 사촌인 이재원의 집으로 거처를 옮겼다. 김옥균은 왕이 머무는 집에 드나드는 사람들을 통제했고, 그의 허가를 받은 사람만 출입이 허용되었다. 그 집에 대략 3시간 머문 후 일행 전원이 '구궁'으로 돌아갔다. 다시 구성된 정부에서 이재원이 좌의정에, 홍영식이 우의정에, 박영효는 좌포장에, 서광범은 외부대신에, 김옥균은 탁지부대신에, 서재필은 병조참판 겸 정령관에 임명되었다. 일본에 유학한 나머지 청년들 또한 관직을 받았다.

윤태준과 이조연, 한규직이 대궐에 들어가 죽음을 맞기에 앞서 원세개에게 기별을 보내 상황을 알리고 도움을 청했으나, 원세개는 즉각적인 조치를 취하지 않았다. 아침이 되자 수천 명의 조선인들이 그를 찾아와 일본 사람들이 왕을 궁궐에 가두었다고 말하며 개입할 것을 간곡하게 청했다. 이런 간청에 응한 원세개는 일본 공사에게 메시지를 보내 조선 왕을 일본군 병사들로 호위한 까닭과 대신들을 죽인 이유를 묻고 즉각 대궐에서 군대를 철수하라고 요구했다. 3시간이 지났으나 답변이 오지 않았다. 마침내 원세개와 다른 2명의 청나라 지도자들은 다수의 청나라 병력과 수백 명의 조선 병사를 거느리고 궁궐로 진격했다. 선인문을 지나 창경궁 안으로 들어간 원세개 일행이 '구궁'의 입구인 보통문에 접근하자 많은 일본군 병사들이 문을 지키고 있었다. 문 앞에서 격렬한 충돌이 벌어졌고, 이 교전은 오후 3시가 될 때까지 한 시간 동안 지속되었다.

이 충돌에서 청군과 일본군 및 조선군 각 10명 정도가 쓰러졌다. 어둠이 내리자 일본군은 물러서기 시작하여 왕과 신임 대신들을 데리고 궁궐의 북동쪽 끝부분으로 이동했다. 그곳은 홍화문에서 멀지 않은 지점이었다. 국왕 일행은 그곳의 여름 별장에 피신했고 일본군 병사들은 나무 뒤에 몸을 숨기고 수비하면서 추격해온 청군 병사들과 치열한 사격전을 벌였다. 한편 세자와 왕비 및 왕의 유모는 작은 가마에 타고 선인문을 빠져나가 동대문에서 20리 떨어진 노원 마을로 피신했다.

일본인들이 성공할 가능성은 점점 줄어들었고 왕은 일본인들로부터 벗어나 청나라 사람들 쪽으로 탈출할 기회만 초조하게 기다렸다. 마침내 극도의 혼란을 틈타 왕은 궁궐 담장의 북동쪽 끝에 있는 북창문으로 갔다. 궁문 밖에는 궁궐로 진입하여 왕을 구출하려는 많은 조선 병사들이 집결해 있었다. 왕이 문 안에 있다는 사실을 알리자 병사들이 궁문을 깨고 들어와 왕을 어깨에 태우고 의기양양하게 행진하여 북동문 안에 있는 사찰로 갔다.

성공할 희망이 사라진 것을 즉시 알아차린 박영효, 김옥균, 서광범, 서재필 및 군사교육을 받은 생도들 가운데 일부는 일본군 부대와 함께 궁궐의 앞문으로 나와 당시 교동에 있던 일본 공사관으로 갔다. 이 모든 사태는 극도로 흥분된 분위기 속에서 진행되었다.

한편 홍윤식, 박영교, 신기선 및 7명의 군사훈련 생도들은 왕이 있는 곳으로 갔다. 일행이 왕이 있는 사찰에 당도하자마자 사람들이 박영교에게 덤벼들어 왕의 면전에서 창과 칼로 무참히 살해했다. 홍윤식이 왕의 뒤에 있는 내실에 숨자 왕이 고개를 끄덕여 숨은 사실을 사람들에게 알려주었다. 홍윤식은 끌려나와 즉석에서 살해당했다. 7명의 생도들은 탈출을 시도했으나 추격자들에게 붙잡혀서 죽임을 당했다. 한 사람은 종로에서 죽고 다른 한 명은 연못골에서 피살되었다.

아침이 되자마자 일본 공사는 작은 부대를 공터에 집결시키고 조선인 피난민과 일본인 여자 및 아이를 중간에 세우고 공사관 건물에 불을 지른 다음, 한양의 중심가를 거쳐 제물포로 행진하면서 가는 길에 보이는 조선인들에게 총질을 했다. 그들은 서대문이 잠겨 있는 것을 발견했으나 잠시 후 강제로 연 다음 서둘러 항구로 떠났다. 진고개에도 일본인 몇 명이 살고 있었기 때문에 한양에 거주하는 일본인들이 모두 이런 방식으로 탈출한 것은 아니었다. 같은 날 조선인 집단이 진고개의 일본인들을 습격하여 남자와 여자 및 어린이를 가리지 않고 모두 살해했다.

마침 제물포에는 일본 상선 한 척이 정박해 있어 공사와 일행은 조선인들과 함께 상선에 탔다. 조선인들은 배의 화물칸에 숨었다. 그날 오후 늦게 왕은 청 군대의 막사가 있는 하도감으로 행차하여 청군의 보호를 받았다. 조병호가 제물포에 파견되어 일본 공사에게 출항하지 말 것을 요청했는데, 이 조치는 피신한 조선인들을 체포하는 데 목적이 있었다. 일본 공사는 두 가지 요청을 모두 거절했다.

한성조약을 맺고 일본에 배상하다 정세가 불안한 가운데 1개월이 지나고 드디어 일본의 이노우에 가오루가 600명의 호위 병력을 데리고 조선에 들어와 서대문 밖에 있는 경기 감영에 숙소를 정했다. 곧 협상이 시작되었고, 그 결과 조선 정부는 11만 원圓의 배상금을 지불하는 데 동의했다. 서상우와 폰 묄렌도르프가 사절로 파견되어 일본인들과 만나 우호 관계의 복원을 위한 적절한 조건을 마련했다. 한양의 일본인들이 무방비 상태로 살해된 유감스러운 사태에 대한 일본 측의 항의를 받아들인 조선 측은 가담자 4명을 잡아 처형했다. 이와 동시에 이창규, 서재창, 김봉균 및 다른 5명이 일본인 살해 음모 혐의로 체포되어 사형을 당했다.

조선 특사인 김홍집이 이노우에와 맺은 조약의 규정에 따라 조선 정부는 일본 왕에게 사과하고 11만 원의 배상금을 지불하고, 이소바야시 대위 살인범을 처형하며, 새 공사관 부지를 제공하고 건축비 2만 원을 대고, 일본 경비대 막사 부지를 제공하는 데 동의했다. 이른 봄에 일본 공사관 건물이 완공되었는데, 이는 한양에 들어선 최초의 외국식 건물이었다.

천진조약 '청일은 군대 파견 때 서로 알려야 한다' 1885년에는 여러 건의 중요한 사건이 일어났다. 미국 장로교 선교단 소속의 H.N. 알렌 박사가 왕실의 후원 아래 공립 병원을 세웠다. 그해에는 또한 문명의 훌륭한 선봉이 도착했다. 즉, 알렌 박사가 그 전해에 도착한 데 이어 미국의 장로교회와 감리교회가 다수의 선교사들을 한양에 파견하여 정규 선교활동과 교육 사업을 벌이기 위한 준비를 시작했다.

4월에 청과 일본은 유명한 천진조약에 서명하였다. 양국은 이 조약에 따라 조선에서 철군한 다음 상대에 사전 통보하지 않고 파병을 하지 않는 데 합의했다. 청일전쟁의 직접적인 원인 가운데 하나는 청이 이 조약을 위반한 것이다.

영국이 거문도(포트해밀턴)를 강점하다 남하 정책을 추진하던 러시아는 영국이 포트해밀턴(영국이 거문도에 붙인 이름)을 점령하지 않을까 우려하였다. 예상대로 이 무렵에 영국은 러시아의 남하 정책을 견제하기 위하여 전투 함대를 파견하여 포트해밀턴을 점령했다. 청이 다른 열강의 포트해밀턴 점령을 막겠다고 보장한 후에야 영국은 섬에서 철군했다. 대원군은 여전히 청에 억류돼 있었으나 청 정부가 대원군을 이제 조선으로 돌려보내도 안전하다고 판단하자 민종묵이 대원군을 수행하기 위해 파견되었다.

여주에서 대규모 봉기가 일어나다 궁궐 재건축 자금을 백성들로부터 짜내기 위해 온갖 수단을 다 동원하던 시기에 대원군은 조선의 화폐가치를 떨어뜨렸고, 국가재정을 혼란에 빠뜨린 적이 있었다. 백성들이 어느 정도까지 부당한 세금을 참는지를 관리들이 터득한 이후 관리들의 부정행위는 더욱 심해졌다. 백성들은 갈수록 더 많은 세금을 강요당했다. 부정직한 사람들이 관직을 사기 위해 부패한 관리들에게 지불한 모든 돈은 나중에 부정직한 방법으로 백성들로부터 착취했다. 성공하는 지방 관리의 주된 자격은 자신의 착취에 대한 백성의 인내심이 한계에 도달하는 때를 판단하는 능력이었다.

1885년에 여주에서 대규모 봉기가 일어났다. 그곳 관리가 백성의 인내심의 한계를 넘어 착취했던 것이다. 고을 사또는 쫓겨났고 부하 아전 한 명이 살해당했다. 원주에서도 사또는 도망쳐서 죽음을 면했으나 아전 한 사람이 죽음을 당했다.

전신선이 한양과 북경을 연결하다 1885년에 일어난 중요한 사건 가운데 하나는 청의 후원 아래 한양과 북경을 연결하는 전신선이 완공된 것이었다. 조선은 이 전신선을 통해 처음으로 바깥 세계와 빠른 통신을 할 수 있게 되었다.

청의 요구에 따라 조선은 감계사 이중하를 북쪽 국경에 파견하여 청 사신과 더불어 두만강 일대의 양국 국경선을 확정하려고 했지만 양국의 견해차로 실패했다.

폰 묄렌도르프가 조선의 독자적인 세관 업무를 시작했으나 그는 그해 외부아문에서 해임되었고, 세관에서도 면직되었다. 그 이유는 폰 묄렌도르프가 정당화될 수 없는 계획에 조선 세관을 개입시켰기 때문이다. 그로 인해 조선의 세관 업무 전체가 청나라 세관의 총세무사인 로버트 하트Rober Hart 경의 관리 아래 들어갔다.

청은 완전히 새로운 직원들을 파견했다. H. F. 메릴Merrill이 수석 세무사에 임명되었고, 청에서 직접 파견한 세관 직원들이 제물포, 부산, 원산의 세관을 관할하게 되었다. 이런 조치는 효율적인 관리를 보장했으나, 사실상 청이 조선을 이용하려는 야심찬 계획을 추진하는 가장 강력한 수단으로 드러났다.

1886년 2월에 왕이 노비의 세습제와 궁궐 공사를 하는 조합들의 노비 사용을 폐지하는 명령을 내렸다. 전면적으로 시행되었다면 이 조치는 대단히 중요한 영향을 미쳤을 것이지만, 우리는 1894년에 같은 명령이 다시 내려지는 것을 보게 된다.

데니 판사, 조선의 독립을 위해 노력하다 정부는 내무와 외무 업무를 관장하는 기관에 외국인 전문가들을 고문으로 활용하기를 원했다. 조선은 청의 북양대신 이홍장의 승인을 받아 청나라 주재 미국 총영사를 지낸 O. N. 데니Denny 판사를 초청했고, 그는 마침 조선이 프랑스와 조약을 체결하던 1886년 봄에 도착했다. 그는 몇 년 동안 이홍장과 친밀한 관계를 유지했는데, 이홍장은 조선에서 청의 이익을 신장시키는 데 그를 이용하기를 바랐을 가능성이 있다. 만약 그랬다면 이홍장은 크게 착각한 것이었다. 왜냐하면 일본과 프랑스는 말할 것도 없고 미국이 조선의 독립을 인정했을 때, 데니 판사가 조선의 독립 유지를 위해 노력했기 때문이다.

청나라 사절인 원세개는 한양에 거처를 정하고 자신의 호칭을 '총독대리'라고 정했는데, 이는 조선의 독립 주장과 배치되는 행동이었다. 조선이 곤경에 빠질 때마다 항상 책임을 회피하고 종주국의 권리를 사실상 포기했던 북경 정부가 이제는 자국의 주장을 강화하고 이를 관철하기 위해 온갖 수단을 사용하기 시작했다. 청의 힘을 등에 업고 권력을 장악한 조선의 집권 세력은 청에 방해가 되지 않았다. 이런 와중에 데니 판사는 조선의 상황을 개선하려는 자신의 노력이 봉쇄당하는 것을 알아차리게 되었다.

왕실의 영어학교가 문을 열다 일본인과 서양 외국인들이 한양에서 거주할 권리는 조선이 그들 나라와 맺은 조약의 최혜국 조항에 기초를 둔 것인데, 만약 청이 한양에서 추방될 경우 다른 나라도 그렇게 되는 것이 불가피하다는 것이 일반적인 인식이었다. 청이 조선의 수도에서 다른 외국인들을 추방하여 독점적 권리를 강화하려 한다는 말이 나돌았다.

따라서 청이 한양의 자국민들을 모두 5킬로미터 가량 떨어진 한강 부근의 용산으로 이동시킬 것인가 하는 의문이 활발하게 제기되었다. 한동안 그런 조치가 취해질 가능성 있는 것으로 보였다. 그러나 다른 나라들이 한양에서 확보한 이권은 물론 가장 큰 일본의 기득권 문제가 활발히 거론되자 청의 계획은 무산되었다.

조지 C. 포크 미 해군 소위는 한양의 공사관과 오랜 관계를 유지했었다. 1884년 그는 조선 청년들에게 서양 각국의 언어와 과학을 교육하는 학교의 설립에 타당성이 있다는 견해를 자국 정부에 건의하였고, 그 결과 조선 정부가 3명의 교관을 확보해줄 것을 미 국무부에 요청하게 되었다. 그러나 그해에 일어난 정변으로 이 사업은 연기되었다. 그러다 1886년에 사업이 다시 추진되었고, 미국 정부가 선발한 3명의 교관이 7월에 조선 수도에 도착했다. 그해 여름에 콜레라가 한양을 강타하여 매일 최소한 700 내지 800명이 사망했다. 왕실에서 세운 영어학교가 문을 연 것은 9월이었다.

청 정부가 조선에 대한 종주권을 주장하자 대담해진 중국 상인들이 세관의 규제를 기피하려 했고, 그 결과 중국인들이 수출용 인삼의 세금 포탈을 시도하여 제물포에서 심각한 충돌이 빚어졌다. 중국 세무사는 자국민들을 옹호하려 했으나, 이홍장에게 강력한 항의가 들어가 이 같은 비리가 시정되는 한편, 위반자들은 유형에 처해지고 세관 업무는 정상화되었다.

러시아와의 무역 편의를 도모하기 위해 두만강 유역의 회령에 교역소가 설치된 것은 이 해였으나 항구를 개방한 것은 아니었다. 이 무렵에 미국 감리교 선교단이 왕실의 인가를 얻어 한양에 학교를 세웠고, 왕은 이 학교를 '유용한 인재를 키우는 전당'이란 의미를 지닌 '배재학당'이라고 명명했다.

박정양, 미국에 사신으로 가다 1887년 조선은 박정양을 미국에 파견하는 사신에 임명했는데, 이는 청의 뜻에 반하는 조치였다. 박정양이 미국으로 출발하려고 숭례문을 나서자마자 청나라 측이 저지하여 되돌아왔다. 그러나 2개월 후 박정양은 미국으로 빠져나가는 데 성공했다. 미국 정부는 주권국가의 공사에 합당한 모든 외교 의전을 갖추어 박정양을 영접했다. 미국의 이 같은 조치는 조선의 독립 주장에 어느 정도 힘을 실어주었으나 외교 문제에 대한 미국의 유명한 불간섭 정책에 의해 그 효과가 대부분 상쇄되었다.

우유에 대한 잘못된 소문   1888년에는 이른바 '아기 전쟁'이라고 불린 사건이 일어났다. 유럽과 미국 사람들이 어린이들을 몰래 데려가 솥에 삶아 음식을 만든다는 소문이 널리 퍼졌다.

또 외국인들이 여자들을 납치하여 유방을 잘라 농축된 젖을 짜낸다고 조선인들은 일반적으로 믿고 있었다. 조선에 거주하는 외국인들은 농축 우유를 널리 사용하고 있었다. 조선인들은 외국인들이 소를 키우지 않는다는 사실을 알고 있었으므로, 그런 말로 외국인의 농축 우유 사용을 설명할 수 있었다. 조선인들은 외국인들의 농축 우유 만드는 방법을 다음과 같이 설명했다.

외국인들이 갖고 있는 특수한 약을 사람의 입에 넣으면 독한 가스로 변한다. 한밤중에 한옥의 창호지를 바른 격자문에 다가가 종이에 작은 구멍을 뚫은 다음 입을 대고 가스를 안으로 불어넣는다. 방 안에 여자가 있을 경우 잠에서 깨어나 밖에 나가고 싶은 욕망을 억제할 수 없게 된다. 여자가 일단 방문을 나서면 외국인이 여자를 붙잡아 유방을 잘라낸 다음 집으로 돌려보낸다.

그리고 외국인들은 조선인 앞잡이들에게 비법을 가르친 다음, 돈을 주고 전국에 보내 여자의 유방을 구하게 한다고 조선인들은 생각했다. 홍천에서 수상한 남자 두 명이 붙잡혀 유방 사냥꾼 혐의를 받았다. 그들은 간신히 도망쳐서 목숨을 건졌다.

청일전쟁

일본, 조병식의 방곡령을 막다

이 시기의 조선 정부는 허울뿐이었다. 동일한 관직이 아주 짧은 기간에 연달아 팔렸기 때문에 백성들의 부담이 견디기 어려운 수준에 도달하여 여러 지방에서 폭동이 자주 일어났다. 조선에서는 백성이 최후의 심판 같은 역할을 한다. 만약 지방관의 가렴주구가 백성의 인내 한계선을 넘을 경우 백성들은 관리를 몰아내고 조정은 일반적으로 이를 최후의 수단으로 받아들인다.

1889년에 정부는 이와 같은 사태에 직면했고, 왕은 뇌물을 받고 백성의 돈을 강탈하는 지방 관리를 엄하게 처벌하겠다는 포고령을 전국에 내려 보냈다. 왕은 이 기회를 이용하여 강도와 도박 행위도 금지했다. 전국에 도박과 강도 행각이 만연하기 시작했기 때문이다. 아울러 조정은 50세 이하의 백성들에게 비단옷을 입지 못하도록 했다.

1890년은 함경도에서 발생한 심각한 외교 분쟁과 더불어 시작되었다. 완고하고 불 같은 성격 때문에 여러 차례 곤경을 자초한 조병식이란 사람이 함경도 감사였다. 백성들은 재배하는 콩을 원산의 일본 상인들에게 입도선매하여 대략 17만 6천 달러에 해당하는 돈을 받았다. 그러나 콩을 수확하여 일본 상인들에게 보내려 하자 감사가 이를 금지했다. 그해 농사가 흉작이었기 때문에 감사는 일본인들이 콩을 백성들에게 되팔기를 원했다. 하지만 일본인들은 이를 거절했다. 콩은 밭에서 썩고 말았다. 일본 상인들은 즉각 이를 문제 삼아 배상을 요구했다. 조선 조정의 외부아문은 일본 상인들이 제기한 주장이 정당하다는 것을 즉각 알아차렸으나, 왕은 조병식에게 배상금을 직접 지불하라고 명령했다. 왜냐하면 감사가 중앙정부와 협의하지 않고 단독으로 일을 처리했기 때문이다. 곤경에 처한 감사 자신은 물론 친척 몇 사람이 전 재산을 내놓지 않을 수 없었다. 그러나 이것으로는 청구된 금액을 모두 지불할 수 없었기 때문에 모자라는 금액을 정부가 냈다.

일본이 금지된 해역까지 들어오다 이 해에는 유럽에 파견되는 첫 번째 대사로 조신희가 임명되었으나 병 때문에 박제순이 그 자리에 대신 임명되어 유럽으로 출발했다. 그러나 그는 홍콩에서 더 나가지 못했다. 박제순이 홍콩을 벗어나지 못한 것은 청이 영향력을 행사한 결과일 가능성이 농후하다.

지금의 왕을 용상에 앉힌 조 대비가 그해 4월 노환으로 사망했다. 조 대비의 장례는 국상으로 치러졌고, 백성들은 1년 동안 상복을 입었다.

남해안에서 어업과 관련하여 심각한 분쟁이 발생했다. 일본은 조선 수역에서 고기를 잡는 권리를 인정받았으나 제주도에는 이상한 풍속이 있었다. 제주도에서는 여자들이 고기를 잡는 풍속이 있었다. 여자들은 알몸으로 바다에 들어가 조개를 잡았다. 남자들에게는 고기 잡는 여자들이 보이는 곳에 접근하는 것을 법으로 금지했다.

그러나 일본 어선들은 이 금지된 수역에 서슴지 않고 들어갔고, 그 결과 조선인들은 생계 수단을 잃게 되었다. 조선 정부는 자국 해안에 접근하는 일본 어선들이 조선의 고유한 풍속을 존중해달라는 합리적 요청을 했으나, 일본 정부가 문제의 정서적인 측면에 대한 고려를 일체 거부함에 따라 장시간의 협의를 벌였음에도 불구하고 조선은 주장을 관철하는 데 실패했다.

백성은 최후의 심판자 1891년에는 복고주의 원칙을 가장 강력하게 고집한 집권층 인물인 민영준(민영휘)이 득세했다. 왕의 후실인 귀빈 장씨가 낳은 아들이 의화군에 봉해졌다.

지방 관리들의 복무 기간이 짧아짐에 따라 관료들의 부패가 더욱 심해졌다. 이로 인해 백성들은 더 큰 부담을 새로 지게 되었다. 새로 부임하는 지방 관리들이 관직을 살 때 진 빚을 백성들에게서 빨리 우려내어 갚아야 했기 때문이다. 전국에서 즉각 요란한 항의 사태가 빚어졌다. 백성들이 참을 수 있는 인내심의 한계를 넘지 않던 전통은 사라지고 관리들은 너도나도 할 것 없이 법을 무시했다. 퇴보의 또 다른 징표는 사건 발생 후 10년이 다 된 1882년 폭동의 연루 혐의자 6명을 처형한 조치였다.

여러 가지 문제가 계속 악화 일로를 치닫고 있다는 사실을 제외하면 1892년은 특별히 중요한 사건이 일어나지 않은 가운데 지나갔다. 그러나 이듬해에 발생할 대규모 소요 사태의 여건이 무르익어가고 있었다. 정의에 입각하여 공정하게 통치하면 조선 백성들은 충성을 바치고 평화를 유지한다는 것을 역사가 보여준다. 조선 사람은 법정 세율의 3배 내지 4배를 넘지 않는 세금을 요구받는 한 조용히 참고 지내며 반란에 관한 소문이 나돌지 않는다.

그러나 백성들은 자기네가 최후의 심판자라는 것을 잘 알고 있으며, 다른 모든 수단이 실패할 경우 백성들은 부당한 대우를 시정하기 위해 어떤 방법이라도 즉각 선택한다.

동학운동의 기운이 싹트다 조선은 1891년과 1892년에 뿌린 씨를 1893년에 거두기 시작했다. 잔잔했던 바람이 회오리바람으로 변하기 시작했던 것이다. 평안도 전역의 민심이 흉흉해졌다. 강계, 성천, 함종 등 도내의 여러 지역에서 반란이 일어났다. 그러나 북쪽 지방만 어려운 것이 아니었다. 1864년에 일어난 동학 세력이 이 해에 남도 지방에서 다시 머리를 들기 시작했다.

대규모 동학 추종자들이 일본인을 비롯한 외국인들을 몰아내기 위해 한양으로 올라오고 있다는 소문이 한양에 급속히 퍼지기 시작했다. 정부는 동학 세력을 무마하기 위해 문관인 어윤중을 파견하여 일시적이나마 진정시킬 수 있었다.

하지만 기독교를 신랄하게 비난하고 외국인들에게 즉시 떠나라고 경고하는 위협적인 깃발들이 많은 외국인들의 집 대문에 붙여졌다. 한양에서 심각한 소요 사태가 일어날 가능성은 없었으나, 동학교도들이 말을 실천에 옮기는 것이 적합하다고 판단하는 경우에 대비하는 것이 좋다는 것이 일반적인 생각이었다.

동학 포고문, '외국인을 몰살하자' 이 시기에 왕비가 무녀들을 극도로 총애했는데, 그중 한 명은 후궁 수준의 높은 벼슬을 받았다. 안효제란 사람이 왕에게 무녀들의 궁중 출입을 비판하는 상소를 올렸지만 오히려 그가 제주도로 유배되었다.

민영준은 자신의 높은 직책을 이용하여 관직의 특권을 행사하고 사리사욕까지 도모하자 이를 비난하는 소리가 사방에서 들렸다. 크고 작은 민란이 전국 각지에서 일어나 조선은 무정부 상태에 빠져들기 직전처럼 보였다. 사태가 이 지경에 이른 것은 중국을 추종하자고 선동한 직접적 결과였는데, 고대로부터 전해 내려온 중국의 전통과 맥을 같이 한다는 데는 이론의 여지가 없었다.

조선에는 개혁이 절실하게 필요했다. 정부는 일부 관리의 비리 사건을 엄격하게 처리할 필요성을 느꼈다. 4명의 지방 수령이 한양 중심가로 잡혀와 공개 태형을 당한 다음 유배되었다. 민영준까지도 이런 공개 처벌을 받았다. 한양의 백성들이 민영준에게 분노하고 있었기 때문에 이를 무마하지 않을 경우 반란이 곧 일어날 것처럼 보였다. 송도 주민들이 착취에 항의하여 봉기를 일으켰으나 진압되었는데, 민영준의 오른팔인 김세기가 송도 상인들의 인삼을 강탈했다.

이 해 말에 동학 추종자들은 놀랄 만한 포고문을 만들어 전주 감영의 대문에 몰래 못으로 박아 붙였다. 포고문은 모든 의로운 사람들이 한양으로 가는 행진에 참여하여 외국인들을 몰살시키자고 촉구하는 내용이었다.

이는 과거의 소문보다 훨씬 가시적이었다. 각 나라의 군함들이 한양의 자국 거류민들을 보호하기 위해 제물포에 집결하기 시작했다. 수백 명의 일본인들이 한양을 떠나 제물포의 안전지대로 서둘러 이동했다. 조선 보병 1개 부대가 혁명군을 진압하기 위해 남쪽으로 진격했으나 어이없이 패배하여 무기와 군 장비가 혁명군의 손에 넘어갔다.

김옥균의 시신을 절단해 조선 전역에 보내다 조선 정부가 그처럼 단호한 의지를 가진 혁명군을 물리칠 수 있는 수단이나 인력을 갖지 못했다는 사실이 분명히 드러났다. 일본은 이처럼 한심한 상황을 불만스러운 시선으로 지켜보고 있었다. 조선은 점점 청의 영향력 밑으로 끌려 들어가는 듯이 보였고, 그와 비례하여 조선 정부의 부패는 더욱 심해졌다.

일본은 조선을 독립국가로 간주했고, 조선의 독립을 유지시킬 작정이었다. 1894년 봄 홍종우가 일본에서 망명 생활을 하다가 중국 상해고 건너간 김옥균을 암살하는 데 성공했을 때 일본의 이 같은 의지는 더욱 굳어졌다. 김옥균은 자신을 배신한 홍종우에게 유인당해 상해에서 여관에 머물던 중 배신자의 냉혹한 총격을 받고 죽었다. 청 정부는 이 비열한 행동을 묵인하고 암살범을 희생자의 시신과 함께 중국 포함에 실어 조선으로 보냈다. 김옥균의 시신은 지극히 잔인한 방식으로 절단되어 반역자들에 대한 경고로 삼기 위해 조선 전역에 보내졌다.

수구 정권의 이런 최악의 권력 남용은 일본이 현실 상황에 눈을 뜨게 만들어 강경한 태도를 취할 필요성을 깨닫도록 자극하여 나중에 일본이 강경 정책을 실행하게 만든다. 이 사건 직후 동학교도들이 전주를 점령하고 그들에게 대항하는 관군을 모두 격파했다. 전주 감사 김문현은 전주에서 도망쳤다.

청과 일본이 군대를 파견하다 반군을 단독으로 제압할 능력이 없다는 것을 마침내 깨달은 정부는 동학 반란군의 진압을 도와줄 청 군대의 파견을 요청하는 위험한 정책에 의지하기로 결정했다. 청은 즉각 요청을 받아들여 1,500명의 병력을 천진에서 배에 태워 포함 3척으로 호위하며 제물포로 파견했다.

천진조약의 제3조에 따라 청과 일본은 자국 군대를 조선에 파병할 때 먼저 상대에게 통보하기로 합의한 사실을 기억할 필요가 있다. 병력이 출동한 뒤까지 청이 일본에 통보하지 않은 이 사건의 경우, 일본의 주장에 설득력이 있다는 데는 이론의 여지가 없다.

나중에 청이 조선에서 동시 철군하는 방안에 동의했을 때 일본은 자연히 이 제안을 거부했다. 청이 먼저 조약의 합의 사항을 위반했으므로 청이 먼저 철군해야 한다고 일본은 주장했다. 그러나 여기에는 다른 몇 가지 중요한 문제가 관련되어 있었다. 조선은 명목상의 독립을 유지할 능력마저 급속히 상실하고 있었기 때문에 일본의 국익이 위태로워지고 있었다. 청의 조약 위반은 일본이 원했던 조선 파병 및 조선의 강제 개혁의 구실이 되었다.

일본은 조선의 개혁이 다른 방법으로는 불가능하다고 생각했다. 일본은 청의 행동을 통보받자마자 당시 휴가 중인 일본 공사 오도리를 본국으로 소환했다. 오도리는 해병대 병력 400명과 함께 한양에 돌아왔다.

청군은 한양에 접근하지 않고 한양에서 대략 130킬로미터 떨어진 아산에 상륙했다. 청은 조선 원정군의 병력을 즉시 2천 명으로 증강했다. 일본도 서둘러 약 8천 명의 병력을 조선에 주둔시켰다.

청군의 진격 소문과 관군의 압박에 놀란 동학군이 갑자기 반란을 중단하여 남도 지방에 평화가 회복되었다는 소식이 전해질 당시의 정세는 이와 같았다. 이런 정세가 일본과 청 간에 벌어진 위기를 촉진한 경향이 있다. 외국 군대가 조선에 머물러야 할 이유가 없어졌다.

청과 일본, 철병을 거부하다 청군은 동학군을 진압하기 위해 출병했고 일본은 자국민을 보호한다는 구실로 출병했다. 동학군이 물러갔으므로 일본이 행동을 취한 진정한 이유가 무엇인지 오래지 않아 밝혀지게 되었다. 일본이 3천 명의 병력을 추가로 제물포에 상륙시키자 한양에 거주하던 중국 화교들은 사태의 심각성을 인식하고 서둘러 안전한 중국으로 출발했다. 대략 1천 명의 화교들이 조선에서 신속하게 출국했다.

그리고 한양에 있던 러시아, 영국, 프랑스, 미국 대표들이 평화 유지를 위해서 청과 일본의 동시 철군을 공동으로 요청했다. 그러나 청은 일본군이 철수하기 전에는 철군하지 않겠다며 요청을 거부했고 일본은 조선의 개혁이 실현되기 전에는 철군하지 않겠다는 태도를 밝혔다. 개혁은 정치적 분위기를 쇄신하여 조선의 허울뿐인 독립 유지에 어느 정도 명목상의 근거를 마련할 수 있었다.

그 뒤 일본 공사가 조선이 독립국인가 아닌가를 공식 선언하라고 요구하자, 조선 정부는 공황 상태에 빠져들었다. 조선 정부는 자국이 독립국이라고 대답했다.

일본이 조선 왕을 수중에 넣다 일본 공사는 필요한 개혁의 목록을 조선 정부에 넘겨준 바 있었다. 그 얼마 후 시작된 개혁에 일본의 요구 사항이 모두 포함되었기 때문에 여기서 다시 열거할 필요는 없을 것 같다.

이 무렵 일본군 1만 5천 명이 조선 땅에 상륙하여 결전에 대비하고 있었다. 평화가 유지될 전망은 나날이 줄어드는 듯이 보였다. 한양의 많은 주민들이 집과 전 재산을 버려둔 채 손에 들거나 등에 진 물건만 가지고 피난길에 올랐다. 일본 사람에 대한 조선인들의 두려움이 그처럼 컸던 것이다.

일본 공사는 청 군대를 불러들인 조치에 항의하는 최후통첩을 조선 왕에게 보냈다. 청군은 독립국가를 보호한다는 명분을 내세우고 조선에 들어왔다. 일본 공사는 개혁 요구를 받아들이는 시한을 3일로 정했다. 그 기간 안에 왕이 개혁에 동의하지 않을 경우 강제 시행을 하겠다는 것이었다.

며칠 뒤 왕이 요구를 회피하는 내용의 답장을 보냄으로써 일본이 즉각 정책 결정을 내리는 계기를 만들었다. 그 다음 날 오전 일본군 2개 대대가 아산으로 출발하는 시늉을 하다가 갑자기 방향을 돌려 궁궐로 행진했다. 궁문에서 약한 저항을 받았으나 쉽게 밀고 들어가 곧 왕을 자기네 보호 아래 두게 되었다. 그들은 민씨 일파 전원을 즉각 축출하고 대원군을 불러들여 정부 운영의 주도권을 맡겼다.

청·일 함대가 풍도에서 격돌하다

이 무렵 청과 일본은 각각 자국 군대의 조선 출병을 서두르고 있었다. 청은 아산에, 일본은 부산과 제물포에 군대를 상륙시켰다. 8천 명의 병력을 실은 11척의 중국 기선이 대고大沽 항을 출발하여 아산과 압록강 입구로 향했다. 아산에 도착한 병력은 조선 정부의 동학군 진압을 돕는다는 명분을 내세웠다. 일본 정부는 중국 수송선들이 떠난 사실을 즉각 통보받았다. 일본 해군의 정예 함정들인 아키츠시마 호, 요시노 호, 나니와 호가 사세보에서 출항하여 아산으로 가라는 명령을 받았다. 일본 군함들은 출발한 지 이틀 후 청 군함 제원 호와 광을 호를 아산 앞바다의 풍도 근해에서 만났다.

일본 전함들은 한양에서 전개된 급격한 상황 변화를 모르고 있었으나, 청 전함들은 알고 있었으므로 일본 군함의 공격을 예상했다. 일본 군함은 청 군함이 예포를 발사하지 않는 것을 보고서야 상황을 알아차리고 전투준비에 들어갔다. 일본 군함들은 신속하게 전투준비를 했다.

해협이 좁아지고 양측 군함들이 사정거리 안에 들어서자 청군이 포격을 개시했고 일본도 맹렬히 반격했다. 광을 호는 곧 심하게 파손되어 좌초되었다. 제원 호는 함수포가 파손되어 위해威海로 퇴각했다. 어느 쪽이 먼저 발포했는지를 놓고 논쟁이 벌어졌으나 그것은 중요한 문제가 아니었다. 청 해군이 한양에서 일어난 사태를 알고 있었다는 것과 전투준비를 한 사실 및 예포를 쏘지 않은 것으로 보아 청나라 측이 사실 입증의 책임을 져야 할 것으로 보였다.

요시노 호가 제원 호를 추격하고 있을 때 수평선에 2척의 배가 더 나타났다. 이 배들은 청의 공문서 송달용 쾌속선인 조강 호와 1,500명의 청 병력을 실은 영국 기선 고승 호로 밝혀졌다.

아키츠시마 호는 쾌속선을, 나니와 호는 기선을 공격했다. 나니와 호는 고승 호에 따라오라는 신호를 보냈으나, 타고 있던 청군이 방해를 하여 영국 선장은 신호에 따르지 못했다. 회의가 열렸으나 완고한 청 장교들은 합리적 판단을 외면했다. 그들이 죽음을 택하겠다는 의사가 분명해지자 나니와 호는 고승 호에 포를 쏴 폭파시켰다.

1천 명 이상의 청 군인들이 익사했고 구조된 많은 병사들은 포로가 되었다. 고승 호의 격침은 성급한 판단이었으나 상황이 특이했다. 중국군은 항복하거나 복종하기를 거부했다. 그들은 다량의 소형 화기로 무장하고 있었기 때문에 일본 측 임검하는 자를 쉽게 제압할 수 있었다. 사후의 판단이지만, 일본 측의 행동을 충분히 정당화할 수 있다는 것이 증명되었다.

일본군이 아산 전투에서 청군을 격파하다 풍도 사건의 결과가 얼마 후 분명히 드러났다. 이 사건은 우선 중립국들을 더욱 신중하게 만들었다. 청군에게 바다가 위험하다는 것이 입증되었다. 1천 명 이상의 청 병력이 아산에 상륙하는 것이 저지되었다. 전쟁을 끝까지 벌이겠다는 일본의 본심이 한 점 의혹 없이 드러났다. 그뿐만 아니라 청이 전쟁 계획 전체를 바꾸도록 만들었다. 동학군은 이제 안중에도 없었다. 압록강과 아산에 있는 군대가 협력하여 일본군을 합동으로 공격하는 것이 청의 계획이었다.

한양과 주변의 일본군은 이제 육상 전투준비에 들어갔다. 대동강 유역에 포진한 청군을 향해 북진하기에 앞서, 한양 이남의 모든 청군을 먼저 제거하기로 한 것은 현명한 결정이었다. 북부 지역의 청군 부대는 말을 탄 일본 첩자들이 감시하고 있었다.

당분간은 북부의 청군이 위협을 가할 우려가 없었으나, 아산에 주둔한 2천 명의 청군을 완전히 궤멸시키지 않을 경우, 증강된 군대가 한양으로 진격하여 문제를 일으킬 가능성이 있었다.

따라서 오시마 장군은 한양의 주력부대를 지휘하여 아산으로 출발했다. 일본군의 행군은 신속했다. 가는 도중 풍도 사건을 보고받은 일본군은 환호했다. 3일 후 아산 부근에 도착했다. 일본군이 접근하자 청군은 짧은 거리를 후퇴하여 진지를 구축하기 쉬운 지점으로 이동했다. 며칠 뒤 일본군은 청군 진지로부터 8킬로미터 떨어진 곳까지 접근했다. 오시마 장군은 야간 기습 공격을 결정했다. 자정까지 설명을 미룬 후 밤 12시에 병사들을 깨워 작전 계획을 전달했다.

그들은 두 부대로 나뉘어 쳐들어갔다. 4개 보병 중대와 1개 공병 중대로 구성된 우익은 다케다 중령의 인솔하에 적의 좌측으로 접근했다. 9개 보병 중대와 1개 포병 여단 및 1개 기병 중대로 구성된 좌익 공격 부대는 오시마 장군의 지휘 아래 어둠을 뚫고 적의 오른쪽 측면과 후미를 기습했다.

이 작전은 낮이었어도 어려웠을 것이다. 어둠 속에서는 몇 배나 더 힘들었다. 인근 마을에 설치된 청군의 전초 진지들이 신호를 보내 연락을 취하고, 가옥에 잠복한 병사들은 완강하게 저항했다. 격퇴를 당한 공격군 대열은 전진하여 확보한 땅 위에 엎드리는 수밖에 없었다. 그러나 마침내 청군이 퇴각했다. 대열이 무너진 청군은 부근의 논으로 천천히 물러갔다.

1차 공격에 이어 잠시 휴식할 틈이 생겼다. 전투는 채 한 시간도 지속되지 않았으나 맹렬한 접전이었던 것으로 밝혀졌다. 얼마 뒤 일본군의 좌익 부대가 공격에 나서 포연을 헤치며 적의 양쪽 요새로 돌격했다. 한 시간 뒤 청군은 격파되었고, 떠오르는 아침 해가 청군 요새 위에 휘날리는 일장기를 비추었다.

청군 장군 엽지초의 탈출이 청나라 측의 아산 전투 승리 주장의 근거가 되었다. 청일전쟁 기간 동안 이런 일은 자주 일어났다. 청은 자국 군이 거의 완전히 궤멸되지 않은 경우 그들이 이겼다는 주장을 종종 했기 때문이다. 그러나 압록강 전투는 물론이고 아산 전투에서 승리한 일본군이 적의 패잔병이 도주하도록 방치한 까닭을 많은 사람들이 의아하게 생각했다. 완패를 당했으나 엽지초 장군은 남은 병사들을 한양 주변으로 이동시킨 다음 평양에 무사히 도착했다. 이는 분명히 어렵고 훌륭한 작전이었다.

일본군이 3세기만에 외국에서 거둔 이 최초의 승리는 두 가지 중요한 사실을 보여주었다. 일본군 병사들은 훈련 교관들의 가르침을 제대로 배웠을 뿐만 아니라, 장교들은 부하들의 확고한 복종을 받을 만한 자질을 보여주었다. 전사자 12명마다 한 명이 장교였다.

승리의 기쁨에 도취한 가운데서도 일본은 추구하는 목표를 잊지 않았다. 그들은 더 이상 남쪽을 제압하는 작전을 펴지 않았고 동학군을 전멸시키려 하지도 않았다. 그들이 칼을 겨눈 상대는 조선에 들어온 청군이었다. 아산의 청군은 궤멸되거나 해산되었고, 그 지역의 위험이 제거되자 일장기는 북쪽으로 방향을 돌렸다.

일본의 평양 점령 작전 압록강 입구 부근에 상륙하여 남쪽으로 진격한 청군의 북쪽 부대는 이제 평양을 점령한 지 한 달이 넘었다. 일본군의 접근을 기다리고 있던 청군은 모든 기술을 동원하여 평양의 진지를 강화했으나 청군이 흔히 그렇듯이 뒤쪽의 방비를 잊고 있었다. 청일전쟁에서 청군은 방비가 허술한 뒤쪽을 공격받아 완전히 패배했다.

일본 함대 사령관 이토 제독은 20척의 전함을 이끌고 발해 만으로 들어갔다. 대부분의 사람들이 완전히 잘못 알고 있으나, 이 기만전술은 원하던 효과를 발휘했다. 이 작전이 청군의 주의를 끌었던 까닭에 일본을 출발한 다수의 수송선들이 조선까지 보충 병력을 안전하게 운반할 수 있었다.

이치노에 소령은 선봉 부대를 이끌고 한양을 출발하여 북쪽으로 올라갔다. 그의 출발은 북경으로 가는 첫 걸음이었다. 그는 이튿날 송도에 도착했다. 그 후 대동강 일대를 정찰하는 데 며칠이 걸렸으나 이치노에의 선봉대는 다시 송도로 물러나 지원 병력을 기다렸다.

지원군을 인솔하고 일본을 출발한 노드즈 장군이 도착했다. 오시마 장군은 이 지원군을 애타게 기다리고 있었다. 오시마는 소규모 부대를 다른 길로 평양에 접근시켰다. 삭 고개라고 불린 전략 요충을 점령하라는 명령을 받은 이 부대는 보병 1개 여단과 포병 1개 중대의 지원을 받아 보강되었다. 이 부대는 삭 사단이라고 불리게 되었다.

오시마 장군은 혼성 여단과 함께 한양을 출발하여 북쪽으로 진격했다. 혼성 여단이란 명칭은 조선에서 전개된 모든 작전에 참가한 일본 육군 부대에 붙여진 것인데, 이 부대가 육군의 다양한 병과로 구성되었기 때문이다. 오시마는 송도의 병력과 합세했다. 그 며칠 전 타즈미 장군이 제물포에 상륙하여 삭 사단의 지휘관에 임명된 바 있었다. 사토 장군이 이끄는 또 다른 사단이 평양과 거의 반대편에 있는 동해안의 원산에 상륙하여 즉시 노드즈 장군의 지휘 아래 편입되었다. 이 부대는 원산 사단으로 잘 알려져 있다.

이 3개 부대는 3개의 길을 따라 천천히 이동하여 평양에 집결했는데 평양 전체를 포위할 태세였다. 그러나 지휘관들은 청군의 전술적 약점을 너무나 잘 알았기 때문에 새로운 방법을 시작하지 않았다.

평양은 일본군이 기대한 것 이상으로 방어진지가 잘 구축되어 있어 포위에 무기한 견딜 것으로 보였다. 성벽 앞을 흐르는 대동강은 남쪽을 방어해주었다. 북쪽에는 모란봉이라고 불리는 높은 언덕이 솟아 있었다. 서쪽에는 특별한 천연적인 방어물이 없었다. 공격 계획은 잘 알려진 청군의 약점을 이용하여 정면으로 공격하는 것처럼 위장한 다음, 주력부대를 도시 반대편으로 우회시켜 적을 뒤에서 공격하는 것이었다.

평양 점령 작전은 영국이 프랑스에게 결정적 승리를 거둔 퀘벡 전투와 매우 비슷했다. 양쪽 전투의 경우 공격 계획이 동일했다. 울프 장군이 레비스 해안 쪽에서 위장 공격을 한 것처럼 일본군은 도시의 정면을 공격하는 시늉을 하면서 실제 공격 부대는 도시 뒤로 우회시켰다. 모란봉 점령은 에이브러햄 고지 점령처럼 전쟁의 승패를 결정했다.

일본 육군 부대는 공격 위치를 정했다. 삭 사단과 원산 사단은 도시 북쪽에 있는 모란봉과 5개의 고지대 정면에 포진했다. 혼성 여단은 강 건너 한양으로 가는 길을 따라 포진했다. 주력부대가 도시 아래쪽에 있는 철섬에서 강을 건넌 다음, 혼성 여단의 포격 지원을 받으며 후방인 서쪽에서 천천히 적에게 접근했다.

요란한 포 사격이 시작되었다. 포병 부대의 엄호를 받은 삭 사단이 도시 북동쪽의 강에 가장 가까운 요새를 점령했다. 그와 동시에 원산 사단은 반대편인 북쪽 끝에 있는 요새를 공격하여 점령했다. 원산 사단은 전술적으로 유리한 이 요새에 포병 부대를 배치하여 모란봉에 파괴적인 화력을 집중시켰다.

사령관이 피살되자 청군은 사기가 떨어진 채 전의를 잃게 되었고, 삭 사단은 전략 거점인 모란봉을 단 한 차례 공격으로 점령할 수 있었다. 일본군 주력부대의 대포가 청군의 서쪽을 방어하는 15개의 소규모 요새를 겨냥함으로써 후퇴할 수 있는 희망을 차단했다.

북쪽과 서쪽의 일본군이 순조롭게 공격을 성공시키는 동안 강 건너에 있던 혼성 여단은 심각한 피해를 입었다. 청군의 5개 요새가 평양으로 들어오는 이 간선도로를 지키고 있었다. 단지 위장 공격을 하라는 명령을 받았음에도 불구하고 일본군은 전투 분위기에 휩쓸려 5개의 요새를 점령하기 위해 무모한 공격을 감행했다. 그러나 그들은 결국 수적으로 크게 우세한 청군에게 큰 피해를 입고 퇴각하지 않을 수 없었다.

　그러나 전투의 승패를 결정지은 것은 모란봉의 함락이었다. 그날 밤 청군 병사들은 수치스러운 지휘관들의 뒤를 따라, 일본군이 열어둔 도로를 지나 압록강 쪽으로 도주했다. 일본군이 그처럼 많은 전쟁포로의 보호를 원하지 않았기 때문에 의도적으로 퇴로를 열어두었다는 것이 일반적인 해석이다.

청 함대, 황해의 갈색 물속으로 잠기다　이토 제독이 펼친 해상의 위장 전술은 앞서 이미 언급한 바 있다. 평양 전투 때 일본군 함대는 황해를 순시 항해 중이었다. 마침내 일본군의 마지막 중대가 조선 땅에 상륙하자 '북경을 향해' 진격 명령이 떨어졌다. 3세기 전 히데요시의 군대가 조선 해안에 상륙하여 똑같은 명령을 외쳤던 날 이후 일본군이 그처럼 통쾌한 침공에 나선 경우는 없었다. 이제 결과는 3세기 전과 판이하게 달라질 운명이었다. 1만 명의 증원군을 거느리고 한양에 도착한 야마가타 원수는 새로운 전쟁을 개시하는 총사령관이 되었다.

　평양 교전 당시 일본 함대는 전쟁터에서 64킬로미터 떨어진 대동강 입구에 정박한 채 비상대기하고 있었다. 청군이 압록강 쪽으로 후퇴하여 조선에서의 전쟁이 마무리되자, 일본의 주력 함대와 제1유격 함대는 청군의 다음 활동 지역으로 예상되는 압록강 입구로 향했다. 그들은 청군이 그곳에 병력을 상륙시킬 것으로 예상했다. 조선 침공을 위해 압록강변에 집결하고 있던 새로운 육군 부대를 증강하기 위해 청은 대고항에 있던 병력 4천 명을 이틀 전에 파견했다. 증원부대를 태운 수송 선단은 6척의 순양함과 4척의 어뢰정의 호위를 받으며 출항했다. 대련만에 도착했을 때 유격 함대가 호위 함대에 가세했다.

같은 날 오전, 일본 함대가 돌아오는 청 수송 선단의 항로와 교차하게 되었다. 청 함대의 연기가 처음 발견된 시각은 9시였으며 12시 무렵 청 함대의 모습이 육안으로 관측되었다. 일본 함정들의 절반 속도로 항해하는 청 함대의 항로를 일렬종대로 가로막은 일본의 주력 함대 및 유격 함대와 청 함대 사이에 전투가 시작되었다.

일본 함대가 청 함대를 돌파하려는 듯이 일렬로 전진하는 것이 관측되자마자, 청 함대는 철갑선을 가운데 놓고 약한 군함들을 양쪽 날개에 포진시킨 대형을 취했다. 전투는 5,200미터의 거리에서 철갑선 정원호의 우현 고정 포탑이 사격을 개시함으로써 시작되었다.

얼마 후 청 함대 전체가 전투에 참가했으나 일본군은 몇 분 동안 대응사격을 하지 않았다. 요시노 호는 접근하면서 진로를 변경하여 청 전함들이 왼쪽과 오른쪽으로 지나가게 했다. 전투력이 비교적 약한 오른쪽의 배들이 사격을 심하게 받았다. 오른쪽 끝에 있던 불에 타기 쉬운 낡은 목제 순양함 2척에 곧 화재가 일어났고 그때부터 무용지물이 되었다. 양위 호는 전투를 시작하자마자 불이 붙어 퇴각했다. 초용 호의 운도 더 나을 것이 없어 2시 30분경에 침몰했다. 해상 전투는 일본 시간으로 오후 1시에 시작되었다.

12척의 청 군함 가운데 2척이 이처럼 단시간에 제거되었다. 제원 호와 광갑 호는 여러 가지 핑계를 대고 얼마 후 전투에서 이탈하여 여순 항으로 퇴각했다.

일렬종대를 이룬 일본 함대가 청 함대 사이를 통과할 때 유격 함대는 좌현으로 방향을 돌렸다. 그때 압록강 입구에 머물고 있던 2척의 중국 배들이 남아 있는 자국 함대 쪽으로 이동하는 모습이 목격되었다. 유격 함대는 즉각 우현으로 방향을 틀었고 다가오던 배들은 현명하게 되돌아서 도망쳤다. 이렇게 달아난 광병 호와 평원 호 2척은 전투에 참가하지 않았고, 양위 호와 초용 호 2척은 불이 붙어 전투에서 물러났으며, 제원 호와 광갑 호 2척은 전투에서 이탈함으로써 총 톤수가 2만 3천 톤인 6척의 청 전함이 일본 함대의 공격에 맞서게 되었다.

유격 함대가 우현으로 방향을 돌리기 시작했을 때, 질서 정연하게 뒤따르던 주력 함대는 좌현 방향을 유지했다. 유격 함대는 우현으로 계속 전진하며 주력 함대의 뒤를 따랐다. 그러나 오래지 않아 주력 함대의 저속 함정들이 뒤에 처져 적의 공격에 노출되는 것이 목격되자, 이토 제독은 유격 함대에게 신호를 보내 다시 우현으로 방향을 바꾸어서 곤경에 처한 일본 함정들과 적 함정들 사이로 들어갈 것을 지시했다. 따라서 주력 함대와 유격 함대는 반대 방향으로 청 함대를 우회하게 되었는데 일본 함대가 안쪽 궤도를 차지했다.

이 두 번째 접전에서 청 함대가 심각한 타격을 입었다. 이제 쌍방은 필사적인 공격을 했다. 전투 초기에는 쌍방이 상대의 약한 함정들을 노렸다. 일본 함대에서 속도가 느리고 화력이 약한 아카기 호와 사이키오 호 2척은 제독의 작전 계획을 전면적으로 바꾸게 만들지는 않았으나 큰 부담이 되었다. 적의 공격을 받는 가운데 단시간의 판단으로 이 두 척의 배를 전투에서 제외시킨 것은 제독의 출중한 능력 덕분이었다. 하지만 그런 함정을 주력 함대에 배치하여 전투에 참가시킨 것은 납득하기 어렵다.

그 뒤 양쪽 함대의 선박 수가 현저히 줄었고 전투는 더욱 치열해지면서 단순한 방식으로 변했다. 이때 주력 함대는 청의 강력한 철갑선들

쪽으로 접근하기 시작했고, 유격 함대는 청 함정들의 안전을 보장하는 철갑선들로부터 나머지 배들을 분리시켜 바다 위에 널리 분산시켰다.

아카기 호는 이제 전투에서 빠져나와 유격 함대의 엄호를 받으며 대동강 쪽으로 이동했다. 히에이 호 역시 파손이 심해 주력 함대의 보호 아래 대동강 쪽으로 향했다. 죽음의 위기에서 벗어난 사이키오 호는 불붙은 양위 호를 공격하기 위해 함대들 사이로 접근하면서 전투 상황을 지켜보았다.

속도가 느리고 불에 타기 쉬운 함정이 더 많았던 중국 측이 훨씬 큰 손실을 입었다. 제원 호와 광갑 호 2척은 앞서 설명했던 것처럼 이미 전투에서 이탈했다. 양위 호와 초용 호는 둘 다 화재가 심각했다. 제독이 이끄는 함대의 오른쪽 날개를 지나친 치원 호는, 아카기 호와 사이키오 호를 구출하러 온 유격 함대를 공격하는 지극히 터무니없는 작전을 시도했다. 심한 손상을 입은 채 무모한 진로를 고집한 함장은 자기 배를 적함에 충돌시키려 했던 듯하다. 일본 함대가 이 불운한 배에 즉각 일제사격을 퍼붓자 중기관총 탄환에 맞아 벌집이 된 치원 호는 침몰했다. 선체가 마지막으로 기울어질 때 청 수병들이 공중으로 튕겨나갔다. 유격 함대의 공격을 받은 경원 호 역시 같은 운명을 맞았다. 요시노 호의 무시무시한 포격이 경원 호의 불타는 선체를 강타하자 거대한 횃불처럼 황해의 갈색 물속으로 가라앉았다.

일본, 황해의 제해권을 장악하다 한편 2척의 철갑선과 일본 주력 함대 간의 전투는 점점 치열해져 양쪽이 거의 탈진할 때까지 계속되었다. 전자는 자신들이 청 해군의 유일한 희망이란 것을 알았기 때문에 필사적으로 싸웠다. 또한 그들은 이 전투에서 드러난 오랜 적의 단호한 복수심과 전우들의 무능하고 비겁한 행동에 자극받아 불굴의 용기를 발휘하며 마지막 돌격 때까지 싸웠다. 여러 시간 동안 계속된 이 해전에서 만신창이가 된 두 철갑선의 수병들이 사투를 벌이는 광경에 필적할 만한 것은 없었다. 탄약은 이미 오래전에 떨어졌다. 기억에 남을 만한 이날 오후의 해전에서, 그들은 배와 함께 침몰할 각오 아래 다가오는 일본 주력 함대의 마지막 총공격을 조용히 기다렸다.

총공세가 한 차례 가해진 다음 재차 공격이 시작되기 전에 밤의 어둠이 내리기 시작하자 역시 거의 탈진 상태였던 일본 함대는 철수하는 것이 현명하다고 판단했다. 이 해전은 일본의 승리로 판정되었는데 아마 나름대로 이유가 있었을 것이다. 그러나 현대 해전의 개념에 따르면 청 함대의 핵심인 2척의 철갑선을 나포하거나 파괴해야만 일본의 승리로 판정될 수 있다. 이 같은 기술적인 마무리가 되지 않았고 양측이 완전히 제압당하지 않은 채 철수했기 때문에 이 해전은 비긴 전투가 되었다. 그러나 실제로 이 해전이 황해에서 일본의 제해권 장악을 결정한 것으로 믿을 이유는 충분하다.

산산조각 난 청의 신화 평양의 육상 전투와 압록강 해전으로 세계는 일본이 무시하지 못할 강국이란 사실을 알게 되었다. 풍도 사건과 아산 전투는 일본이 최후의 수단에 호소할 만반의 태세를 갖추었다는 사실과 전쟁이 실제로 개시되었다는 사실밖에 드러내지 못했다. 일본이 청군에 쉽사리 패배할 것으로 대다수 지식인들은 생각했을 것이다. 청은 일본이 보유한 전함들보다 훨씬 우월한 전함을 몇 척 보유했고, 병력으로 징집할 수 있는 엄청난 인구를 갖고 있었다. 청이 육군과 해군을 창설하여 강화할 때 다수의 외국 전문가들로부터 지원을 받았다. 그뿐만 아니라 일본과의 청일전쟁에서 영국은 청에 동조했다.

전쟁 초기에는 기동력이 우월한 일본이 몇 차례 작은 승리를 거두지만, 시간이 지나 청이 상황의 심각성을 실제로 깨닫고 자국 군대를 실전에 투입하면, 일본군을 중국 본토에서 몰아낼 것으로 예상되었다. 일본군이 일시적인 승리를 거두지만 결국 패배할 것이란 주장의 근거로 1592년 일본의 조선 침공이 인용되었다.

평양 전투와 압록강 해전은 이 모든 예상을 깼다. 먼저 수적으로 대등하거나 우월한 청이 침공군을 맞아 강력한 방어를 할 능력이 없다는 사실이 드러났다. 자연적인 조건은 전적으로 청에 유리했다. 청은 필수 요소 한 가지가 부족했고 평양 전투에서 이 사실이 드러남에 따라, 세계는 청이 기대에 부응할 역량이 있는지 의심하기 시작했다.

압록강 해전은 기술적으로 비긴 전투였으나 일본이 자기네보다 우월한 전함과 맞붙어 대등한 전투를 벌일 수 있다는 것을 입증했다. 청 전함의 탄약이 바닥났을 때 밤이 되지 않았다면 일본군이 이 사실을 알아차려 청의 대형 전함들을 포로로 잡았을 것이다. 그날부터 일본은 연전연승하며 승승장구했다. 청의 힘에 관한 신화가 산산조각 났고, 세계사는 아닐지라도 동아시아의 전체 역사는 예상치 못한 새 국면으로 접어들었다.

압록강을 넘은 일본군   조선 침공을 준비하기 위해 압록강 입구에 집결하고 있던 청군을 증강하기 위해 4천 명의 병력이 그 지역에 상륙한 사실을 앞에서 설명했다. 평양에서 패배한 청군이 북쪽으로 급히 도주한 데다 일본군이 바로 추격했기 때문에 조선 침공은 예정대로 진행되지 못했다. 일본군은 청 패잔병들에게 겁을 줄 정도로 뒤를 쫓았지만, 포로를 잡아 부담을 자초할 진군을 서두르지는 않았다. 일본군이 청군의 역량을 완벽하게 간파했다는 사실은 이처럼 오만한 방식으로 청군을 계속 몰아붙인 데서 역력히 나타났다. 압록강에 도착한 일본군은 청군이 강 건너편의 유리한 지점을 모두 장악하고 일본군의 진격을 차단할 태세를 갖추고 있는 것을 발견했다. 그러나 사기가 충전한 일본군의 노도 같은 진격을 저지하기에는 이미 때가 늦었다. 쉽게 강을 건넌 일본군이 청군을 패주시킴으로써 전쟁은 조선 땅을 떠났고 다시는 되돌아오지 않았다.

그 다음에 전개된 일련의 전투는 일반 역사가들에게는 커다란 관심사이지만, 조선 역사의 일부로 볼 수는 없으므로 우리는 이 전쟁을 뒤로하고, 일본이 거둔 일련의 승전 결과가 뚜렷한 영향을 미치게 되는 조선으로 되돌아가자.

4장

일본에 의한
갑오개혁

청의 외피를 벗기 시작한 조선

1894년은 신라가 한반도를 지배한 7세기 이래 조선이 역사상 가장 커다란 위기에 봉착한 해였다. 1894년 이후에도 낡은 폐단들이 사라지지 않고 아주 많이 남아 있었다는 점을 감안하면 이 같은 표현이 극단적으로 느껴질 수도 있겠지만, 당시에 일어났던 사실들이 그것을 입증한다. 기원후 초창기부터 조선은 중국 사상을 바탕으로 형성되었으며 그만큼 중국의 영향력이 지배적이었다. 그때 이후로 조선이 중국을 종주국으로 생각하지 않은 적은 한 번도 없었다.

어떤 면에서 보면, 이것은 자연스럽고 당연한 일이었다. 조선은 중국으로부터 엄청나게 많은 문명의 성과물들을 받아들였다. 따지고 보면, 문학, 예술, 과학, 정부 체제, 종교 모두 중국에서 빌려온 것들이었다. 그럼에도 불구하고 오랜 세월 동안 조선이 독자적인 외양을 보존해왔다는 사실은 매우 놀랍다. 그것은 조선과 중국 사이에 그 무엇으로도 제거할 수 없었던 근본적이고 뚜렷한 차이점이 존재하지 않았더라면 불가능했을 것이다.

그동안 조선은 중국의 신하국이란 외피를 벗어던지려고 시도하거나 바란 적이 없었다. 심지어 1894년의 위기 속에서 그 예속을 벗어난 것도 조선 정부나 백성들의 바람 때문이 아니라 오로지 냉혹한 필연성 때문이었다. 그동안 중국과의 종속적인 관계 단절을 요구해왔던 많은 사람들의 정신 자세에 근본적인 변화가 있었던 것도 아니었다.

그 변화는 조선인들 쪽의 자세 변화가 아니라, 청일전쟁으로 인해 청의 무기력함이 세계에 입증되었고, 조선에 대한 종주권을 회생시키기가 불가능해졌기 때문이다. 청이 자신의 덩치 큰 제국을 통합시킬 능력이 있는지조차 의심스러웠다. 조선에 대한 청의 외적인 영향력은 종식되었고 당시 작동되고 있던 다른 영향력들이 서서히 조선을 중국 사상에 대한 맹종으로부터 떼어내고 있었다. 이것은 조선이 마침내 청으로부터 벗어나고 국가를 개혁하려면 반드시 내디뎌야 하는 첫걸음이었다.

우리는 처음부터 중국인들은 조선인들에게 문명과 진보의 진정한 씨앗을 심어주지 않고, 그저 문명의 일부 완제품들을 떠안긴 것에 불과하다는 점을 유념해야 한다. 조선인들은 중국이 전해주는 문물이 대체로 조선의 성향에 맞지 않는다는 사실을 간과한 채 아무 의심 없이 몽땅 삼켜버렸다. 그리고 시간이 흐르면서 진주조개 껍질 속에 집어넣은 조그만 납으로 만든 부처가 진주층으로 뒤덮이는 것처럼, 중국이 떠안긴 것들 위에 조선의 토산물이 덧씌워졌다. 중국으로부터 전래된 불교가 조선에서는 토착적인 물신 숭배라든가 애니미즘과 뒤섞여 본래와는 전혀 다른 모습이 되었다.

이처럼 중국 사상에서 본질적으로 벗어나 있는 모습은 1894년부터 조선이 점차 정신적인 종속마저 벗어던지고 독자적인 노선에 따라 움직이기 시작할 것이라는 생각을 강하게 뒷받침해주고 있다. 이런 일은 조선인들의 독자성이 중국의 지배 효과보다 오래 버텼던 경우에만 일어날 수 있었다. 이 같은 독자성이 살아남았다는 증거들은 많지만, 절름발이 상황, 즉 조선이 혼자서는 거의 걸을 수 없다는 사실은 반드시 인정되어야 한다. 그럼 이제부터 조선이 경험한 엄청난 변화의 과정과 방법을 검토해보자.

원세개가 도망가다 일본인들이 경복궁을 접수하면서 한양에서 적극적인 군사행동을 펼치기 시작하던 시점까지 조선은 청의 보호를 받고 있었기 때문에 안전하다고 생각했다. 만약 조선이 김옥균의 암살을 사주하지 않고 구원舊怨을 갚기 위해 청의 선박으로 그의 시신을 송환하지 않았다면 어떻게 되었을까? 만약 청과 일본 사이의 협정(시모노세키조약)을 위반하면서 조선으로 청나라 군대를 불러들이지 않았다면 어떻게 되었을까? 조선은 모든 수단과 방법을 동원해서 일본의 힘과 이해관계에 대해 경멸감을 표시했다.

민영준 같은 사람들이 이끄는 추악한 부패 정권 아래에서 조선의 백성들은 더 이상 폭정에 견딜 수 없을 만큼 점점 피폐해졌다. 지방은 무정부 상태에 빠졌고, 한양에 주재하는 파렴치한 청 외교관 원세개는 조선을 파괴시키고 있던 질병의 치유책은 제시하지 않은 채, 굶주림에 지쳐 정부에 반기를 든 지방 백성들을 진압할 군대를 제공했다. 그는 조선에서 청의 위상을 높일 태세를 갖추고는 미소를 지으며 그 비극을 바라만 보고 있었다. 사태는 최악의 사태를 향해 치닫고 있었다. 바로 그때 일본의 단 일격이 청의 몽상을 뒤엎어버렸다.

한양에서는 청이 더 이상 버틸 수 없는 상황이 전개되었다. 아산에 소규모 청나라 군대가 있었으나 한양은 막강한 일본군이 점령하고 있었다. 전운의 그림자는 하루가 다르게 짙어져 가고 있었다. 결국 원세개는 자국 백성들을 내팽개치고 보잘것없는 조그만 가마에 몸을 싣고는 수행원도 전혀 거느리지 않은 채 한양을 빠져나가 제물포로 도주했다. 그의 도주가 알려지자마자 청나라 상인들과 백성들은 서로 먼저 탈출하려고 아우성을 쳤다. 원세개가 한양을 떠나면서 청나라의 영향력은 영국 사절의 손으로 넘어갔다.

김홍집 내각이 들어서다 일본군은 경복궁을 접수하고 한양 성곽에도 병사들을 배치했다. 정부를 위험 지경에 빠트린 대표적 인물 민영준은 야반도주를 감행하여 춘천으로 숨어들었다.

일본인들이 궁을 장악한 직후, 오도리 공사는 왕에게 알현을 청하고 왕과 왕실의 안전을 보장했다. 고종은 대원군을 궁으로 불러달라고 요구했다. 나라의 장래를 논의하는 자리에 그를 참석시키고 그의 존재를 통해 두려움을 누그러트리기 위해서였다. 이전 관리들이 모두 사직했으므로 새로운 정부를 구성해야 한다는 것이 모든 사람들의 일치된 생각이었다.

총리 서리로 입각한 김홍집은 온건 진보 성향을 지녔으며 일본인들의 전폭적인 신임을 받았고, 조선에서도 명망이 높았기 때문에 이런 비상시국에 적합한 인물이었다. 개혁 성향을 지닌 다른 인사들을 소집하여 그가 내놓은 사안들이 단단한 반석 위에 오를 때까지 임시로 정부가 구성되었다. 수구파인 민응식, 민형식, 민치헌, 김세기는 먼 곳으로 유배되었다.

정부는 민영준을 체포하려고 애쓰지 않았으나, 사회 불안을 조장한 대표적인 인물로 몰린 그는 의병들에게 붙잡혀 거의 죽을 지경으로 얻어맞았다. 그가 소지했던 엄청난 돈은 그의 가신들이 나눠가지고 도주했다. 겨우 목숨만 건져 청나라로 달아난 그는 한반도에서 청의 권위를 다시 주장할 수 있는 방안에 관해 자문했다.

동시에 정부는 1884년의 개혁 정책을 지지했다가 유배 생활을 하고 있던 이도재와 신기선, 윤웅렬 등의 인사들을 불러들였다. 감옥에 투옥되어 있던 사람들은 죄가 있든 없든 모두 방면되었다.

갑오개혁 정부는 이미 일본 공사의 요구에 바탕을 둔 완전한 개혁안을 공표할 준비가 되어 있지 않았지만, 한양과 지방정부를 관리할 훌륭한 인재들의 확보가 절실했던 왕은 다음과 같은 내용의 칙령을 공표했다. 주요 내용은 반상 구별의 철폐, 거대 정당의 폐지, 문벌에 따른 인재 등용 철폐 등이었다.

정부의 주요 관직에는 최고의 인재들을 발탁해서 앉혔다. 그들은 당시 조선의 상황으로는 최상의 정부를 구성했던 것 같다. 그들의 이름을 꼽아보면, 김홍집, 박정양, 김윤식, 김종한, 조희연, 이윤용, 김가진, 안경수, 정경원, 김학우, 유길준, 김하영, 서상집 등이다. 이들 중 상당수는 근대 한국이 낳은 최고의 인재로 인정받고 있다.

일본인들이 경복궁을 점령하고 국정 개혁안을 제시한 이튿날 고종은 새로운 노선에 입각한 정부 개혁안을 의결하기 위해 군국기무처를 설치했다. 이 기관은 총재관 김홍집을 필두로 친일 개화파와 대원군 계열의 인물들로 구성되었다. 이들의 임무는 당연히 일본 당국이 제시한 계획을 실행에 옮기는 것이었다. 41일간 계속된 심의 기간 동안 그들은 새로운 정부 개혁안을 의결했다.

전에는 최고 행정기관인 의정부와 이조, 호조, 예조, 병조, 형조, 공조 외에 경찰에 해당하는 포청 2개소와 최고 사법기관인 의금부가 있었으나, 이제 중앙관제를 의정부와 궁내부로 구별하고 종래의 6조를 8아문(내무·외무·탁지·군무·법무·학무·공무·농상)으로 개편하여 의정부 밑에 두었다. 교육을 맡은 학부가 6조와 동등한 지위를 가진 것은 조선 역사상 최초였다. 2개의 포청 대신에 내무아문 예하에 경무청을 신설했다. 그 밖의 개혁 법령은 다음과 같다.

(1) 지금부터 모든 국내외 공사公私 문서에는 개국 기원을 사용한다
(1392년 조선이 건국했으므로 1894년은 개국 503년).

(2) 청과 맺은 조약들을 개정하고 여러 조약국들에 공사를 파견한다.

(3) 문벌과 반상의 계급을 타파하고 귀천에 구애됨이 없이 인재를 등용한다.

(4) 문무존비文武尊卑의 구별을 철폐하고 동등하게 대한다.

(5) 범죄자의 가족이나 친척에 대한 연좌제를 폐지한다.

(6) 적실과 첩에게서 모두 아들이 없는 경우에 한해 양자를 허용한다.

(7) 남자는 20세, 여자는 16세가 되어야 결혼할 수 있다.

(8) 과부의 재혼은 귀천을 막론하고 자유에 맡긴다.

(9) 공사노비제도를 폐지하고 인신매매를 금한다.

(10) 서민들도 사대봉사四代奉祀를 할 수 있다.

(11) 관복과 평상복의 넓은 소매를 폐지한다. 그러나 관리들은 평상복 위에 소매가 없는 외투를 착용해도 된다. 군복은 당분간 현재대로 계속 착용하되 점차 서양식으로 전환한다.

(12) 이 같은 변화를 준비하는 기간은 1개월이다.

(13) 경무청은 내무아문 소속으로 한다.

(14) 관리들은 거리에서 초헌(종2품 이상 벼슬아치가 타는 외바퀴 가마—옮긴이)을 타면 안 되고, 수행원을 많이 거느리거나 종자들로 하여금 백성들에게 '물렀거라'는 소리를 내게 해도 안 된다.

(15) 관리 옆을 지날 때 말에서 내리거나 그밖에 다른 굴종의 표시를 나타낼 의무가 없다.

(16) 총리대신은 4명, 부총리대신과 나머지 모든 대신은 3명, 부대신은 2명, 서기는 1명의 시종을 거느릴 수 있다.

(17) 환관이라도 유능하면 관직에 등용한다.

(18) 친척 간의 송사를 금하는 법률을 폐지한다. 단, 근친은 예외.

(19) 오랫동안 변제되지 않은 채무는 모두 소멸된다(이를테면, 선친이나 친척이 약정한 채무).

(20) 관리의 품계는 정正과 종從의 구분 없이 11등급으로 한다(이전에는 18등급).

(21) 백정, 악공, 광대, 창기娼妓, 무격巫覡(무당과 박수) 등의 천민대우를 폐지한다.

(22) 고위 관직을 역임한 자도 상업을 비롯한 여타 업종에 자유로이 종사할 수 있다.

(23) 과거科擧로는 인재를 뽑아 쓰는 데 어려움이 있으니 선용조례選用條例를 제정한다.

이 개혁안은 반드시 개혁해야 할 사항과 그렇지 않은 부분이 자명하게 나타나기 때문에 하나하나 분석할 필요는 없다. 그러나 놀라운 사실은 당시 조선이 처했던 상황을 그대로 보여주고 있다는 점이다. 이 개혁안은 어떤 결점이 있었든지 간에 조선 최고의 정치가들이 내놓을 수 있는 진지하고 노력을 요하는 시도였으며 많은 장밋빛 청사진을 제시했다.

만약 그 조항들이 제대로 실행될 수 있었더라면 조선 백성들에게는 최고의 축복이었겠지만, 언뜻 보기에도 몇몇 조항은 조선 사회의 뿌리를 뒤흔드는 것이었다. 예를 들면, 광대, 창기, 무당을 명망가들과 사회적으로 동등하게 대우하려는 시도는 당연히 말도 안 되는 일이었다. 단 한 번의 붓놀림으로 천민들을 당장 그 굴레에서 해방시킬 수는 없기 때문이었다. 과거와 당시를 막론하고 조선에 필요했던 것은 교육이다. 교육만 제대로 이루어져도 근본적인 개혁이 성공할 수 있었을 것이다.

화폐 개혁 그 뒤, 사람들은 조선의 화폐 개혁 문제를 진지하게 다루기 시작했다. 개항장에서는 외국 화폐가 사용되었으나 조선의 통화는 상평통보, 당일전當一錢과 당오전當五錢 두 종류로 구성되어 있었다. 당일전은 1670년대 말부터 조선의 법화法貨로 널리 통용되었으며, 당오전은 한양과 그 인근의 대처, 그리고 개항장에서만 통용되었다.

그러나 1883년 이후 수년간 주조된 당오전은 발행 직후부터 명목가치가 실질가치보다 두세 배나 낮은 조악한 화폐였으며, 1884년에 이르러서는 당일전과 거의 같은 수준에 이르렀다. 그래서 정부는 당일전과 당오전의 가치를 동등하게 취급하고 구별하지 않는다고 선포했다. 가치가 하락된 당오전을 액면가로 상환하는 정부로서는 남는 장사였겠지만, 백성들은 당연히 생각지도 못한 덤터기를 쓰고 말았다. 액면가의 5분의 4를 간접세로 내는 셈이었다.

동시에 정부에서는 근대식 화폐를 보급하기로 결정하고, 곧이어 1푼 황동화, 5푼 적동화, 2전 5푼 백동화, 1냥 은화, 5냥 은화를 발행했다. 이들 화폐 가운데 일부는 이미 한두 해 전에 발행되었으나 크게 환영받지 못했다. 그러다가 널리 인정받고 사용되기 시작하자 이내 은화의 본질적인 가치가 높다는 사실이 알려졌고, 은행을 믿지 않는 부유층의 손에 들어가 나오지 않게 되면서 사장되고 말았다.

통용되고 있던 구식 화폐를 거둬들이고 근대식 화폐로 바꾸려는 것이 정부의 의도였으나 그것은 얼핏 보기에도 터무니없는 시도였다. 사람들이 가장 겁을 먹은 것이 그들의 돈과 관련된 일이고, 그토록 획기적인 변화는 생각만 해도 기가 막힐 노릇이었기 때문이다. 그러나 그 개혁안의 배후에는 일본이 도사리고 있었다. 그들의 의도는 나무랄 데 없었지만 다른 개혁안에서처럼 이 부분에서도 지나치게 서두르는 심각한 실수를 저질렀다.

군국기무처가 직면한 또 하나의 중요한 문제는 조세였다. 그동안에는 쌀, 아마포, 콩, 면화, 기타 수많은 현물로 세금을 납부하는 것이 관례였으나, 정부는 이제 세수를 각 지방에서 현금화하여 한양으로 올려 보내도록 제도를 바꾸었다. 그 결과, 지방에 금융기관을 설치해야 할 필요성이 생겨나면서 전국 지점망을 거느린 거대 국책 은행의 설립 계획이 수립되었다.

도량형 개편 또한 도량형을 개편하여 일본식으로 표준화하려는 시도도 이어졌다.

모든 가옥의 대문에는 눈에 잘 띄는 곳에 소유자의 이름과 직업, 가족 수를 게시하도록 했다. 이것은 우체부, 경찰관, 인구조사원 등의 업무를 원활하게 하기 위한 조치였다. 개혁안 가운데에는 외국으로 유학생을 파견하는 내용도 들어 있었다.

지난 10년간 파렴치한 세도가들이 불법 취득한 모든 토지나 가옥은 정당한 소유자에게 반환하라는 법령도 반포되었다. 이 법령으로 인해 외국인들 사이에서 유명한, 한양의 많은 관리들이 재산의 상당 부분을 잃었다.

정부의 수많은 부처에서 채택한 정책들의 입안에 외국인 고문들을 참여시켰고, 그 결과 외국인들이 많이 채용되었다. 그 가운데에는 이미 꽤 오랜 기간 정부에서 일한 사람들도 있었다.

5장
혁명의 불은 꺼지고

대원군이 은퇴하다 이전에 섭정을 했던 대원군은 정부에는 매우 중요한 요소였다. 잘 알려진 그의 뚝심은 새 정권을 안정시키는 데 커다란 역할을 했다. 왕비(민비, 나중에 명성황후)는 정치 일선에서 물러나 있는 게 불가피했으나, 분명히 좀 더 나은 미래가 올 것이라고 믿는 듯했다.

새로 구성된 내각은 호기심을 자아낼 정도로 개화적인 인물과 수구적인 인물들이 섞여 있었다. 김홍집, 김윤식, 어윤중, 박정양, 안경수 등은 개혁파, 민영달, 서정순, 이규원, 윤용구, 엄세영 등은 수구파를 대표했다. 그 밑의 관직에도 개화파와 수구파가 섞여 있기는 마찬가지였다. 이처럼 다양한 분파의 융합은 겉으로는 희망을 가질 만한 징표로 보였지만 실제로는 아무런 의미가 없었다. 그들은 모두 일본인들의 재가를 받고 임명되었으며, 아무리 반대해봤자 소용이 없었기 때문에 함께 일했던 것뿐이었다.

그러나 그들 사이에 본질적인 적대 감정은 그대로 남아 있었고, 그들은 그것을 드러낼 기회만 엿보고 있었다. 따라서 진정한 화해의 고요함이라기보다는 억눌린 고요함이었고, 이런 사태는 조선이 진정한 교육의 혜택을 입기 이전에는 조선인들에 의해 훌륭한 정부가 수립될 희망이 없다는 사실을 또 한 번 보여주는 데 불과했다.

제시된 개혁안들은 왕의 재가를 받은 것이 분명하다. 개혁안을 내놓은 이후 왕이 모든 고위 관리들을 궁으로 불러들여 그 개혁안이 정부를 철저하고 인정 넘치게 변화시킬 수 있는 절호의 기회라고 언급하면서, 그 개혁안의 실행을 신성한 책무로 부여했고, 자신도 새로운 임금이 됨과 동시에 바람직한 개혁을 성취하기 위해 자기 역할을 다하겠노라고 선언했다는 사실에서 그것이 입증된다.

동학 농민 봉기가 끝났다는 선언이 있었음에도 불구하고 특히 남쪽 지방에서 많은 사회적 동요가 있었으며, 동학군은 그 어느 때보다 공격 태세가 잘 갖춰져 있었다. 왕은 민심을 가라앉히기 위해 경상도 지방에 고위 관리를 파견했고, 그들의 고통은 모두 자신이 부덕한 소치라며 개혁이 완수될 때까지 조금 더 인내하며 기다려달라고 간곡히 당부했다.

백성들은 무엇보다도 노비제가 폐지되고 반상의 장벽이 철폐된다는 약속을 반겼다. 이 같은 왕의 노력이 성공을 거두었다는 사실은 동학 농민들이 무정부주의자나 도적떼가 아니라, 참고 살아갈 수 있을 만큼 어떤 변화들이 이뤄질 것이란 언질이 필요했던, 절박한 서민들이었다는 점을 보여준다.

우리는 이런 개혁에 대해 대원군이 어떤 태도를 보였는지 짚고 넘어갈 필요가 있다. 일본인들과 함께 궁으로 들어와 책임이 무거운 자문역에 앉은 대원군은 허울뿐인 명예에 집착하거나 그저 명목상의 우두머리로서 만족할 인물이 아니었다.

그는 개혁안들 가운데 몇 가지가 마음에 들지 않았으나 자신이 아무 영향력도 발휘할 수 없다는 걸 깨닫자 언짢은 마음을 안고 사가로 돌아갔다. 불과 수주일 만에 자신의 등용이 그저 형식에 불과했다는 사실을 알아차린 것이었다.

조선, 청과의 조약을 모두 파기하다 1894년 8월은 매우 불안한 달이었다. 7월 28일과 29일에는 아산 전투가 있었고 머지않아 평양에서 일대 결전이 벌어질 것이란 소문이 한양에 파다했다. 어느 쪽이 이길 것인지에 대해 의견은 분분했는데, 일본군이 파죽지세로 휩쓸어버릴 것이라고 믿는 사람들이 있는가 하면, 청나라의 승리를 확신하는 사람들도 있었다.

이런 근심과 불안이 지배한 상태에도 불구하고 8월에는 국내 문제에서 몇 가지 중요한 성과가 이루어졌다. 군국기무처는 대략 8월 10일까지 개혁 사무를 처리했다. 일본이 공식적으로 청나라에 전쟁을 선포한 것은 8월 1일이었고, 며칠 후에는 제물포를 통해 쏟아져 들어온 일본군들이 조선에 주둔해 있던 기존 병력들과 합류했다.

청의 종주권을 공식적으로 부인한 날은 8월 16일이었다. 바로 그날, 조선 정부는 당시까지 청과 체결했던 모든 조약을 파기하고 양국 간의 정치적 유대 관계를 종식시킨다고 선언했던 것이다. 이미 6월 28일 조선 정부에 청에 대한 입장 표명을 요구한 일본 공사는 조선 정부로부터 조선은 스스로를 독립국으로 생각한다는 답변을 받아놓은 상태였다. 이런 사태는 양국의 외교 단절로 이어졌고, 어쩌면 영구히 조선에서 청의 정치적 우위를 끝장내는 계기가 되었는지 모른다.

박영효가 귀국하다 일본인들은 갑신정변이 실패하면서 일본으로 망명했던 박영효를 은밀하게 귀국시켰다. 그는 오래전에 조선 정부에 의해 대역죄 선고를 받았고, 그의 집은 불태워졌으며 가족은 뿔뿔이 흩어졌다. 그는 일본에서 거의 10년간 망명 생활을 했으며, 그에게서 고매한 인품, 확고한 신념, 조국에 대한 진정한 충정을 간파한 일본인들로부터 엄청난 환대를 받았다. 아마도 박영효를 가장 적대시하는 사람들조차 조선이 번영하고 개화된 모습을 그보다 더 보고 싶어할 사람은 없을 것이란 사실을 인정했을 것이다. 그가 모든 고난을 겪고 망명 생활로 내몰린 것은 그가 택한 방법들 때문이었다.

처음에 그는 일본인 거주 지역에 은신하고 있으면서 자신의 조상에 관한 사실과 1884년의 정변 가담은 순수하게 조국을 위한 일이었다는 사실을 기록한 장문의 상소를 왕에게 올렸다.

내용은 이랬다. 자신은 그 거사를 성공시키지 못했고, 대역 죄인으로 낙인찍혀 조국을 등질 수밖에 없었다는 것과 지금 조국은 매우 위급한 시기에 봉착해 있으며 왕께서 근본적인 변화를 이루기로 결심하신 것이 자기에게는 더할 수 없는 기쁨이므로 목숨을 걸고 돌아올 수밖에 없었다는 것이다. 그는 왕의 알현을 청하며, 친척들의 유골 수습과 매장 및 몰수된 자기 삶의 원상회복을 윤허해달라고 거듭 간청했다. 그리고 왕께서 다시 자기를 쓰고 싶어하신다면 그 분부를 따르겠노라고 덧붙였다.

왕은 마음이 내켜서 그랬는지 아니면 일본인들을 배려해서 그랬는지 그 상소를 귀담아듣고는 박영효를 용서하고 복권시켜줄 수 있다고 대답했다. 즉각 박영효를 대역 죄인으로 처형하라는 상소들이 빗발쳤으나 이미 사면령이 내려졌기 때문에 그 상소들은 무시되었다.

조선, 명목상의 독립국 8월이 저물어가자 일본인들은 조선과의 엉큼한 합병을 마무리 지을 시기가 무르익었다고 판단했다. 그래서 양국 사이에 임시조약이 등장했다. 그 조약은 공수동맹은 아니었지만, 일본은 조선의 독립을 보장하고, 조선은 일본에 자문을 구하고 가능한 모든 방법을 동원하여 일본을 원조하기로 약속하는 내용이 담겨 있었다. 이 협정의 본질은 1904년 러일전쟁이 발발했을 때 조선과 일본이 체결했던 조약과 실질적으로 똑같고, 1876년의 강화도조약 이후 일관되게 옹호했던 조선의 독립을 한 번 더 강조하고 있다.

9월은 일본 왕의 선물과 우호적인 편지를 휴대한 사이온지 후작의 도착과 함께 시작되었다. 그의 방문은 그저 인사치레에 불과했으며 커다란 정치적 의미는 없었던 것 같다. 조선 정부의 여러 부처들은 외국인 고문들을 발탁하는 정책에 전념하고 있었다.

당시 일본의 영향력이 그 어느 나라보다 압도적으로 우세했던 만큼, 그 자리들의 대부분은 일본인들로 채워질 것이고 그렇게 되면 정부의 자치권이 심각하게 손상될 것이라고 믿어도 될 만큼 일본인의 숫자가 많아질 상황이었다.

강대국들은 조선과 대등한 위치에서 조약을 맺게 되자 이런 가능성에 관심을 두게 되었고, 조선에 주재하는 자국 대표를 통해 과도한 수의 조력자를 특정 국가에 독점시키는 처사에 대해 항의했다. 예상했던 위험이 실제로 존재했는지는 알 수 없으나 어쨌든 이런 견제 시도는 성공했고, 외견상 조선 정부의 독립성은 결코 흔들리지 않았다.

2백여 명의 일본군이 2만 명의 동학군을 제압하다 10월에는 청나라 사람들이 압록강 이북으로 쫓겨났고 조선 땅에 어느 정도 질서가 회복되었다. 하지만 남쪽 지방에서 다시 동학 농민들의 소요가 발생했다. 청나라와 일본 군대의 개입으로 잠시 주춤했던 동학군은, 청과 일본이 전쟁에 신경 쓰느라 조선 내부의 민란에는 관심을 둘 수 없다는 사실을 알아차린 듯 어느 때보다 조직적이고 거세게 봉기했다.

10월 한 달 동안 폭동 진압 문제를 놓고 노심초사하던 정부는 정예 동학군이 한양으로 진격 중이라는 소식을 전해 듣고 그들을 격퇴시키기 위해 신정희를 도순무사로 임명하여 3천 명의 군사와 함께 공주로 파견했다. 며칠 후 공주, 웅진, 우금치, 이인, 효포, 서산, 홍주 등을 비롯한 충청도 전역에서 전투가 벌어졌다.

몇몇 전투는 매우 치열했지만 200여 명의 일본군 병사들의 지원을 받은 관군은 패배를 몰랐다. 동학군의 전체 병력은 대략 2만 명 정도였으나 무장이 잘되고 최소한 어느 정도 훈련된 정부군에 비하면 오합지졸에 불과했다. 많은 동학군 지도자들이 체포되어 한양으로 압송되었으며, 한시적으로 즉결 처분권이 주어졌던 장수들에 의해 현지에서 처형당한 사람들도 많았다.

뿔뿔이 흩어진 동학군은 남쪽으로 이동하여 전라도 여러 지역과 충청도 남부 지역에 진을 쳤다. 주요 거점인 노성에서 동학군은 11일간 정부를 규탄하고 관군을 자극하는 깃발들을 내걸었다. 관군이 공격을 감행하자 동학군은 다시 후퇴했다. 다른 곳에서도 산발적인 전투가 벌어졌으나 그 즈음 녹두장군 전봉준과 김개남을 비롯한 동학운동 지도부가 체포되었다.

전봉준과 김개남은 한양으로 압송되었다. 김개남은 처형되었고 전봉준은 일본으로 끌려갔다고 전해지지만, 그의 운명에 관해서는 불확실한 부분이 있다. 관군은 김내현과 안승관을 수원에서 참수한 다음 효수하여 사람들에게 본보기로 삼았다. 이로써 동학군은 완전히 괴멸됐다. 소규모 산발적인 움직임이 몇 차례 있었으나 아무런 성과도 거두지 못했다.

다시 돌아온 갑신정변의 주역들 고종의 5남인 의화군이 사이온지 후작의 방문에 답하고 일본 왕에게 고종의 안부를 전하기 위해 도쿄로 파견되었다. 일본 정부는 한양에 이례적으로 강력한 대표자를 주재시켜야 할 필요성을 깨닫고 있었던 것 같았다. 이노우에 공작이 공사의 책무를 띠고 10월에 부임했기 때문이다.

그는 한 차례 이상 조선에서 어떤 사건들이 해결되도록 도움을 주었고, 고종은 물론 백성들의 신임도 두터웠다. 그 같은 상황에서 그의 임명은 최상의 선택이었다.

10월의 끝을 알린 것은 친일 개화파로, 갑오개혁을 주도하면서 막강한 권력을 행사하던 인물 가운데 한 명인 법무아문 대신서리 김학우의 피살 사건이었다. 그는 한밤중에 자기 집에서 대원군이 보낸 자객의 손에 암살당했다.

11월에는 정부의 재편에 진전이 있었다. 박영효의 사면은 1884년에 권리를 박탈당했던 모든 사람들을 사면하겠다는 신호였다. 미국 시민권자이자 필립 제이슨 박사로 더 많이 알려진 서재필이 오랜만에 조용히 조선으로 돌아와 조국을 위해 일할 기회를 기다리고 있었다. 일본에서 망명 생활을 하던 서광범도 귀국했고, 개혁 성향으로 인해 뒷전에서 숨죽이며 끈질기게 버티던 인물들도 모두 전면으로 나서서 왕의 인정을 받고 다시 등용되었다.

이런 일련의 조치들은 매우 신속하게 진행되어 12월 중순에는 갑신정변의 선봉에 섰던 인물들이 거의 대부분을 차지한 새 내각이 탄생했다. 그들의 면면을 보면, 김홍집, 유길준, 박영효, 서광범, 조희연, 신기선, 엄세영, 김윤식, 박정양 등이다. 동시에 서재필은 10년 임기의 중추원 고문으로 임명되었다.

앞서 언급한 중추원은 자문 기구였으나 2년 뒤인 1896년에 설립된 독립협회는 40여 명으로 구성된 의회로 개편하여 왕과 지배층의 권력 남용을 견제하고, 중요한 국정 문제에 대해 정부와 의회의 의견이 일치하지 않을 경우 정부가 단독으로 그것을 시행하지 못하도록 막는 일종의 거부권을 보유하고자 했다. 중추원은 이 같은 권한을 3년간 행사했으나 독립협회가 해산되면서 상실했다. 이 의회의 구성원들은 모두 진보적인 친일파였다. 그 기구는 이제 완전히 자리를 잡았고, 따라서 조선은 훌륭하게 통치될 수 있다는 사실에 의문이 있을 수 없었다. 일본인들에게 남은 일이라곤 심각한 실수를 저지르지 않고 단호하지만 현명하게 행동하는 것뿐이었다. 동시에 막후에서는 반대 방향으로 막강한 압력이 가해졌는데, 알다시피 이것은 어느 정도 효과를 발휘했다.

홍범 14조   이렇게 1894년은 저물었고 장밋빛 미래가 펼쳐질 것이라는 큰 기대와 함께 새해가 밝았다. 1월 5일, 세자와 대원군, 백관을 거느리고 종묘로 행차한 고종은 이미 확정되고 일부는 착수된 개혁안을 반드시 완수하겠노라고 엄숙히 선포했다. 이 날 왕이 선포한 내용을 모두 옮겨놓을 필요는 없으나, 조선의 자주독립의 의지를 선언하면서 각별히 약속한 핵심 조항은 짚고 넘어가자.

(1) 청나라에 의존하려는 생각을 모두 끊는다.
(2) 왕실 전범을 제정하여 왕위 계승과 종친, 척족의 구별을 밝힌다.
(3) 왕은 국사를 대신들과 협의하여 처리하되, 왕비, 후궁, 종실, 척신이 간여하게 해서는 아니 된다.
(4) 종래 혼합되었던 왕실 사무와 국정 사무를 완전히 구별한다.
(5) 의정부와 각 아문의 직무와 권한을 명백히 규정한다.
(6) 세금은 법으로 정하며, 명목을 덧붙여 함부로 징수하는 것을 금한다.
(7) 조세의 부과와 징수, 지출은 모두 탁지아문이 관장한다.
(8) 왕실은 솔선해서 비용을 절감하여 각 아문 및 지방관의 모범이 되게 한다.
(9) 왕실과 각 관부官府에서 사용하는 경비는 1년 예산을 세워 재정

의 기초를 확립한다.
(10) 지방 관리에게 적용되는 법을 조속히 개정하여 지방 관리의 직권을 규제한다.
(11) 총명한 젊은 인재들을 외국에 파견하여 학술과 기예를 보고 익히게 한다.
(12) 장교의 교육 방법과 징병제도를 정해 군제의 기초를 확립한다.
(13) 민법과 형법을 명백히 규정하고 엄정히 준수하여 백성을 함부로 가두거나 벌하지 않으며, 백성의 생명과 재산을 보호한다.
(14) 문벌과 지연이 아닌 오직 능력에 따라 인재를 등용한다.

6장
을미사변의 주역을 밝힌다

계속되는 개혁 1895년은 역사적으로 매우 중요한 해이다. 이 해에 일어난 사건들은 모든 조선 백성들에게 강렬하고 평생 잊을 수 없는 자국을 남겼으며, 그 이후의 조선 역사는 모두 이 사건들에 비추어 해석되어야 한다. 이 해는 겉보기에는 번영 속에서 막이 올랐다. 개화된 원칙에 따라 나라를 다스리겠다고 선포한 왕은 만약 자신이 개혁 조치를 완수하지 못하면 하늘에 죄를 짓는 것이라고 단언하면서 신하들에게 개혁 조치를 엄정히 이행하라고 독려했다.

대원군은 비록 공직에서 물러났으나 그의 아들이자 왕의 형인 이재면이 궁내부 대신이었고 장손자 이준용이 왕의 근거리에서 일을 하고 있었으므로, 틀림없이 사적으로는 현직에 있을 때나 마찬가지로 막강한 영향력을 행사했을 것이다. 우리는 대원군에 대한 왕비의 적개심이 그 자손들에게로 확대되었고, 왕이 개혁을 선포했음에도 불구하고 그녀가 끊임없이 왕에게 압력을 가했다는 점을 유념해야 한다. 이유야 어찌되었든, 1월에 이준용이 주일 공사로 파견되었는데, 이것은 당장 무대에서 주연급 배우 한 사람이 잠시나마 사라진 것이기 때문에 대원군의 반대파에게는 매우 유리한 조치였다.

왕이 국사를 세세하게 친히 챙기겠노라고 선포했기 때문에 내각의

회의 장소를 궁으로 옮기는 것이 합당할 것으로 여겨졌다. 이것이 개혁 정신과 일치하는지는 의심의 여지가 있다. 왜냐하면, 나중에 모든 정부 정책을 파기시킨 권력 집중화를 초래했기 때문이다.

이른바 개혁의 진전은 신속하게 이루어졌다. 속으로는 무슨 일이 일어나는지 안 일어나는지 모르겠지만 적어도 바깥, 즉 외피는 바뀌었다. 양반을 나타내던 넓은 소매가 좁아졌고, 터져 있던 두루마기 옆 부분이 꿰매졌으며, 갓의 테가 작아지는 등 소소한 변화들이 많이 일어났던 것이다. 물론 바람직한 변화도 있었다.

이를테면, 정부는 다른 아문들에게 영향을 줄 수 있는 아주 중대한 문제가 아닌 한 각 아문이 중앙정부와 일일이 상의하지 말고 법에 따라 주어진 일을 처리할 수 있도록 권력을 각 대신들에게 이양했다. 아랫사람이 윗사람에게 올리는 인사에 관한 아주 오랜 관습도 많이 철폐되었고 더욱 민주적인 방향으로 변화했다.

나라 안의 많은 폐단을 바로잡는 일을 했던 내무아문은 아전들의 부정 때문에 조세가 나오지 않았던 경작지들을 찾아냈고, 그렇게 함으로써 정부의 조세수입을 크게 증대시켰다. 고종은 주요 대신들의 주청을 받아들여 전하라는 칭호 대신 대군주폐하大君主陛下라는 칭호를 채택했다. 이 칭호는 왕보다는 높지만 나중에 취하게 되는 황제보다는 훨씬 낮은 것이었다. 다른 왕족들 역시 지위가 한 단계씩 상승했다.

이 시기에는 범죄자들에 대한 처벌 방식도 크게 바뀌었다. 널리 행해졌던 잔혹한 형태의 처형과 고문이 철폐되었고, 좀 더 인간적인 방식이 제도화되었다. 참수형이 교수형으로 대체되었다고 해서 범죄자들에게는 커다란 위안이 되지 않았지만, 끔찍한 공개 참수형 광경은 더 이상 보지 않게 되었다.

1884년 정변에 연루되어 유배되거나 외국으로 달아났던 많은 사람들이 사면되었고, 그들의 친척들도 관직에 다시 나설 수 있게 되었다.

2월 음력 설날, 왕은 양반뿐만 아니라 학식과 재능이 뛰어난 인재라면 누구나 관직에 등용하겠다는 칙령을 반포하고, 각 지방관아에 그 같은 인재를 선발해 한양으로 보내라는 어명을 내렸다. 지방 백성들은 이 소식을 크게 반겼고, 정치가 진정으로 개혁되는 조짐이라며 환호했다.

2월 13일, 신사유람단을 따라 일본에 다녀온 뒤 미국으로 유학 가 신학문을 공부한 윤치호가 귀국했다. 만약 피상적인 개혁과 구별되는 진정한 개혁의 밑바탕이 형성될 수 있을 만큼 개화된 정서가 충분히 깔려 있었더라면, 그의 귀국은 크게 환영할 만한 일이었을 것이다.

일본이 시모노세키조약으로 요동과 대만을 얻다 한편, 일본군이 만주에서 청나라 군대를 파죽지세로 몰아붙이면서 청일전쟁은 막바지로 치닫고 있었다. 조선은 해성海城에 주둔하고 있던 일본군 사령부에 특사를 파견하여 일본군의 승리를 축하했다.

전쟁은 곧 끝났고, 일본과 청은 시모노세키조약을 체결했다. 조약의 내용은 청나라가 일본에 요동 반도와 대만을 넘겨주고, 조선에서의 모든 이해관계를 공식적으로 포기하며, 엄청난 액수의 전쟁배상금을 지불한다는 것 등이었다. 전쟁 결과에 대해 조선인들은 크게 놀랐으나 청에 호의적인 감정이 너무 강한 나머지 아주 많은 사람들이 청이 그 돈을 지불한 뒤 일본과 훨씬 큰 전쟁을 벌이기 위한 준비에 돌입할 것이라고 생각했다.

이준용, 동학군과 손잡고 역모를 꾸미다 1456년 이후 승려들은 한양에 들어오는 것이 금지되었다. 불교에 아무런 정치적 발판을 허용하지 않는다는 것이 조선의 정책이었다. 일본인들은 조선 정부로부

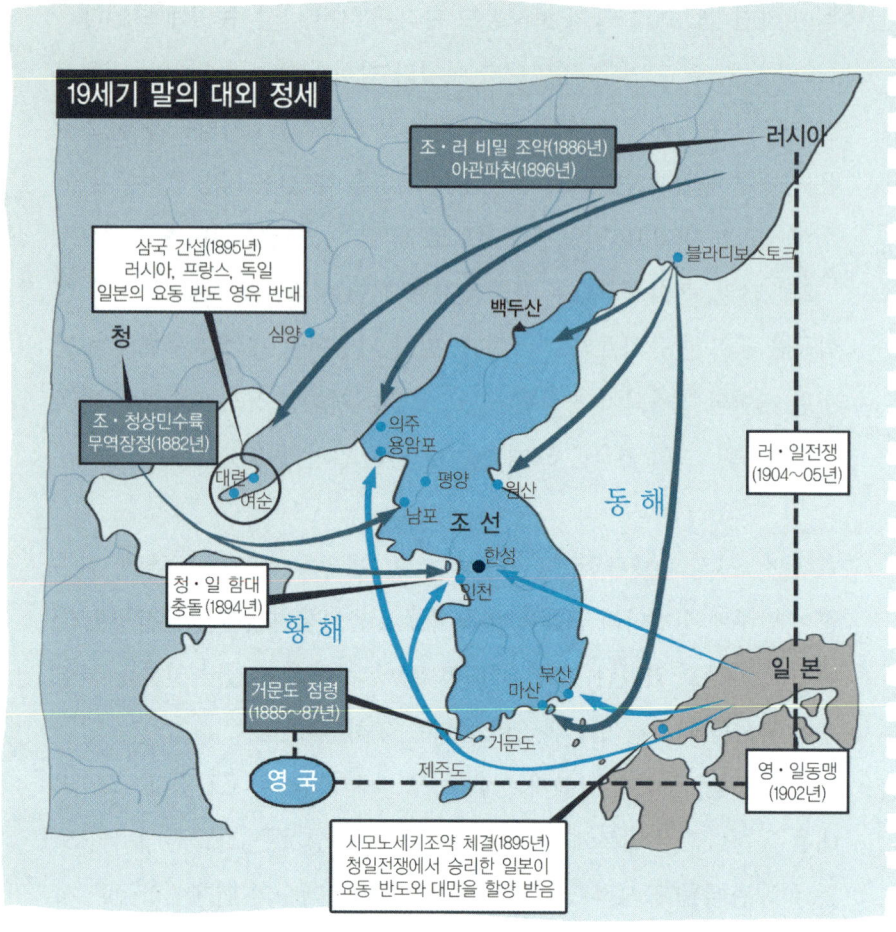

터 승려들의 본래 지위를 되찾아주었고, 4세기 반 만에 처음으로 목탁과 염주를 지닌 탁발승들이 한양 거리에서 탁발을 할 수 있게 되었다.

4월, 엄청난 불행이 대원군의 집을 덮쳤다. 그의 장손자이자 고종의 조카인 이준용이 동학군 및 다른 인물들과 공모하여 왕을 폐위시키고 권력을 잡으려 했다는 혐의로 체포되었던 것이다. 그가 고종 폐위 음모 사건의 주모자였는지, 그 음모에 동조했는지는 밝혀지지 않았으나 그처럼 불미스러운 일에 이름이 오르내렸다는 사실 하나만으로도 강화도 인근의 교동도로 귀양 가기에 충분했다.

이 사건에 연루된 다른 네 사람은 처형되었다. 이 사건은 대원군에게도 심각한 타격을 안겼고, 그해 10월에 끔찍한 사건들을 벌이게끔 만드는 강한 촉매제가 되기도 했다. 6월 6일에는 조선 역사에서 개국 기원절로 통하는 독립 선포식이 한양에서 거행되었다. 창덕궁에서는 조선이 외국에 문호를 개방한 이래 가장 성대한 축하연이 열렸다.

박영효가 다시 일본으로 피신하다 박영효는 귀국하는 순간부터 대원군의 칼끝에서 헤어날 수 없는 처지였다. 대원군이 격렬하게 반대했던 개혁당의 급진파를 대표했고, 그밖에도 그런 강자가 존재하면 전제적인 제1인자의 영향력이 잠식될 것이 불 보듯 뻔했기 때문이다. 일본인들은 박영효가 자기네들 앞잡이가 되어줄 것이라고 생각하여 귀국시켰지만, 이내 자기 주관과 견해가 뚜렷하고 일본보다는 조선을 위해 일하는 인물이란 사실을 알아차렸다. 그는 조선을 희생시켜가면서 일본인들에게 도움이 될 몇몇 계획에 동조하지 않았다. 아니, 이전 후원자에게는 오히려 골칫덩어리가 되고 말았다.

반면에 고종과 왕비는 박영효를 몹시 좋아했다. 그가 고종의 가까운 인척이면서 왕실의 지위 변화를 바랄 이유가 없었고, 대원군과는 앙숙이었으며, 지나친 친일 정책에 반대할 것이 분명했기 때문이다. 박영효와 왕실의 관계가 점점 두터워지는 상황은 비록 이노우에 백작이 왕비의 환심을 사기 위해 많은 노력을 기울였다고는 해도 일본을 불안하게 만들었다. 마침내 박영효는 이준용의 음모를 적발해냈고 고종과 왕비는 계속 고마움을 표했다.

박영효를 제거하기로 결심한 대원군은 일본의 묵인하에 성공할 것처럼 보이는 음모를 꾸몄다. 박영효에게 대역죄를 덮어씌워 그 사실을 믿으려 하지 않았던 고종과 왕비가 더 이상 그를 감싸고돌 수 없도록 만들었던 것이다. 그때까지도 사람들은 여전히 박영효를 역적이라고 불렀기 때문에 대원군은 그를 해치우려고 많은 노력을 기울였고, 일본 역시 그를 보호하기 위해 강력한 조치를 취하지 않을 것이 분명했다.

왕비는 박영효를 불러 대역죄에 대한 조치가 취해지기 전에 도주하라고 일렀고, 그 충고를 받아들인 박영효는 곧바로 다시 일본으로 달아났다. 박영효는 아직 일본인들과 완전히 갈라선 것은 아니었기 때문에 일본인들은 기꺼이 그의 도주를 도왔다. 7월 초순, 박영효가 무대 밖으로 차츰, 아니 어쩌면 영원히 사라지면서 근대 조선은 진정한 애국자 한 사람을 잃게 되었다.

만약 일본이 대원군을 단호하게 퇴진시키고 박영효에게 왕실과의 긴밀하고 우호적인 관계하에 그의 계획을 실행하도록 허용했더라면 그 후에 일어났던 모든 불행한 사건들은 쉽게 피할 수 있었을지도 모른다. 일본이 대원군으로 하여금 개인적인 복수를 실행에 옮기도록 내버려둠으로써 그 모든 분란이 일어났으며, 조선의 장밋빛 개혁 욕구가 그때만큼 무참히 희생된 시기는 그전에도, 그 이후에도 없었다. 그러나 진보적인 조치들은 빠르게 진행되어 7월에는 채광권을 허용했고, 종두법이 시행되었으며, 군제 개혁이 이루어졌고, 우체사가 설치되었다. 미국 기업조합에 허용된 평북 운산 광산의 채굴권은 조선의 자원을 개발하려는 시도로서 적어도 그 기업에는 아주 수지가 맞는 거래였다.

이노우에 공사의 은퇴 7월 말이 가까워지면서 이노우에가 공사직에서 물러나 귀국하는 불길한 일이 벌어졌다. 일본은 강력하고 올곧은 인물을 한양에 주재시킬 필요성이 없었고, 일본 공사는 고매한 인품을 드러낼 기회도 전혀 없었다. 서로에게 화해의 여지가 전혀 없는 강렬한 증오를 지닌 왕비와 대원군 같은 인물이 이끄는 두 반대파가 존재하는 한, 이노우에가 역할의 한계를 느끼고 단념했을 것이라고 생각하는 사람들이 있다.

그리고 이노우에가 이들 가운데 어느 한쪽이 현직에서 영원히 제거되기 전에는 조선이 진정한 개혁의 기회를 얻지 못할 것이라고 생각했을 수도 있다. 그렇다고 해서 그가 강제적인 수단을 써서 그들을 제거하고 싶어했을 것이라는 이야기는 아니지만, 당시의 한반도 상황하에서 그 어떤 조치도 소용이 없다는 확신을 분명하게 표현했을 것이라고는 생각할 수 있다.

개중에는 도쿄 당국이 어떤 수단을 써서라도 한양의 장애물을 제거하기로 결정했다고 생각하는 사람들도 있었다. 그 후에 일어난 일련의 사건들을 감안하면 이런 추측에 어떤 윤곽이 드러나지만, 우리는 10월의 비극으로 막을 내린 음모에 일본 정부가 개입했다고는 생각할 수도 없고 생각하지도 않는다. 그러나 광적이고 무분별한 일본 공사가 만약 정부와 상의했더라면 엄하게 금했을 어떤 행위를 개인적으로 재가했을 것으로 사료된다.

1895년 여름에는 1886년 이후 다시 콜레라가 창궐했다. 한양에 전염병을 치료하는 특수 병원들이 세워졌고, 외국 개신교 선교사들은 많은 환자들을 치료해주었다. 전국적인 사망자 수는 물론, 한양의 사망자 수도 알 수 없지만 전염병이 진정되기 전까지 수도에서 1만 내지 1만 2천 명이 사망한 것으로 추정된다.

박영효를 축출하기 위해 활동했던 세력은 이준용의 유배 기간을 단축시켜 8월 6일 교동도에서 한양으로 불러올렸다. 그러나 대원군조차 장손자에게 거처를 마련해줄 수 없었기 때문에 그는 일본으로 갔다. 그 후 그는 정치적 망명자로 간주되었고 귀국 생각을 할 수 없는 처지가 되고 말았다.

왕비의 신임을 받았던 이노우에가 귀국하자 대원군은 왕비에게로 마음이 많이 기울어진 여러 대신들을 해임하고 다른 인물들로 바꿀 생각을 품을 정도가 되었다. 특히 의미심장한 부분은 고종의 형이자 궁내부 대신인 이재면의 해임이었다. 이재면은 대원군의 아들이었기 때문에 그 일은 대원군 일파의 패배처럼 보일 수 있을 것이다. 그러나 이재면의 해임은 대원군의 마음속에서 이미 뚜렷하게 윤곽이 그려지고 있던 위험천만한 계략의 실행을 위해서는 꼭 필요한 조치였다.

그해 여름에는 교육 분야에서의 결연한 노력이 매우 눈길을 끌었다. 학부에서 정규학교의 설립을 계획하고 실행에 옮겼다. 117명의 관비 유학생들이 일본에 파견되었고, 중요성이 조금 떨어지는 다른 조치들도 시행되었다.

일본 공사 미우라, 왕비 시해에 직접 관여하다 9월 1일 미우라 자작이 공사로 취임하기 위해 한양에 도착했다. 이노우에 백작이 이임한 지 1개월이 넘은 시점이었다. 열렬한 불교 신자인 미우라는 신식 일본보다는 구식 일본에 속하는 인물인 데다가 저돌적이어서 조선에서 벌어지고 있는 복잡한 일들을 한낱 신속하고 세차게 밀어붙이면 해결될 것으로 생각했다고 한다.

한강 부근의 공덕동 별장에서 기거하고 있던 대원군은 미우라가 부임할 때부터 그와 가깝게 지냈다. 미우라는 왕비보다 대원군의 주장을 지지했으며, 계속 깊어지는 이 두 세력가의 불화를 종식시키기보다는 일본의 이익을 증대시키기 위해 그 반목을 이용하려 했다.

왕비의 조카인 민영환이 미국 공사로 나가면서 그 이전에 이미 결정된 것이 틀림없는 쿠데타 준비가 완료되었다. 수많은 모순된 증거들,

비난과 반론을 종합해보면, 다음과 같은 결론을 피하기 어렵다. 일본의 정파들 사이에서는 조선 문제를 처리하는 최선책에 관해 두 개의 견해가 있었다.

하나는 이른바 한반도에서 일본의 뜻에 반대하는 모든 무리들에 대해 강력한 조치를 취하여 즉각, 철저히 뒤집어엎어야 한다고 주장하는 급진 정책이고, 다른 하나는 점진적이고 평화적인 수단을 쓰면서 똑같은 목적이 달성될 때까지 기다려보자는 온건 정책이었다.

일본은 이노우에 백작이 한양 내분의 해결에 뚜렷한 성과를 거두지 못하자, 초극단적 정책의 대표 주자인 미우라를 임명했던 것 같다. 미우라는 신속하게 과업에 임하기로 되어 있었으나 정작 임지에 부임하기 전까지 당사자는 물론, 그의 지지층도 그의 임무가 정확히 뭔지 몰랐던 것 같다.

한때 왕비를 암살하기로 작정했었다고 말하는 것은 지나친 억측일 것이다. 그러나 한양의 실정에 밝았던 사람들이 어떻게든 그녀의 어마어마한 영향력을 영원히 잠재워야 하며, 그 일을 제대로 처리해서 반드시 그녀가 국정 문제에는 더 이상 관여할 수 없도록 만들어놓아야 한다고 생각했을 가능성은 크다. 그러나 이 과업을 달성할 방법에 관해서는 미우라가 부임해서 현장을 둘러보기 전까지는 미우라도, 그의 조언자들도 알지 못했다.

이렇게 보면 미우라가 조선에서 그 일에 관해 맨 먼저 상의하고 싶어 했던 인물이 왜 대원군이었는지를 쉽게 알 수 있다. 그리고 대원군이 이 난제의 해결책으로 해줄 수 있는 말은 한마디뿐이었을 것이 분명하다. 대원군은 20년간의 경험에 비춰 미우라가 마음속에 품고 있는 목적을 달성하는 방법은 한 가지밖에 없다고 확신했고, 미우라가 당연히 겁을 먹고 그 같은 방법을 선택하지 않는 동안 대원군도 마침내 그것이 실현 가능한 계획이란 확신이 생겼던 듯하다.

대원군이 애초부터 그것을 귀띔했다고 생각하지는 않지만, 다른 사람들이 그 계획을 제시하고 그의 개인적인 간섭 없이 실행에 옮기겠다고 제안하자 동조했을 것이란 점은 의심의 여지가 없다. 그 비극의 책임이 어디에 있는지에 관해서는 의문이 있을 수 없다. 그런 인물을 조선 주재 공사라는 어려운 자리에 임명했다는 점이 일본 정부의 분별력에 먹칠을 한 것일지 몰라도 어쨌든 일본 정부에는 그 책임이 없다.

일본 정부, 왕후 시해에 연루되었나 일본에 돌아간 이노우에 백작이 미우라 자작이 저지른 그 짓을 옹호했다는 암시가 약간 있었으나 중상모략이라고 할 수 있다. 왜냐하면 이 유능한 정치인의 전력을 보면 그 같은 의심은 사실이 아니란 것이 밝혀지고, 이노우에가 일본 정부에 보낸 문서들에는 이런 헐뜯는 보고서들의 내용과는 상반되는 의도가 담겨져 있기 때문이다. 한 예로 그가 일본 의회에 제출한 보고서의 일부를 발췌하여 소개한다. 그는 이렇게 말했다.

> 한 번은 왕비께서 제게 이렇게 말씀하셨습니다. "내가 일본 측에 제의했던 일이 거부되었다니 지극히 유감스럽소. 반면에 일본에 대해 비우호적인 태도를 보였던 대원군은 일본 공사의 도움을 받아 권력을 잡았습니다."
>
> 이 말씀에 대한 답변으로 저는 왕비께 성심성의껏 저간의 일에 대해 설명했고, 그분의 의심을 가라앉힌 다음, 조선의 독립을 단단한 반석 위에 올려놓으면서 조선 왕실을 강건하게 하는 것이 천황 폐하와 일본 정부의 진정한 바람이라고 부연 설명해드렸습니다. 그리고 왕실 사람이든, 아니면 그 어떤 조선인이 왕실에 대해 대역죄를 범하려고

할 경우에 일본 정부는 무력을 사용해서라도 왕실 보호에 결코 소홀함이 없을 것이라고 말씀드렸습니다.

이처럼 확고한 약속은 이노우에가 일본으로 귀국하기 직전에 했던 것이다. 그가 자신의 정직한 속내와 자기 뒤에 있는 정부의 정서에 어긋나는 말을 했다고는 생각되지 않으며 생각할 수도 없다. 주어진 증거에도 불구하고 미우라 자작에 대해 무죄 결정을 내린 일본 정부의 조치는, 정부가 그 만행에 연루되었으며 그 불법행위의 실행을 사전에 인지했었음을 입증한다고 주장하는 사람들도 있었다.

그러나 반드시 그렇다고만은 할 수 없다. 일본 정부는 자기들이 조선에 공식적으로 파견한 공사가 그 같은 범죄를 실제로 저질렀다고 시인함으로써 망신을 당하고 싶지 않았을 것이 분명하다. 그 책임을 회피하려는 이런 시도는 당연히 아무런 소용이 없었다. 일본 정부가 그 궁지에서 빠져나올 수 있는 방법은 전혀 없었지만, 그렇다고 10월 8일의 그 사건을 공모했다고 추론하는 것은 믿기 어렵다. 그 사건은 다음에 소개하는 1896년 1월 히로시마 지방재판소의 결정문 초록에 명시돼 있듯이, 전적으로 미우라와 그 부하들의 소행이었다.

7장

을미사변을 재구성하다

황후 암살 사건에 대한 히로시마 법정의 판결 여기에 히로시마 법정의 판결문 전문을 추가한다. 왕후(명성황후) 암살이라는 대사건의 전말을 가장 정확하고 자세히 보여주기 때문이다. 판결문은 다음과 같다.

오카모토 류노스케, 일본 공사의 부무관 겸 조선군 고문,

미우라 고로, 자작, 일본 공사, 육군 중장,

스기무라 후카시, 쇼 로쿠이 공사관 서기 외 45명.

검찰총장의 요청에 따라, 위에서 언급된 오카모토 류노스케 외 총 47인의 살인 및 난동 사건과 히라야마 이와오의 계획적 살인에 대한 예비 심사 결과, 우리는 다음과 같은 결론에 도달했다.

피고 미우라 고로는 1895년 9월 1일 당시 한양에서 일본 공사로 임무를 수행하고 있었다. 그의 말에 따르면, 당시 조선 정세는 잘못된 방향으로 흘러가고 있었다. 조정의 전횡이 하루가 다르게 심해져, 시도 때도 없이 멋대로 국정에 끼어들었다. 그러다보니 일본 정부의 지도와 조언에 따라 이제 막 재편된 통치 시스템에 무질서와 혼란이 야기되었다. 특히 일본 뜻에 반하는 움직임이 아주 강해, 일본군이

훈련시킨 조선 군대인 훈련대를 해체하고 그 장교들을 처벌하려는 움직임까지 일어났다. 게다가 미우라 자신이 입수한 정보에 따르면, 당시 조정은 눈에 거슬리는 대신들의 영향력을 무력화하기 위해, 진보와 독립이라는 대의명분에 따르는 걸로 추정되는 일부 대신들을 좌천시키거나 살해하려는 계획을 품고 있었다.

이런 상황을 지켜보면서 그는 워낙 불안하기도 했고, 조선 조정의 그런 태도가 조선에 노동력과 돈을 보내준 일본에 대한 크나큰 배은망덕이며, 또한 내부 개혁 노력을 무산시키고 조선의 독립을 위협하는 위험한 태도라고 생각했다. 조선 조정이 추구하는 정책은 조선에 백해무익할 뿐 아니라, 일본의 이익에도 크게 반하는 것이라고 여겼던 것이다. 이런 정세 속에서 피고는 조선의 독립을 공고히 하기 위해, 또 조선에서 일본 제국의 위신을 세우기 위해 시급히 확실한 조치를 취해야 한다고 생각했다.

그의 마음속에서 이런 생각들이 요동치고 있을 때 대원군으로부터 접촉이 있었다. 당시의 정국 전개에 분통을 터뜨리고 있던 대원군이 직접 조정의 개혁에 나서 왕에게 직언하는 자신의 소임을 다하기로 작정하고 도움을 청해왔던 것이다. 그래서 피고는 10월 3일 일본 공사관에서 스기무라 후카시 및 오카모토 류노스케와 회의를 했다.

회의 결과, 대원군이 궁궐(경복궁)에 들어갈 때 도움을 주어야 한다는 결론에 도달했다. 일본인들에게서 훈련 받은 조선 군인들은 당시 조정의 미움을 받아 위기감을 느끼고 있었는데, 그들 외에 당시 상황을 부정적으로 보던 젊은이들을 이용하고, 한양에 주둔해 있던 일본군들로 하여금 그 거사를 지원토록 한다는 결론이었다. 게다가 그 거사에는 이참에 궁궐에서 엄청난 영향력을 행사하고 있는 황후까지 제거해야 한다는 대담한 계획도 포함되어 있었다.

그들은 또 동시에 앞으로 대원군이 국정에 개입할 가능성을 사전에 차단할 필요가 있다고 생각했다. 대원군의 개입은 현재 문제가 되고 있는 황후의 개입보다 더 큰 폐단을 불러올 것이라고 판단했던 것이다. 그 때문에 대원군에게 네 가지 약조를 요구하는 문서가 서기관 스기무라 후카시에 의해 작성됐다. 그 문서는 그 달 15일 대원군과 가깝게 지내던 오카모토 류노스케에 의해 대원군의 저택으로 전달됐다. 오카모토는 돌아가는 상황을 보니 아무래도 대원군이 한 번 더 개입해야 할 것 같다고 말한 뒤, 미우라 공사가 대원군에게 바라는 것을 구체적으로 적은 문서라며 대원군에게 문제의 문서를 내밀었다.

대원군은 아들, 손자와 함께 미우라 공사가 제시한 조건들을 보더니 흡족해 했고, 공사를 신임한다는 내용의 편지도 썼다. 미우라 고로와 그 일당은 그 달 중순까지 모든 계획을 조율하기로 작정했다. 그리고 오카모토의 대원군 저택 방문이 의혹을 불러일으켜 자신들의 계획이 드러날 것이 두려워, 그가 대원군 저택을 찾아간 건 순전히 고향으로 가기 전에 대원군에게 작별 인사를 하기 위해서였다는 소문을 냈으며, 그 소문의 신뢰성을 높이기 위해 오카모토가 실제로 6일에 한양을 떠나 제물포로 간 걸로 꾸미기로 했다.

이튿날 군부대신 안경수가 조정의 명을 받아 일본 공사관을 찾아왔다. 그는 일본인들이 훈련시킨 조선 군대를 해산하려는 계획과 관련해 일본 공사의 견해를 물었다. 드디어 때가 왔고 더 이상 미룰 수 없다는 게 분명해졌다. 미우라 고로와 스기무라 후카시는 결국 바로 그날, 거사를 감행하기로 결심했다.

그리고 한편으론 오카모토에게 즉시 한양으로 돌아오라는 전보를 보냈고, 다른 한편으론 대원군의 입궐과 관련된 세부 계획이 담긴 문서를 호리구치 구마이치 영사관보에게 보내, 용산에서 오카모토를 만나 함께 궁궐로 들어가라고 지시했다. 미우라 고로는 한양 주둔 일본군 지휘관인 우마야바라 무혼에게 지령을 보내, 일본인들로부터 훈련 받은 조선 군대의 배치를 지휘하고 일본 군대를 동원해 그들을 지원함으로써 대원군의 입궐을 도우라고 지시했다.

미우라는 또 피고 아다치 겐조 〈한양신보〉 사장과 구니토모 시게아키라 〈한양신보〉 주필을 불러, 친구들을 불러모아 용산에서 오카모토를 만나 대원군 입궐 시 대원군의 경호대 역할을 해달라고 청했다. 미우라는 거사의 성패는 지난 20년간 조선에 너무 많은 폐해를 끼친 악의 세력들을 제거할 수 있느냐의 여부에 달려 있다며, 궁궐에 들어가는 대로 즉시 황후를 살해하라고 두 사람을 선동했다. 미우라는 또 피고 이기야라 히데지로에게 경찰 병력을 이끌고 용산으로 가, 오카모토와 의논해 속히 대원군을 입궐시키는 데 필요한 조치들을 취하라고 지시했다.

피고 스기무라 후카시 서기관은 스즈키 시게모토와 아사야마 겐조를 일본 공사관으로 불러, 거사 계획을 알린 뒤 스즈키에게 피고 스즈키 준켄을 용산으로 보내 통역관 역할을 하게 하고, 아사야마에게는 대원군의 재입궐을 환영하는 걸로 알려진 이주회라는 조선인에게 그 소식을 알리라고 지시했다. 스기무라는 또한 대원군의 입궐 이유를 설명한 성명서를 작성, 오기와라 히데지로에게 지시해 호리구치 구마이치 영사관보에게 전달하게 했다.

피고 호리구치 구마이치는 즉시 말을 타고 용산으로 달렸다. 오기와라 히데지로는 비번인 경찰들에게 민간인 복장으로 검을 소지한 채 용산으로 가라고 지시했다. 오기와라 자신 역시 같은 장소로 갔다.

그의 지시를 받아 피고 와타나베 다카지로, 오다 요시미츠, 나리아이 기시로, 기와키 스쿠노리, 사카이 마사타로 등도 그곳에 갔다.

피고 요코 유타로도 용산에서 사람들에 합류했다. 아사야마 겐조는 이주회를 만나, 그날 밤 궁궐에서 감행될 거사 계획을 들려줬다. 아사야마는 이주회가 다른 조선인들 몇 명을 모아 대원군 저택으로 향하는 걸 확인한 뒤, 즉시 용산으로 출발했다. 스즈키 시게모토는 스즈키 준켄과 함께 용산으로 갔다.

피고 아다치 겐조와 구니토모 시게아키라는 미우라의 선동에 따라 황후를 살해하기로 결심하고 공범들을 물색하고 있었다. 미우라의 지시에 따라, 그 밖의 24명(여기에 그 이름들이 삽입됨)이 호출에 응해, 대원군 입궐 시 그의 경호원 노릇을 하기로 약속했다. 히라야마 이와히코와 기타 열 명이 넘는 다른 남자들은 아다치 겐조 등으로부터 황후 제거 명령을 받았고, 그들 역시 그 명령에 따르기로 했다. 단순한 호기심에 참여는 했지만 세세한 작전 비밀까지는 듣지 못한 그 밖의 사람들 역시 무기를 소지하고 있었다. 구니토모 시게아키라와 다른 두 명을 뺀 피고인들 전원이 아다치 겐조와 함께 용산으로 갔다.

피고 오카모토 류노스케는 시간이 촉박하다는 전보를 받자마자 즉시 제물포를 떠나 한양으로 향했다. 그는 가는 길에 자정쯤, 호시구치 게나이치가 마포에서 자신을 기다리고 있다는 얘기를 듣고, 마포로 가서 그곳에 모여 있던 사람들을 만났다. 그는 그 자리에서 미우라 고로가 보낸, 앞에서 언급한 성명서 초안과 기타 문서들을 받았다. 그는 다른 두어 명과 함께 궁궐에 진입하는 방법을 의논했고, 이후 일행은 모두 오카모토의 지휘하에 대원군 저택으로 출발했다.

10월 8일 새벽 3시경, 그들은 1인승 가마에 탄 대원군을 호위한 채 이주회 및 다른 조선인들과 함께 대원군 저택을 떠났다. 출발 무렵 오카모토는 모든 사람을 대원군 저택의 정문 밖에 집합시킨 뒤, 궁궐에 들어가는 대로 최대한 신속하게 '여우'를 처치해야 한다며, 추종자들에게 황후를 살해하는 것이 이번 거사의 최종 목표라는 점을 분명히 했다. 그러자 아직 세세한 얘기를 듣지 못했던 사카이 마라타로와 기타 몇몇 사람들은 즉석에서 그의 말을 따르기로 결정했다.

그들은 한양으로 가던 도중 서대문 밖에서 일본인들이 훈련시킨 조선인 군대와 만났다. 조선인들은 그곳에서 오래전부터 일본인들이 도착하기를 기다리고 있었던 것이다. 그들은 조선인 군대를 앞장세우고 빠른 속도로 궁궐 쪽으로 접근했다. 가는 도중 구니토모 시게아키라와 다른 네 명이 대열에 합류했다. 조선 군대를 지휘할 장교들을 수행하며 통역관 역할을 해달라는 우마가바라 무혼의 요청에 따라, 피고 후사모토, 야스마루, 오우라 시게히코 등이 또 대열에 합류했다. 이들은 모두 동틀 무렵에 광화문을 통과해 궁궐 안으로 들어갔고, 들어간 즉시 내실들을 향해 들이닥쳤다.

이 대목에서 이야기는 갑자기 중단되었다. 그리고 히로시마 법정은 이같이 증거가 뚜렷한 사실에도 불구하고 조선 왕후 시해 혐의를 받았던 그 어떤 일본인도 실제 범죄를 저질렀다는 증거가 충분치 않다면서, 모든 피고들을 무죄로 방면했다.

죄를 인정한 피고들을 무죄방면하다 이 같은 범죄 사실들을 은폐하지 않고, 있는 솔직히 밝힌 건 일본 당국의 신뢰도를 높이는 데 큰 도움이 됐다. 그러나 피고들이 밝힌 대로 범죄 사실들이 명확함에도 불구하고 피고들을 무죄방면한 것은 아무리 범죄 사실이 있어도 그들을 처벌하는 건 불가능하다는 걸 인정한 것이나 다름없다.

미우라는 일본 당국이 신임장을 발부한 공사 자격으로 조선에 파견됐기 때문에, 아무리 그의 윗선에서 예기치 못한 일을 했다 해도 그의 행동은 공적인 성격을 띨 수밖에 없었다. 따라서 그가 저지른 명성황후 시해 사건에 대한 최종 책임은 일본 정부에 있다. 설사 일본 정부 자체는 황후를 암살할 의도가 전혀 없었다 해도, 공인으로서의 품위를 망각하고 그런 끔찍한 범죄를 계획하고 총지휘할 위험 인물을 공사 자리에 앉혀 범죄를 조장한 책임까지 면할 수는 없는 것이다.

왕후의 시신에 불을 지르다 히로시마 법정 측의 현장 묘사는 미우라 일당이 궁궐에 들어가는 장면에서 갑자기 중단되었기 때문에 정작 중요한 그날의 일들은 모두 빠져 있다. 그래서 이 시점부터는 우리 스스로 이야기를 유추해갈 수밖에 없다. 왕(고종)와 왕비(명성황후)가 차지하고 있던 건물들은 정문에서 거의 800미터 정도 떨어진 궁궐 뒤쪽에 있어, 대원군을 수행한 일본 및 조선군은 연이어 있는 제법 긴 통로를 가로질러 많은 건물들을 지나야 목표물에 도달할 수 있었다. 이들은 가는 길에 일부 궁궐 수비대를 만났지만 쉽게 제치고 나갔다. 이 과정에서 조선군 훈련대장 홍계훈을 비롯한 몇 사람이 목숨을 잃었다.

왕과 왕후가 기거하는 건물들에 도착하자, 그들 중 일부는 군사 대형을 이뤄 건물들을 에워싼 채 건물 안으로 들어가지는 않았다. 낭인들로 보이는 한 무리의 일본인 민간인들과 상당수의 조선인들이 중무장을 한 채 왕실 숙소로 달려 들어갔다. 무리 가운데 일부는 왕의 면전에서 마구 무기를 휘두르며 다녔지만, 왕이나 그 곁에 서 있던 세자 몸에 위해를 가하지는 않았다. 또 일부는 왕후가 거처하는 건물 안으로 난입하여 궁녀들을 붙잡고 왕후가 어디 있는지 물었다. 그러다 왕후 숙소 앞에서 궁내부 대신 이경직과 맞닥뜨리자 그 자리에서 그를 베어버렸다. 이경직은 사력을 다해 기어서 왕 앞까지 갔으나, 거기서 일본인들에 의해 참살됐다. 왕후는 자신이 거처하는 여러 방들 중 한 방에서 발견되어 무자비하게 살해됐다. 칼을 휘두른 사람이 조선인인지 일본인인지는 알 수 없지만, 아마도 무장한 일본인들 가운데 하나가 칼을 휘둘렀으리라 추측된다.

그들은 왕후의 시신을 담요 같은데 둘둘 만 뒤, 담요가 흥건히 젖을 정도로 석유를 뿌려, 황실 거처 앞에 있는 연못 동쪽의 한 소나무 숲 가장자리에 놓고 불을 질렀다.

미국인 다이 장군의 무력한 궁궐 수비 왕실 가족들은 이틀 전부터 다가오는 위험을 알아채고 있었다. 궁궐 경비병들의 숫자가 줄어든 데다가 그들의 무기들도 치워졌고, 일본군의 움직임도 심상치 않았기 때문이다. 왕은 왕비에게 안전한 곳으로 거처를 옮기라 했고, 왕비는 태후도 같이 거처를 옮긴다면 그러겠노라고 했으나, 그 청은 받아들여지지 않았다.

정병하는 명성황후의 후원으로 고속 출세를 했으나 결국에는 일본인들과 결탁해 왕비를 배신한 인물로, 그는 아주 강한 어조로 절대 왕비에게 위험한 일이 없을 거라고 주장했다. 결국 왕과 왕비가 마음을 놓게 된 가장 결정적인 계기는 바로 이 배신자의 호언장담이었다.

이 모든 일들이 벌어지는 동안, 궁궐 수비는 미국인인 다이 장군이 맡고 있었지만, 고종의 뜻을 수행하려는 그의 노력은 번번이 일본인들에 의해 저지됐고, 경비 병력 또한 너무 적어 유명무실했다.

공포에 떠는 왕과 세자 명성황후가 살해될 무렵, 대원군은 고종 앞에 나타나 이것저것 조정의 일들을 지시했다. 능히 짐작이 가는 일이지만, 왕과 세자는 제정신이 아니었다. 두 사람은 신분도 낮은 일본인들에 의해 이리저리 밀침을 당하는 수모를 겪었고, 시시각각 목숨이 경각에 달했다는 위협을 느꼈다. 궁내부 대신 이경직은 왕비 처소의 문 앞을 지키다 일본인들이나 조선인들 칼에 쓰러졌고, 심한 부상을 입고도 죽을힘을 다해 고종 앞까지 나아갔다. 그리고 왕이 지켜보는 앞에서 일본인들의 칼에 목숨을 잃었다. 이에 왕과 세자는 공포에 휩싸였으나, 대원군이 나타나자 다소 안심하게 됐다. 물론 그때까지만 해도 두 사람은 왕비가 살해됐으리라고는 생각도 못했다.

동 트기 직전, 고종은 일본군들이 궁궐 앞에 있는 막사로 몰려가고 있다는 걸 알게 됐고, 명령 체계가 일부 회복되자 일본 공사에게 대체 어찌된 영문이냐고 묻는 전갈을 급히 보냈다. 왕의 전령이 공사관에 가 보니, 미우라 공사와 스기무라 서기는 이미 잠자리에서 일어나 의관을 정제한 상태였고, 문 앞에는 의자 가마 두 대가 대기 중이었다.

미우라는 전령에게 자기도 군대가 막사로 행군했다는 소식은 들었지만 무슨 영문인지 모르겠다고 말했다. 그리고 공사와 그의 서기는 급히 궁궐로 향했다. 두 사람이 도착하자마자 언제 그랬냐는 듯 갑자기 모든 혼란이 수그러들었고, 낭인들 역시 뿔뿔이 흩어져 궁궐 마당에서 사라졌다.

거사에 동조한 인물들로 조정을 채우다 일본 공사와 서기는 즉시 고종에게 알현을 청했다. 통역관 한 사람과 낭인들을 이끌었던 또 다른 일본인 한 명이 두 사람을 수행했다. 물론 그 자리에는 대원군도 함께했다.

그 자리에 참석한 사람들은 세 가지 문서를 작성하여, 왕에게 디밀고 서명을 강요했다. 첫 번째 문서는 앞으로 모든 국정은 내각이 관할한다는 내용이었고, 두 번째 문서는 직전에 살해당한 이경직 대신 왕의 형인 이재면을 궁내부 대신으로 임명한다는 것이었으며, 세 번째 문서는 김종한을 궁내부 대신 바로 아래인 협판으로 임명한다는 것이었다.

고종은 강압에 못 이겨 그 문서들에 서명했다. 이 모든 일이 끝나기가 무섭게 일본군은 모두 궁궐에서 빠져나갔고, 그때부터는 일본인들이 훈련시킨 조선군들만 남아 궁궐 경비를 섰다. 그날 오후, 군부대신과 치안을 담당하는 경무사에 각각 조희연과 권형진이 임명됐다. 두 사람 다 뿌리 깊은 친일파로, 당연히 궁궐 난입 및 명성황후 시해 사건에 관련이 있었다. 다시 말해, 고종과 조정은 미우라 공사가 꾸민 거사에 동조하는 인물들로만 둘러싸이게 되었던 것이다.

그날 이른 새벽, 동이 트기도 전에 러시아 공사 베베르Veber와 미국 공사대리인 알렌이 궁궐을 찾아 고종에게 알현을 청했다. 두 사람은 왕이 몸이 안 좋아 만날 수 없다는 말을 들었지만 끝까지 알현을 청해 결국 왕을 알현할 수 있었다. 그들에게 왕은 아직도 왕비가 무사히 피신했기를 바란다며, 더 이상의 분란이 일어나지 않게 친구로서 노력해달라고 간청했다. 다른 외국 대표들은 그날 늦게 고종을 알현했다.

미우라, 황후 암살 사건과의 관련을 부인하다 곧이어 나온 일본 당국의 태도는 명확했다. 자신들은 명성황후 시해 사건에 아무런 책임이 없다는 것이었다. 미우라는 자국 정부에 급전을 보내, 이번 폭동은 일본인들이 훈련시킨 조선군의 내부 갈등이 주요 요인이라고 말했다. 직접 고종을 만나 자신들의 불만을 토로하려는 조선군과 그들이 궁궐 안으로 들어오는 걸 저지하려는 궁궐 수비대 간의 충돌이었다는 것이다.

미우라는 심지어 새로 임명된 군부대신으로부터 황후 시해 사건에 자신이 연루됐다는 소문은 전혀 근거 없는 것이라는 공식 성명을 받아내 자신의 책임을 회피하려 했다. 그러나 그의 요청에 답해 군부대신이 보내온 문서는 너무 의욕이 과해 그 목적을 이루지 못했다. 명성황후가 살해된 10월 8일 밤, 궁궐 안에는 일본인이 단 한 사람도 없었다고 진술했기 때문이다. 군부대신 자체가 일본인들의 하수인인 데다, 그날 궁궐 안에 일본인들이 있었다는 증거들은 너무도 명확해, 미우라는 자신의 술수로 인해 오히려 더 깊이 사건에 말려들게 되었다.

폭동 다음 날인 10월 9일, 내각 전체가 순전히 일본에 동조하는 인물들로 임명되었다. 명성황후 시해에 연관되지 않은 사람도 한둘 있었지만, 이들 역시 범죄자들이 주는 직위를 받아들임으로써 결국 그들의 범죄 행위로 이득을 보려 한 셈이었다. 이 날 임명된 사람들은 이재면, 김홍집, 김윤식, 박정양, 심상훈, 조희연, 서광범, 정병하 등이다.

황후 폐위를 외국 대표들이 승인 거부하다

사람들은 명성황후의 적들이 그녀의 죽음으로 만족했으리라 생각하기 쉽지만, 그렇지 않았다. 명성황후가 암살된 지 3일째 되던 10월 11일, 고종이 의견을 내놓고 내각 전체가 서명했다고 주장하는 칙령이 조정 관보에 고시됐다. 그 관보에서 명성황후는 사사건건 국정에 개입, 정부를 혼란에 몰아넣고 조선 왕조를 위험에 빠뜨린 혐의를 받고 있었다. 그 관보는 또 명성황후가 스스로 자취를 감췄으며 그 죄가 워낙 막중해, 왕비의 직위를 폐하고 서인으로 강등한다고 했다.

이 칙령이 가짜였다는 건 의심의 여지가 없다. 고종은 결코 그 칙령을 승인한 바 없었고, 심지어 내각 각료들 가운데 일부는 그 내용조차 알지 못했다. 당시 각료 가운데 탁지부 대신으로 임명된 심상훈 같은 이는 관직을 버리고 궁궐을 나가버렸고, 박정양 역시 잔혹한 황후 시해 사건을 비난하며 스스로 관직에서 물러났다. 명성황후의 폐위는 결국 일본에 맹종하는 일부 각료들에 의해 추진됐다. 명성황후 폐위 성명에 대해, 미우라 일본 공사는 겉으론 조선 정부에 조의를 표하는 척했지만, 내심으로는 조선을 위해 잘된 일이라고 생각했다. 미국 대표는 그 칙령이 고종으로부터 나왔다는 걸 인정하지 않았고, 미우라 공사 한 사람을 제외한 다른 외국 대표들 모두 미국 대표의 입장을 지지했다.

일본 공사 미우라 소환되다   그 사이 일본 정부는 명성황후 시해 사건의 진상에 대해 어느 정도 알기 시작했고, 공사가 저지른 범죄 행위에 자신들이 연루됐다는 설에 반론을 펴야 할 필요성을 느끼고 있었다. 그래서 일본 정부는 미우라 공사와 스기무라 서기를 소환했고, 두 사람은 일본에 도착하자마자 명성황후 시해 사건에 연루됐다는 혐의로 체포됐다.

일본 정부 입장에서 두 사람을 체포해 법정에 세웠다는 건 일본 정부가 두 사람의 범죄 행위를 방조한 게 아니라는 걸 대내외에 천명한 것이었다. 그리고 재판 과정이 극도로 부적절했고 재판 결과 역시 거의 코미디나 다름없긴 했지만, 우리는 미우라 같은 자를 공사로 임명했으니 범죄 행위에 연루된 거나 다름없다고 말할 수 있을지는 몰라도, 일본 정부가 명성황후 시해 사건의 공모자라고 생각지는 않는다.

그러나 미우라를 체포해 법정에 세운 일본의 단호한 조치는 조선에서의 사태 진전에 막대한 영향을 끼쳤다. 당시 조선 백성들과 모든 외국 대표들은 10월 8일에 발생한 일을 조사해 명성황후 시해 사건의 책임 소재를 제대로 밝힐 것을 요구하고 있었다.

이런 분위기만으로도 내각은 큰 부담을 느끼고 있었는데, 엎친 데 덮친 격으로 일본 정부 자체가 동요하는 듯한 인상을 주는 데다, 미우라의 행동들이 일본 정부의 뜻과 무관한 독단적인 행동들이었음이 드러나자, 순전히 미우라 덕에 권세를 누리던 사람들 입장에선 상황이 점점 더 암담해지기 시작했다. 게다가 명성황후가 죽은 게 아니라 어딘가 숨어 있다는 설까지 꾸준히 나돌고 있는 가운데 상황은 갈수록 긴박해져, 내각 입장에선 상황을 누그러뜨리기 위해 뭔가를 하지 않으면 안 될 지경에 이르렀다. 그에 따라 11월 26일, 외국 대표들과 일부 다른 외국인들이 궁궐에 초대를 받았고, 고종이 지켜보는 가운데 군부대신 조희연과 경무사 권형진을 면직하고, 명성황후를 서인으로 폐위시킨 칙령을 철회하며, 법무부에서 궁궐 난입 사건과 관련된 진상을 조사해 관련자 전원을 재판에 회부해 처벌한다는 성명이 발표됐다. 동시에 명성황후가 죽었다는 사실도 공식 발표됐다.

일본인들이 훈련시킨 조선 군대에 대한 여론이 워낙 안 좋아, 그들을 해체하고 새로 경비대를 구성했지만, 사실 새 경비대 역시 거의 전원이 일본인들이 훈련시킨 바로 이전의 그 조선인들이었다.

포로 신세가 된 고종   황후 시해 사건 이후 몇 개월간 고종의 처지는 편한 것과는 거리가 멀었다. 그는 국정과 관련해 제 목소리를 낼 수 없었고, 자신의 처지가 내각의 손안에 든 포로나 다름없다고 생각했다. 그는 신변에 불안을 느껴, 몇 주일간은 궁궐 밖 지인들이 넣어주는 자물쇠 잠긴 상자에 든 음식 외엔 손도 대지 않았다. 그는 또 매일 밤 두어 명의 외국인들이 궁궐에 와 머물면서 문제 발생 시 즉각 조치를 취할 수 있게 해달라고 요청했다. 외국인들 존재 자체가 자신에게 위해를 가하려는 자들을 막아줄 힘이 된다고 생각했던 것이다.

온통 적대적인 자들에 둘러싸여 실질적인 감금 상태에 놓여 있던 고종이 자유롭게 되기를 희망하는 사람들에겐 11월 26일에 취해진 어중간한 조치들은 전혀 만족스럽지 못했고, 그래서 많은 조선인들 사이에선 힘을 동원해 왕을 구해내려는 움직임이 일고 있었다. 이들의 뜻은 가상했지만, 그 뜻을 실행에 옮기는 방식은 아주 서툴렀다. 11월 28일 밤 천여 명이 넘는 조선인들이 궁궐 진입을 요구했다. 그들과 내통한 궁궐의 한 경비병이 문을 열어주기로 했으나, 그는 마지막 순간에 마음을 바꿔 궁궐 밖 사람들을 실망시켰다.

궁궐 안은 다소 어수선했고, 왕은 외국인 세 사람을 불러들여 자신을 위해 경계를 서달라고 요청했다. 외국인들은 자신들이 보호해줄 거라고 안심시켰으나, 고종이 불안해 하는 것은 너무나 당연했다. 궁궐 밖에 있던 군중들은 흥분해서 고함을 질러대며 높은 담을 기어오르려 했다. 왕 앞에 모여 있던 내각 각료들은 궁궐 경비대가 언제 자신들을 버리고 군중들 편으로 돌아설지 알 수 없어 불안해 했다. 그들은 궁궐 경비대가 등을 돌리는 대로 군중들 손에 무참히 살육되리라는 사실을 잘 알고 있었다.

그래서 그들은 설사 군중들이 궁궐 안으로 들어오더라도 찾아내는 데 시간이 오래 걸리게 만들려고 궁궐 안 멀찍한 데로 처소를 옮기자고 왕을 설득했다. 그날 밤은 아주 추웠던 데다 왕은 옷도 가볍게 입고 있었다. 그래서 당시 곁에 있던 외국인들은 왕은 어떤 경우든 안전하다며 처소를 옮기는 데 완강히 반대했고, 급기야는 왕의 목숨을 위험에 빠뜨릴 게 분명한 처소 이전을 막기 위해 완력을 쓰지 않을 수 없었다. 이렇게 해서 내각의 뜻은 좌절됐지만, 시간이 지나면서 궁궐 밖 군중들의 궁궐 진입은 불가능하리라는 게 분명해졌다. 고함 소리가 서서히 잦아들더니 마침내 군중들은 뿔뿔이 흩어졌고, 더 이상 사람들이 동조하지 않는 가운데 먼저 담을 기어올랐던 서너 명만 궁궐 경비대에 붙잡혔다.

희생양을 찾다   일본 정부의 입장을 반영해, 한양에 있는 일본인들은 완전히 침묵을 지키고 있었고, 조선 정부는 이제 기댈 데가 없게 되었다. 내각은 일본인들이 훈련시킨 군인들로 구성된 궁궐 경비대 덕에 겨우 버텨나가고 있었다. 내각과 궁궐 경비대는 필요에 의해 서로 손을 잡고 있었는데, 권력을 상실하는 순간 반역자로 몰리게 될 것이고, 그렇게 되면 일본으로부터 거의 아무런 도움도 기대할 수 없을지도 모르기 때문이었다.

내각은 10월 8일에 일어났던 궁궐 습격 사건에 대해 뭔가 조사하고 있다는 걸 보여줘야 했고, 왕비를 살해한 죄로 누군가는 목숨을 내놓아야 했다. 동시에 11월 28일에 있었던 궁궐 진입 시도 사건의 주동자들 역시 처벌해야 했다.

먼저 황후 시해 사건에 연루된 혐의로 세 명이 체포됐다. 그중 한 명은 완전히 무고한 사람이었고, 두 번째 인물은 일본인들에게서 훈련 받은 조선인 위관급 장교로 범죄에 연관됐을지는 모르지만 황후 암살에 관여했다는 실질적인 증거는 없었다. 그는 새로 구성된 궁궐 경비대에 복직되지도 않았고, 현 내각 각료들에 대해 너무 많은 걸 알고 있었다. 내각은 그를 희생양 중 하나로 선택했다.

세 번째 인물은 전 군부협판이었던 이주회였다. 재판 결과 혐의를 입증할 증거는 나오지 않았지만, 다른 여러 정황들로 미루어 사건에 연루됐을 가능성이 있어 보였다. 내각은 황후 시해의 오명을 뒤집어쓸 주동자로 그를 지목했는데, 그것은 우선 그가 현 내각에 악감정이 많은 인물인 데다, 어느 정도 직위도 있고 잘 알려진 누군가가 주동자로 처형되는 모양새를 취할 필요도 있었기 때문이다. 사실 조선 법정에서는 실제 주동자들이 누군지 알지도 못했고 그걸 밝혀내지도 못했다. 세 사람은 그해가 가기 전에 처형됐다.

황후 암살 사건과 관련해서는 고작 세 명이 체포됐지만, 상대적으로 경미한 사건인 11월 28일의 궁궐 진입 시도 사건과 관련해서는 서른세 명이나 체포됐다. 이들에 대한 재판은 다른 세 명에 대한 재판과 동시에 진행됐다. 그들 중 두 명은 사형선고를 받았고, 네 명은 종신 유배형을 받았으며, 네 명은 징역 3년형을 받았다.

이들에 대한 유죄 선고가 대체 어떤 증거에 근거해 내려졌는지 보기 위해, 왕족인 이재순의 경우를 예로 들어보겠다. 그는 뭔가 의심스런 문서들을 손에 넣었는데, 그걸 당연히 보여줘야 할 당국자들, 그러니까 내각에는 보여주지 않고 고종에게만 보여줬다는 혐의를 받았고, 그것을 근거로 3년의 징역형을 받았다.

친일 내각으로 고종을 옥죄다 12월과 1월에는 조선 내 정세 불안이 최고도에 달했다. 모든 상황이 그렇게 될 수밖에 없었다. 내각에서 모든 조선 백성들에게 상투를 자르라는, 이른바 단발령을 내린 것이다. 온 나라가 부글부글 끓었다. 특히 남자들은 내각을 향해 이를 갈았다.

히로시마 법정은 미우라와 그 일당들을 무죄방면했고, 그들 가운데 일부가 조선으로 되돌아와 정부에서 관직을 맡는다는 소문도 돌았다. 실제 반역자로 낙인찍힌 정병하는 내각으로 복귀해 농상공부대신이 됐고, 조희연은 군부대신이 됐으며, 일본으로 도망갔던 권형진은 다시 치안을 담당하는 경무사가 될 거라고 했다.

일본은 이렇게 친일 내각을 통해 고종을 더 옥죄었고, 왕 입장에선 뭔가 획기적인 조치를 취하는 것밖엔 달리 탈출구가 없었다. 결국 고종은 자신이 처한 굴욕적인 상황을 계속 더 감내하기보다는 뭔가 다른 탈출구를 찾으려 했다.

당시 내각에서 중심적인 역할을 한 인물들은 김홍집, 정병하, 어윤중, 유길준 등이었다. 이들 가운데 탁지부대신 어윤중은 다른 인물들에

비해 친일 정도가 덜해 보였기 때문에 고종은 그를 깊이 신뢰했다. 그가 만일 훗날 사람들에게 타살되지 않았다면, 아마 고종에 의해 관직에 재등용됐을 것이다.

러일전쟁을 앞당긴 아관파천

그런데 이제 우린 고종이 곤궁한 처지에서 벗어나기 위해 중요한 조치를 취하는 대목에 이르렀다. 그는 러시아 공관으로 피신하기로 마음을 굳혔던 것이다. 당시 러시아 공사는 베베르였는데, 그는 죽은 명성황후의 확고한 지지자였고 또 여러 면에서 역량도 뛰어난 인물이었다. 고종이 어떤 경로로 그에게 접근했고 또 그가 어떻게 고종의 계획을 받아들이기로 했는지 정확히 밝혀진 바는 없다. 다만 이후 일어난 일련의 사건들과 러시아가 희망했던 조선에서의 역할 같은 걸 감안하면, 러시아 대표 입장에선 고종에게 평생 잊지 못할 은혜를 베풀 수 있는 기회가 온 것에 내심 쾌재를 불렀을 것이라고 짐작할 수 있을 것 같다.

계획은 세세한 면까지 완벽하게 착착 진행됐다. 우선 여자용 교자(가마의 일종)를 밤낮 없이 수시로 궁궐 문을 통해 드나들게 했고, 그래서 나중에 궁궐 경비대는 그런 장면에 아주 익숙해지게 되었다. 그러다 2월 11일 밤, 고종과 왕자는 수행원도 없이 평민 여성들이 타는 교자를 타고 궁궐 문을 통과한 다음, 곧장 러시아 공관으로 향했다. 러시아 공관 측은 깍듯이 예를 갖추어 두 사람을 영접했고, 공사관 내에서 가장 좋은 곳에 거처를 마련해줬다. 물론 이 모든 과정이 왕의 권위에 맞지 않는 서글픈 것이었지만, 당시 상황으로 보면 달리 어쩔 도리가 없었을 것으로 판단된다.

큰 그림에서 봤을 때, 고종이 러시아 공관으로 피신한, 이른바 아관파천俄館播遷은 조선이라는 나라 입장에서 보면 일종의 실책이라고 봐야 할 것이다. 이 일로 인해 조선 정세에 새로운 변수들이 생겨나면서, 고종에게 강요됐던 일시적인 격리 상태가 불러왔을 일들보다 더 안 좋은 일들이 일어날 수 있게 됐기 때문이다. 아관파천은 일본인들의 반러시아 감정을 자극하는 큰 요인으로 작용했으며, 러시아의 본격적인 개입을 불러들여 결국 양국 간의 전쟁을 앞당기는 계기가 되었던 것이다. 일본이 만일 청일전쟁 직후 확보한 조선에 대한 지배권을 그대로 유지할 수만 있었다면, 러시아의 만주 침공에 대해 다소 온건한 입장을 취했을 수도 있었겠지만, 조선 자체가 쟁탈 무대가 되어버린 상황에선 전쟁이 불가피해졌다.

  2월 11일 아침 7시, 고종과 왕자는 러시아 공관으로 들어갔다. 궁궐 안 내각에서 그 사실을 알게 된 건 그로부터 몇 시간이 지나서였다. 그 몇 시간 사이 러시아 공사관에서는 모종의 작업이 활발히 진행되고 있었다. 고종이 믿을 만한 관리들이 시내 도처에서 소집되어 급히 새로운 내각이 구성됐다. 박정양이 총리대신으로 책봉됐다. 또한 이 외국 공사관으로 피신할 수밖에 없었던 사정을 설명하는 칙령이 지체 없이 나왔는데, 그 칙령 속엔 왕후 암살 진범들을 처벌할 것을 약속하고 단발령을 철회한다는 내용도 담겨 있었다. 그 칙령은 러시아 공사관 정문들과 시내 곳곳에 나붙었다.

5부

외세의 소용돌이

1장······ 러시아와 일본, 사이에서의 갈등
2장······ 무력한 황제 국가와 강인한 독립협회
3장······ 얽히는 열강들의 이해관계
4장······ 상반되는 러시아와 일본의 속셈
5장······ 러시아와 일본이 충돌하다
6장······ 영화 같은 제물포 해전, 그 이후

독립문 독립문은 독립협회가 중심이 되어 조선이 독립국임을 드러내기 위해 영은문을 헐고 그 터에 지은 문이다. 1896년에 공사를 시작해 1897년에 완공되었다. 약 1,850개의 화강암으로 구성되어 있으며, 프랑스 파리의 개선문을 모델로 삼아서 만들었다. 아이러니하게도 현판은 이완용이 썼다. 현판 바로 아래에는 대한제국 황실의 문양인 오얏꽃이 장식되어 있다. 1979년에 본래의 위치에서 북서쪽으로 70미터 정도 이동시켜 현재는 서울특별시 서대문구 독립공원 안에 자리 잡고 있다.

러시아와 일본 사이에서의 갈등

힘없는 왕의 명령 한양 시민들은 왕의 피신 사건을 알게 됐지만, 짜릿한 흥분에 사로잡힌 채 일반적으로 묵인하는 분위기로 돌아섰다. 도시 전체가 흥분으로 술렁거렸고, 거리는 사태 추이를 지켜보려는 사람들로 넘쳤다.

그날 밤 늦게 왕은 군인들에게 들고일어나 자신을 지지하라며, 반역자 조희연, 우범선, 이두황, 이범내, 이진호, 권용진 등의 머리를 가져오라고 촉구하는 칙령을 발표했다. 그러나 얼마 뒤 이 칙령은 반역자들은 어떻게든 사로잡아 관계 기관에 넘겨 재판을 받게 해야 한다며 그 강도가 한결 누그러졌다. 김홍집과 정병하를 비롯한 옛 내각 각료들의 이름이 거론되지 않은 건, 그들이 이미 목숨을 잃었기 때문이다.

내각 각료들의 떼죽음과 도주 왕이 도망쳤다는 게 알려지자마자, 궁궐 안에 있던 각료들은 자신들은 이미 죽은 목숨이라는 걸 알았다. 어윤중은 가까스로 시골로 피신했으나 몰려든 사람들에게 죽임을 당했고, 조희연은 도망갔으며, 유길준은 일본인들이 빼돌려 일본으로 데려갔다.

김홍집과 정병하는 도망갈 곳을 찾지 못해, 조선 군인들에게 붙잡혔고, 사로잡힌 즉시 몰려든 군중들에게 살해됐다. 두 사람의 시체는 반쯤 미친 군중에 의해 종로 거리로 끌려가, 몇 시간 동안 짓밟히고 차이고 돌팔매질 당해 걸레 조각같이 됐다. 군중은 또 마침 그곳을 지나던 한 일본인을 덮쳐 살해했고, 호기심에 현장을 기웃거리던 외국인 몇 사람을 위협했다.

왕은 두 대신의 약식 처형 얘기를 전해 듣고 충격을 받았다. 그는 두 사람에게 공정한 재판 기회를 줄 생각이었던 것이다. 이틀 뒤 고종은 피폐해진 국정을 개탄하면서 모든 허물은 자신에게 있다는 요지의 칙령을 발표했다. 그러면서 그는 1894년 7월 만기인 밀린 세금을 모두 감해준다고 했다.

내각 재구성 새로운 내각은 박정양, 이윤용, 안경수, 고영희, 윤치호, 윤용구, 이완용, 조병직 등으로 구성됐다. 고종으로부터 불의의 일격을 당한 일본의 당혹감은 말로 다하기 힘들 지경이었다. 조선에 대한 지배력을 공고히 하고 방금 끝낸 청일전쟁의 결실을 확보하려는 모든 노력이 일거에 수포로 돌아갔기 때문이다.

고종은 스스로 러시아의 품 안으로 뛰어들었고, 조선 백성들은 일본에 대해 1592년 임진왜란 당시만큼이나 강한 적개심을 보이고 있었다. 이는 아주 유감스러운 일이었다. 러시아보다는 일본이 절대적으로 더 조선에 도움이 될 수 있는 입장이었기 때문이다. 조선과 일본의 이해관계는 같거나 최소한 상호 보완적이었기에, 일본이 1895년 후반기에 저지른 실수는 만회하는 데 몇 십 년이 걸릴 그런 큰 실수였다.

고종이 환궁을 거부하다 고종이 이렇게 일본인들 손아귀에서 벗어났을 때, 한양에서 발행되는 일본 신문들은 나라에 지도자가 없음을 통탄하면서, 거의 대놓고 사람들에게 다른 누군가를 왕위에 앉혀야 한다는 충고를 했고, 일본 당국은 그런 보도를 제지하지 않았다. 그리고 실제로 조선인들 중에는 대원군의 손자 이준용이 그럴 자격만 있다면 그를 왕위에 앉히겠다고 생각하는 사람들도 있었다. 그러나 다행히 그런 일은 일어나지 않았고, 그래서 조선은 더 이상의 혼란을 피할 수 있었다.

그러나 일본 당국은 이처럼 과감한 고종의 움직임에 당혹감을 감추지 못하면서도, 사태를 수습해보려는 희망을 포기하진 않았다. 일본 공사는 러시아 공사관으로 고종을 찾아가, 생각 가능한 온갖 말로 설득하면서 환궁을 촉구했다. 그러나 이제 신체적 위협의 두려움에서 완전히 벗어나 마음의 여유가 생긴 왕은 환궁 제안을 일언지하에 자르지 않고 정중히 거절했다.

한양에 있던 많은 일본인들은 일본이 스스로 자기 체면을 손상시키는 짓을 해 어쩔 도리 없이 조선에서 손을 뗐다고 믿고 있었지만, 일본 정부는 절대 그 어떤 행동이나 말로도 조선에서의 막강한 영향력을 상실했다는 걸 인정하지 않았고, 또한 고종이 자신들을 상대로 쏟아내는 이런저런 언짢은 조치들을 놀라울 정도로 덤덤히 받아들이고 있었다. 그러나 한편으론 러시아를 향해 나중에 보자는 마음으로 칼을 갈고 있었다.

황후 살해범들에 대한 재판 일본이 외교적 반전을 꾀하고 있다는 소식에 조선 전체가 흥분했고, 전국 각지에서 사람들이 들고일어나 조선 땅에서 모든 일본인을 쫓아내겠다는 선언들을 했다. 그리고 그런 움직임이 산발적으로 일어났지만, 그런 경우에 대비해 평소 불만이 많은 지역들에 파견돼 있던 조선 정부의 군대에 의해 진압됐다.

이제는 여건이 된다고 생각한 고종은 서둘러 명성황후 시해 사건의 진상을 새로 조사하라는 명령을 내렸다. 조선인들에 대한 대대적인 검거 열풍이 일었다. 단순한 의혹만으로 많은 사람들이 처형될 거라는 두려움이 있었지만, 그건 기우였다.

재판은 법 정신이 투철했던 고종의 법률 고문인 그레이트하우스 Greathouse의 지휘 아래 진행됐다. 열세 명이 체포되어 공개 법정에서 재판을 받았는데, 고문도 없었고 공정한 재판을 위해 피고들의 인권도 보장됐다. 재판 결과 이휘화 한 사람이 사형선고를 받았고, 네 명이 종신 유배형 또는 그 이하의 형을 받았다. 이 냉철한 재판은 조선 정치사에 새로운 개화 시대가 열리고 있음을 알리는 중요한 조짐들 중 하나였다.

4개의 파벌 1895년에서 1896년 겨울에 있었던 일들로 인해 한양은 물론 지방에서도 일본의 체면은 말이 아니었다. 청일전쟁 후 조선인들은 확연히 눈에 띄는 두 파벌로 갈라졌는데, 하나는 전적으로 일본에 의존하는 세력이었고, 다른 하나는 좀 더 수구적인 정책을 지지하는 세력이었다. 그러나 정치 상황이 점차 고착화되기 시작하면서, 그 두 파벌은 넷으로 갈라졌다. 즉 일본파, 왕파, 왕비파, 그리고 대원군파로 갈렸던 것이다.

다시 말해, 강력한 정치 세력은 모두 이 네 파벌 중 하나에 속하게 되었고, 그래서 사람들은 자신이 추종하는 측이 절대 권력을 쥐게 될 경우 그 보상을 누리게 될 거라는 달콤한 상상을 하고 있었다. 이타심이나 순수한 애국심에서 이런저런 파벌의 원칙을 따르는 사람의 숫자는 무시해도 좋을 정도로 적었다.

그래서 조선에서 일본이라는 해가 지자 정치 지형에 급속한 변화가 이루어졌고, 그 결과 조선에는 두 개의 파벌, 즉 러시아의 영향력을 지지하는 세력과 워낙 거센 친러시아 바람이 잦아들기를 기다리며 당분간 침묵에 들어간 수구파만 남게 됐다.

물론 대원군파는 일본의 운이 쇠하면서 같이 사라졌고, 왕비파는 러시아파로 넘어갔다. 결국 이전 입장을 그대로 고수하면서, 외세 개입을 원치 않는 수구파만 남게 됐다. 그런데 일본을 지지하던 사람들 중 상당수는 수구파에 합류했지만, 이들은 극단적인 수구파들과는 달리 러시아의 영향력에 반대해 뭔가 적극적인 행동을 하고 싶어했다.

그래서 그들은 영국과 미국의 영향력을 더 확대시키려 애썼다. 이 같은 움직임의 한가운데서 '독립협회'가 탄생했다. 우리는 미국인들에게 필립 제이슨 박사로 잘 알려진 서재필이 그 전해부터 이미 중추원 고문으로 활동해오고 있었다는 사실을 주목해야 한다. 중추원은 처음엔 상당한 권력을 누리다 점차 그 위세가 약해졌는데, 이제 다시 상황이 바뀌면서 서재필과 기타 해외 유학을 다녀온 조선인들의 존재가 러시아의 영향력에 맞서는 데 도움이 되었다. 러시아인들은 이런 움직임에 민감한 반응을 보이지 않는 듯했다.

영국인 재정 고문 임명과 잇따른 개혁 그래서인지 그해 봄 고종이 영국인 맥리비 브라운McLeavy Brown을 막강한 권한을 가진 재정 고문에 임명하는 걸 러시아인들은 막으려고 하지 않았다. 어찌 보면 고종이 그야말로 아무것에도 매이지 않고 자유롭게 조선 정부를 통치하기 바란다는 러시아 공사의 말이 진심인 것 같기도 했다. 훗날 베베르 러시아 공사가 다른 자리로 전출되고 그 자리에 정책 기조가 전혀 다른 A. 스페예르speyer가 오게 된 것도 다 베베르의 그런 관대한 정책 때문이 아니었을까 한다.

사실이야 어찌됐든, 한양에선 모든 게 매우 희망적인 방향으로 전개되기 시작했다. 필요한 개혁들이 이루어졌고, 한양 법정에서는 고문이 사라졌으며, 한 미국 기업에게 한양―제물포 간 철도 건설 허가가 떨어졌고, 민영환이 러시아 황제 즉위식에 참석할 특사로 임명됐으며, 그 전해에 허가가 난 미국인 기업의 채굴 작업이 시작됐고, 여러 학교들이 설립되는 등 전반적인 전망이 매우 밝았다. 마치 조선을 괴롭히던 어려운 문제들에 대한 해결책을 찾은 듯했고, 비교적 개화적인 행정 시대가 열리는 듯했다.

독립협회의 탄생   조선인들 사이에는 한동안 다소 비밀스런 성격을 가진 조직이 존재했는데, 그 조직의 유일한 정치 신념은 중국과 일본으로부터의 독립이었다. 다른 말로 하면 조선인들을 위한 조선이었다. 고종이 일본 덕에 중국의 종주권에서 벗어나고 다시 그 스스로 일본의 속박으로부터 벗어나자, 이 조그만 조직은 서재필의 지도력 아래 이른바 '독립협회'라는 이름의 꽃으로 활짝 피어났다.

독립협회라는 이름은 이 조직의 성격을 일부밖에 표현하지 못했다. 이 협회는 사실상 조선의 완전한 독립을 주창했고, 또 일관되게 자유민주주의적인 정부, 즉 순수한 입헌군주제 형태로 왕실의 특권이 상당 부분 박탈되고 왕실의 간섭 또한 배제되는 그런 정부의 설립을 주창하고 있었다.

이 협회는 처음엔 조선 독립이라는 대의에 가장 큰 중점을 두었고, 새로 얻은 자유의 기쁨에 들떠 있던 고종 역시 그 점에 전적인 동감을 표했다. 그래서 왕실은 독립협회를 전폭적으로 지지했고, 협회는 피난처도 없는 항해에 나섰으며, 결국 완전히 난파되고 만다. 독립협회는 주로 젊은이들로 구성돼 있었다. 그중 상당수는 애국 충정에 불타는 열정 같은 게 있었지만, 바윗길처럼 험난한 길과 장애물이 산재해 있는 조선 정치에 대한 실전 경험이 전혀 없었다.

　게다가 이들은 고종의 따뜻한 격려와 배려에 눈이 멀어, 미처 중요한 사실 하나를 보지 못했다. 즉, 자신들의 진정한 목표인 왕실 특권의 제한을 추진할 경우, 결국 처음엔 왕으로부터 의혹의 눈길을 받다 나중엔 공개적인 적개감에 부딪히게 될 것이고, 또한 옛날 같은 정실 인사 방식이 아니고서는 출세 기회를 잡을 수 없는 모든 이기적인 자들의 공격 목표가 되리라는 사실을 간과했던 것이다. 이 젊은이들은 그저 가상한 열정 하나로 무장되어 있었다.

　이들은 조선 군대의 지지도, 나이든 정치인들의 지지도 얻지 못했다. 그들 모두가 공직 사회에 만연한 부패 척결에 나섰다 실패한 과거 사례들에서 교훈을 배운 사람들로, 독립협회의 운동에 대해 대놓고 반대를 했다. 이 협회의 목적은 이론적으로는 찬사를 받을 만했지만, 자신들의 계획을 쟁점화하는 데 성공하려면 예상을 훨씬 뛰어넘는 강한 추진력과 용기, 요령, 자제력 같은 게 필요했고, 협회 회원들이 아직 젊고 미숙한 걸 고려하면 그들의 시도는 실패할 수밖에 없었다. 그들은 심지어 자신들이 파괴하려는 체제의 잔해 위에 어떻게 새롭게 건설해나갈 것인지에 대한 구체적인 계획을 세운 적도 없었다.

　그들이 설사 자신들이 원하는 건설에 필요한 토대를 닦았다 해도, 지위와 명성을 갖춘 조선의 정치인들 가운데 그 같은 건설 작업을 뒷받침해줄 만한 정치인, 즉 자신들의 원칙에 부합되면서도 과거 전력상 자신들이 받아들일 만한 인물을 찾아내는 건 불가능했을 것이다.

　4월 7일, 서재필에 의해 최초의 민간 신문이 발간됐다. 신문 이름은 〈독립신문〉이었고, 3면은 국문으로 1면은 영문으로 구성되었다. 이 신문은 창간 때부터 조선인들 사이에 큰 영향력을 발휘했으며 이후 독립협회 결성에도 영향을 주었다.

한편 일본과 러시아는 조선 문제와 관련해 쌍방 간의 합의를 도출하려 애썼다. 그 결과, 5월 14일 베베르-고무라 각서가 발표되었으며, 이 각서는 나중에 로바노프-야마타 협정이란 이름으로 수정 비준됐다. 이 협정에 따라 러시아와 일본은 조선의 독립을 존중하여, 상대국의 동의 없이는 조선에 군대를 파견하지 않는다고 약속했다.

두 개의 조선에 대한 묵약과 물질적인 개혁들 1896년 여름, 한양에서는 대규모 도시 개선 작업들이 이뤄졌다. 거리의 정돈 및 확장 작업이 활발히 진행됐는데, 상당 부분은 형식적인 작업에 그쳤지만 일부 작업을 통해 항구적인 개선도 이뤄졌고, 오랜 숙원 사업이던 주요 거리들의 '불법 거주지' 정리 작업도 이때 이뤄졌다.

7월에는 프랑스 기업조합에 한양-의주 간 철도 건설공사 인가가 났다. 이후의 상황으로 보아, 프랑스는 처음부터 이 대규모 토목 사업을 끝낼 생각은 없었고, 순전히 다른 나라들이 끼어들지 못하게 하기 위해 사업권을 따냈던 걸로 보인다. 물론 그 이면에는 러시아의 영향력이 발휘된 게 틀림없어 보이는데, 바로 이 무렵부터 조선은 두 개의 영향권으로 나뉘어, 일본은 남쪽을 지배하고 러시아는 북쪽을 지배한다는 묵약 같은 게 생겨났다.

1896년 초 몇 개월간은 진정한 개혁의 시대가 열렸다는 희망도 있었고 그걸 뒷받침할 만한 긍정적인 조짐들도 있었지만, 여름이 되면서 그게 헛된 희망이었다는 게 분명해지기 시작했다. 우선 고종 자신이 워낙 보수적이어서, 국가재정에 대한 자신의 장악력을 약화시키는 행정상의 변화들을 고운 시선으로 보질 않았고, 그래서 새로 만들어지는 이런저런 질서에 분개하고 있었다.

그런 와중에 또 지도적 위치에 있던 많은 관료들이 뒤에서 왕을 충동질했다. 그들 입장에선 자유민주주의적인 제도가 확립될 경우, 권력을 잡을 기회도, 그 권력을 키워나갈 기회도 사라질 수밖에 없었기 때문이다. 그들 모두 구질서에 훨씬 매력을 느꼈기 때문에, 정부는 다시 급속도로 예전의 독단적이며 파벌 중심적인 통치 형태로 바뀌어가고 있었다.

예를 들면 외국어학교 학생들의 서양식 교복 착용 문제처럼 해로울 것이 없는 개혁에 대해 공개적이며 격렬한 반대 움직임이 일어났다는 사실은 그 시기의 분위기를 잘 보여주는 사례이다. 그런 상황에서 러시아 당국은 고종에게 올바른 길을 제시하기 위해 영향력을 행사한다든가 하는 일을 하지 않았다. 이후에 일어난 일들을 보면, 러시아는 한양에서 개화파 중심의 개혁이 이뤄지는 걸 원치 않았던 것 같다. 러시아 입장에선 '현상 유지'로의 회귀가 정책 수행에 더 유리했던 것이다.

독립문 건립 조선 정부는 중국 종주권을 기념하기 위해 세운 서대문 외곽의 영은문을 헐고 대신 독립문을 세우기로 했는데, 이것이 좀 더 사려 깊은 사람들 눈에는 그저 모든 통제와 제한으로부터 자유롭고 싶다는 욕구가 낳은, 형식적인 과시 정도로밖에 보이지 않았다. 이제 대세는 권력의 바람직한 분산보다는 권력의 집중 쪽으로 흘러가고 있었고, 그래서 새롭고 활기찬 나라라는 비전에 환호했던 사람들은 그 비전이 신기루에 지나지 않았다는 걸 인정하지 않을 수 없게 되었다.

고종이 덕수궁으로 거처를 옮기다 한편 조선 조정에게는 러시아 공관에서 나오라는 압력이 가해지고 있었다. 아닌 게 아니라 이제 그럴 때도 되었다. 아관파천은 당시로선 사태의 긴급성 때문에 왕의 권위에 그리 큰 누를 끼치는 일로 여겨지지 않았지만, 계속 러시아 공관에 머문다는 건 있을 수 없는 일이었다.

그러나 고종은 자신이 도망쳐 나온 궁궐로는 다시 들어가지 않기로 했다. 너무나 끔찍한 기억이 많았기 때문이다. 그래서 삼면에 외국 공사관이 서 있는 외국인 거주지 중앙에 명예궁을 짓기로 결정했다. 궁궐 부지로 선정된 곳은 1593년 선조가 사용했던 바로 그곳으로, 당시 선조는 히데요시가 이끄는 일본군을 피해 북쪽으로 도주했다가 되돌아왔 었다. 선조는 붕어할 때까지 약 15년간을 그곳에서 살았었다. 그러나 고종은 이곳에서 계속 살 생각이었고, 그래서 대규모 건축 공사가 시작됐다. 그리고 이듬해 2월, 고종은 마침내 러시아 공사관을 나와 자신의 새로운 궁궐인 경운궁(지금의 덕수궁)으로 거처를 옮겼다.

독립협회와 수구파의 갈등 1896년 후반 내내 독립협회 측과 수구파 간의 간극은 점점 더 커져갔다. 수구파는 점점 더 자신감에 넘쳤고, 독립협회 측은 점점 더 결연해졌다. 서재필은 중추원 고문이라는 중책을 맡고 있으면서 고종에게 직언을 서슴지 않았고, 고종은 점차 그의 그런 입바른 제안들을 짜증스러워해, 아무리 좋은 제안도 곱지 않은 시선으로 보아 별 반응을 보이지 않았다.

당시 학무대신은 『유교의 기본』이라는 책에서 과거로 회귀하는 수구파적 사고를 대변하는 글을 썼는데, 그중 여러 대목은 외국 대표들이 해명을 요구하지 않을 수 없을 만큼 극단적으로 반개혁적이었다. 치안 총책인 경무사 자리에 극도로 반개혁적인 인물이 임명되고, 김옥균을 암살한 인물에게 정부 요직이 주어졌으며, 박영효를 살해하려 한 인물에게는 법무대신 자리가 주어지는 등, 여기저기서 독립협회의 '개혁'을 비웃는 소리들이 들려왔다.

그러나 이 모든 상황에도 불구하고, 개혁 운동은 추진력이 다소 떨어지긴 했지만 결코 완전히 멈추어지지는 않았다. 1896년 여름과 가을에는 좀 더 체계적인 국세 징수, 지방행정 조직의 재정비, 지방 관료들의 권한 및 특권 명시, 우편제도에 대한 추가 개선, 개항 항에서의 무역 감독관들의 권한 명시, 불법 세금 징수 금지, 여러 지방 및 개항 항 내 법정 설립 등 바람직한 방향의 칙령이 대거 공포되었다.

그리고 이 같은 개혁의 상당 부분은 독립협회가 몰락한 뒤에도 계속 진행되었다. 이는 독립협회의 존재가 나름대로 의미가 있었음을 보여 주는 구체적인 결과라 하지 않을 수 없었고, 그런 점에서 진심으로 국익에 가장 도움이 되는 걸 추구했던 그들 입장에서는 자신들의 몰락이 그만큼 뼈아프게 느껴질 수밖에 없었다.

러시아, 열강들의 활동을 허용하다

이 와중에도 러시아는 용의주도하게 자신들의 이익을 챙겼다. 고종은 여전히 러시아 공사관 가까이 있었고, 포차타Potiata 대령과 다른 러시아 장교 세 명이 궁궐 경비를 맡고 있었다. 이 무렵에 통역관 출신인 김홍륙이란 자가 고종의 신임 속에 좋은 것들을 혼자 다 독식했다. 한편 러시아는 모든 권한을 쥐고 있었음에도 불구하고, 조선 내 다른 열강들의 움직임에 제동을 걸려 하지 않았다.

독일 기업조합에 채굴권이 주어졌고, 한 미국인이 사범학교 교장 자리에 앉았으며, 영국인인 브라운 박사는 계속 재정 고문 일을 봤고, 한양-제물포 간 철도 공사는 미국 기업조합에 의해 활발히 추진되었다. 러시아는 이 가운데 상당 부분을 저지할 힘이 있었지만, 그 힘을 휘두르지 않고 그냥 갖고 있는 것으로 만족해 하는 듯했다.

무력한 황제 국가와
강인한 독립협회

산업 발전과 교육 진흥의 기치를 높인 광무개혁 1897년 상반기에 조선에서는 특기할 만한 일이 세 가지 있었다. 첫째는 이른바 개혁이 지속됐다는 것이다. 그 개혁은 모두 실용적인 성격의 개혁이었다. 금강 채굴권이 독일 기업조합에 주어졌고 중국어학교가 설립됐으며, 상무학교, 광무학교 등 실업학교와 의학교도 설립됐다. 북경 항로를 정비하는 어려운 작업도 마무리됐다. 가을엔 진남포와 목포가 무역항으로 개항될 거라는 발표도 있었다.

두 번째 특기할 만한 일은 수구파들의 입김이 점점 세지더니 급기야는 또다시 정부를 완전 장악하는 수준에 이르렀다는 것이다. 이 해 5월까지만 해도 〈The Korean Repository〉(최초의 영문 월간지—옮긴이) 편집자가 다음과 같은 말을 했다.

너무 철저히 몰락해 보기가 안쓰러울 지경이다. 왕이 러시아 공사관으로 피신한 이래, 개화의 물결이 그야말로 잠시도 쉬지 않고 거세게 밀어닥쳤다. 그러나 이내 필연적인 반동이 뒤따랐다. 사람들 입에서 개혁이란 말이 나오는 횟수가 점점 줄어들었다. 잘 닦여진 예전 길들로 돌아가려는 움직임이 대세였다. 그러나 구질서를 완전히 되찾는다는 건 불가능했다. 우린 이미 법 개정의 시대에 접어들어 있었다. 진하께서 새로운 궁궐로 옮겨 가신 직후, 법 개정 위원회 발족을 명하는 칙령이 발표됐다. 진보를 추구해온 이들 입장에선 환영할 만한 일이었다. 그 위원회 명단에는 김병시, 박정양, 이완용은 물론 브라운 박사, 그레이트하우스 장군, 르장드르 박사, 서재필 등 많은 유명 인사들의 이름이 포함돼 있었다.

반발에 부닥친 러시아 공사의 강압 정책 그러나 4월 12일에 이르자 모든 게 다 중단되었고, 조선의 개혁을 바라는 이들이 품고 있던 희망은 다시 또 땅바닥에 곤두박질쳤다.

이 시기에 있었던 특기할 만한 세 번째 일은 한양에서 러시아 영향력이 커졌다는 점이다. 조선 군대를 훈련시키는 일은 이미 일본인들 손에서 러시아인들 손으로 넘어와 있었고, 8월에는 13명의 러시아 군사교관이 더 들어왔다. 러시아가 조선에서 활발한 정책을 펴기로 작정했던 것이다. 이어 러시아 장군들의 조선 방문이 잦아지더니, 러시아 공사 자리에 오랜 기간 성실하게 일해온 베베르를 빼고 대신 스페예르를 앉히면서, 마침내 러시아의 의중이 확연히 드러났다.

곧바로 러시아 측 논조에 불길한 변화가 일어났다. 스페예르 공사는 처음부터 자신은 러시아-조선 관계에 새로운 활력을 불어넣기 위해 부임했다며, 이곳에선 모든 게 너무 더디게 진행되고 있어 불만스럽다는 점을 명확히 했다. 러시아 입장에선, 자신들이 조선 조정에 그 누구보다 큰 영향력을 갖고 있음에도 불구하고 막상 각종 공사의 인허가는 미국이나 독일 또는 다른 나라들에 주어지고 있는 데 대해 불만이 있었던 것으로 짐작된다.

스페예르 러시아 공사는 특유의 막무가내식 업무 처리 성향을 내보이기 시작했고, 그게 별 효과가 없자 스스로 놀랐다. 그가 한양에 온 건 9월 7일이었는데, 워낙 의욕적으로 일을 벌여 부임한 지 한 달도 안 돼 전 세계의 주목을 받았다. 먼저 그는 항구 입구가 내려다보이는 부산의 영도에 석탄 보급항을 건설하게 해달라는 요청을 했다. 이는 직접 일본을 향해 날린 일격으로, 즉각 일본 측의 반발을 사 무위로 끝났다.

그 무렵 러시아에서 상트페테르부르크 재정관 K. 알렉세예프Alexeieff가 왔다. 영국인 브라운 박사가 이미 세관 감독관 및 재정 고문을 맡고 있는 상황에서, 러시아의 압력으로 알렉세예프가 재정 책임자로 임명됐다. 그러나 스페예르 공사가 선보인 강압적인 정책은 성공적이지 못했다. 그는 늘 일을 너무 무리하게 추진해 다른 열강들, 특히 영국의 강한 반발을 샀으며, 결국 한 해도 넘기지 못하고, 즉 부임한 지 3개월 만에 러시아 공사 자리에서 물러났다. 그리고 그가 손댔던 일은 모두 그 이듬해 봄에 무효화됐다.

고종이 원구단에서 황제로 즉위하다

우린 이 시점에서 1897년 말에 있었던 몇 가지 흥미로운 사건들을 기록할 필요가 있다. 고종이 조선 시대의 제단인 원구단에서 대한제국 황제로 즉위한 것은 10월 17일이었다. 조선은 이제 외국의 종주권으로부터 자유로워졌고, 그래서 내친 김에 서둘러 스스로 제국임을 선포했던 것이다. 이 조치는 짧은 시간 내에 주변 열강들로부터 인정을 받았고, 그래서 조선은 중국이나 일본과 대등한 지위에 올라섰다.

11월 21일, 세상을 떠난 명성황후의 장례식이 거행됐다. 아주 인상적인 장례 행렬이었다. 장례 행렬은 밤중에 한양 시내를 벗어나 교외 묘지까지 이어졌다. 묘지에선 세심한 장례 절차에 따라 장례식이 진행됐고, 그 장면을 많은 외국인들이 모여 지켜봤다.

1898년 초의 조선 내 상황은 다음과 같았다. 수구파가 모든 걸 수중에 틀어쥔 상태에서, 독립협회는 최후의 노력을 해보지만 그마저 좌절되었다. 서재필 같은 사람들의 행동은 아직 용인되고 있었지만, 고종 황제와 가장 영향력 있는 관료들은 자신들에게 쏟아지는 그 모든 충고를 짜증스러워하고 있었고, 서로를 피곤하게 만드는 당시 상황을 끝장낼 구실만 찾고 있었다. 개혁에 대한 반발은 조선 우정국이 〈독립신문〉의 배달을 거부하거나 독립협회에 타격을 주는 형태로 나타났다.

영국, 제물포에 전함을 집결시키다 당시 모든 주도권은 러시아인들이 쥐고 있었는데, 그들은 이미 자신들이 감당하기 힘들 만큼 많은 일을 벌여 이런저런 위험이나 심각한 문제에 말려들 가능성이 많다는 걸 깨닫고 있는 중이었다. 러시아 정부 역시 이런 사실을 잘 알고 있었기 때문에 조선에서의 영향력을 유지하기 위해 스페예르 공사를 소환했던 것이다.

고종 황제는 이제 자신의 궁궐에 머물고 있었지만 러시아 공사관이 지척에 있었기 때문에, 마음껏 자기 목소리를 내어 개혁 활동을 제지하고 있었고, 조정의 고위 관료들은 그런 황제에게 열렬한 지지를 보냈다. 이런 상황에서 그나마 개혁파들이 기댈 만한 건 재정 고문 브라운 박사의 강제 퇴진과 관련해 영국 정부가 취하고 있던 단호한 태도뿐이었다. 조선에서 영국을 비롯한 다른 나라들을 내몰기 위한 계획이 은밀히 진행 중이라는 게 명확히 밝혀지면서, 영국은 단 한마디로, 그리고 제물포에 전함들을 집결시킴으로써 러시아의 모든 계획을 뒤틀어버렸다. 그러나 훗날 밝혀진 대로 러시아는 계획을 바꿨을 뿐 절대 포기한 건 아니었다. 이렇게 조선의 1898년은 아주 불안한 정세 속에 정치색 짙은 일들로 시작됐다.

대원군이 세상을 떠나다 독립협회 사람들이나 러시아인들이나 모두 자신들이 원하는 이상들이 있었지만, 그걸 실현하는 방법을 몰라 쩔쩔매고 있는 듯했다. 수구파는 거리 정돈이나 철로 건설 같은 물질적 발전들을 중단시킬 수는 없을지 몰라도 종국에는 자신들이 승리하리라는 걸 확신하며 가만히 앉아 버텼다.

1898년 2월에는 대원군이 세상을 떠났다. 19세기 조선에서 가장 큰 영향력을 행사했던 인물, 황제의 아버지 신분으로 섭정까지 서슴지 않았던 인물이 세상을 떠났던 것이다. 그는 거의 40년간 세상을 뒤흔든 큰 사건들에 직간접적으로 깊이 관여해왔다.

그의 이력에서 특기할 만한 것들은 다음과 같다. (1) 1866년 천주교 박해, (2) 단호한 쇄국정책, (3) 경복궁 건설, (4) 화폐를 마구 찍어내 조선의 화폐가치를 떨어뜨림, (5) 명성황후파와의 반목, (6) 중국으로의 임시 망명, (7) 명성황후 암살.

그의 정책들과 관련해 좋게 말할 수도 있고 나쁘게 말할 수도 있겠지만, 사람들은 여전히 마음속에 그를 강인하고 독립적인 인물로 기억하고 있었고, 설사 그의 정책은 비난하지 않을 수 없다 하더라도, 그의 사람 됨됨이는 존경하지 않을 수가 없었다. 그의 지지자들은 그가 불명예스런 나날들을 보낼 때조차 놀라운 충성심으로 그를 따랐는데, 그건 그가 그만큼 대인다운 면을 갖고 있었기 때문이다.

한발 물러선 러시아 이 시기는 일관성이 결여된 묘한 시기였다. 조선에선 더 이상 외국인들에게 인허가를 내주지 않을 거라는 칙령이 발표됐지만, 그러면서도 전차 선로와 배전소를 건설하기 위해 한성전기회사가 설립됐다. 그리고 정부 방침과는 정반대로 물질적인 개선 작업들은 계속 병행됐다. 심지어 한 미국 회사와 700만 엔 가까운 비용을 들여 한양에 상수도 시설을 하는 계약도 맺었다. 독립협회 사람들은 사라져가는 희망을 되살리기 위해 항의라는 마지막 수단에 기대게 됐다. 그러면서 이런저런 것들에 항의하는 진정서들이 쏟아져 나오기 시작했다. 2월에는 조선에서의 외국인들 지배에 대한 불만이 터져나왔는데, 이는 누가 봐도 러시아의 요구들에 대한 비난이었다.

그러나 러시아 문제라면 그럴 필요도 없었다. 3월 1일, 러시아는 자신들의 입장을 계속 고수하는 게 어렵고 또한 한양에 대한 압력을 잠시 철회하는 게 다른 쪽에서 더 도움이 된다고 결론을 내렸기 때문이다. 그래서 러시아는 조선 정부의 일관성 없는 정책에 대한 불만을 핑계 삼아, 재정 고문 브라운 박사와의 업무 중복성 때문에 불편해 하는 알렉세예프를 빼내고, 모든 군사교관도 철수시키겠다는 제안을 내놓았다.

그들은 내심 조선 정부가 자신들이 깜짝 제안에 놀라 그 제안을 거부하고, 결국 그로 인해 자신들의 영향력이 더 커지길 바랐는지도 모른다. 그러나 실망스럽게도, 조선 정부는 즉시 그들의 제안을 받아들여 거론된 모든 이들을 면직시켰다. 조선 정부 역시 점점 커지는 러시아의 영향력을 우려했고, 그래서 기회가 오자 러시아의 예상과는 반대로 강력한 조치를 취했던 것이다. 결국 조선 정부는 자신의 '친구들'에 대해서까지 이해관계를 따져 약게 행동한 셈이었다.

통제를 벗어난 독립협회   한 달 후인 4월 12일, 스페예르 대신 마튜닌Matunine이 러시아 공사로 부임해왔고, 러시아-조선은행이 문을 닫았으며, 러시아 군인들과 기타 관료들이 한양을 떠나면서 한동안 긴장된 상황이 계속됐다.

그 무렵 서재필이 조선을 떠났고, 〈독립신문〉의 경영은 다른 사람들 손에 넘어갔다. 이것은 독립협회 사람들과 진보를 추구해온 다른 모든 사람들을 절망의 나락으로 떨어뜨린 중대 사건이었다.

이때부터 독립협회 측 논조는 점점 더 성급해지면서 참을성이 없어지기 시작했다. 개혁이 시기상조라고 판단한 나이든 사람들은 물러났고, 이제 독립협회의 운영권과 그에 따른 모든 정책 결정권은 실무 경험이 없는 젊은 사람들 손으로 넘어갔다. 독립협회 회장직을 맡은 윤치호는 머리가 명석하고 헌신적인 사람이었지만, 그도 뜨거운 열기를 내뿜으며 이제 막 사회의 정맥 속으로 스며들기 시작한 젊은 피를 통제하는 데는 역부족이었다.

당시 사람들의 마음이 한창 달아오른 상태라는 건 몇몇 일간지 및 주간지들이 더 생겨나고, 각종 토론회가 넘쳐나며, 사람들이 이런저런 것들에 대해 얘기하기 시작했다는 사실로 입증된다. 수구파는 이 모든 걸 독립협회 탓으로 돌리면서, 자신들의 시대가 오기를 기다렸다.

양위 음모 그해 여름, 한양에서는 한 음모가 발각돼 한바탕 소동이 벌어졌다. 고종의 황제 자리를 황태자에게 양위토록 해 조선 역사에 새로운 시대를 열자는 음모가 사전에 발각되었던 것이다. 음모라고 부르기도 뭣한 이 음모는 계획 단계부터 너무 엉성해 실패할 수밖에 없었다.

이 사건은 독립협회 운동으로 야기된 흥분 상태에서 빚어진 가장 어리석은 시도 중 하나였다. 한때 독립협회 회장이었던 안경수가 이 사건의 주모자였는데, 그는 서둘러 도주하여 일본인들에게 도움을 청함으로써 가까스로 목숨을 건졌다.

윤치호, 황제 앞에서 독립협회를 옹호하다 그 무렵 독립협회는 조선 정부가 수구파인 조병식을 중추원 부의장에 임명하려 하자 강하게 항의하며 정면으로 반대했다. 이 사건 때문에 소동이 일자 윤치호가 황제 앞에 불려갔다. 그 자리에서 윤치호는 독립협회는 여전히 황제에게 충성하고 있다며 강한 어조로 독립협회를 옹호했다.

그러나 불행히도 그는 그 자리에서 독립협회 설립은 황제가 인가한 것이니 언제든 황제 칙령으로 협회를 해산할 수 있다는 말을 내뱉었다. 당시에는 이 같은 설득이 먹혀 독립협회는 당면 목표를 달성할 수 있었지만, 황제는 자신의 말 한마디로 협회를 해산할 수 있다는 사실을 잊지 않았다.

결국, 독립협회를 설립하고 해체하는 건 성직자가 결혼식 사회를 보고 취소하는 것보다도 어렵지 않았던 것이다. 이때부터 고종 황제는 기회만 생기면 바로 눈엣가시였던 독립협회를 없애버리겠노라고 결심했던 것으로 보인다. 그는 이 협회의 강령에 전혀 동의할 수 없었던 것이다. 그 강령 중 한 조항이 황실 특권의 축소였기 때문이다.

러시아 통역관 김홍륙의 몰락 8월에는 전 러시아 통역관이었던 김홍륙이 실각했다. 자신이 러시아 공사관과 가까운 사이라는 걸 믿고 조정에서 오만방자하게 행동했기 때문이다. 그는 약 1년간 아주 잘 지냈고 돈도 상당히 모았지만, 그해 3월 조선에서 러시아 세력이 빠져나가면서 당연히 모든 배경을 잃게 되었다. 그 후 그의 운명은 이미 끝난 거나 다름없었다. 그로 인해 명예가 실추됐던 귀족들이 그를 뒤쫓았다.

그는 8월에 고발되어 해임된 뒤 유배형에 처해졌다. 그에게 원한을 품은 사람들은 그걸로 만족하지 못하고 있었는데, 9월 10일 황제와 황태자를 독살하려는 시도가 이뤄지면서 기회가 왔다. 그 시도는 성공할 뻔했는데, 곧이어 진행된 조사에서 주방 일꾼 가운데 하나가 자신은 김홍륙의 한 친구로부터 커피에 뭔가를 타라는 지시를 받았다고 증언했다. 유형지에 가 있던 김홍륙은 어떻게 이 일에 개입할 수 있었는지 설명하기가 쉽지 않았을 것이다. 물론 그가 머릿속으로 그런 계획을 해봤을 수는 있었겠지만 말이다. 판결이 평정심을 잃지 않은 냉정한 상태에서 내려졌다면, 당연히 그는 이 사건에 대해 아무것도 모른다는 쪽으로 결론이 났어야 했다. 그러나 이런 사건의 경우 누군가는 처벌되어야 했다. 범인은 잡아야 했겠지만, 김홍륙을 미워하는 사람들은 그가 더없이 좋은 속죄양이 될 거라고 생각했을 게 분명했다. 결국 그는 재판을 받았고 유죄 판결을 받아 처형됐다.

외국인 경호대 설치가 무산되다 바로 그 무렵, 고종 황제는 외국인 경호대를 두어야겠다는 결론을 내렸다. 황제의 법률 고문 그레이트하우스가 적임자들을 물색하기 위해 상해로 파견됐다. 다양한 국적의 남자 30명이 선발됐고, 이들은 9월 15일 한양에 도착했다.

그러나 황제의 이런 시도는 거센 혼란과 반대를 불러일으켰다. 항의의 선봉에 선 것은 독립협회였다. 외국인 경호대를 두어선 안 되는 이유 10여 가지가 제시됐고, 많은 사람들이 이구동성으로 워낙 반대하자 결국 황제는 뜻을 굽혀 사람들을 해산시켰다. 그러나 이 일로 독립협회에 대한 황제의 반감은 더 강해졌다. 독립협회가 사사건건 자신의 뜻을 가로막는 가장 큰 걸림돌이 되고 있다고 생각했던 것이다.

하지만 9월에는 더 좋은 일들이 일어났다. 일본이 한양-부산 간 철도의 공사권을 따냈다. 이는 어느 모로 보나 아주 중요한 사건으로, 향후 조선에도 많은 도움이 될 일이었다.

만민공동회, "외국 원조에 의존하지 말라" 9월에는 또 독립협회가 한동안 자신들의 방침에 따라 단순히 파괴적인 비판을 해왔지만, 앞으로는 건설적인 활동 계획을 내놓겠다는 결정을 내놓았다. 그러면서 일반 대중을 향해 한자리에 모여 개혁을 제안해달라고 호소했다. 이게 현명한 일인지 아닌지는 의문이다. 당시 조선에서는 대중 집회를 통해 현명한 결론을 도출하기도 어려웠고, 건설적인 방향으로 정치적 힘을 발휘할 계획들을 만들어내기도 어려웠기 때문이다.

게다가 군중을 향해 직접 호소하는 건 수구파들에 의해 혁명을 초래할 무모한 시도로 매도될 게 뻔했다. 어떻게 보면 수구파들이 그렇게 생각하는 것도 무리는 아니었다. 왜냐하면 그동안 조선 백성들이 폭정에 항의하기 위해 들고일어났다 하면 반드시 자신들을 괴롭히는 악한 무리들에게 쫓겨 나중에는 최후의 수단으로 폭도가 되는 길을 어김없이 걸어왔기 때문이다. 그러나 대세는 민주주의로 향하고 있었고, 누구도 조선 백성이 민주주의를 맞을 준비가 되어 있는지 여부를 판단할 수는 없었다.

어쨌든 종로에서 큰 대중 집회가 열렸다. 만민공동회라고 불린 이 집회에는 각계각층의 대표들이 부름을 받았다. 그리고 다음 조항들이 작성되어 황제의 재가를 받아달라고 내각에 제출됐다.

(1) 관료든 백성이든 외국 원조에 의지하지 말고, 힘을 기르는 데 최선을 다해 황제의 권한을 떠받든다.

(2) 외국 차관의 도입이나 외국인 군대의 고용, 개발권 허용 등과 관련된 문서, 그리고 조선 정부와 외국 정부 또는 외국 기업 간에 맺어지는 문서는 전부 각 부 대신과 중추원 의장의 서명날인을 받는다.

(3) 중죄인은 공개재판을 거친 뒤, 그리고 자신을 변호할 충분한 기회를 준 뒤에만 처벌한다.

(4) 모든 대신의 임명권은 황제에게 있지만, 내각의 과반수가 황제가 지명한 자의 임명에 찬성하지 않으면 그 임명은 철회된다.

(5) 모든 세입 자원과 세금 징수 방법은 탁지부에서 관할토록 하되, 기타 다른 부나 관료, 조직 등에서는 일체 간여할 수 없도록 하며, 아울러 매년 예산과 결산을 공개토록 한다.

(6) 현행 법률과 규정은 불편부당하게 공정히 시행토록 한다.

이 가운데 여러 조항은 오랜 세월 황제가 누려온 권력에 대한 정면 도전으로 비칠 만한 것들이었다. 따라서 일반 백성들이 그렇게 심한 개혁을 요구해올 경우 황제가 그들 목소리에 귀를 기울일 가능성은 높지 않아 보였다. 사실상 모든 게 황제 맘에 아주 안 들었지만, 백성들의 단합된 목소리는 가볍게 넘길 사안이 아니었다.

백성들이 성명을 만천하에 발표하다 조선 같은 나라에서 일반 백성들이 자신들의 바람이 담긴 성명을 만천하에 발표했다는 건, 이미 불만이 커질 대로 커져 만일 자신들의 요구가 받아들여지지 않을 경우 당장이라도 심각한 문제가 일어날 수도 있다는 걸 의미한다. 당시 사람들의 감정이 얼마나 격해 있었는지는 가게 문이 모두 닫힌 데다 여성들까지 그 집회에 참석했다는 걸 보면 알 수 있었다.

시대를 되돌리려던 수구파는 이 같은 대규모 시위에 크게 놀랐다. 일단은 미봉책을 써서라도 사태를 수습할 필요가 있었다. 다행히 사람들의 요구는 당장의 변화를 요하는 것들이 아니라 미래와 관련된 것이었다. 따라서 일단은 그 요구 사항들을 들어주고 사람들 감정이 가라앉기를 기다리는 게 상책이었다. 9월의 마지막 날, 고종 황제는 이 여섯 가지 제안을 실행에 옮기라는 명을 내렸다. 문제는 수구파가 자신들에게는 민중 봉기를 누를 만한 물리적 힘이 없다고 생각했다는 점이었다. 이 양보는 실제로는 그럴 의사가 전혀 없으면서 겉으로만 잠시 양보한 것에 지나지 않았고, 그래서 그 후 즉각 시위 방지 대책들이 나왔다.

보부상으로 이뤄진 황국협회로 맞불을 붙이다

이때 나온 비책이 보부상 협회였다. 이 협회는 이미 없어진 협회로 이름만 살아 있었는데, 수구파는 이 협회를 이용해 돈만 주면 어떤 일이든 할 사람들을 대거 모집했다. 그러고는 그들을 데리고 황국협회라는 일종의 정치 테러 집단을 만들었다. 물론 이 단체의 임무는 그 당시 열렸던 만민공동회 같은 대중 집회에 타격을 가하는 것이었다.

황국협회라는 정치 깡패 조직이 결성되자마자, 고종 황제는 몇 개월 전 독립협회 회장 윤치호가 충고한 대로 독립협회의 해산을 명했다. 윤치호 스스로 독립협회는 언제든 황제 칙령으로 해산될 수 있다는 걸 인정해버렸기 때문에, 이때 이후 독립협회는 더 이상 정부로부터 인정을 받지 못하는 불법 단체가 되어버렸다.

또 이 무렵 윤치호는 독립협회가 자꾸 아슬아슬한 극단으로 치달아 자칫 큰 잘못을 저지를 수 있다고 판단하여, 다른 이들과 함께 협회 내 극단주의자들을 잘 다독여 협회 활동을 합리적인 방향으로 이끌려고 무진 애를 썼다.

그러나 이미 그런 설득이 통하는 시기는 지나버렸다. 협회의 회원들은 자신들이 추구하는 원칙들이 옳다는 걸 알고 있었고, 그래서 수구파들의 완강한 반대에 분노를 느꼈다. 그들은 목적 달성을 위해서라면 무슨 짓이든 마다하지 않겠다는 마음가짐을 갖고 있었다. 열정 때문에 판단력이 흐려졌고, 그래서 합리적으로 뜻을 이루어나가는 일보다 목전의 반대파를 타도하는 일이 더 커보였다.

스스로 체포되기를 원한 독립협회 회원들

독립협회 회원들은 황제의 명에 따라 해산을 하는 대신 다 함께 경찰 본부로 찾아가 자신들을 체포하라고 했다. 이는 조선인들의 특이한 항의 방법으로, 여기에는 만일 자신들이 재판을 받게 되면 적들을 부끄럽게 만들 수 있다는 생각이 깔려 있었다. 게다가 스스로를 감금하라고 외치는 그 많은 사람들을 다 수용할 감옥들도 없어, 당국자들을 당황하게 만드는 효과도 있었다.

군중이 워낙 많은 데다 비장하기까지 해 보부상들이 공격할 수도 없었고, 결국 정부 측에서 또다시 양보를 하는 길밖에 없었다. 이제 더 이상 독립협회라고 부를 수도 없는 협회 사람들은 자신들에게 언론의 자유를 보장해준다면 해산하겠다고 제안했다. 그 요구는 즉각 수용됐다. 성난 군중은 지도부가 이끌기에 따라 언제든 단순한 구두상의 요구 이상을 요구하고 나올 수 있어, 어떻게든 해산을 해야 했던 것이다.

언론 자유를 보장하는 칙령이 발표되다 그래서 바로 이튿날 언론의 자유를 보장하는 황제의 칙령이 발표됐다. 그러면서 한편으로 급히 모든 보부상을 소집하여 조직을 더 강화했다. 보부상들은 정부의 지원은 물론 황제의 재가까지 받은 상태에서, 앞으로 또다시 한자리에 모여 황제에 대한 요구 사항을 내놓을 사람들을 공격할 준비를 하고 있었다.

바로 이 직전에 황제는 독립협회가 투표를 통해 회원들 중에서 중추원에서 일할 사람 25명을 선정하겠다는 제안을 받아들였었다. 중추원은 서재필이 한양에 머물던 처음 몇 개월간은 상당한 영향력을 행사했으나, 이제는 모든 권한을 다 잃은 데다 정부에서 쓰긴 싫고 그렇다고 해임시키기도 뭐한 그런 사람들이 좌천되어 가는 한직이 되어 있었다.

독립협회를 해산한다는 황제의 칙령과 선거권과 관련된 칙령은 서로 모순되는 면이 있었지만, 독립협회 사람들은 그렇게 생각하지 않았다. 선거일은 11월 5일로 결정됐다.

수구파의 공세   수구파는 이제 자신들이 불법 단체가 된 독립협회와 일전을 벌일 수 있을 만큼 강해졌다고 생각했고, 그래서 11월 5일 동이 트기 전에 독립협회 지도자급 인물 17명을 체포해 감옥에 집어넣었다. 회장 윤치호는 가까스로 체포를 면했다. 나중에 밝혀진 바로는, 당국은 분노한 사람들로부터 도움의 손길이 뻗쳐오기 전에 윤치호를 살해할 계획이었다고 한다.

날이 밝아오고 체포 소식이 알려지자, 한양은 벌집 쑤신 듯 소란했다. 삽시간에 불어난 군중이 대법원 앞에 모여 수감된 사람들의 석방을 큰 소리로 요구했다. 익명의 플래카드들에 따르면, 갇힌 사람들은 공화국 건설 음모를 꾀한 혐의로 고발됐다고 했다.

이번 역시 사람들 분위기가 워낙 험악해 보부상들은 뛰어들 엄두를 내지 못한 채 뒤에서 구경만 하고 있었다. 소동은 하루 종일 계속됐고 이튿날도, 그 다음 날도, 또 그 다음 날도 계속됐다. 결국 당국은 겁을 집어먹었는지 아니면 이제 독립협회 측에 충분히 따끔한 맛을 보여줬다고 생각했는지 체포된 사람들을 풀어줬다. 그러나 정작 독립협회 사람들은 겁을 먹기는커녕, 이 사건이 당국의 의중을 드러낸 사건이라고 소리 높여 외치면서, 독립협회를 우롱한 자들을 체포해 처벌할 것을 요구했다. 이참에 수구파를 끝장내려는 태세였다.

하지만 상대는 워낙 유명한 정부 관료들인 데다가 황제가 신뢰하는 자들이어서, 독립협회 측 요구는 받아들여질 수가 없었다. 11월은 이렇게 혼란과 흥분 속에 지나갔다. 대중 집회는 빈번히 열렸지만, 군중은 정부와 일전을 벌이겠다는 결단까지는 내리지 못하고 있었다. 수구파는 모든 사태를 지켜보면서 시위대의 저항 수단들을 꼼꼼히 따져보고 있었다.

독립협회 측 공격 전술은 그저 자유로운 발언에 국한되어 있었다. 그래서 수구파는 독립협회 측이 수세에 몰리면 어떻게 하는지를 보기로 했고, 11월 21일 아침이 밝자, 보부상으로 알려진 일단의 용역 깡패들이 평소처럼 모여 어수선한 시국 문제를 논하고 있던 사람들을 공격했다. 무기도 사용됐고, 그래서 많은 사람들이 다쳤다. 독립협회 측은 무력 사용은 전혀 생각지도 않고 있었고, 그래서 이 무자비한 공격에 아직 어느 쪽 편도 들지 않고 있던 사람들까지 포함해 모든 사람들이 분노했다. 시내 곳곳에서 살벌한 육탄전이 벌어졌는데, 보부상들은 자신들이 아무리 무자비한 공격을 해도 높은 선에서 다 봐주리라는 믿음이 있었기 때문에, 사람들을 마구 몰아붙여 강제 진압하려 했다.

빛나간 조선판 '마그나카르타'   11월 26일, 모든 게 혼란에 빠진 가운데, 고종 황제는 자신이 묵고 있던 궁궐인 경운궁 문밖에서 대규모 군중의 알현을 허락했다. 이 자리에 독립협회 사람들이 대거 참석했고, 또 한양 주재 외국 대표들과 다른 많은 외국인 거주자들도 참석했다. 러니미드Runnymede(1215년 영국 존 왕의 실정에 견디지 못한 귀족들이 런던 시민의 지지하에 왕과 대결, 왕에게 일명 대헌장인 '마그나카르타'에 서명토록 했는데, 그때의 장소가 런던 템스 강변에 있는 러니미드였다.―옮긴이)의 축소판 같았지만 결말은 달랐다.

윤치호가 자연스레 독립협회의 대변인 역할을 맡았다. 그는 지지자들을 대신해 대담하면서도 절제된 발언을 했다. 그는 폭력을 행사할 의사가 전혀 없었고, 그저 황제가 약속한 것들을 이행해주길 바라는 사람들을 향해 보부상들이 무장 공격을 한 것을 비난했다. 그는 또 독립협회에 반역 음모죄를 뒤집어씌운 사람들에게 죄를 물을 것을 요청했다. 황제 칙령으로 다시 독립협회의 법적 지위를 회복시켜줄 것과 황제가 분명히 약속했던 6개 조항을 이행해줄 것도 촉구했다. 하나같이 반박할 여지가 없는 요청들이었다. 결국 황제는 그 요청들에 따라 정부 정책을 조율하겠다고 약속했다.

이번 역시 당면 문제를 타개하기 위해 내놓은 약속에 지나지 않았다. 독립협회 사람들은 이걸 깨달았어야 했다. 고종 황제는 개혁 프로그램에 반감을 가진 사람들에 둘러싸여 있었고, 그들 뒤에는 또 보부상들이 있었으며 경찰과 군대도 있었다. 독립협회 측에는 정말 영향력이 있고 책임 있는 정부 부서에서 일하는 유명 인사가 단 한 명도 없었다. 그들 뒤에는 옳기는 하지만 전적으로 믿을 순 없는 조선 백성들의 소리밖에 없었다.

필요한 건 교육 운동이었는데, 그건 정부 조직하에서나 할 수 있는 일이었다. 교육 운동을 벌이자면 적어도 그런 운동을 감당할 만한 인력이 있어야 하는데, 독립협회 내에는 그런 인력이 두세 명 정도에 불과했던 것이다. 황제가 이번에 공개적으로 한 약속이 제대로 이행되는지를 보려면 인내심을 갖고 사태 추이를 지켜보는 수밖에 없었고, 설사 약속이 지켜지지 않는다 해도 개혁에 대한 지도층의 인식이 바뀌길 기다리며 계속 노력하는 수밖에 없었다.

그러나 윤치호 자신이 다음과 같이 인정했다. "대중 집회는 이제 독립협회가 통제할 수 있는 수준을 벗어나 있었다. 간곡한 만류에도 불구하고 12월 6일 다시 대중 집회가 열렸는데, 이 집회에서 나온 말들이 경솔했고 또 도를 지나쳤다. 12월 16일, 중추원은 박영효를 일본에서 불러들일 것을 권고했다. 그런데 대중 집회가 그 조치를 지지하는 과잉 행동을 취했다. 군중 중에는 좀 더 보수적인 사람이 더 많았고, 그들은 박영효라는 이름만으로도 강한 거부감을 보였다. 대중 집회가 박영효를 위해 시작된 게 아닌가 하는 의혹까지 불거졌고, 그러면서 즉시 사람들은 등을 돌렸다."

독립협회 회원들이 체포되다 당연히 진보파의 적들은 이 기회를 최대한 이용했을 것이고, 그래서 독립협회가 드디어 가장 강력한 지지 기반인 대중의 소리를 잃었다고 판단되는 순간, 무자비한 힘으로 독립협회를 찍어 눌렀다. 요란했던 황제의 약속과는 정반대로 많은 독립협회 인사들이 체포되어 감금됐다. 날조된 여러 혐의, 특히 박영효를 불러들이자는 계획에 공모했다는 혐의 때문이었다.

철저히 평화로운 방법으로 고귀한 목표를 이루려고 애썼던 조선의 한 정치 집단은 이렇게 종말을 고했다. 독립협회가 갖고 있던 주의 주장들은 너무 시대를 앞서갔고, 그래서 애초부터 성공할 가능성이 없었다. 그러나 윤치호의 말처럼 독립협회는 사라졌지만, 그 협회가 내건 주의 주장들은 살아남아 언젠가는 결실을 맺을 것이었다.

독립협회 및 진보적인 운동에 대한 극심한 탄압 탓에, 1899년의 조선 정치계는 과거 몇 년에 비해 비교적 조용히 시작됐다. 이 시점에서 일본은 좋은 기회를 놓쳐버렸다는 말을 들을 수도 있을 것 같다. 독립협회의 지향점 내지 목표는 조선에서의 일본의 이해와 직결되는 경우가 많았고, 따라서 만일 강력한 정부가 독립협회의 시도들이 성공할 수 있게 적극적으로 밀어줬다면, 그리고 그 협회의 계획이 확실히 이행될 수 있게 도와주었다면, 이후의 역사는 아주 달라졌을지도 모른다.

그러나 이 당시 일본은 비교적 침묵을 지키며 뒤로 물러나 있는 것처럼 보였는데, 그건 아마 조만간 러시아와의 충돌이 불가피하다는 걸 알고 있어, 최후의 일전을 위한 준비가 완벽히 이뤄지기 전에 굳이 서둘러 러시아와 때 이른 분쟁을 벌이는 걸 원치 않았기 때문일 것이다.

자리 잡는 선교활동 이즈음 러시아는 자신들의 손길이 미치는 정부 요인들과 조선 조정을 상대로 조용히 영향력을 확대시켜 나가고 있었다. 그러나 일반 백성들은 늘 러시아를 믿지 못했고, 부드러운 듯 묵직한 러시아의 손길보다는 오히려 거친 일본의 손길을 더 선호했다.

1899년 1월 그리스 정교회가 한양에서 선교활동을 시작한 것은 당시 러시아가 자신의 계획들을 차근차근 실행에 옮기고 있었음을 보여주는 좋은 예이다. 이는 조선 내 선교활동이라는 일반적인 주제에 대한 몇 가지 설명을 가능케 해준다. 미국 장로교회는 1884년에 조선에서 활동을 시작했다. 1885년에는 미국 감리교 성공회가 활동을 시작했고, 1889년에는 호주 장로교회가, 1890년에는 영국 교회 선교단이, 1892년에는 미국 남부 장로교회가, 1896년에는 미국 남부 감리교회가, 1898년에는 캐나다 감리교회가 각각 선교활동을 시작했다. 이밖에도 침례교회 한 곳과 대학 선교회 한 곳 등 규모가 좀 더 작은 몇 군데 단체에서 독립적인 선교활동을 벌였다.

19세기의 마지막 해가 시작될 무렵, 이들 선교 단체는 모두 확고하게 자리 잡아 전국 각지, 특히 한양, 제물포, 평양, 부산, 원산, 전주, 군산, 목표, 대구, 송도 등지에 선교활동 중심지들이 들어섰다. 개신교 선교 단체들은 처음부터 정치 문제나 조선 법정 내 일반 사법 과정에 대해서는 불간섭 원칙을 택했다. 그러나 그 원칙을 지키는 게 늘 가능한 건 아니었다.

그리고 또 사람들은 개신교를 믿는다고 해서 정부에 대한 자신들의 의무나 책임이 면해지는 것도 아니고 관료들의 부정행위로부터 스스로를 지킬 수 있는 것도 아니라는 걸 깨닫게 되었다. 조선인의 기질이 개신교의 합리적 이상주의에 동화되기 쉽다는 것도 밝혀졌다. 개신교 선교사들이 전도한 기독교는 처음부터 아주 강력한 힘으로 조선인들을 사로잡아, 선교활동이 시작된 지 15년 되는 해에는 여러 선교 단체들이 확보한 교인수가 거의 2만에 달했다.

조선 북쪽의 개신교 선교 중심지는 선교 역사상 가장 성공적인 선교 중심지로 전 세계의 관심을 끌었다. 신도 수의 증가율도 놀라웠지만, 더욱이 그게 독립적인 교회 활동 결과라는 점에서 더 놀라웠다. 한양과 부산, 원산, 평양, 대구, 제물포에 병원이 설립됐으며, 거의 모든 선교 중심지에 각급 남녀 학교가 세워졌다. 성경 번역 작업도 꾸준히 이루어져, 1899년 말에는 신약성서 전체가 최소한 임시 번역서 형태로 사람들 손에 전해졌다. 1900년대 초에 설립된 조선종교논문협회는 모든 종류의 기독교 문학을 출판하는 데 헌신적인 노력을 기울였다. 문필 작업은 다양한 조선어 문법서와 입문서, 여러 찬송가, 미발췌 사전, 〈The Korean Repository〉라는 영어 월간지 등의 형태로 행해졌다.

교과서 발행을 추진하다 새로운 세기로 가기에 앞서, 조선에서 이루어진 중요한 물질적 발전 몇 가지를 짚고 넘어가야겠다. 이즈음, 약 960킬로미터에 달하는 철로 공사의 인가가 났는데, 공사의 절반은 일본이, 나머지 절반은 프랑스 기업조합이 맡게 됐다.

또 중요한 항구들이 여럿 새롭게 개항되어, 한양과 평양을 포함해 항구는 총 10개에 달하게 됐다. 미국과 영국, 독일, 프랑스, 일본에 채굴 인가가 났는데, 그중 두 군데의 채굴 공사는 상당한 성공작이었다. 반도 동쪽의 벌채 작업 및 고래잡이 인가는 러시아에게 났고, 중요한 조업권은 일본에게 주어졌다.

전반적인 교육 시스템을 구축하려는 시도가 전국에 걸쳐 행해졌고, 교과서 발행 작업이 추진 중이었으며, 학생들이 더 나은 교육을 받기 위해 해외로 보내졌고, 가장 중요한 정치 중심지마다 외국 공사관이 들어섰으며, 공직 사회의 부패와 위조범들의 위조 행위 때문에 실패하고 말았지만 더 나은 통화를 만들려는 시도도 있었고, 무역이 점차 증가해 조선의 수출입이 무시할 만한 수준을 넘어섰으며, 외국인 감독 아래 훌륭한 우편제도가 시행되어 조선은 만국우편연합에도 가입했다.

결국 혼란스럽고 실망스런 국내 정치 상황에도 불구하고, 조선은 몇몇 분야에서 확실한 발전을 이루고 있었던 것이다. 일단 개혁의 불길이 활활 타오르기 시작하자, 그 어떤 수구주의의 흐름도 그 불길을 끌 수가 없었다.

1800년대가 저물 무렵, 고종 황제의 외국인 고문이었던 르장드르와 그레이트하우스가 세상을 떠났다. 법률 고문이었던 그레이트하우스는 워낙 업무 능력이 뛰어나 고종 황제로부터 유능한 사람으로 인정받았다.

얽히는 열강들의 이해관계

러시아, 반일파를 활용하다

1900년 1월 15일 파블로프Pavlow 러시아 공사가 한양으로 들어왔는데, 이때부터 일련의 사건이 꼬리를 물고 터지더니, 결국 1904년 일본의 대러시아 선전포고가 나오게 된다. 그로부터 2년 전 러시아는 조선 측 요청에 따라 조선 정부에 대해 행사해오던 과도한 압력을 철회한 적이 있는데, 사실 러시아의 압력은 방법만 바꾼 채 계속되고 있었다. 일본에 반감을 갖고 있던 영향력 있는 조선인들을 장악, 가능한 모든 면에서 일본의 이익을 저지하는 교묘한 전술을 구사하고 있었던 것이다.

독립파 안경수, 비밀리에 살해되다

바로 이때 우린 당대의 인물이었던 안경수와 권형진의 귀국 사건을 접하게 되는데, 이 사건이야말로 당시의 분위기를 여실히 보여주는 사건이라 할 수 있다. 두 사람은 고종 황제 양위 음모 사건과 관련되어 고발돼 있었고, 그래서 일본에 망명 중이었다. 철저하게 공정한 재판을 받게 해준다는 정부의 약속과 신변 보호를 책임지겠다는 일본 측 보장을 믿고, 두 사람은 과감하게 조선으로 돌아와 스스로 법정에 출두했다. 두 사람은 영향력이 큰 인물들로 처벌되어야만 했다. 그들은 일본의 영향력과 그 영향력을 통한 개혁을 강력히 지지했다. 그들은 또 지금은 활동을 중단한 독립협회의 주의 주장에 적극 공감하고 있었다.

안경수는 1월 15일에 돌아와 권형진이 돌아온 5월 16일까지 구금 상태에 있었다. 두 사람은 공정한 재판을 받기로 되어 있었지만, 5월 27일 밤 감옥에서 둘 다 비밀리에 교살됐다. 이 정부에서 또는 다른 어떤 정부에서도 이보다 더 야비한 범죄는 없었다. 두 사람은 공정한 재판 약속에 속아 돌아왔다가 살해되었기 때문이다. 반동주의자들은 이 사건을 주목할 만한 승리로 여겼다. 하긴 누구든 잘못을 할 경우 일본 당국에서 보장을 한다 해도 안전할 수 없다는 걸 분명히 보여주었다는 점에서는 그들의 승리로 보이기도 했다. 조선 정부가 일본을 얕잡아볼 만한 배짱을 갖게 된 근거를 찾는 건 그리 어렵지 않을 것 같다.

야비한 부자의 비참한 최후 이 해, 즉 1900년은 김영준이라는 사람에게는 생애 최고의 해였다. 그는 엄청나게 뻔뻔스런 태도를 빼놓고는 내세울 게 별로 없는 인물이었다. 그는 수단 방법을 가리지 않고 큰돈을 모았고, 그것으로 영향력을 키웠다. 이때 많은 부자들이 이런 저런 이유로 감옥에 끌려갔다가 큰돈을 쥐어주면 바로 석방되곤 했다. 그는 권세가였지만 조선의 다른 많은 무모한 자들처럼 작은 성공에 도취되어 자만하였고, 이 나라의 역사가 바로 그런 경우들도 가득 차 있으며, 그런 자들은 예외 없이 비참한 최후를 맞았다는 사실을 잊고 있었다.

야심이 지나쳐 스스로 명을 재촉한 김홍륙의 비참한 운명도 이 자의 방종을 막는 데 도움이 되지 않았다. 그는 이 나라의 모든 상류층의 적이 되었다. 백성들은 그의 학정을 견디다가 수단 방법을 가리지 않고 돈을 우려내는 그의 능력이 주춤하자, 늑대가 야밤에 길 잃은 여행자를 덮치듯 그자를 공격했다. 그는 1901년 새해가 밝아올 때 면직되었고, 재판을 거쳐 끔찍한 방법으로 처형됐는데, 가혹한 고문을 받고 나서 교수형에 처해졌다.

청지기 출신 이용익의 교묘한 축재 하지만 이런 사건을 비롯하여 그런 야심가들의 불운한 운명이 반복적으로 나타남에도 불구하고, 그와 비슷한 자가 또다시 역사의 전면에 드러나고 있었다. 이 자는 한때 한 고관의 집에서 청지기로 일했던 이용익이라는 자였다. 그는 그 자리에 있을 때 염치를 무릅쓰고 온갖 이권을 챙기는 방법을 터득했다. 그는 1880년대에 송도에서 수천 가구의 인삼 농가를 상대로 능숙하게 사기를 친 자로 유명했다. 그는 무식한 농사꾼 출신이었고, 집안에 금은보화가 흘러넘칠 때도 옷이나 행동거지에서 부자 티를 내지 않았다. 실제로 사치를 경멸하고 백성으로부터 뜯어낸 돈을 집에 쌓아놓지 않았다는 점에서 그를 칭찬한 사람들도 있었을 정도였다.

그가 재산을 축적하지 않은 이유는 농부가 씨를 뿌리는 행위와 비슷했다. 즉, 나중에 100배로 수확하기 위해서였다. 이용익은 기름진 땅을 골라 확실한 씨앗을 뿌렸고, 나중에 그것에서 1천 배의 이익을 챙겼던 것이다. 그가 먹잇감으로부터 돈을 뜯어낼 때 가장 잘 사용했던 방법은 우선 이런저런 사유로 탁지부에 세금을 제대로 내지 못한 지주 출신들을 떼거리로 감옥에 집어넣는 것이었다. 이런 미납금은 수년 전까지 소급 적용되었는데, 그중 상당수는 정당한 사유가 있는 경우였다.

실제로 수백 명의 사람들이 법정으로 끌려가 많은 돈을 뱉어내야 했다. 밀린 세금을 납부하지 못하면 본인은 물론, 친척들의 재산도 몰수되었다. 이렇게 갈취한 돈이 쌓이는 것과 비례하여 그의 출세 가도는 더욱 탄탄해졌고, 그와 정확하게 반비례하여 백성들은 절망의 나락으로 굴러 떨어졌다. 김영준의 처형은 이 자에게 경고가 되기는커녕 자신의 특출한 축재 능력을 발휘할 큰 무대가 마련되는 계기가 되었다. 이용익의 출세는 1901년의 개막과 더불어 시작되었다고 말해도 과언이 아니었다.

재정 고문 브라운을 무력화시키다 러시아는 1901년 자국의 궁극적인 목표를 향해 꾸준히 전진했다. 봄에 몇 개의 궁궐 부속 건물들이 완공될 예정이어서, 조정은 재정 고문 브라운에게 며칠의 짬도 주지 않고 세관 구내에 있는 집을 비우라고 지시했다. 심지어 병사들이 그의 집을 쳐들어가기도 했다. 이런 무례한 행동은 심각한 문제였으며, 뒤를 봐주는 세력이 없었다면 조선인들이 절대로 저지르지 못했을 대담한 행동이었다. 영국 대사관 측은 즉시 조선 조정에 그런 술책은 반발을 부를 것이며, 다소 체면은 손상되겠지만 철회되어야 한다고 설득했다.

러시아 정교회 선교단 발족 러시아 정교회는 이즈음 한양에 교회를 세우고 조선에서 선교활동을 본격적으로 시작했다. 이즈음 남도 쪽에서 러시아 정교회의 신도가 되어 스스로 선교사임을 자처하면서 백성들로부터 위협적인 수단으로 큰돈을 갈취하는 조선 사람들 때문에 큰 소동이 벌어졌다.

러시아 사람들은 수개월 전부터 블라디보스토크에 가설된 러시아 통신선에 연결할 전화선을 북동부 지방에 가설케 해달라고 조선 조정을 설득했다. 하지만 조선 조정은 인가를 내주지 않았다. 이 일이 왜 성사되지 않았는지는 모르겠지만, 아마도 조선 사람들은 그것이 국가 안보에 위협이 될 것이며, 또 설사 인가를 내주더라도 러시아 측이 통신선 연결을 성공할 수 있으리라고 생각하지 않았던 것 같다.

프랑스의 차관 계획이 무산되다 러시아인들과 프랑스인들은 당연히 조선에서 공동보조를 취하고 있었으므로, 러시아는 조선에서 자국의 군사교관들을 철수하겠다는 방침을 정하자, 조선 정부가 많은 진지에 설치했던 전선들이 프랑스 수중으로 넘어가게끔 조정했다. 향후 수년 동안 한양에 거주하는 프랑스 사람들의 수는 수배로 늘어났다. 조선 조정이 채용한 많은 프랑스 사람들은 매우 유능했고 훌륭하게 봉직했으나, 그들의 존재는 일본과 러시아 간의 긴장을 더욱 격화시키는 데에도 일조했다. 프랑스 세력의 확장은 궁극적으로 러시아에 유리한 방향으로 작용할 것이 분명했기 때문이다. 프랑스는 조선 정부에 5백만 엔 상당의 차관을 제공하려는 계획을 집요하게 추진했으나, 조정의 일부 대신들이 반대함으로써 뜻을 이루지 못했다. 이로써 프랑스는 큰 채권국이 거머쥐게 돼 있는 강력한 지렛대를 조선 조정 내에 확보하는 데 실패했다.

이용익의 니켈 동전 제조 일본은 러시아의 수족처럼 움직였던 이용익을 프랑스의 차관 제공을 지지하는 주동자로 비난했으나, 이용익은 강력하게 부인했다. 이용익이라는 자가 그와 매우 가까운 지인들에게도 다소 수수께끼 같은 인물이었다는 점은 이미 널리 알려져 있는 사실이며, 그가 실제로 얼마나 러시아 측에 호의를 보였는지는 결코 알 수 없을 것이다.

하지만 그가 일본에 대해 시간이 갈수록 점점 더 적대적인 태도를, 나중에 나오겠지만 결국 일본인들과의 격렬한 충돌을 자초하게 되는, 적대적인 태도를 취했다는 점만큼은 분명하다.

이용익은 실제로 그런지는 알 수 없지만, 재정 문제의 대가처럼 행세했다. 1901년 그는 조선식 니켈 주화를 주조하기 시작했다. 이 나라가 이때보다 더 큰 경제적 혼란에 빠진 적은 없었다. 30년 전에 대원군이 취했던 과격한 조치들도 이 나라의 금융 시스템을 이처럼 뿌리째 흔들지는 못했다. 대원군은 악화인 당백전을 발행했는데, 이것은 이 나라 경제에 크게 해만 끼쳤다. 당백전은 위조도 못할 정도로 명목가치가 낮았다. 그런데 이 니켈 주화는 위폐를 만들기에 딱 좋은 주화였다. 본질적인 가치가 큰 자본이 필요할 만큼 크지도 않으면서, 명목가치는 위조 주화를 만드는 데 소요되는 인건비와 시간을 보상하고도 남을 만큼은 되었기 때문이다.

이용익이 시장에 안남미를 풀다 1901년 여름, 이용익은 백성들의 눈에 자신이 그동안 저지른 숱한 죄악을 보상하는 것으로 보이는 조치를 취했다. 이 해는 엄청난 가뭄이 들었다. 조선의 농민들은 내수용으로 많은 보리와 쌀을 경작했으며, 조선 정부는 이 곡물이 나라 밖으로 나가는 사태를 예방하기 위해 수출 금지 조치를 취했다. 일본이 예년과 같은 풍작을 거두어 이 조선 작물을 그다지 필요로 하지 않았음에도 불구하고, 일본 당국은 조선에서 활동하는 일본인 수출업자들의 이익을 챙겨주기 위해 조선 정부에게 백성들의 이익을 철저히 배제하고 수출 금지 조치를 해제하라는 압력을 가했다.

그러나 나중에 드러났듯이, 조선에서는 흉작으로 곡물가가 올랐고, 일본의 총 수확량의 감소로 수출은 이루어지지 않았다. 하지만 이용익은 한양에 쌀 부족 사태가 올 것을 예상하고는, 심사숙고 끝에 안남미를 대량으로 수입하여 백성들이 크게 만족할 만한 저렴한 가격으로 시장에 풀었다. 그때부터 이용익의 실정이 언급되는 자리에서는 항상 그가 취한 이 안남미 방출 조치를 거론하며 정상을 참작해야 한다고 주장하는 사람이 생기곤 했다.

러시아와 일본 간의 긴장 고조   1901년은 처음부터 끝까지, 미약하나마 그로부터 3년 후에 도착할 대폭풍이 형성되는 소리가 끊이지 않고 들렸던 해였다. 육상이든 해상이든, 러시아군이 취하는 모든 움직임은 일본의 예리한 감시를 받고 있었고, 또 일본군의 모든 배치 상황은 러시아에 의해 면밀히 관찰되고 있었다. 사실상 전쟁은 이미 시작되었으나, 아직 개전 선언만 안 된 상태였다. 일본군 정보원들이 만주 지방으로 대거 밀입국하여 정확한 정보와 지형, 물자 생산 현황들을 수집하고 있었고, 일본 해군은 러시아와의 불가피한 전쟁에 서둘러 대비하기 시작했다.

1901년이 저물 무렵, 양국 간의 긴장이 곳곳에서 감지되기 시작했다. 그리고 사람들은 러시아의 오만한 행위를 일본이 얼마나 더 견딜 수 있을지 의심하기 시작했다. 하지만 아직 때가 아니었다. 물질적 발전에 관한 한, 이 해에는 적지 않은 성과가 있었다.

한양-부산 철도 가설   한양에는 이미 전등이 들어와 있었다. 한양-부산 철도가 가설되었고, 한양-의주 간 철도 가설 계획도 입안되었다. 목포에는 대규모 방파제가 설치되었다. 한양에는 새로운 건물들이 속속 들어섰고, 상하수도 체계를 실현하려는 계획도 마련되어 이미 조정의 재가를 받아놓은 상태였다. 교육 사정은 더 악화되어 한때 교육 예산 삭감이 불가피해 보일 때는 일부 학교를 폐쇄하자는 주장마저 나왔으나 똑똑한 대신들이 다행히 조정의 논쟁에서 승리하여 이런 자살 행위는 채택되지 않았다.

대불당 설립, 권력 집중화, 무리한 세금 징수   1902년의 개막과 함께 조선 조정의 사기가 전반적으로 떨어지고 있음을 보여주는 징후들이 몇 개 나타났다. 첫 번째 징후는 불교 신앙을 부활시키려는 매우 강력한 시도였다. 고종 황제는 한양 인근에 온 백성을 위한 대大불당의 설립을 승인했고, 이 나라의 모든 불교계를 관장하는 종단 책임자의 자리가 신설되었다. 조선에서 불교는 실질적인 영향력에 관한 한 이미 죽은 종교나 다름없었기 때문에 이런 조치는 어처구니없는 짓이었다. 하지만 조정에서 일반적인 상황이 나쁘게 돌아가면 불교의 옛 의식, 점쟁이, 풍수지리 같은 부류에 의존했는데, 이는 천 년 넘게 지속돼 온 이 나라의 풍습이었다. 이런 시도를 해봤자 얻는 것은 '어딘가가 잘못됐다'는 모호한 사실뿐이었다.

두 번째 징후는 정부의 권력을 황제의 손에 집중시키는 일관되고 성공적인 시도였다. 조선은 황제 권력의 축소를 주요 강령으로 삼았던 독립협회를 해산시킴으로써 오히려 그 권력을 확장하는 데 필요한 추진력을 얻었다. 그래서 1901년 우리는 거의 모든 정부 업무가 궁궐 자체를 상대로 이루어지는 모습을 보게 된다. 각 부의 장관들은 자신의 주도하에 아무 일도 할 수 없었다. 모든 권력은 황제, 그리고 그의 곁에 서 있는 두어 명의 측근들에게 집중되었다. 이 측근 중에서 이용익이 가장 두각을 나타냈다.

정세가 악화되고 있음을 보여주는 세 번째 징후는 내장원(왕실 재정 담당 관청—옮긴이)의 재원을 충당하기 위해 채택한 방식이었다. 전해에는 실적이 좋지 않았다. 징수 가능한 조세수입 중 겨우 절반이 넘는 세금만 징수되었던 것이다. 큰 고난이 전국을 뒤덮었고, 위기의 징후는 대궐에서도 감지되었다. 내장원 금고에 채울 돈을 거두기 위해, 특별 감찰관과 밀사들이 황제가 부여한 권위로 무장한 채 전국 방방곡곡에 파견되었다. 이들은 임무를 완수하기 위해 모든 수단, 즉 어떤 수단도 동원했고, 이들의 행위는 백성들에게 실질적으로 매우 큰 고통을 가중시켰다. 지방 관리들은 적은 세금도 자발적으로 징수하려 하지 않았다. 예전부터 세금을 전액 징수하지 않으면 벌금으로 얼마나 내야 했는지 잘 봐왔기 때문이다. 이 때문에 지주와 특별 관리들 간의 틈새에 끼어 있는 일반 백성들의 고통은 한층 가중되었다. 실제로 이 조치 때문에 방방곡곡에서 비명 소리가 터져나왔으므로, 조정은 결국 마지못해 모든 특별 관리들을 한양으로 소환했다.

마산포에 대한 러시아·조선 협약 1902년 초, 조선에는 마산포 또는 마산포 입구에 위치한 거제도의 어떤 땅도 외국에 팔거나 영구 임대하지 않는다고 약속하는 조약이 조선과 러시아 사이에 체결됐다는 소식이 널리 퍼졌다. 러시아는 이미 그곳에 석탄 공급 기지를 확보해놓은 상태였으며, 러시아가 매우 훌륭한 그곳의 항구를 선호하고 있다는 사실은 세상이 다 아는 사실이었다. 겉으로는 평화적 목적일 뿐이라고 했으나, 러시아가 크게 공을 들여 조선과 조약을 체결하면서 다른 열강들이 러시아가 취득한 것과 비슷한 특권을 취하려는 움직임을 적극 방해했다는 점에서 일본은 물론, 조선인들도 러시아의 의도에 의구심을 품게 되었다. 이 조약이 비밀로 이루어지지 않았기 때문이었다. 일본에게 당연히 불리할 수밖에 없는 이런 움직임은 궁극적인 재앙을 앞당기는 결과를 낳았다.

한편 러시아 사람들은 한양에 있는 '자신들의 정부'의 영향력 있는 위치를 십분 활용하고 있었다. 종교적인 영향력을 통해 일부 유리 제조업자, 철강 근로자들, 직물공들이 이런 종류의 일이라고는 전혀 접해보지 못한 조선 정부에 의해 고용되었다. 실제로 이즈음에 조선 정부는 꽤 많은 숫자의 러시아인들과 러시아 지지자들을 고용하라는 설득을 받았는데, 이들 중 상당수는 자신들이 받는 임금의 대가로 어떤 유용한

근로도 제공할 수 없는 사람들이었다. 아무리 피상적인 조사를 해도 그런 결과가 나왔을 것이다. 조선 정부가 심각하게 이용되었다는 결론은 피할 수 없었다.

조선 독립을 확인한 영일동맹 일본에서 조선의 일부를 식민지화하는 문제, 그리고 이 공표된 목적을 수행할 협회나 회사를 도쿄에 설립하는 문제를 심각하게 논의하기 시작한 것은 이 해 봄이었다. 이런 일본의 움직임은 일본이 당시 큰 영향력을 행사해지 못했던 조선에서 당연히 큰 반향을 불러일으켰다. 이 소식은 처음에는 단순하게 여겨지다가 점점 중요시되었다. 조선 사람들은 자국 정부에 대한 감정에 관계없이, 조선 땅에 무한한 애착심을 갖고 있었기 때문이다.

하지만 이 시기에는 세상을 더 깜짝 놀라게 할 또 다른 사건이 대기하고 있었다. 그것은 바로 일본과 영국이 방위조약을 맺었다고 선언한 것이었다. 일본과 영국은 이 조약에 따라 조선의 독립과 청 제국 영토의 보존을 위해 노력할 것을 약속했다. 이 역사적 문서의 영향은 모든 유럽 국가들의 수도는 물론, 모든 동아시아 국가들의 수도, 항구, 심지어 작은 마을에서도 느껴질 정도로 엄청났다. 둔감한 사람들은 정신이 번쩍 들었고 무분별할 정도로 열정적인 사람들은 손을 멈추고 생각했다.

일본의 입장에서 이 동맹은 의심의 여지없이, 당시 목전에 와 있던 전쟁을 준비하는 데 필수적인 조치였다. 이것은 러시아가 만주 지배를 포기하지 않고 조선을 계속 잠식하는 한 머지않은 장래에 대가를 치르게 될 것임을 알려주는 명백한 경고였다.

하지만 러시아는 이 경고를 무시했다. 이 조약에 따라 영국은 일본이 방어 작전을 펼 때 당연히 지원을 제공하고, 중국으로부터 조선의 독립을 보장하기 위해 함께 노력할 의무를 지게 되었다.

따라서 일본은 조선의 독립을 훼손하려고 예전에 품었던 생각을 완전히 포기했다고 볼 수 있다. 또 일본이 그런 방향으로 어떤 조치를 취하면 조약에 따라 영국은 모든 의무에서 면제되게 돼 있었다.

조선 경제를 뒤흔든 니켈 위조 주화 니켈 주화를 위조하는 행위가 이 반도 국가와 무역을 원하는 모든 이들의 관심을 끌 정도로 만연한 것은 이 해가 막 시작한 즈음이었다. 일본은 이 문제와 가장 큰 이해관계가 걸려 있었고, 러시아는 가장 작은 이해관계가 걸려 있었다. 러시아 당국이 이용익의 작업을 환영하면서 그 주화 제조 계획의 지속적인 추진을 촉구한 것도 이런 이유 때문이었다.

3월, 상황이 이 지경에 이르자 외국 대표들은 자국의 노선에 관계없이 모두 한자리에 모여 난관을 타개하기 위한 방법과 수단을 모색했다. 그들은 심사숙고 끝에 일련의 권고 안을 만들어 조선 조정에 보냈다. 이들이 마련한 안은 이 니켈 주화 주조 작업의 중단, 위조 주화의 유통 금지, 위폐 제작 행위에 대한 엄격한 법적 제재를 촉구하는 내용이었다.

그러나 이런 조치도 거의, 아니 전혀 소용이 없었다. 조선 조정은 3분의 1도 들지 않는 원가로 주화(당백전)를 만들어내고 있었다. 당연히 좋은 기계를 보유한 위폐 제조업자들도 조선 정부가 만든 것만큼 훌륭한 주화를 제조하면서 엄청난 이문을 챙길 수 있었다. 대부분의 경우, 위조 주화를 식별하는 것은 불가능했으며, 따라서 그것들을 유통 과정에서 배제시킬 도리도 없었다. 교환가치가 크게 떨어진 것은 위조 주화 때문이라기보다는 이 주화의 본질적 가치가 명목가치에 전혀 미치지 못한다는 사실 때문이었으며, 불변의 경제원칙과 인간 본성의 이치에 따라 이 주화의 액면가치는 참담할 정도로 떨어졌다.

4장

상반되는 러시아와 일본의 속셈

대일본은행이 지폐를 발행하다

이즈음, 다이치긴코라고 불리는 일본 제일은행은 조선 이외의 지역에서는 유통되지 않은 특별 은행권을 발행하는 계획을 마련했다. 조선은 수출보다 수입이 많았으며, 이런 무역 불균형 때문에 지역 내의 일상적인 교역을 수행하는 데 충분한 만큼 일본 지폐의 유통을 국내에 유지할 수 없었다.

이런 이유 때문에 이 은행은 조선 정부로부터 외국으로 내보낼 수는 없지만 국내용 화폐로서는 매우 유용할 은행권을 발행해도 좋다는 승인을 받았다. 이 작업은 진행되었고, 놀랄 만큼 훌륭한 기능을 발휘한 것으로 드러났다.

조선인들은 이 화폐를 신뢰했기 때문에 이 화폐는 자유롭게 유통되었다. 이 화폐에는 어떤 조선의 화폐도 없었던 두 가지 이점이 있었다. 즉, 이것은 안정된 화폐여서 가치가 등락하는 일이 없었으며, 큰 액면가로 발행되었기 때문에 돈을 지불하기 위해 등짐을 잔뜩 진 한 떼의 조랑말을 이용하지 않고도 한 사람의 호주머니에서 나온 큰돈이 다른 사람의 호주머니로 들어가는 일이 가능했다.

독립협회 부활의 위협   우리는 1902년 봄에 발생했던 몇 가지 흥미로운 사건들을 짚어볼 필요가 있다. 그중 하나는 이른바 도쿄에 있는 한국당의 지원 아래 옛 독립협회가 부활한다는 소문을 둘러싸고 조선 조야에 공포가 퍼진 사건이었다. 당시에 몇몇 조선의 정치적 망명자들이 이 한국당에 소속돼 있는 것으로 알려져 있었다.

이 바람에 한양에서 한바탕 소동이 일었고, 몇몇 사람들이 체포되었다. 하지만 조사한 보람도 없이 증거는 나오지 않았고, 조정은 체포된 자 중 일부의 죄만이라도 입증할 수 있었더라면 좋았겠지만, 증거가 없는 이상 그들을 석방하지 않을 수 없었다.

이 사건은 독립협회 문제에 대한 조선 조정의 극단적인 과민성, 그리고 일단 독립협회가 몰락한 이상 계속 일어나지 못하게 해야 한다는 조정의 의지를 보여준 사건으로서만 의미가 있었다.

이용익에 대항하는 연합 전선   연말이 가까워지자 숱한 고위직을 독차지하고 조정을 좌지우지한 이용익은 전 관리 중 5분의 4로부터 격렬한 증오를 자초했다는, 합당한 대가를 치르게 되었다. 그는 김홍륙과 김용준을 몰락시킨 것과 똑같은 운명을 걷게 되어 있는 또 한 명의 희생자로밖에 보이지 않았다. 하지만 그의 경우 그다지 큰 고생을 하지는 않았다.

이용익은 안전한 장소에 이미 엄청난 국고를 빼돌려놓고는 그 돈을 자신의 개인적인 안전을 지키는 데 필요한 일종의 볼모로 잡아놓고 있었다. 그 돈이 안전하게 대한제국 국고로 환수될 때까지 그에 대한 복수는 손실을 보존하고도 남을 만큼 달콤하지 않았다. 이 점 외에, 궁내부의 모든 재정 업무는 그의 손에 의해 이루어졌기 때문에 그가 갑자기 업무에서 손을 떼면 아무도 상황을 파악할 수 없을 것이며, 따라서 엄청난 국고 수입이 사라지게 될 거라는 점도 고려하지 않을 수 없었다.

이용익은 다른 사람들이 아무리 자신의 죽음을 갈망할지라도 자신을 살려두는 게 낫다고 인식하게끔 처세했던 것이다. 하지만 전반적인 관료 집단은 이 점에 크게 개의하지 않았다. 총애 받는 대신을 실각시켜 나라의 재정에 손해를 끼치는 사람은 비난을 받아 마땅하지만, 조선에서 일어나는 음모 사건들은 이 같은 난제를 해결할 능력이 없었다. 그 결과 강력하고 만장일치의 연합이 이루어져 아무도 주동자가 누군지 모르게 된 것 같았다. 적어도 이것은 이 계획이 실패로 돌아간 과정과 이유를 설명하는 적절하고도, 그럴듯한 이론이다.

음모의 전 과정이 너무나 한국적이었고, 그 숭고한 목적에도 불구하고 말도 안 되는 요소가 너무 많이 포함돼 있어 짧게나마 서술하려 한다. 물론 당시 관리들은 황제의 총애를 한 몸에 받고 있는 이 죽일 놈을 단번에, 그것도 황제가 아끼는 그의 자금 조달 능력이 소용없도록 하는 방식으로 몰락시킬 수 있는 기회가 오기를 예의 주시하고 있었다는 점은 충분히 알 수 있다.

어느 날, 이용익은 고종 황제가 가장 총애하는 첩으로서 명성황후가 죽은 뒤 대궐의 안주인 노릇을 하고 있던 엄 상궁과 대화를 나누던 중 그녀를 중국 당나라 마지막 황제의 첩이었던 양귀비에 비유했다. 그는 이 말을 아부의 뜻으로 했으나, 본래 매우 무식한 자여서 이 말이 욕이나 다름없다는 사실을 미처 깨닫지 못했다. 세인들은 양귀비가 현란한 방중술로 당 제국의 몰락을 불러왔다고 생각하고 있었기 때문이다.

당시 엄 상궁 자신은 그것이 모욕적인 말이었다는 걸 인식하지 못하였고, 오히려 흐뭇한 마음으로 그 아부를 받아들였다. 하지만 그 자리에 동석했던 그녀의 삼촌이 밖으로 나가 자신도 모르는 그 말의 의미를 다른 사람에게 물었고, 비로소 사태의 본질을 깨닫게 되었다. 그는 이용익이 일부러 '가벼운 입놀림'을 한 것은 아니라는 점을 분명히 알고 있었다.

그런데 어떤 경로를 통해서인지, 영의정과 외무대신의 귀에 이 두 사람 사이에 모욕적인 말이 오갔다는 소문이 들어갔다. 그들은 엄 상궁의 사촌을 불러 추궁한 끝에 궁에서 저주의 욕설이 있었다는 사실을 알게 되었다. 또 저주의 의도가 없었으나, 그들은 이것을 최대한 활용해야 하는 절호의 '기회'라는 점도 잘 알고 있었다.

아무리 낙천적인 사람이라도 이 죽일 놈의 간신이 이것보다 더 좋은 약점을 드러내기를 바랄 수는 없을 정도였다. 왜냐하면 당시 엄 상궁의 지위가 매우 애매하였고, 오래전부터 그녀를 황후의 지위로 격상하는 문제를 놓고 대신들 간에 논의가 있었기 때문이다. 당연히 그녀를 헐뜯는 말이 있었다는 것은 매우 심각한 문제였다.

이용익에 대한 탄핵 이제 대규모 '반격'을 위한 만반의 준비가 끝났다. 11월 27일, 열네 명의 대신들이 이용익은 대역 죄인이며 즉시 처형해야 한다고 주장하는 상소를 올렸다. 고종 황제는 조금 시간을 두고 진상을 파악하자고 제의했으나, 같은 날 저녁 같은 사람들이 한층 격한 논조로 쓴 상소문을 또다시 올렸다. 그리고 이튿날 아침 세 번째 상소문을 올렸다. 이들의 강력한 권고에 엄 상궁 자신과 기타 많은 관리들의 읍소가 추가되었다.

한 떼의 관리들이 궁궐 대문에 몰려와 무릎을 꿇은 채 고종 황제의 어명을 기다렸다. 모인 군중 중에서 그의 죄목은 핑계일 뿐이며 그것도 아주 근거가 미약하다는 것을 아는 사람은 단 한 사람도 없었다. 그것은 황제의 뜻에 반하는 강력한 집단의 의지였다. 양측의 긴장은 한껏 고조되었다. 마침내 고종 황제는 마지못해 동의했다. 아니, 동의의 뜻을 표시했다. 하지만 그는 처음에는 피고의 모든 관직과 명예를 박탈하고 그가 갖고 있는 모든 장부를 내놓으라고 명했다. 이것은 표면상 이자에게 씌워진 혐의에 걸맞은 합당한 조치였다. 이것은 '다이아몬드로 다이아몬드를 자르는' 경우에 해당하는데, 이번에는 황제의 예리함이 승리한 셈이었다.

복잡한 장부가 이용익의 목숨을 살리다

기소한 측은 처형하기 전에 피고로부터 부정 소득을 토해내도록 하는 조치에 반대할 명분이 없었다. 하지만 바로 이 대목에서 그들은 이용익의 수에 넘어갔다. 이용익은 의도적으로 자신이 관리하는 거래 계좌를 다른 사람이 모두 파악하려면 한 달쯤 걸리게끔 관리해왔던 것이다. 오로지 그만이 해결의 열쇠를 쥐고 있었다. 그 무엇도 끔찍한 고초를 겪고 있으면서도 극도의 냉정함을 유지하고 있는 자를 꺾을 수 없는 법이다. 그러다 한 번은 황제의 묵인하에 사형 판결문이 발부되었으나 그것이 대궐 문 밖으로 나가려 할 때 취소되었다는 말이 전해진다. 만약 그 문서가 궐 밖으로 나갔더라면 취소를 명해도 소용없었을 것이다.

그보다 더 간발의 차이로 목숨을 구한 사람은 조선 역사에 없었다. 이용익이 장부를 모두 제출하자 황제는 현황을 파악하는 데 며칠 걸릴 것이라고 말했다. 죄인이 실타래를 풀 수 있는 유일한 인물이었기 때문이다. 이때가 아마도 이 음모에서 가장 중요한 시점이었을 것이다. 만약 낮 시간의 분위기가 그대로 유지되어 관리들이 즉각 처형을 요구했더라면 장부고 뭐고, 형이 집행되었을 것이다. 하지만 나중에 드러났듯이, 관리들은 승리했다는 생각에 긴장을 늦추었고, 죄인은 시간을 벌 수 있었다.

러시아 경비병에 의한 구조 그는 이때를 틈타 러시아 경비병을 궐에 불러들였고, 그의 도움으로 몰래 러시아 공사관으로 달아났다. 고종 황제는 이 사건을 조만간 조사할 것이며, 관리들은 이제 해산하라고 점잖게 명령했다. 황제의 비위를 맞추기 위해 이용익을 기소한 사람들을 무고 혐의로 비난하는 상소문을 올릴 때까지, 또 한 번 상소문, 사직서, 격렬한 항의문이 쇄도했다.

황제는 이 상소를 귀담아 들었고, 영의정에게 관직을 박탈하는 벌을 내렸다. 이것을 계기로 이용익과 영의정이 모두 예전의 직책으로 복귀하고, 모두 '결혼식장의 종'처럼 사이좋게 지내자는 타협이 도출되었다.

하지만 이용익을 자신을 위해서나 조국을 위해 외국으로 보내는 게 최선의 방법이라는 판단이 내려졌고, 결국 그는 안남미 구매 사절단장으로 임명되었다. 이 직책은 이 자의 공직 생활 중 백성들이 이구동성으로 환영할 수 있는 한 단면을 연상시켰기 때문에 꽤 좋은 외교직이었다. 그는 안남미를 구매하기 위해 러시아 유람선을 타고 아서 항(여순의 별칭—옮긴이)을 향해 출발했다.

몇 주 뒤 그가 한양으로 돌아오자, 일본인들은 그가 정치권에 복귀한 것에 강력한 항의를 제기했다. 이에 맞서 러시아 당국은 그가 이 나라의 재무를 관장할 수 있는 유일한 인물이라며 이의를 제기했다. 당시의 정치 환경에서 일본의 항의는 그에게 유리한 주장이었다. 그래서 그는 순풍을 타고 권력 있는 자리에 복귀했고, 예전에 한 번도 받아본 적 없는 러시아의 전폭적인 지지를 받게 되었다. 러시아인들은 당연히 그의 정치 생명을 구해준 대가로, 그의 능력이 닿는 한도 내에서 큰 보상이 주어지기를 기대했다.

친러파 이근택, 일본의 간섭을 거부하다 이런 와중에 이근택이라는 자가 러시아 이익을 충실하게 지켜준 덕으로 실세로 부상했다. 이용익은 다소 수수께끼 같은 성격 때문에 상당히 미지의 인물로 통했다. 일본인들조차 그가 완전히 러시아 쪽으로 넘어갔다고 생각하지는 않았다. 하지만 새로이 부상한 이 인물은 철저하게 러시아 이익을 추종했다.

그가 중요한 자리를 맡자 조선 정부가 러시아에 의존하기로, 그리고 일본의 지원이나 충고를 거부하기로 결정했다는 사실이 처음으로 분명해졌다. 1902년 연말은 일본이 조선 문제의 평화적 해결 전망이 사라졌다는 걸 처음으로 인식하기 시작한 시기라고 볼 수 있을 것이다. 그러면 조선이 왜 이런 노선을 취하게 되었을까 하는 의문이 자연스럽게 따라온다.

우리는 완전히 공정한 평가 내지 의견을 구하기 위해 이 사건을 가까이에서 분석하고 있는데, 그것이 러시아가 조선 조정의 행정을 개혁하라고 요구도 하지 않았고, 야심을 드러내지도 않았기 때문이라는 점은 의심의 여지가 없어 보인다. 러시아는 조선의 정세가 옛날 방식으로 흘러가도록 방치했다. 그렇게 되면 일본의 이익은 지속적으로, 점점 크게 위협 받는 반면, 러시아로서는 실질적으로 피해를 입을 만한 상업적 이익이 없었다는 점을 잘 알고 있었기 때문이다.

러시아의 동아시아 정책 러시아가 모든 아시아 지역에서 지극히 옛날 방식의 정책을 펼치고 있다는 점을 이해하면 러시아의 조선 정책도 쉽게 이해할 수 있다. 토착민들을 점진적으로 흡수한다는 러시아의 정책은 토착민들이 러시아의 깃발 아래에 자발적으로 모일 때까지 그들을 계몽하거나 발전시킨다는 범위 이상으로 영향력을 확대하지 않았다. 그러다 일단 이런 목표가 달성되면 러시아는 토착민들이 분열되기를 끈질기게 기다리거나 그런 분열을 실질적으로 조장했다.

역사는 러시아가 식민지 시장을 확대함으로써 자국의 이익을 도모하기 위해 다른 민족의 세력을 키운 적이 없다는 것을 보여준다. 최근까지만 해도 이런 문제에서 상업적 측면은 거의 고려되지 않았고, 지금도 러시아의 상업적 이익은 독점 시장의 확보 여부에 달려 있기 때문이다.

상반되는 러시아와 일본의 목표 그래서 러시아가 동아시아를 경영하는 문제에 있어서 가장 첫 번째로 취한 조치는 지배적인 정치적 영향력을 확보하는 것이었다. 그렇다면 러시아는 행정 및 금융, 또는 기타 개혁을 왜 권고했을까? 그런 행동이 궁극적으로 자국의 궁극적인 계획에 장애로 작용할지 모르는데 말이다.

미래의 역사가들은 이런 입장과 전쟁의 결과를 토대로 전반적인 상황에 대한 정확한 견해를 취할 수 있을 것이다. 그들은 이와 같이 두 라이벌 국가들이 대립한 과거의 선례를 주목할 것이며, 이 두 국가의 국내 및 대외 정책을 비교 분석할 것이고, 그 나라들을 움직이는 정치적 동기들을 따져볼 것이며, 각국이 사용하는 정책 수단과 중재인 또는 요원으로 활용한 인물들을 분석할 것이다.

그럴 때까지는 두 열강의 정책은 모두 본질적으로는 이기적이지만, 러시아 정책의 성공에는 토착민들의 분열과 국가적인 파멸이 수반되는 반면, 일본이 성공하면 동아시아 지역이 발전한다는 현 역사 기록자들의 주장이 옳은지 그른지를 판단하는 게 사실상 불가능할 것이다.

상당 부분은 조선이 궁극적으로 이 두 열강의 양립할 수 없는 정책에 어떤 태도를 취하는가에 달려 있었다. 만일 조선이 일본 편에 서고, 나아가 전 세계의 관심을 끌고 감탄을 받을 수 있는 내부 개혁을 단행함으로써 러시아의 잠식 정책에 저항하는 일관된 의지를 보여주었다면 지금 목전에 와 있는 전쟁은 틀림없이 연기되었을 것이다. 전쟁이 궁극적으로 회피될 수 있었느냐의 문제는 대체로 현대 러시아에서 진행되고 있는 대격변의 양상에 달려 있었다.

 당시 러시아에서는 모든 강압적인 조치에도 불구하고 교육과 계몽의 물결이 민중 사이로 스며들어 점진적인 개혁이 이루어지고 있었다. 또다시 이 대목에서 미래의 역사가들은 이 전쟁이 상업적인 면에서, 산업적인 면에서, 그리고 지적인 면에서 팽창 과정에 있던 일본의 위상을 확인해주었고, 중국에게는 영토 분할이 없다는 점을 보장해주었으며, 러시아인들에게는 과감한 내부 개혁의 필요성에 눈을 뜨게 해줬다는 점을 들어, 전쟁이 지금 터진 게 잘됐다고 자신 있게 주장할 수 있을 것이다. 그리고 그는 조선 자치의 일시적인 유예는 동아시아 지역, 나아가 전 세계에 돌아가는 그 엄청난 이익을 얻기 위해 지불해야 하는 작은 비용에 불과하다고 말할 수 있을지도 모른다.

러시아와 일본이 충돌하다

이용익의 귀국과 일본은행에 대한 공격 1903년에는 일본과 러시아 사이의 여러 가지 갈등이 절정으로 급속히 치달았다. 양국의 풀기 어려운 갈등을 해결하는 유일한 길은 전쟁밖에 없다는 것이 이미 거의 확실해졌다. 그런 전망을 뒷받침하는 추가 증거가 필요했다면 이 해에 그 증거가 제시되었다.

포트 아서라고 불린 여순에 머물던 이용익은 귀국할 경우 강력하게 후원해주겠다는 약속을 황제로부터 받았다. 그를 여순보다는 한성에서 더 잘 이용할 수 있는 러시아가 이용익의 뒤를 보아주고 있는 것이 분명했다. 그는 전보를 쳐서 1만 5천 가마의 안남미를 요청했고 쌀이 인도되는 날 제물포에 도착했다. 일시적으로 품귀 현상을 빚어 백성들이 크게 환영한 이 쌀은 일종의 평화 제의였다.

그의 귀국은 일본의 각종 이권에 대한 맹렬한 공격 신호였다. 앞서 9월 11일 외부대신 서리는 일본은행 화폐가 조선 정부 화폐가 아니므로 안전하지 않다고 주장하며 사용을 금지하는 명령을 내렸다. 우리가 이미 본 바와 같이, 일본은행 측에서 보면 자기네 화폐의 발행 및 유통을 조선 정부로부터 허가받았기 때문에 이 명령은 노골적인 약속 위반이었다.

각료의 반열에 있는 사람이 이와 같은 행동을 할 정도로 상식이 결여된 것은 상상하기 어려운 일이었다. 일본 당국이 즉각 강력하게 항의했던 것은 물론이다. 그리고 조선 정부는 금지 조치를 철회함으로써 망신을 당했다. 일본은행 화폐의 유통에 대한 모든 거부 조치를 철회하라는 명령을 각 도의 감사들에게 내리겠다고 조선 정부가 약속했으나 이 약속은 지켜지지 않았다.

귀국한 지 얼마 안 된 1월 17일 이용익은 일본은행을 맹렬히 비난했고, 탁지부아문은 외부아문에 각서를 보내 외부아문이 무슨 권리로 나라의 재정 문제에 개입하느냐고 따졌다. 일본 화폐를 유통시킨 조병식은 외부아문에서 해임됐고 이용익이 전권을 장악하게 되었다.

며칠 뒤 한성판윤은 일본은행 화폐를 사용하면 엄벌에 처한다는 공문을 돌렸다. 이 공문은 전국에 전달되었고 즉각 일본은행의 예금 인출 사태가 벌어져 은행은 최대의 곤경에 처했다. 물론 일본인들은 보복 조치를 취할 수 있는 위치에 있었다. 날카로운 설전이 몇 차례 벌어진 후 총애 받는 대신의 허세는 용두사미로 끝났고, 조선 정부는 매우 굴욕적인 방법으로 사과했다. 우리는 일본과 실제로 대결하는 순간에 러시아가 이용익을 지원하지 않은 사실을 주목할 필요가 있다.

러시아의 목재 벌채권 1903년 초, 정부가 많은 조선 청년들을 러시아에 유학 보내기로 결정함으로써 러시아의 영향력이 압도적으로 우세하다는 사실이 드러났다. 그러나 막상 유학생 선발에 착수했을 때 참가 희망자가 없다는 사실이 밝혀졌다. 그것은 부분적으로 다음과 같은 이유 때문이었다. 조선 당국이 해외 유학생들을 자상하게 돌보지 않는다고 사람들은 생각했다. 또 유학생들에게 지원되는 송금이 완전히 끊어지지는 않았으나 전달이 장기간 지연되고 있었다.

그해 초 러시아가 압록강 유역의 삼림 벌채권을 조선 황제로부터 허가 받는 사건이 발생했다. 이 벌채권 교섭은 비밀리에 비공식적으로 진행되었고 조선 정부는 벌채권 이익 중 10분의 1의 배당을 받지 못했다. 이 조치로 조선 정부는 가장 훌륭한 수입원 하나를 박탈당했고, 당장 하찮은 소액의 대가를 받는 대가로 미래에 생길 거액의 수입을 희생시켰다.

또 벌채로 생기는 이익의 일부를 조선 정부가 받는다는 약속이 있었으나, 조선 정부가 자국의 이익을 지키기 위해 감독할 권한을 갖는다는 조항은 계약에 들어가지 않았다. 러시아 정부는 벌채권 교섭에 착수한 직후부터 벌채와 관련된 항구 시설을 제공하라고 끈질기게 요구했다. 항구는 용암포로 결정되었고, 조선 정부는 벌채 목적으로 러시아가 항구를 사용하는 것을 허용하라는 요구를 받았다.

점괘로 뒷받침된 조선 분할론 러시아의 이 같은 조치는 일본과 대다수 열강들에게 강한 인상을 주었다. 열강들은 이 조치로 러시아가 조선 땅에 발판을 마련했다고 생각했다. 또 러시아는 일단 얻은 조차지를 돌려주지 않는다는 것을 이전의 역사가 보여주었다. 조선 북부에서 러시아가 벌이는 활동을 지켜본 국제사회는, 한반도의 남부에서는 일본의 영향력이 우세하고 북부에서는 러시아가 우세하다는 생각을 하게 되었다.

이로 인해 조선인들 사이에 온갖 종류의 소문이 나돌게 되었다. 조선인들은 이런 상황에 맞는 예언을 찾기 위해 옛날 서적을 샅샅이 뒤졌다. 이런 예언 가운데 하나를 소개할 가치가 있다. 왜냐하면 국가적 위기 때마다 예언에 의존하는 조선인들의 성향을 그 예언이 잘 보여주기 때문이다.

이 예언의 내용은 대략 다음과 같다. '흰 소나무가 자랄 때 반도의 북반부는 북쪽 오랑캐의 땅이 되고, 남반부는 새우에게 점령당한다.' 형태로 볼 때 일본은 새우를 닮은 반면, 북쪽 오랑캐는 러시아인을 뜻한다는 말이 나돌았다. 백성들은 '흰 소나무'가 전신주를 의미한다고 해석했다. 따라서 이 예언은 조선이 외국과의 교류에 문호를 개방할 경우 러시아와 일본에 의해 분할되는 것을 의미하는 것으로 생각되었다. 이 예언이 백성들을 눈에 띄게 동요시켰다고 말할 수는 없다. 이 예언이 가치를 지니고 있다면 그것은 백성들의 일반적인 불안과 의심을 합리화해주었다는 점이다.

전체적으로 조선인들은 러시아와 일본 사이에서 항상 합리적이고 일관된 태도를 유지해왔다. 조선인들은 일본과 가까이 접촉했기 때문에 일본에 대해 더 큰 적개심을 갖고 있었다. 그러나 가슴속에는 러시아를 경계하도록 만드는 두려움이 깃들어 있었다. 조선인들은 힘이 있었다면 "우리는 두 나라로부터 해방되기를 기도하겠다."고 말했겠으나 그 말을 입 밖에 내지는 못했다.

일본, 영국, 미국이 용암포 개항을 요구하다 일본이 외국과의 무역을 위한 용암포 개항의 필요성을 조선 정부에 강조하기 시작했으나, 러시아가 반대하도록 조선을 설득했던 것은 물론이다. 용암포 개항 요구에 영국과 미국이 가세했다. 미국은 용암포 바로 건너편에 있는 안둥(현재의 단둥) 항의 개항을 이미 준비하고 있었으며, 무역을 위해서는 압록강의 조선 쪽 항구를 개항하는 것이 매우 바람직했다.

미국은 러시아의 항구 장악에 대해 구체적으로 언급하지 않았으나 용암포를 개항하라는 국제적 압력이 조선 정부에 가해지고 있었으므로, 자국이 원하는 목표 달성을 위해 이번 기회에 개항 압력에 가세하는 것이 좋다고 생각했던 것이다. 또 전면적인 개항은 압력을 가하는 열강들보다 조선에 더 큰 이익이 될 것으로 생각했다. 그리고 그런 조치는 러시아의 침공을 억제하고 조선에 대한 러시아의 속셈을 무력화시키게 될 것으로 생각했다.

러시아가 용암포 개항을 방해하다 그러나 한양에 미치는 러시아의 영향력이 너무나 강했다. 러시아는 이용익의 명분을 지지하지 않았고, 조선 정부는 아주 그럴듯한 핑계를 대며 용암포 개항을 보장하라는 열강들의 요구를 거부했다. 마침내 미국 정부는 요청을 수정하여 의주 개항을 요구했으나 이 요구에 대해 러시아는 다른 요구 못지않게 강력히 반대했다. 조선 국경에 대한 러시아의 이런 비타협적 태도가 일본이 이미 확실히 작심한 것으로 보이는 입장을 확인해주는 계기가 되었다는 데는 거의 의심의 여지가 없었다. 러시아를 조선 땅에서 물러나게 하는 유일한 방법은 무력뿐이란 사실이 아주 분명해졌다.

러시아인들이 북부 국경 지역에서 일방적인 주장만 앞세우면서 협정 문안의 모든 표현상의 허점을 악용한다는 보고가 여름 내내 북부 지방에서 들어왔다. 러시아 벌목업자들이 협정에 명시된 각종 제한을 위반한다는 보고가 계속 한양에 접수되었으나 이를 막는 사람은 없었다. 침략당한 지역을 순찰하는 것은 불가능했으며 조선 정부가 이 같은 러시아의 강압에 분노한 것으로 믿을 만한 이유가 있다. 조선 정부가 파견한 관리들이, 허가 없이 세워진 러시아의 전신주를 계속 쓰러뜨렸는데 중앙정부는 이를 제지하지 않았던 것으로 보이기 때문이다.

용암포 개항에 관한 러시아와 조선의 협정 초안 전문이 여름에 공개되자 일본 정부가 강력히 항의했다. 일본은 항의가 단순한 형식에 불과하다는 것을 알았겠지만 조선 측의 이런 자살행위에 항의할 의무가 있다고 자부했다. 러시아의 오만과 무례한 태도는 용암포의 명칭을 포트 니콜라스로 바꾸는 수준에 이르렀다.

일본 상인들이 대출해준 돈을 거둬들이다 10월에 한양 주재 일본 상인들과 다른 상업 단체들은 전쟁을 확고하게 예상하여 대출한 돈을 걷어 들이기 시작했다. 모든 중개상들과 대출 기관들은 거래를 중단한 뒤 추가 대출을 거부했다. 이들은 당분간 영업을 중단하는 것이 좋을 것이라는 암시를 받은 것이 거의 확실시된다. 이때부터 선전포고까지 조선인들은 극도로 가슴을 졸이면서 기다렸다.

조선인들은 전쟁이 일어나면 모든 것이 파괴되는 것으로 알고 있었다. 그들은 현대 전쟁의 전투 수칙이나 비전투원의 특권을 전혀 모르고 있었다. 조선인들에게 전쟁은 사회 기반 자체의 파괴를 의미했고, 조바심치는 조선인들은 전쟁이 조선 땅에서 벌어질 것인지 아니면 만주에서 벌어질 것인지를 수없이 질문했다. 조선인들은 또다시 '두 마리 고래 사이에 낀 새우'가 되었고, 누가 이기든 조선은 승전국의 전리품이 될 것이므로 이중의 괴로움을 겪게 되었다.

조선 전당포의 휴업 동아시아의 역사 전체에서 가장 획기적인 해로 기록될 1904년은 조선에서 가장 불만스러운 몇 가지 사건으로 시작되었다. 이제 일본과 러시아가 오래지 않아 칼끝을 맞댈 것이 아주 확실해졌다.

두 강대국의 협상이 상트페테르스부르크에서 진행되고 있었으나 나중에 밝혀지는 바와 같이 협상 성과는 극도로 불만스러웠다. 일본은 2월 9일 시작될 공격 준비를 마치고 있었다. 물론 일본의 전쟁 계획은 공개되지 않았으나 이미 전운이 감도는 가운데 모든 사람들은 곧 닥쳐

올 충격에 대비하여 긴장하고 있었다.

　일본인 금전 대출업자들이 모든 거래를 중지한 데 이어 조선의 전당포 업자들이 1월에 영업을 중단했다. 개인 소지품을 일시적으로 전당 잡히지 않으면 살 길이 막막한 수도의 빈민들이 가장 큰 타격을 입을 수 있는 한겨울에 전당포들이 문을 닫았던 것이다. 이와 더불어 닥친 혹한이 사회적 불안을 악화시켜 위험한 수준까지 도달했다. 일부 조선 신문들은 자국민들이 처한 각종 곤경을 확대함으로써 불안의 불씨에 부채질을 하는 우를 범했다. 신문들은 정부를 겨냥하여 신랄한 논평을 가했지만 외국인들에 대한 조선인들의 반감을 선동하는 경향이 농후했다.

외국 공사관들의 경비 강화　1월 내내 각국 공사관은 공관 및 자국 시민들을 보호하기 위해 경비 병력을 배치했다. 조선 정부는 이처럼 매우 자연스럽고 전적으로 정당한 조치에 유감을 표시했다. 정부는 외국 군대의 주둔에 계속 항의했는데, 마치 외국 군대의 입국이 조선을 모욕하는 조치로 생각하는 듯했다. 다시 말해 조선의 해당 관리들은 상황을 정확하게 진단하는 작업에서 극도로 무능함을 드러냈다.

　한성에 주둔한 조선 군대의 불만이 매우 크고 보부상 조합이라 불리는 위험한 분자들이 과격한 행동에 나설 능력이 있다는 것은 이미 잘 알려진 사실이었다.

　러시아와 프랑스를 제외한 서양인들에 대한 이용익과 이근택의 비우호적인 태도는 두 사람이 보부상과 다소 가깝다는 사실과 더불어 서양인들이 취한 예방 조치의 충분한 이유가 되었다. 그러나 조선 신문들은 정부와 군대를 조롱함으로써 상황을 악화시켰다. 한때 외국인들은, 조선 백성들이 공공연히 폭동을 일으킬 가능성뿐만 아니라, 일부 폭력적인 단체가 정부 당국의 사주를 받고 문제를 일으키지 않을까 걱정했다. 조정의 총애 받는 대신들의 분별력에 대한 외국인들의 불신이 그 정도로 컸던 것이다.

우려되는 민중 봉기 문제가 벌어질 경우 일본이 수도를 단기간 안에 장악하리란 것이 상당히 분명해졌다. 러시아를 열렬히 지지하는 관리들이, 러시아의 보호 조치에 실망할 경우 혼란을 틈타 탈출하기 위해 대대적인 폭동을 일으킬 가능성이 우려되었다. 민중 봉기의 빌미를 주지 않기 위해 외국인들은 극도로 조심할 필요가 있다고 생각했다. 사고 가능성을 미연에 방지하기 위해 전차는 운행 속도를 줄였다. 왜냐하면 사소한 부상자가 발생할 경우라도 민중 봉기에 불을 붙일 수 있는 불씨가 될 가능성이 있었기 때문이다.

그러나 민중의 동요는 한성에만 국한된 것이 아니었다. 남부의 두 도에서 심상치 않은 동요가 시작되었다. 보고에 따르면, 관아의 경찰 역할을 하는 아전 수백 명이 대대적인 봉기에 앞장설 준비를 하고 있다는 것이었다. 아전들이 주민들을 확고하게 장악한 사실에 비추어볼 때 아전 주도의 봉기가 1894년의 동학 때보다 훨씬 심각한 사태를 초래할 가능성이 있었다. 북쪽에서도 불만에 찬 주민들이 단체를 조직하고 있다는 보고가 끊임없이 들어왔고 그 지역의 외국인들은 이런 상황을 과거에 본 적이 없다고 확인했다. 외국인들 가운데 한 사람은 돌아오면 죽이겠다는 협박을 당한 뒤 한 농촌 마을에서 쫓겨났다.

평양에 주둔한 조선군 병사들이 아전들과 합세하여 부자들의 집에 쳐들어가 돈과 물건을 약탈했다. 당국이 문책을 했으나 소용이 없었다. 1월 20일이 되자 한성의 긴장이 극도로 높아졌고, 상당히 많은 조선인 부자들이 가족과 귀중품을 지방으로 옮기기 시작했다.

조선의 중립 선언 조선의 북부 지역을 중립지대로 만들고 남부 지역에 대한 일본의 영향력을 보장한다는 제안이 러시아로부터 나왔다는 소식이 1월 20일경에 전해졌다. 이는 결렬 단계에 도달한 상트페테르스부르크 회담의 메아리에 불과했다. 일본의 견해를 알고 있던 사람들은 이 소식을 듣고 전쟁만이 문제를 해결할 수 있다고 확신했다.

이튿날 조선 정부는 러시아와 일본 사이에서 중립을 지키겠다는 포고령을 발표했다. 선전포고나 전투 행위가 이루어지기 전에 나온 이 기묘한 조치는 러시아의 술책이란 것이 어느 정도 드러났다. 전쟁이 벌어질 경우 일본이 군대를 먼저 출동시키고 자연히 조선은 러시아군을 공격하는 일본군의 진격 통로가 되리란 것은 분명한 사실이었다. 그래서 러시아와 일본이 평화를 유지하고 있는 동안 러시아가 조선을 설득하여 성급한 중립 선언을 하도록 만든 것이 분명했다.

즉, 이것은 일본군이 조선 영토를 이용할 경우에 대비한 조치였다. 이 조치가 발표될 당시 외부아문은 모든 실권을 박탈당한 채 러시아에 우호적인 조선 관료들이 정부의 권위를 빌어 자기네 뜻을 발표하는 입 노릇밖에 하지 못했다. 조선 조정의 실세 대신 2명이 러시아에 한성 궁궐을 수비할 병력의 파견을 요청하자고 강력히 주장한 사실이 이미 알려졌고, 일본은 중립 선언에 위배되는 증거를 열심히 찾고 있었다.

따라서 며칠 뒤 일본군이 압록강에서 배 한 척을 적발하여, 병력 파견을 요청하는 편지를 갖고 여순 항으로 가고 있던 조선인 한 명을 붙잡았을 때 중립의 정신은 존재하지 않는다는 것이 지극히 명백해졌다. 중립을 선언한 바로 그 관리들이 보낸 이 편지는 정부의 공식 편지 양식은 아니었다.

일본이 이름만 존재하는 중립 선언을 침해한 행위가 정당화될 수 있느냐 여부는 후세의 역사가들이 판단할 몫이다. 또 중립 선언으로 위장한 채 일본의 국익에 명백히 반하는 방식으로 조선이 행동한 것을 입증하는 것이 정당화될 수 있느냐 여부도 후세 역사가 판단할 몫이다.

일본, 조선에 군사기지를 세우다 1월 내내 일본은 부산과 한성 사이에 24킬로미터 간격으로 군사기지를 세우는 작업으로 바빴다. 기지마다 20 내지 30명의 군인을 수용하기에 넉넉한 건물을 지었다. 1월 22일 이지치 장군이 일본 공사관 무관으로 한성에 부임했다. 그 정도 계급의 인물을 임명한 것은 매우 중요한 조치였으며 러시아가 자국에 임박한 위험을 깨닫는 계기가 되었어야 마땅했다.

그러나 러시아는 주의를 기울이지 않았다. 4일 뒤 이지치 장군은 조선 정부에 러시아 및 일본에 대한 조선의 입장을 분명히 밝히라는 최후의 요청을 했다. 외부아문은 조선은 완전히 중립이라고 대답했다. 이틀 후 일본은 제물포에서 남쪽으로 몇 시간 거리에 있는 군산 항에 대량의 보리와 협궤철도 건설 자재를 하역했다. 일본에 유학 중인 조선 학생들이 29일에 전원 본국으로 소환되었다.

2월 1일, 문제가 악화되고 있는 사실을 모르는 나라는 러시아뿐인 듯했다. 그렇지 않았다면 러시아가 2월 2일 제물포 항 앞에 있는 월미도 창고에 1,500톤의 석탄과 상당량의 보리를 왜 새로 쌓아놓았겠는가? 2월 7일, 조선 정부는 수천 명의 러시아 병력이 국경으로 접근 중이며 일본 상인들을 비롯한 외국인들이 철수할 준비를 하고 있다는 급보를 의주로부터 받았다. 같은 날 외부아문은 개항한 모든 항구에 중요한 모든 동향을 즉각 전보로 보고하라고 긴급히 지시했다.

2월 8일, 일본은 자국이 장차 취할 조치는 올바르고 정의로운 동기에 따른 것이며, 조선인들의 재산과 권리는 존중될 것이라는 내용의 포고문을 한성과 부근 지역에 붙였다. 조선인들이 부당한 취급을 당할 경우 즉각 일본 당국에 보고하면 바로 시정될 것이라고 약속했다. 이날부터 제물포 항은 일본군에 의해 사실상 봉쇄되었고 일본의 허가를 받아야 선박의 입항과 출항이 가능했다.

일본의 대조선 정책, 독립국 유지냐, 보호령이냐 일본과 러시아가 실질적인 파국에 도달한 이 시점에서 구체적인 전쟁 설명에 들어가기에 앞서 전쟁이 조선에 미칠 정확한 영향을 지적할 필요가 있다. 일본은 조선의 정치 상황과 대외 관계가 자국의 이익에 중요한 것으로 항상 간주해왔다. 영국이 과거에 영국 해협 동쪽 끝 5개 항구를 전쟁의 유력한 기지로 중시했던 것처럼 일본은 조선에 주목했다.

그래서 조선이 완전한 독립을 유지하는 것과 조선이 일본의 보호령이 되어야 하는 것, 이 두 가지가 필수적 요소로 간주되었다. 일본의 정치 파벌들은 이 두 가지 개념을 놓고 예전부터 열띤 토론을 벌였으며, 그것은 종종 분쟁으로 비화하기도 했다.

한 급진적인 파벌은 조선에 대한 일본의 종주권을 확립하고 유지해야 한다는 주장을 일관되고 끈질기게 펴왔으나 일본 당국은 사쓰마 반란과 같은 부작용을 초래할 것을 우려하여 조선에 대한 강경책을 꺼리고 있었다. 노선이 훨씬 온건하고 합리적인 또 다른 대규모 파벌은 조선의 독립을 유지시키는 정책을 지지했다. 그들은 조선의 독립을 유지한 채 자원을 점진적으로 개발할 경우 일본은 조선을 통치하는 부담을 지지 않을 뿐만 아니라, 통치에 수반되기 마련인 조선인들의 폭력 저항에 부딪히지 않고 모든 물질적인 이익을 취할 수 있다고 주장했다. 이는 옳은 생각이었다. 후자의 견해가 정책을 주도했고 지난 30년 동안 일본은 이 정책을 시행하기 위해 노력했다.

중국이 조선에 대한 종주국 지위를 적극 주장할 당시, 일본은 이 정책에 따랐고 마침내 1894년 전쟁을 일으켜 조선의 독립 문제를 최종적으로 매듭지었다. 그러나 이런 일본의 정책 추진에 뒤이어 만주를 침략한 러시아가 조선에 대한 적극 개입 정책을 채택했다. 조선의 본질적인 자치를 유지하려는 일본의 노력은 부분적으로 자국 외교관들 및 기업들의 실책과 조선 관리들의 무기력과 부패로 인해 실패했다. 후자가 더 큰 원인으로 작용했다.

러시아의 조선 침략을 저지하라 조선의 수도에 파견된 차르의 신하들은 조정의 가장 부패한 관리들을 이용하여 일본의 모든 이권에 사사건건 제동을 걸었다. 그뿐만 아니라 러시아 관리들은 조선의 몇몇 항구에 대한 독점적인 사용권을 요구하여 용암포에서 조선의 주권을 침범하는 데 성공했다. 러시아의 명백한 정책은 조선에서 일본을 대신하는 것이었으며, 조선을 러시아 지도에 편입시키는 것이 그들의 궁극적인 목표란 것을 누가 보아도 알 수 있었다.

그러므로 일본은 러시아의 조선 영토 침략을 저지함으로써 자국의 중요한 이권을 보호할 필요성이 대두되었고, 이것이 전쟁의 원인이 되었다. 일본은 생존 때문에 러시아와 전쟁을 벌이는 것이 아니었다.

그러나 문제 해결을 무력에 호소하기에 앞서, 일본은 러시아가 동아시아에 대해 품고 있는 의도를 구체적으로 드러내도록 만들기 위해 모든 노력을 기울였다. 세계가 존경할 만한 인내심을 발휘한 일본은 러시아가 제멋대로 만주를 차지하는 한편, 일본의 이권 행사를 조선의 남부로 한정시키겠다는 의도를 드러낼 때까지 러시아의 속셈을 계속 캐물었다. 러시아는 자국이 만주에서 취한 것과 같은 조치를 일본이 조선 남부에서 취해서는 안 된다는 조건까지 달았다.

로젠 러시아 공사가 도쿄에서 철수하다　이러는 동안 일본 국민들은 계속 전쟁을 주장했다. 일본 국민은 적에게 대항하기를 원했다. 그러나 일본 정부는 노련하게 여론을 억제하면서 당대의 대다수 외교관들이 놀랄 정도로 전쟁 준비를 극비리에 추진했다. 마침내 공격의 때가 왔을 때 일본은 국민의 열망을 약화시키지 않은 채 선전포고를 하는 한편, 일본이 국민의 강요에 굴복했다는 비판의 여지를 남기지 않았다.

일본이 더 이상 물러설 수 없는 최소의 요구 사항을 러시아에 전달했을 때 누가 보아도 전쟁은 불가피해졌다. 그러나 직접적인 증거가 사실이라면, 그 시점에서도 대다수 러시아인들은 일본과의 전쟁을 있을 수 없는 일이라면서 웃어넘겼다. 러시아는 일본의 겸손하고 절제 있는 태도를 망설임으로 판단했기 때문에, 결정적 행동의 순간에 일본이 새끼를 빼앗긴 암호랑이처럼 러시아에 덤벼들자 러시아는 상황을 잘못 판단했다고 비명을 질렀다.

러시아 공사 로젠 남작이 도쿄에서 신임장을 돌려받은 것은 2월 7일 오전이었다. 6일 저녁에 일본 공사는 상트페테르스부르크를 떠났다. 공사의 철수 자체가 선전포고였으나 일본이 선제공격에 나선 것은 그로부터 48시간 뒤였다. 일본이 한성으로 가는 전보의 전달을 거부했음에도 불구하고, 그 시간 동안 러시아는 제물포에 정박한 자국 선박들을 철수시킬 수 있는 충분한 여유가 있었다. 여순 항의 쾌속정이 철수 명령을 쉽게 전할 수 있었던 것이다.

안일한 러시아 함대　일본이 군산 혹은 아산 또는 두 지역에 대규모 병력을 상륙시키고 있다는 소식이 한양에 나돈 것은 6일과 7일이었다. 이런 소식은 헛소문으로 밝혀졌으나 일본 함대가 실제로는 제물포에 접근하고 있었다는 사실이 이 소문에 가려져 있었다. 이런 소문이 현실화되기 전에 러시아 공사가 자국 선박의 함장들에게 정보를 알려주어 제물포에서 철수하도록 주선하지 않은 이유가 무엇이냐 하는 질문이 끈질기게 제기되었다. 그 해답은 러시아 공사가 자국 선박에 대한 통제권을 갖지 못했다는 사실이다.

선박들은 제물포에 머물라는 명령을 받은 상태였기 때문에 계속 머물 수밖에 없었다. 민간과 육군 및 해군 당국이 각자의 이익을 위해 최소한의 접촉을 유지하며 서로 활용해야 한다고 생각하는 사람도 있었을 것이다. 러시아 해군 함정들은 아직 상황의 심각성을 깨닫지 못했음에도 불구하고 제물포에 떠도는 소문을 여순의 상부에 보고할 때가 되었다고 판단했다. 그리하여 소형 포함인 코리에츠 호가 출항 준비를 했다. 함장인 빌라이에프는 제물포에 정박 중인 러시아 기선 숭가리 호가 코리에츠 호와 함께 출항하여 호위를 받는 것이 좋겠다는 제안을 자국 공사에게 했으나, 기선을 소유한 회사의 직원들이 이런 시기에 중립 항을 떠나는 것을 강력히 반대했다.

일본, 어뢰 4발로 전쟁의 신호탄을 올리다 빌라이에프는 사태의 심각성을 어느 정도 깨달았던 것이 분명하다. 그리하여 숭가리 호는 항구에 머물렀고 코리에츠 호는 오후 2시에 출항했다. 제물포 항은 보는 관점에 따라 육지에 둘러싸였다고 볼 수도 있고 아니라고 생각할 수도 있는 약간 묘한 항구이다. 항구를 둘러싼 몇 개의 섬 사이에는 외해로 나가는 여러 개의 수로가 있다. 그러나 수로의 대부분은 수심이 얕아서 중형 선박은 드나들기가 어렵다. 공인된 입구는 하나뿐인데 남서 혹은 남남서 방향에 있다. 폭이 몇 킬로미터인 이 입구 중심에는 섬이 있다. 코리에츠 호가 항구의 출구에 도착했을 때 주변을 둘러싸고 있는 어뢰정들이 갑자기 눈에 들어왔다.

이 순간 벌어진 사건을 목격한 증인들은 일본인들뿐이며 러시아 사람들과 우리는 일본인들의 설명을 소개할 뿐이다. 일본인들이 코리에츠 호에 어뢰 4발을 발사했는데, 배로부터 3미터 거리에서 물속으로 들어갔다고 러시아인들은 말한다. 또 다른 설명에 따르면, 코리에츠 호에서 대포 한 발이 발사되었는데 이는 순전히 사고였다는 것이다. 일본인들은 코리에츠 호가 먼저 사격을 가했다고 주장한다. 우리가 가능성을 저울질해볼 때, 러시아인들이 주장하는 것처럼 가까운 거리라면 일본 어뢰정들이 코리에츠 호를 못 맞추었을 리가 없다.

반면에 사고일망정 코리에츠 호에서 먼저 포를 발사했다고 한 명의 러시아인이 인정한 사실은 러시아 측에 상당히 불리하다. 왜냐하면 바로 그 시간에 사고가 일어났다는 것은 매우 이례적이기 때문이다. 이처럼 불완전한 해명은 일반인들이 납득하기 어렵다.

좌우간, 누가 먼저 발포했느냐는 별로 중요하지 않다. 일본인들은 부산 항에 러시아 기선 무크덴 호를 이미 억류해놓은 상태였고, 전쟁은 시작되었다. 싸울 필요가 있을 경우 먼저 호된 공격을 하는 쪽이 유리하다는 폴로니우스(셰익스피어의 『햄릿』에 나오는 덴마크의 재상—옮긴이)의 말에 일본은 공감했을 것이 분명하다.

코리에츠 호는 뱃머리를 항구로 돌렸고 러시아인들은 자기네가 중대한 위험에 처했다는 사실을 깨달았다. 전반적인 상황에 대해 어떤 태도를 취하든, 주로 제물포의 러시아인들을 동정하지 않을 수 없다. 그들은 자신의 잘못도 없이 항구에 갇히는 신세가 되었고, 국가의 명예를 지키기 위해 가망 없는 전투를 치를 수밖에 없다는 것을 뒤늦게 깨달았다. 그러나 일본군이 항구의 중립 상태를 무시할 것인지는 아직 확실치 않았다. 중립 항에서 중립국 선박들 사이에 닻을 내리고 있는 동안에는 어느 정도 안전하다고 믿을 만한 이유가 있었다.

일본 함대가 중립 항구인 제물포에 입항하다 월요일인 2월 8일 오후 4시 무렵 3척의 일본 수송선이 여러 척의 순양함과 어뢰정의 호위를 받으며 남쪽으로부터 제물포에 들어왔다. 일본 선박들은 정박 중인 2척의 러시아 배를 거들떠보지 않았다. 일본인들은 러시아인들이 일본 수송선에 발포하지 않을 것으로 확신한 것이 분명했다. 일본인들이 다음 3가지 가정 중에 어느 것을 입항의 판단 근거로 삼았는지 질문해보는 것도 재미있을 것이다.

첫째, 제물포 항은 중립이 선포된 항구다. 둘째, 일본 측의 화력이 우세하여 러시아인들이 공격을 삼갈 것이다. 셋째, 러시아인들이 선제공격을 하지 말라는 명령을 받았을 것이다. 그러나 이와 같이 대답이 불가능한 질문을 하는 것은 무익하다. 이 경우 공격자가 유리하다. 공격자는 공격의 시간과 방법을 선택할 수 있다. 일본인들의 의중을 짐작했을 경우와 자기네가 달리 행동했을 때 생기는 결과를 러시아인들이 예상했을 것으로 우리는 추측할 수 있다. 그러나 러시아인들이 일본인들의 의중을 꿰뚫어보는 데 능한 것 같지는 않았다.

일본 선박들이 닻을 내린 직후 병력을 하선시킬 준비가 진행되는 동안 호위하던 순양함들과 어뢰정들은 항구를 떠나 외해의 함대에 합류했다. 이 함대는 6척의 순양함과 몇 척의 어뢰정으로 구성돼 있었다. 순양함들 중 아사마 호와 치요다 호가 가장 강력했는데, 전자는 바리아크 호의 절반에 가까운 크기였다.

밤이 다가오는 가운데 일본군 병사들은 부두에 오랫동안 거대한 장작불을 피워놓고 그 불빛 속에서 상륙한 다음 시내로 행군해 들어갔다. 아침이 되자 모든 사람들이 기대에 부풀었다. 항구 바깥에 일본 함대가 정박해 있다면 러시아 선박들을 단순히 정찰하는 일 이외의 다른 업무가 반드시 있었을 것이다. 일본 함대는 러시아 선박들을 뒤에 두고 갈

수가 없었다. 왜냐하면 그 가운데 한 척은 러시아에서 가장 빠른 순양함인 데다 언제 항구를 빠져나와 일본 수송선들을 파괴할지 알 수 없기 때문이었다.

지금 우리가 알고 있는 바와 같이, 여순에 대한 즉각적인 공격이 결정되었기 때문에 일본 함대가 이 러시아 배들을 뒤에 남겨두는 것이 불가능하다는 것을 우리는 안다. 일본은 조선의 중립을 한 번도 인정하지 않았다. 왜냐하면 중립 선언이 일본을 혼란에 빠뜨리기 위한 러시아의 술책에 불과하다는 것을 알았기 때문이다. 그리고 일본은 얄팍하게 위장된 조선의 중립을 깨는 것을 조금도 망설이지 않았다.

러시아, 결전 의지를 다지다 10시경 봉함된 편지 한 통이 바리아크 호의 함장 루드니에프에게 전달되었다. 그 편지는 일본 제독이 러시아 공사를 통해 전달한 것이었다. 항구에 거주하는 러시아인 N. 크렐이 직접 바리아크 호에 올라와 편지를 전달했다. 이 편지는 12시 이전에 러시아 선박들이 출항하여 만을 빠져 나가지 않을 경우, 일본 해군이 4시에 들어와 러시아 선박들을 공격하겠다고 루디니에프 함장에게 알리는 내용이었다.

루드니에프 함장은 이 놀라운 정보를 코리에츠 호의 빌라이에프 함장에게 통보하는 한편 영국, 미국, 프랑스, 이탈리아 전투함 지휘관들에게도 알렸다. 여러 나라 지휘관들이 참석한 회의가 열려 러시아인들에게 현 위치를 지키라고 조언한 사실을 우리는 전해 들었다.

영국 지휘관이 일본군과 협상하는 대표로 뽑혔다. 협상은 신호로 이루어졌다. 대표로 나선 영국 지휘관은 항구의 중립을 침해하겠다는 의사를 표시한 일본에 항의하고, 중립을 지키는 선박들은 출항을 거부하겠다는 의사를 밝힌 것으로 알려졌다. 그러나 러시아인들이 일본 측 도전을 받아들이겠다는 결의를 굳힘으로써 이런 성격의 복잡한 상황을 피하게 되었다. 러시아인들은 도전을 받아들이는 것이 자기 나라에 대한 도리라고 생각했다. 적과 맞선 자신들에게 항구의 중립이 아무 도움도 되지 않는다는 것을 러시아인들은 쉽게 예견할 수 있었다.

러시아 전투함들이 항구에 계속 머물 경우 프랑스와 이탈리아 및 영국과 미국을 개입시키는 데 성공하겠지만, 러시아인들을 겁쟁이라고 비난하는 사람이 반드시 나왔을 것이다. 이번 교전이 전쟁의 시작이라면 차르의 신하들이 불굴의 용기를 지녔다는 것을 최소한 보여주지 않을 수 없었다. 그리하여 바리아크 호의 함장은 전투준비를 위한 갑판 정리를 지시했다. 속력이 빠른 바리아크 호만이 신속하게 돌진하여 일본 함정들로부터 벗어남으로써 일본 측의 도전에 성공적으로 대응할 수 있었기 때문에, 바리아크 호의 함장은 코리에츠 호가 항구에 남아 있기를 원했던 것으로 알려졌다.

그러나 코리에츠 호의 함장은 그런 제안을 모두 거절했다.: 결사적인 공격만이 이번 사태에서 명예를 지킬 수 있는 유일한 방법이라면서 자신도 공격에서 빠지지 않겠다는 것이었다. 그는 출격하여 바리아크 호와 함께 침몰하기를 원했다. 그리하여 코리에츠 호도 전투준비에 들어갔다.

죽음 속으로 뛰어드는 영웅들   전투준비가 매우 시급했기 때문에 러시아인들은 불필요한 물건은 모두 바다에 던졌다. 보통의 방법으로 제거할 수 없었던 중간 돛대는 도끼로 잘라 쓰러뜨렸다. 두 전투함은 11시 30분에 운명의 길에 나설 준비를 마쳤다. 하지만 두 함선의 돌격 작전은 완전히 절망적이었다. 일본인들이 마음을 바꾸거나 무언가 중대한 실수를 범하지 않는 한 전함들의 작전이 성공할 가능성은 없었다. 그러나 일본인들이 마음을 바꾸거나 실수를 할 가능성은 없었다.

러시아 병사들은 확실한 파멸로 들어가고 있었다. 어떤 사람들은 이를 두고 용기가 아니라 만용이라고 말하지만 올바른 평가는 아니다. 어찌 되었거나 죽을 운명인 두 척의 전함을 몰고 전진하여 목숨을 바쳐 적에게 가급적 많은 피해를 입히는 것이 러시아 장교와 사병들의 임무였다.

기회가 대등한 전투에 출전하는 것은 용감한 사람들의 행동이지만, 오직 패배할 전망밖에 없는 상황에서 죽음 속으로 들어가는 것은 영웅의 행동이다. 그리고 러시아 병사들이 세운 고귀한 기록은 일본인들조차 높이 평가했다. 이 전투에 영광을 돌리기에는 아직 시간이 이르다. 우리는 시간적으로 너무 가까이 있기 때문에 이 전투를 적절히 평가하기 어렵다. 그러나 수많은 전투를 치른 역전의 용사들인 발라클라바(크림 전쟁 중 영국군과 러시아군이 싸운 지역-옮긴이)의 영웅 600명이 죽음을 향해 돌격함으로써 불멸의 명예를 얻었다면, 전투 경험도 없이 적에게 그처럼 용감하게 돌격한 이 러시아 병사들도 미래에 영예의 관을 받지 않겠는가?

6장

영화 같은 제물포 해전, 그 이후

일본 함대, 일제히 포문을 열다

날씨는 개었으나 옅은 안개가 끼었다. 항구에서는 일본 함대가 잘 보이지 않았다. 항구에서 거의 13킬로미터 떨어져 있는 데다 앞바다를 두 개의 해협으로 갈라놓은 섬이 함대를 부분적으로 가리고 있었기 때문이다. 두 해협 가운데 동쪽에 있는 해협을 향해 곧바로 나간 2척의 러시아 전함의 항해 방향은 정남에서 서쪽으로 약간 기울어져 있었다.

두 전함이 항구와 적 함대의 중간 거리까지 항진했을 때 일본 함대는 러시아 전함을 향해 경고사격을 했다. 그것은 배를 멈추고 항복하라는 신호였다. 그러나 러시아인들은 경고사격을 무시했다. 러시아 배들이 적 함대에 손상을 입힐 수 있는 유일한 기회는 사정거리를 가급적 줄이는 것이었다. 왜냐하면 바리아크 호의 대포는 구경이 약 16센티미터밖에 안 되어 원거리에서는 쓸모가 없었기 때문이다.

그때 시각이 낮 12시 5분 전이었다. 일본 함대는 접근하는 러시아 선박들을 향해 일직선으로 정렬한 상태가 아니었으며, 전체 화력을 동원하여 러시아 배들을 동시에 공격할 심산이 아닌 듯했다. 일본 군함들 가운데서 아사마 호와 치요다 호 2척만 공격에 나섰다. 일본 군함들은 경고사격을 하고 나서 얼마 후 일제히 포문을 열었다. 무시무시한 파괴의 기계에서 울려나오는 굉음이 바람 없는 고요한 만의 정적을 갈가리 찢었고 시내의 주택들을 뒤흔들었다.

바리아크 호, 쫓기듯 항구로 돌아가다

바리아크 호는 진로를 동쪽으로 트는 바람에 우현 쪽이 일본 함대에 노출됐다. 바리아크 호 주변의 바다에는 포탄이 떨어져 물거품이 사방에서 솟아올랐다. 전투가 시작된 것과 거의 동시에 배의 조타 장치가 포탄에 맞아 산산조각이 났기 때문에 엔진에만 의존하여 방향을 잡았다. 적 함대를 통과하여 도주하는 것이 불가능하다는 것을 함장은 분명히 깨달았다.

함장은 좌초될 위험이 닥칠 때까지 동쪽으로 배를 몰았다. 좌초되기 직전에 함장은 다시 서쪽으로 방향을 돌려 포물선을 그리며 일본 함대에 다가갔다. 바리아크 호가 치명타를 맞은 것은 이때였다. 12명의 포술장 가운데 10명이 포탄을 맞고 전사했다. 포탄 하나가 앞 갑판에 명중하여 허리에 손을 얹고 있던 포술장의 몸과 팔 사이를 관통하면서 앞 갑판에 있던 병사 전원이 전사했다. 양쪽 함교는 포탄의 폭발로 파괴되었고 함장은 왼팔에 중상을 입었다.

해변과 항구의 배 위에 있던 구경꾼들은 바리아크 호의 후갑판에서 섬광이 작열하는 광경을 보았고, 한 목격자는 포탄 하나가 배 바로 옆에 떨어져 흘수선 아래서 폭발하는 것을 지켜보았다. 바리아크 호에 치명적인 손상을 입힌 것은 이 포탄이었으며, 45분에 걸쳐 쉬지 않고 계속된 전투 후 뱃머리를 돌려 다시 항구 쪽으로 향했을 때 선체가 좌현 쪽으로 심하게 기울어진 모습이 목격되었다. 흘수선 아래쪽 선체의 심한 손상만이 배를 이처럼 기울어지게 만들 수 있는 유일한 원인이었다.

두 전함이 천천히 항구로 되돌아오고 있었을 때 엔진 가운데 하나가 파괴되어 기능을 크게 상실한 바리아크 호는 시속 10노트밖에 낼 수가 없었다. 추격하는 일본 전함들은 러시아 군함들이 항구에 거의 도착할 때까지 맹렬한 포격을 가했다. 이때 추격자들이 뱃머리를 돌려 전투가 끝났다. 코리에츠 호는 온전했다.

러시아 해군, "승선한 채 배와 함께 침몰하겠다" 일본 전함들은 모든 화력을 더 큰 전함인 바리아크 호에 집중시켰던 것이다. 선체가 좌현 쪽으로 심하게 기울어져 적을 향해 포를 조준하는 것이 불가능해진 바리아크 호는 전투 기계로서는 쓸모가 없어졌지만 아직 명이 다하지 않았다는 것을 누구나 알고 있었다. 러시아 군함들은 침몰하지도 않았고 항복하지도 않았다. 4시에 항구에 진입하겠다는 일본 측의 위협은 여전히 유효했다. 바리아크 호가 닻을 내린 직후 영국인들이 외과의사 1명과 간호사 1명과 함께 병원선 4척을 보내주었다. 다른 배들도 구호품을 보냈다.

그러나 러시아 병사들이 닻을 내린 채 최후까지 싸우다 마지막 순간 모두 승선한 채 배를 폭파시켜 함께 침몰하려는 계획이 알려졌다. 러시아 병사들이 달리 무엇을 선택할 수 있었겠는가? 그들은 항복을 거부했다. 배를 떠나 상륙해도 적에게 포로로 잡힐 뿐이었다. 그들은 비극적인 운명을 끝까지 받아들여 싸우다 침몰할 작정이었다. 러시아 병사들의 이런 각오를 전해들은 여러 중립국 지휘관들은 다시 회의를 열고 다음과 같은 결정을 내렸다. 러시아인들은 자기네 국가의 명예를 지키는 데 필요한 모든 노력을 다했다.

중립국 선박이 러시아 생존자들을 구하다 제물포는 중립 항이므로 생존자들에게 중립국 선박에 망명할 것을 권유할 수 있었다. 권유는 받아들여졌고, 바리아크 호에 타고 있던 64명의 부상자들은 즉시 영국 순양함 탤보트 호와 프랑스 순양함 파스칼 호로 옮겨졌다.

러시아인들이 바리아크 호와 코리에츠 호를 침몰시킬 예정이란 사실을 통보 받은 중립국 선박들의 지휘관들은 일본군의 반복된 선언에 특별한 주의를 기울이지 않았다. 일본 측은 시작한 일을 끝내기 위해 4시에 항구로 들어오겠다고 거듭 통보해왔다. 기선 숭가리 호에 탔던 승객과 승무원, 우편물은 이미 파스칼 호로 옮겨진 뒤였다. 숭가리 호를 침몰시키기 위해 배에 구멍을 냈으나 배 안에 물이 차는 속도가 매우 느렸다.

코리에츠 호의 폭파에 갈매기도 휘청거리다 대략 3시 30분이 되자 코리에츠 호의 장교들과 병사들이 파스칼 호로 옮겨 탔다. 코리에츠 호를 침몰시키기 위해 폭약에 도화선이 설치되었다. 승무원 전원이 배를 떠난 것으로 생각되었으나, 일부 목격자들은 폭발 직전 앞 갑판에 승무원 몇 명이 남아 있는 것을 보았다고 주장했다.

시내의 주민들은 코리에츠 호가 4시 이전에 폭파된다는 소문을 모두 들었다. 사람들은 장관을 구경하기 좋은 위치를 찾았다. 수십 명의 사람들은 등대가 서 있는 작은 섬으로 건너갔다. 이 섬이 폭파되는 군함과 가장 가까운 곳이었다. 운집한 구경꾼들이 두 차례 눈부신 섬광이 연달아 번쩍이는 것을 본 시각은 3시 37분이었다. 무시무시한 굉음이 잇따라 들려왔다. 이 굉음에 비하면 대포의 포성은 속삭임에 불과했다.

시내의 모든 집들이 단단한 바위에 맞은 것처럼 흔들렸다. 한 주택의 창문 고리가 뽑혀나갈 정도로 폭발의 충격은 컸다. 거대한 연기와 파편의 구름이 하늘로 치솟는 동시에 배가 있던 바다 위를 완전히 뒤덮었다. 잠시 후 부서진 목재 파편과 찢기고 휘어진 난간, 책, 의복, 밧줄, 그릇 및 배의 다른 장비 수백 가지가 하늘에서 소나기처럼 쏟아져 내리기 시작했다. 고공에서 옆으로 퍼지기 시작한 연기가 해를 가려 일식을 방불케 했다. 놀란 갈매기 떼는 처음 겪은 현상에 현기증을 느낀 듯이 갈팡질팡 날아다녔다.

사람들은 하늘에서 떨어지는 물체로부터 자신을 보호하기 위해 본능적으로 두 손을 올렸다. 고공의 기류에 실려 이동하는 파편들은 육지 쪽으로 약 5킬로미터의 거리를 날아와 주민들의 마당에 수백 개씩 떨어졌다.

연기가 사라졌을 때 코리에츠 호는 침몰했고 앞 갑판의 철제 부분만 제외한다면 오직 굴뚝과 부서진 장비 몇 개만 수면 위에 떠 있는 것이 발견되었다. 폭발의 힘에 밀려 뱃머리에서 위로 휘어진 철제 부분의 끝이 거대한 쟁기의 일부처럼 수면 위에 몇 미터 솟아 있었다. 폭발 지점 주변의 수면은 연기를 뿜는 파편들로 두껍게 뒤덮여 있었고, 온전한 구명보트 몇 척이 부근에 떠 있을 뿐이었다.

비운의 바리아크 호, 전사자와 함께 가라앉다   바리아크 호는 정박한 지점에서 침몰하도록 방치되었다. 배 위에서 전사한 41명의 시체는 한 선실 안에 함께 안치하여 배와 함께 가라앉도록 했다.

바리아크 호에 붙은 불은 저녁때까지 탄 다음 좌현 쪽으로 점점 기울어져 마침내 배의 굴뚝이 수면에 닿았고, 배는 숨이 막힌 채 고통스러운 신음소리를 내는 거대한 짐승처럼 소용돌이를 일으키면서 물속으로 사라졌다. 불타는 부분이 물에 닿자 수증기가 구름처럼 솟구쳐 올랐고, 작별 신호처럼 마지막으로 타오른 불빛이 수증기 기둥을 비추었다.

러시아, 조선에서 철수하다   영국과 프랑스 선박들이 러시아인들을 중립 항까지 운반하여 전쟁이 끝날 때까지 안전을 보장하도록 주선했다. 이처럼 러시아 군함들이 전혀 뜻밖의 파괴를 당하자 제물포와 한성의 러시아인들은 자연히 두려움에 휩싸이게 되었다. 일본군이 러시아 공사관을 포위하여 러시아 공사는 사실상 포로가 되었다. 한성 주재 일본 공사는 러시아 공사에게 자국민과 함께 한성을 떠날 것을 권고한다는 말을 프랑스 공사를 통해 전달했다. 일본은 철수에 따른 모든 편의를 신속하게 제공한다는 말도 덧붙였다.

며칠 후 모든 러시아인들이 특별열차 편으로 제물포로 이동하여 대기하고 있던 러시아 군인들과 합류한 다음 파스칼 호에 전원 승선했다. 파스칼 호는 틀림없이 만원이었을 것이다. 왜냐하면 출항할 때 배에는 러시아의 민간인과 군인 600명이 타고 있었기 때문이다.

중립국 군함에 타고 있던 24명의 위독한 중상자들은 육지로 후송되어 임시 적십자병원에 입원했다. 이들을 치료하기 위한 목적으로 영국 성공회 선교단은 제물포에 있는 자기네 병원을 사용하도록 친절을 베풀었다. 부상자 가운데 몇 명은 괴저를 앓고 있었다. 파스칼 호에서 내려 병원으로 옮겨지자 의사들과 간호사들이 정성스럽게 치료하여 괴저 환자들은 위기를 넘겼다.

일본, 러일전쟁 승리로 한반도를 점거하다 제물포에 상륙한 일본군 부대는 여건이 허용하는 범위 내에서 육로로 신속하게 북진했다. 전쟁이 시작된 지 몇 주 후 평양은 대규모 일본군에게 점령당했다. 동시에 한성과 부산을 연결하는 철도 공사가 급속히 추진되는 한편, 한성과 의주를 연결하는 철도 부설 공사도 시작되었다.

한편 러시아인들은 그 후 조선 영토를 대규모로 침공하지 않았다. 소규모 기동부대가 압록강을 넘어와 농촌 지대를 좌우로 정찰했으나 그들의 유일한 목적은 적군의 동정을 살펴서 상부에 보고하는 것이었다.

2월 28일에 기동부대 소속의 소부대가 평양의 북문에 접근하여 일본군 수비병들과 몇 발의 소총 사격을 주고받은 다음 물러갔다. 두 교전국이 충돌을 벌인 것은 이번이 처음이었다.

한일의정서, '조선은 일본의 동맹국이 된다' 조선이 일본과의 의정서에 서명한 것은 2월 23일 밤이었다. 이 의정서의 체결로 조선은 사실상 일본의 동맹국이 된다는 조건이었다. 조선은 말하자면 전쟁의 암묵적인 협력자가 되었다.

조선은 만주로 가는 도로의 사용권을 일본에 허가하고 전쟁 수행에 필요한 모든 시설을 제공하는 데 동의했다. 반면에 일본은 조선의 독립과 황실의 안전을 보장했다. 조선이 의정서에 어느 정도 자발적으로 동의했느냐 하는 의문은 논의할 필요도 없다. 필요했기 때문에 동의한 경우였으나 올바로 활용만 한다면 일본뿐만 아니라 조선에도 틀림없이 엄청난 이익이 될 수 있었다. 의정서는 허울뿐인 조선의 중립 선언을 무효화시켰고, 반도의 육지는 물론 모든 항구를 교전 지역으로 규정했다.

보부상 조합의 종말 3월에는 보부상 조합이 폐지되었다. 보부상들은 러시아의 이익을 위해 조직적 활동을 전개했으나 이제는 존재 이유가 사라졌다. 마지막 소동이 뒤따랐다. 보부상 한 명이 외무대신의 저택에 침입하여 암살을 기도했으나 살해 대상을 찾지 못했다. 다른 비슷한 살해 기도가 있었으나 성공하지 못했다.

일본인들은 한성의 상황을 극도로 신중하게 처리했다. 일본이 친러파 관리들을 공격할 것이란 생각은 허위로 드러났다. 모든 것이 평정을 유지했다. 이상의 놀라운 사건들로 인해 동요했던 조정과 정부는 곧 안정을 되찾았다.

일본의 보수적인 조선 정책 일본에서 친선 메시지를 지니고 파견된 이토 후작이 조선 황제를 알현했는데, 이는 조선의 불안한 정세를 안정시키는 데 크게 기여했다. 그와 거의 동시에 의주 및 용암포 등 북부 항구가 외국 무역상들에게 개방되었다. 이런 조치는 러시아의 영향력이 사라진 데 따른 당연한 결과였다.

조선에서 실세로 군림하며 막강한 영향력을 행사했던 이용익이 오래지 않아 일본 방문 초청을 받음으로써 또 하나의 불안 요인이 조선 조정에서 제거되었다. 일본이 긴급하게 필요한 각종 개혁을 즉각 도입할 것으로 생각되었으나 완만한 정책 추진이 일본의 목표인 듯했다.

사실 개혁 속도가 너무 느렸기 때문에 조선의 개명된 지식인들 가운데 일부는 실망했고 일본이 개혁에 특별한 관심이 없는 듯한 인상마저 주었다. 그 당시 일본은 다른 여러 분야에 국력을 집중시킨 탓에 조선에는 관심을 기울일 여력이 없었을 가능성이 있다.

과거 일본인들은 화폐제도에 심한 불평을 했으나 한성의 권력을 장악했을 때는 화폐 문제를 완전히 잊은 것으로 보였다. 왜냐하면 1904년 말까지 일본은 조선의 변덕스러운 재정 운영 방식을 조금도 바로잡지 않았기 때문이다. 그러나 조선의 재정 쇄신 대신에 일본은 조선의 일본 상인들과 건강 문제 이외의 목적으로 조선을 방문한 일본인들은 온갖 종류의 청원을 제출하고 특권을 요구하기 시작했다. 부산의 일본인 상업회의소는 항구 세관의 설치와 치외법권 허용, 일본인의 농장 운영 등 당장 시행이 불가능한 요구를 잇달아 내놓았다.

일본, 정주의 러시아 진지를 공격하다 한편 일본군은 계속 북쪽으로 진군했다. 안주에서 작은 무력 충돌이 벌어졌으나, 러시아군 소규모 부대가 도시 북서쪽의 야산에 주둔하고 있던 정주에 일본군이 도착할 때까지는 전투라고 할 만한 사건은 일어나지 않았다. 일본군이 공격하자 러시아군은 진지를 3시간 동안 방어했는데, 여기서도 양측의 인명 피해는 15명 정도에 불과했다.

러시아군은 압록강 이남 지역을 확고하게 방어할 뜻이 없는 것이 분명했다. 이미 한 주 전에 러시아군 부대들은 용암포에서 철수하여 안동으로 건너갔다. 정주 전투는 3월 28일에 벌어졌고 한 주 뒤 사실상 모든 러시아군이 압록강 이북으로 철수하여 조선은 더 이상 교전 지역이 아니었다.

일본군을 뒤따라 역사적인 압록강을 건넌 다음 5월 초 압록강 이북에서 벌어진 사건들을 기록하는 것은 이 역사책의 소관이 아니다. 러일전쟁의 대규모 육상 전투가 이때 처음으로 벌어졌다.

교전국들의 병력이 주둔했던 조선의 북부 지방 전체가 크게 동요했다. 기동부대가 농촌 지역에 출몰하여 식량과 말 먹이를 요구했는데, 그들은 물품의 일부 대금을 조선인들이 전혀 모르는 러시아 화폐로 지불하려 했다.

수십 개 마을과 몇몇 도시에서는 부녀자들이 혹한을 무릅쓰고 산속으로 피신했고 이때 발생한 피해자의 수는 파악되지도 않았다. 그러나 이런 사태는 항상 전쟁의 부산물로 생기는 것이었으므로 조선인들은 가급적 불평 없이 참아냈다.

조선인의 무관심, 중립인가 무사안일인가 정부가 전쟁에 휩쓸려 정신을 팔고 있는 것을 기회로 삼은 강도들이 전국에서 출몰하여 파괴를 일삼았다. 일본이 고압적인 지배를 할 뜻이 없다는 사실을 알아차리자마자, 조선 정부는 과거의 안이하고 무기력한 상태로 되돌아갔고 모든 일이 구태의연하게 진행되었다.

조선의 관료 사회가 일본의 명분에 열성을 보이지 않는 것이 뻔히 보였다. 조선인의 다수가 러시아보다는 일본의 승리를 바랐을 가능성이 있으나, 조선인 100명 가운데 99명은 일본과 러시아 모두를 제거하기를 간절히 바랐다. 어느 나라가 조선에서 독점적인 권력을 장악하든 조선인들의 증오 대상이 될 것이 분명했다.

러시아가 일본을 몰아냈다면 조선인들은 역시 러시아를 마음껏 미워했을 것이다. 조선인들은 진퇴양난의 어느 쪽 곤경에 빠지든 다른 쪽 곤경이 덜 괴로울 것이라고 생각했을 것이다.

사태를 대국적으로 보려는 조선인은 별로 없었다. 또 이런 난국에서 사리사욕을 채우는 것 이외의 노력을 하는 사람도 별로 없었다. 조선 관리들이 여론을 수렴하는 것이 매우 어려운 것은 바로 이런 까닭 때문인 것이 분명했다. 관리들은 결정적인 찬반 의견을 밝혀 기록되는 것을 원하지 않았다. 조선인들처럼 중립에 가까운 사람들을 다른 곳에서는 찾기 어렵다.

경운궁의 화재 4월은 비교적 평온했다. 일본은 압록강 제방의 서리와 진흙이 뒤범벅된 지역을 통과하여 북으로 진군하느라 고전하고 있었다. 14일 한성에 큰 불이 나서 몇 시간 만에 경운궁 전체를 거의 다 태웠다. 경운궁은 얼마 전에 완공된 건물로 당시 황제가 살고 있던 궁이었다.

황제는 서둘러 대피하여 황실 도서관 건물에 일시적으로 거처를 정했다. 일본인들은 황제를 강력하게 설득하여 창덕궁으로 돌아가게 하려고 노력했다. 창덕궁은 1882년과 1884년 반란 때 황제가 머물던 궁이었다. 황제는 온갖 구실을 대며 일본의 요청을 거절했다. 화재를 당한 궁전의 재건축이 가급적 신속하게 진행되었다.

조선의 화폐가치 전쟁이 조선에 미친 일시적 영향은 조선의 가치를 높였다. 기선의 부족과 항해 때 닥칠 가능성이 있는 위험 때문에 외국 상품 수입이 갑자기 중단되었다. 이로 인해 엔화에 대한 수요가 끊어졌다.

일본군은 조선에서 거액의 돈을 써야 했으며 조선 돈을 구입할 필요가 있었다. 그 결과 엔화와 한국 화폐와의 교환 비율이 1대 2.5 정도 되어야 마땅한데 1대 1.4로 떨어지게 되었다. 그러나 바다에서 러시아 해군 함정을 몰아낸 후 수입이 다시 시작되었고, 일본의 대규모 병력이 압록강을 건너자 조선 화폐의 환율은 다시 대략 1대 2로 내려가 1904년 12월 현재까지 유지되고 있다.

러시아, 원산에서 일본 배를 격침하다 러시아군이 압록강 건너편으로 물러간 때로부터 두 교전국 사이의 전투다운 전투는 조선의 북동 지역에 한정되었다. 그러나 작전 규모는 아주 작았다. 주둔을 계속하고 있던 블라디보스토크 소함대가 4월 25일에 원산 항 입구에 나타났다. 원산 항에는 작은 일본 배 한 척만 정박하고 있었는데 원정 목적을 밝히려고 접근한 러시아 어뢰정이 일본 배를 공격하여 파괴했다.

물론 이 사건으로 원산 시민들이 크게 당황해 했고 여자들과 아이들이 서둘러 피난하는 소동이 벌어졌다. 그러나 러시아인들은 시가지를 포격할 뜻은 없었으며 얼마 후 철수했다.

150명의 일본군 병력을 태운 일본 수송선 긴슈 호는 사건이 벌어지기 불과 몇 시간 전에 원산 북쪽에 있는 성주로 출발했으나, 밤에 악천후를 만나 호위하던 일본 어뢰정들이 어쩔 수 없이 대피할 곳을 찾아야 했으므로 킨슈 호는 원산으로 되돌아왔다. 돌아오는 도중에 긴슈 호는 러시아 함대를 만났고, 항복을 거부한 대가로 격침됐다. 그러나 타고 있던 병사 가운데 45명은 육지로 피신하는 데 성공했다.

이 사건이 발생하기 며칠 전 기동부대가 동해안을 따라 함흥까지 내려와 조선 병사들과 두 시간 동안 전투를 벌였다. 기동부대 병사들은 도시 교외의 가옥 300여 채에 불을 질렀고 조선에서 가장 긴 것으로 유명한 '천세교' 가운데 14칸을 파괴했다. 그들은 불을 지른 다음 북쪽으로 퇴각했다.

그러나 그때부터 러시아군 부대들이 조선의 북동 지역 전체를 휘젓고 다녔지만 일본군은 원산과 함흥에 수비군을 파견한 것밖에는 달리 관심을 기울이지 않았다. 8월 8일에 러시아의 소규모 부대가 원산 교외까지 침투했으나 참호를 파고 공격에 대비하고 있던 일본군에 의해 곧 격퇴됐다.

러시아군은 두만강에서부터 아래쪽에 있는 성수와 그 이남 지역까지 연결되는 도로를 보수하는 데 많은 노력을 기울였다. 러시아인들은 성진 남쪽에 있는 2개의 높은 고개를 통과하는 도로를 만들었는데 도로 상태는 양호했다. 이런 도로 작업은 함흥 북쪽 32킬로미터 지점에 설치된 일본군 전초기지가 보이는 곳까지 계속되었다.

러시아 어뢰정, 원산 시를 포격하다 양측은 모두 공격 의지가 없는 것으로 보였기 때문에 연말까지 조용한 상황이 지속되었다. 그후 겨울의 북풍이 불어 모든 군사 활동이 중단되었다.

이와 관련하여 언급할 가치가 있는 또 다른 사건은 6월 마지막 날, 러시아 함대가 원산 시를 아무 이유 없이 공격한 사건이다. 그날 오전 7척의 러시아 어뢰정이 항구 안으로 들어와 일본군 막사와 다른 정부 관공서 건물이 있는 지역이 어디인지 주민들에게 물은 다음 시가지에 포격을 가하기 시작했다. 놀란 시민들은 야산 지대로 피신했다. 다양한

국적의 외국인들이 시내에 다수 거주하고 있었고 포격으로 다치기 쉬웠음에도 불구하고, 러시아군은 사전에 공격 경고를 하지 않았다. 200발 이상의 포탄을 퍼부은 후 어뢰정들은 철수했다. 그들은 큰 피해를 입히지는 않았다.

황무지 개발 계획, 거센 반발에 부닥치다 우리는 이제 중요한 민간 문제로 되돌아가서 알아볼 필요가 있다. 우리는 일본인들이 조선 정부의 행정 개혁을 위해 강력한 노력을 하지 않은 것을 이미 본 바 있다. 그리고 이 때문에 많은 조선 지식인들이 돌아가는 사태에 실망하는 것도 보았다.

그러므로 6월 17일에 일본 당국이 조선의 모든 자원은 물론, 황무지를 일본인들에게 개방해야 한다는 의견을 제시하기 시작한 것은 이중으로 불행한 일이었다. 이런 계획을 제안한 나가모리란 사람이 도쿄의 권력자들을 그럴듯한 말로 설득하여 지원을 받아냈던 것으로 보인다. 그러나 이 계획이 큰 실책이란 데는 이론의 여지가 없다.

조선인들이 토지 문제만큼 민감한 반응을 보이는 쟁점은 없다. 조선인들은 흙의 자식들이며 농업은 모든 조선 사회제도의 밑바탕이다. 단순한 개방 제안이 나오자마자 조선 전역에서 항의 사태가 촉발되었다. 조선인들은 이 조치가 자기 나라를 쪼개는 쐐기라고 생각했다.

일본의 계획은 조선인에게는 종말의 시작이었다. 조선인들의 이런 극단적인 감정 표현을 일본인들은 예상하지 못했다. 일본인들의 의도는, 조선인들이 상상한 것처럼 악의적인 것은 결코 아니었다. 제안 계획을 일반적인 용어로 애매하게 설명한 데다 구체적인 개념 규정이 전혀 없었기 때문에 온갖 추측이 난무하게 되었다.

일본 측의 계획은 문만 나서면 바로 대대적인 건설공사가 시작될 것 같은 인상을 주었다고 말하는 것이 솔직한 표현이다. 계획 발표의 시기가 부적절했고 방법이 부적합했으며 제안의 주제 자체가 의문스러웠다. 이 제안을 본 조선인들은 중요한 수자원의 공급 및 통제 문제와 제안 및 관련 문제 속에 포함된 치외법권으로 인한 관할상의 어려움을 즉각 머릿속에 떠올렸다.

또 조선인들은 이 제안이 실행될 경우 조선이 일본 제국에 완전 합병되지는 않더라도 일본의 속국이 될 것이란 사실을 알아차렸다. 일본인들은 이번 계획을 고려할 때 이런 문제까지 논리적으로 생각하지는 않은 것으로 보인다. 혹은 조선인들이 그런 생각까지 할 수 있다는 점도 생각하지 않은 듯하다.

그러나 뒤이어 일어난 거센 항의의 폭풍은 앞에 가로놓인 모든 것을 휩쓸어갔다. 사태가 이처럼 극단으로 치닫는 상황에 대비하지 않았던 일본은 몇 차례 타협을 시도한 뒤 결국 계획을 철회했다. 그렇다고 일본이 자기네 요청을 철회했거나 조선 정부의 거부를 받아들인 것은 아니었다. 일본이 차분하게 조선의 내부 개혁을 지속적으로 추진하지 않은 것은 유감스러운 일이었다. 그랬다면 조선인들이 이웃 나라의 선량한 의도를 믿게 되어 이런 황무지 개방 계획을 심각한 반대 없이 추진할 수 있는 시기를 앞당길 수 있었을 것이다. 왜냐하면 조선에는 경작지로 개간할 수 있는 황무지가 많이 있기 때문이다.

황무지 개방 반대를 위해 보안회를 조직하다 일본인들이 황무지 개방 제안에 대한 긍정적인 답변을 강요하고 있던 몇 주 동안 조선인들은 독특한 반대 방법을 채택했다. 보안회란 단체가 조직된 것이다. 이 이름은 '평화와 안전을 증진하는 모임'이란 의미를 나타낸다. 조선 정부의 고위 관리 몇 사람도 보안회에 가입했다.

보안회는 한성 중심가에 있는 면화 조합에서 회의를 열었고, 여기에서 일본인들의 목적을 좌절시키기 위한 방법에 관한 토론이 활발하게 벌어졌다. 동시에 일부 사람들이 올린 상소가 황제에게 쇄도했다. 상소 내용은 일본의 요구에 굴복하지 말라는 간청이었다.

일본은 이런 종류의 반대를 억제할 필요가 있다고 결정하고 7월 16일 보안회 회의장에 일본 경찰을 들여보내 지도자 몇 명을 체포하여 일본 경찰서로 강제 연행했다. 그 후 보안회를 몇 차례 더 수색하여 더 많은 회원들을 체포하고 기관지를 압수했다. 일본은 이런 식의 폭동 선동은 엄단될 것이라고 조선 정부에 경고하고, 일본에 반대하는 상소를 계속 올리는 사람들을 체포하여 처벌할 것을 요구했다. 만약 조선 정부가 요구를 받아들이지 않을 경우 일본이 직접 사법 처리에 나서겠다고 위협했다. 일본은 한성 주둔군을 증강하여 6천 명을 채웠다.

소요 사태는 한성에만 국한된 것이 아니었다. 왜냐하면 조선의 지도자급 인사들이 전국에 편지를 돌려 백성들에게 한양으로 올라와 대규모 항의 시위를 열자고 촉구했기 때문이다. 대규모 시위를 하면 조선인들의 진정한 뜻을 일본에 납득시킬 수 있다는 것이었다. 지방의 수령들이 이런 편지의 다수를 압수했음에도 불구하고 소식은 더욱 널리 퍼져 각 도의 보안회 지부에는 수천 명이 회원으로 가입했다.

보안회의 활동 효과는 8월 초 일본군 당국이 후한 임금을 약속하고 6천 명의 조선인 잡역 일꾼의 징발을 요청했을 때 나타났다. 일꾼을 뽑아 올리라고 8도에 지시했으나 성과는 미미했다. 일꾼들이 전투 일선에 배치된다는 소문을 반대자들이 퍼뜨려 2천 명의 인원을 모집하는 데도 큰 어려움을 겪었다.

관리들이 일꾼들을 강제로 끌고 가려 하자 저항이 심하여 여러 마을에서 유혈 사태가 벌어졌다. 일본인들이 그런 노동력을 확보하려 한 것은 전적으로 옳았으나 조선 민중의 정서는 반대 방향으로 흘렀다. 왜냐하면 일본의 황무지 점거 시도와 언론 자유의 통제 때문이었다.

친일 단체 일진회가 조직되다 일본은 황무지 개방 계획의 추진을 중단했으나 조선 전역의 소요는 가라앉지 않았다. 일본 경찰의 비호를 받은 일진회라는 새로운 단체가 선전 활동을 계속했다. 이 단체는 자격 기준을 통과한 사람들만 회원으로 가입시켰다. 이 단체가 별 성공을 거두지 못하자 국민회란 명칭을 붙인 제3의 단체가 일진회에 도전장을 던졌다. 이 모든 단체들이 내건 협약은 하자가 전혀 없었으나, 그런 칭찬할 만한 계획을 추진할 힘이 전혀 없었으므로 사람들의 비웃음만 샀을 뿐이었다.

여름에 일본은 외국 외교관들을 다시 불러들이는 것이 조선에 유익할 것이란 의견을 제시했다. 이는 조선의 해외 외교 업무를 일본 공사들을 통해 처리하겠다는 발상에 따라 나온 제안이었다. 이 제안이 진지한 시도였는지, 아니면 조선 정부의 의중을 떠보기 위한 제스처였는지 우리는 알 수 없으나 일본이 이 제안을 연말까지 고집하지는 않았다. 그리고 일본이 미국인 스티븐스Stevens를 외부아문의 고문으로 지명한 것은 기존의 외교 관계를 당분간 지속하겠다는 표시로 보였다.

외국인들이 조선교육회에 가입하다 조선이 처한 현실에 항의하기 위해 조직된 여러 단체들은 실현할 필요가 있는 계획을 내걸었으나 실행 수단을 제시하지는 못했다. 조선을 둘러싸고 있는 각종 어려움은 일반적인 교육의 부재에서 원인을 찾을 수 있으며 필요한 국민교육을 할 때까지는 진정한 상황 개선이 불가능했다.

이런 까닭으로 다수의 외국인들이 조선교육회에 가입했는데 그들의 목적은 조선의 학교에 적합한 교재를 제공하는 한편, 다른 여러 가지 방법으로 여러 큰 문제의 해결책을 찾도록 돕는 것이었다.

이와 동시에 학부대신은 공립학교 졸업자들을 우선적으로 관직에 임명하자고 정부에 제의했다. 당시 이 제안은 정부 내에서 별 효과를 거두지 못했으나 이런 조치를 취해야 학생들이 공립학교에 열성적으로 입학할 것이었다. 또한 많은 조선인들이 그해 말에 한 교육회에 자금을 제공했다. 이 교육회는 정치적 중요성을 내세우지 않았으나, 대중 교육은 조선이 최선의 자립을 달성하는 데 필요한 요소 가운데 하나라고 확신하는 사람들을 조용히 모으는 일을 했다.

성공적인 개신교 선교 사업 9월에 개신교 선교단은 조선 지부 창립 20주년 기념행사를 거행했다. 대규모 신도 집회를 준비하여 지도자들이 다수 참석할 예정이었으나 전쟁이 일어나 계획 추진에 차질이 빚어졌고, 신도 집회는 25주년이 되는 1909년으로 연기되었다. 그럼에도 불구하고 기념집회가 열려 조선의 기독교 선교 사업의 성과를 발표하고 토의했다. 우리는 선교 분야가 세계에서 가장 성공한 사업 가운데 하나로 올바로 간주되고, 또한 미래에도 큰 성과를 거둘 전망이 밝다는 것 이외에는 더 언급할 필요가 없다.

조선 주둔군 총사령관에 하세가와 임명되다 10월 중순에 일본군 당국은 조선 주둔군 총사령관에 하세가와 원수를 임명하여 파견했다. 그는 13일에 도착했고 그 직후 원산을 방문하여 그 일대의 군사 정세를 시찰했다. 조선 북동 지역에서 러시아군이 상당한 활동을 한다는 소식은 예의 주시할 필요가 있었다.

또 러시아군의 활동을 억제하는 데 필요한 모든 조치를 취할 능력이 있는 유능한 장군이 조선 주둔군 사령관에 임명되었다는 사실도 주목할 필요가 있다.

조선의 빛과 그림자　한성과 부산 철도의 마지막 구간 공사는 조선에 매우 중요한 사업이었다. 이 철도는 신속한 연락 수단을 제공하고 통과하는 모든 지역의 가치를 높임으로써 조선의 물질적인 부를 증가시켰다. 철도는 또한 일본이 조선에서 확보한 이권의 유지에도 매우 중요하여 조선이 다른 열강의 손에 들어가는 것을 방지하는 보장책이 되었다. 그러나 매사가 다 그렇듯이 몇 가지 위험도 내포하고 있었다.

탁지부아문의 새 고문인 메가타Megata가 가을에 부임하여 조선의 통화제도와 재정 상태를 상세히 조사하기 시작했다. 작고한 대원군이 폐지된 중국 돈과 무가치한 조선 엽전을 대량으로 유통시킨 이후, 조선의 재정은 항상 엉망진창이었기 때문에 메가타의 조사는 좋은 징조였다.

외무아문의 신임 고문 스티븐스는 그해 말에 맡은 직무를 수행하기 시작했다. 그의 업무는 메가타보다는 덜 중요했음에도 불구하고 정부의 외교 업무가 신중하게 처리될 것이라는 확신을 심어주었다.

일본이 이전에 시작했어야 할 업무를 이제 곧 시작할 것임을 보여주는 각종 증거가 연말에 나타났다. 업무는 정부 행정의 점진적인 개혁이었다. 쓸모없는 부서는 폐지되고 군대는 적정 규모로 줄이며, 여러 가지 경비의 절감을 추진하고 교육을 장려하게 되었다.

그해 연말은 그해의 어떤 시기보다 조선의 밝은 전망을 보여주는 가운데 저물었다. 하지만 밝은 부분이 있으면 어두운 부분도 있을 수밖에 없다. 아무리 밝은 전망이 비치더라도 자율권을 상실한 조선의 앞날에는 암울한 그림자도 함께 드리워지고 있었다.

마무리 글

　현재의 기회가 최선의 기회이며, 원하는 항구로 배의 방향을 돌리는 것은 조선인의 몫이다.
　4천 년에 걸친 역사 개관의 마무리에는 조선 역사 전반에 대한 몇 가지 평가가 따르게 된다. 먼저, 조선인들이 고대부터 동질적인 민족을 이루었다는 사실에 우선 주목할 가치가 있다. 조선인들은 이미 9세기 말에 강력하게 단결하여 파벌 간의 의견 차이가 민족 분열을 심각하게 위협한 적이 한 번도 없었다.

　기원후 700년 이후 두 차례 왕조의 무혈 교체가 있었으나, 일반적인 의미에서 혁명은 단 한 차례도 성공하지 못했다. 세 차례 대규모 침략을 비롯하여 무수한 외침을 당했으나, 어떤 외세도 혈통의 혼합이나 언어의 개조 면에서 중요한 흔적을 이 나라에 남기지 못했다. 외세는 그 전보다 조선 민족을 더욱 단결시키고, 국가의 동질성을 높이는 데 기여했을 뿐이다.

　둘째, 국가 권력은 항상 가장 우수한 인재들이 장악했고, 인재들은 하나같이 개인적 목표 추구에 권력을 사용했다. 몇 가지 눈부신 예외가 있기는 하나 관리들에게는 이타적 봉사의 이념이 현저히 부족했다.

　우랄알타이어족에 속한 모든 민족들에게는 개인 혹은 개성이란 개념이 결여되어 있다. 이로 인해 그들은 문명이란 면에서 인도유럽어족에 속한 민족들보다 크게 뒤처졌다. 역사적으로 볼 때, 현재라는 시간이 전반적으로 최선의 시간이며, 현재의 제도가 최선의 제도이고, 현재의 기회가 최선의 기회이며, 현재의 사람들이 가장 우수한 사람들이란 인식 등 진정한 진보의 핵심적인 특징을 유감스럽게도 동아시아에서는 찾아볼 수 없다. 일본은 이런 특징을 자기네 생활에 접목시켜 이미 결실을 거두고 있으나 조선은 중국과 더불어 그렇게 하지 않고 있다.

선인과 악인을 불문하고 개별적인 사람들은 자신이 현생에서 정당한 보상을 받았는지 확신할 수 없으나, 민족들은 대체로 응분의 보상을 받는다. 만약 민족들이 제국들만큼 오래 살았다면 동일한 대우를 받았을 가능성이 있다.

퇴폐에 빠진 제국이나 빈사 상태의 문명에 닥친 운명을 애도하는 것은 철학의 빈곤이다. 그들은 각자 소임을 다했고 이제 사라지려 한다. 그들의 폐허 위에는 과거보다 더 가치 있는 삶의 터전이 반드시 건설될 것이다.

조선에서 사라지는 구세계가 우리 주변에서 무너져 내리고 있다. 새 술이 낡은 부대를 찢는다. 앞으로 대답해야 할 질문은 다음과 같다. 조선인들은 자기네 국가란 배가 사르가소 해(서인도 제도 동북부의 해초가 많은 해역—옮긴이) 위에 계속 표류하여 솟아오르는 해초에 뒤덮여 완전히 난파하도록 방치할 것인가, 아니면 지금의 무기력한 자세를 떨치고 일어나 선체에 붙은 조개껍데기를 떼어내고 돛에 바람을 가득 받아 원하는 항구로 전진할 수 있도록 배의 방향을 완전히 돌릴 것인가?

예언자 흉내를 내는 것은 역사가의 본분이 아니며, 우리는 미래에 어떤 일이 생길 것인지 예측하려 해서는 안 되지만, 조선이 앞으로 계속 빼어난 역사를 만들어나갈 것을 희망하는 것은 허용될 것이다.